汉民族与荆楚文化研究

——汉民族学会2012年会暨荆楚文化学术研讨会论文集

主　编／段　超　张昌东

副主编／曾少聪　田　敏　哈正利

中国社会科学出版社

图书在版编目 (CIP) 数据

汉民族与荆楚文化研究：汉民族学会 2012 年会暨荆楚文化学术研讨会论文集/段超，张昌东主编；曾少聪，田敏，哈正利副主编 . —北京：中国社会科学出版社，2014.6

ISBN 978 - 7 - 5161 - 4323 - 0

Ⅰ.①汉…　Ⅱ.①段…②张…③曾…④田…⑤哈…　Ⅲ.①汉族—民族历史—学术会议—文集②文化史—湖北省—学术会议—文集Ⅳ.①K281.1 - 53②K296.3 - 53

中国版本图书馆 CIP 数据核字 （2014） 第 112465 号

出 版 人	赵剑英
责任编辑	黄燕生
特邀编辑	陈雪丽
责任校对	韩海超
责任印制	戴　宽

出　　　版	中国社会科学出版社
社　　　址	北京鼓楼西大街甲 158 号 （邮编 100720）
网　　　址	http://www.csspw.cn
	中文域名：中国社科网　　010 - 64070619
发 行 部	010 - 84083685
门 市 部	010 - 84029450
经　　　销	新华书店及其他书店

印　　　刷	北京君升印刷有限公司
装　　　订	廊坊市广阳区广增装订厂
版　　　次	2014 年 6 月第 1 版
印　　　次	2014 年 6 月第 1 次印刷

开　　　本	710 × 1000　1/16
印　　　张	30
插　　　页	2
字　　　数	506 千字
定　　　价	78.00 元

目　录

【海外华人研究】

【致 辞】

汉民族学会2012年会暨荆楚文化学术研讨会开幕辞

陈达云

（中南民族大学）

尊敬的各位领导，各位代表，各位专家学者：

大家上午好！

今天，在美丽的南湖之畔，高耸的双塔楼下，各方专家学者汇聚一堂，隆重召开汉民族学会2012年年会暨荆楚文化学术研讨会。在此，我谨代表中南民族大学党委和各族师生，向参加此次会议的各位嘉宾朋友，表示热烈的欢迎！

在中华民族多元一体格局中，汉族处在一个十分重要的地位。开展广泛而深入的汉民族学术研究，对于倡导共生互补的理念，加强民族平等团结，增进中华民族凝聚力，维护国家统一和建设中国特色社会主义有着重要的意义。而荆楚文化是中华民族文化的重要组成部分，源远流长，博大精深，具有鲜明的地域特色和巨大的经济文化开发价值。楚人"筚路蓝缕"的进取精神、"鸣将惊人"的创新意识、"抚夷属夏"的开放气度、"深固难徙"的爱国情结和"止戈为武"的和合精神，直至今日仍熠熠生辉。

本次会议共收到学术论文93篇，与会者有来自国内25个省、市、自治区的66家学术机构的150余名代表。会议将以汉民族与荆楚文化为主题，围绕汉民族在中国文化发展中的贡献、荆楚文化的历史地位及作用、汉文化与荆楚文化的互动关系等十个方面的议题展开讨论。能够承办此次重要的学术会议，为民族研究和荆楚文化研究作出积极贡献，我们感到万分荣幸。

惟楚有才，于斯为盛。作为一所直属国家民族事务委员会的综合性普通高等院校，我校现有 56 个民族的全日制博士、硕士、本科、预科等各类学生 25000 余人。在办学过程中，学校始终坚持党的民族工作规律与高等教育规律相结合，民族高等教育的特殊性与普通高等教育的普遍性相结合，始终坚持"面向和服务少数民族和民族地区"的办学宗旨，努力探索办好民族院校的新路子，各项事业取得了快速发展。

目前，我校拥有民族学一级学科博士学位授权点和 6 个二级学科博士点；拥有 19 个学术型一级学科硕士授权点，80 个学术型二级学科硕士授权点，8 个硕士专业学位授权点，授权学科覆盖了 12 个学科门类。有国家级、省级精品课程 23 门，国家级特色专业建设点 5 个，湖北省高校优势学科 1 个，湖北省高校特色学科 2 个，省部级重点学科 14 个，省级品牌专业 7 个，国家级、省部级实验教学示范中心 10 个，省部级科研机构（实验室、基地、中心）22 个。另外，我们拥有全国高校第一家民族学博物馆。"十一五"期间，学校共获授权专利 14 项，承担各类纵向科研项目 589 项，科技成果奖励 169 项，教学科研人员出版各类书籍 172 部，在核心期刊上发表论文 4229 篇。

建校 60 多年来，学校以"笃信好学，自然宽和"的校训精神激励师生奋发图强，鼓励学生全面发展，累计培养了 10 万余名各民族干部和专业技术人才。

当前，学校正在大力实施"质量立校，学科兴校，人才强校，特色荣校"战略，不断推动各项事业改革，改善办学条件，增强办学实力，提高办学质量，构建和谐校园。衷心希望各位领导，各位专家学者能够关心和支持中南民族大学的发展，帮助中南民族大学早日实现建设特色鲜明、人民更加满意的高水平民族大学的目标。

悠悠白云黄鹤，浩浩汉水长江。清风起兮沧浪涌，楚物鲜明楚声壮。预祝本次会议取得圆满成功！祝各位来宾身体健康！

谢谢大家！

在"汉民族学会 2012 年会暨荆楚文化学术研讨会"的致辞

张昌东

（中国社会科学院民族学与人类学研究所）

尊敬的各位领导、各位专家学者：

大家上午好！在这秋风送爽、景色迷人的季节，由中南民族大学、中国社会科学院民族学与人类学研究所、中国民族学学会汉民族分会共同举办的"汉民族学会 2012 年年会暨荆楚文化学术研讨会"，今天在风景秀丽的中南民族大学隆重召开，我谨代表中国社会科学院民族学与人类学研究所，对这次会议的召开表示衷心的祝贺！对拨冗参加会议的专家学者表示崇高的敬意，对为这次会议的召开付出辛勤劳动、提供优质服务的中南民族大学民族学与社会学学院的领导和师生员工表示诚挚的感谢！

我国是一个统一的多民族国家，汉民族是我国人口最多、分布范围最广的民族。汉民族作为中华民族的主体民族，在中华民族多元一体格局的形成和发展过程中发挥着不可替代的作用，理所当然地应该成为民族学研究的对象。费孝通等老一辈民族学家早在 20 世纪五六十年代就曾经提倡加强汉民族研究，中国社会科学院民族学与人类学研究所和全国学界的老一代学者也曾经在汉民族研究领域作出过重要贡献。但是由于历史的原因，汉民族研究不仅在我们研究所，而且在整个学术界有较长一段时间被忽视了。许多学界同仁认为，我国的民族学与人类学研究，其研究对象不仅仅是中国的少数民族，而且也应该包括中国的汉民族和世界各民族。特别是在新的历史条件下，深入研究我国各民族发展的历史和现状，包括汉民族在中国历史发展进程中的地位和作用，可以为中华民族的伟大复兴提供历史的借鉴。进一步加强汉民族研究，对增强中华民族的凝聚力，促进汉民族与各少数民族的平等团结、和睦相处、和衷共济、和谐发展，维护祖国的统一和长治久安，推动我国社会主义文化的大繁荣大发展都具有重要的理论意义和现实意义。中国社会科学院正在组织实施哲学社会科学创新工程，我们研究所通过整合所内民族学、人类学、语言学和民族经济学等学科的力量，设置了主题为"中华民族多元一体格局进程中的汉民族研究"创新工程项目，以加强和推进我国学术界对汉民族的研究。

这次汉民族学会年会围绕着"荆楚文化的历史价值及其现代意义"而展开，具有重要的学术价值和现实意义。众所周知，在中华民族多元一体格局的形成和发展过程中，我国各民族共同创造了辉煌灿烂的中华文化。作为中华文化的主体，汉文化经历了海纳百川、融汇升华各民族传统文化精华的聚变过程。荆楚文化是中华文化特别是汉文化的重要组成部分，它源远流长、博大精深，在汉文化的形成和发展中发挥了巨大的推动作用。与此同时，荆楚文化作为盛行在我国中原江汉流域的一种地域文化，它又具有鲜明的地域特色和文化内涵。会议将围绕汉民族的形成和发展、荆楚文化在汉文化中的地位和作用、汉文化与荆楚文化的关系、汉民族与少数民族的互动关系、汉文化在海外的传播等议题展开讨论。我相信，这次会议对推进汉民族研究和深化荆楚文化的研究将起到积极的作用。

这次学术年会还有一项重要任务，就是按照国家有关部门的规定和学会章程的约定，完成中国民族学学会汉民族分会理事会及其组织机构的换届工作。汉民族分会自1987年在广西南宁成立以来，团结和组织全国学界同仁积极开展汉民族与汉文化研究，先后举办了10多次国内和国际学术研讨会，出版了10多部学术研讨会论文集。近年来，由于众所周知的原因，汉民族学会的工作处于停顿状态，许多学者不断呼吁，汉民族学会应该尽快健全组织机构、恢复学术活动，以推动全国学术界的汉民族研究。作为中国民族学会汉民族分会的挂靠单位，中国社会科学院民族学与人类学研究所必须承担起恢复学会组织机构，组织全国学界同仁开展学术活动的责任和义务。我们研究所将一如既往地支持和协助汉民族学会的工作，充分利用全国高校和相关学术机构的资源，调动全体会员和专家学者的积极性，组织开展各项学术活动，努力推动我国汉民族研究事业的发展和繁荣。

最后，我预祝本次学术年会取得圆满成功！

祝各位来宾身体健康、心情愉快、阖家幸福！

要加强社会主义优秀文化和当代先进文化的研究

杜荣坤

（中国社会科学院民族学与人类学研究所）

同志们，朋友们：

值此 2012 年金秋，汉民族学会年会暨荆楚文化学术研讨会开幕之际，我向大会表示衷心的祝贺。2001 年 10 月，我曾来武汉参加过由中南民族学院民族所举办的有关族群问题研究的学术讨论会。时隔 11 年，我又有机会来武汉参加由中南民族大学和中国社会科学院民族学与人类学研究所及汉民族学会等联合召开的汉民族研究学术讨论会，觉得非常高兴，新朋老友相聚，倍感亲切。

这次会议之得以召开，得到中南民族大学校、院领导的大力支持和有关部门的积极配合与热情接待。我作为汉民族学会名誉会长，特向他们表示衷心感谢，对他们推动汉民族研究所作的贡献致以敬意。

这次会议之主题为"汉民族与荆楚文化"，以"荆楚文化"作为会议讨论中心，在汉民族学会还是首次。汉民族与荆楚文化的形成、发展，关系甚为密切。"荆楚文化"是中华文化重要组成部分，是我国历史上区域文化和华夏文化及其后汉文化之互动与融合的结晶。在历史发展长河中，它寓荆蛮土著文化与华夏文化于一体，是我国多元文化之瑰宝。它通过北进与东传，也不断为华夏文化及其后汉文化与区域文化所吸收，使汉民族文化得以不断的充实和丰富，在汉民族文化的形成和发展过程中，起着重要作用。与此同时，荆楚文化也在与周边诸族文化互动中，得到不断传播、创新和发展。

1949 年新中国成立以来，特别是 1978 年以后，我国进入现代化建设和改革开放的新时期，民族学研究在我国发展迅速。无论是在出成果或是出人才方面，以及和国内外进行学术交流方面，都取得了很大成就，业绩卓著，其中亦包括其分支汉民族研究和荆楚文化研究所取得之成果。

追溯新中国汉民族研究发展路程，真是感慨万千，这是很多学者共同努力的结果。20世纪80年代，我国一些有识之士，包括著名专家、学者和社会活动家费孝通先生，中央民族大学林耀华先生、陈永龄先生，中国社会科学院民族所原所长牙含章先生、副所长秋浦先生等，他们有鉴于我国民族学对汉民族之研究有所忽略，研究力量薄弱，纷纷发表看法，强调我国之民族学在着重研究少数民族文化的同时，必须加强对汉民族研究之重要性和必要性。早在1957年，费孝通先生就指出："民族学的研究对象，是包括一切民族在内的，在中国的范围里，不但要研究少数民族，也要研究汉族。"1983年他又强调指出："我最近越来越感觉到在民族地区做社会调查，不应当只调查少数民族，因为在少数民族地区的汉族，常常对这地区的发展，起着重要的作用。"1985年我国著名的文化人类学家、中央民族大学林耀华教授表示："应该说，对汉族的研究，是当前我国民族学的重要任务"，"研究少数民族的历史和文化，不能不研究汉民族的历史文化"。1984年，著名人类学家秋浦先生亦指出："有一种不成文的说法，研究汉族的机构全国有得是，用不着我们去进行重复劳动。实际上，这种说法是不确切的。因为从全国来讲，研究汉族之机构虽不少，但从民族学的角度来研究汉族的，却是一个也没有。""对汉族一直没有引起应有的重视，作为民族学的研究来说，不能说不是一个缺陷。""民族学研究应当包括汉族，在目前情况下，有其迫切的现实意义，绝不能视作一时的权宜之计，而应当将其看作是一个长远之计，一个不可忽视的方面。"在他们的大力呼吁和积极倡导下，引起有关高等院校和科研单位之关注和重视。1986年，在广西民族学院、中国社科院民族所、云南大学、广东省民族研究所、广西壮族自治区民族所、四川省民族所等单位的倡议下，于广西民族学院召开了我国首次汉民族文化学术讨论会。1989年，在汕头召开了首次汉民族研究国际学术讨论会和汉民族第二次学术研讨会。1992年在昆明云南大学召开了第二届国际汉民族学术讨论会暨第三届汉民族学会年会。1994年，在14个高校和科研单位积极倡议下，正式成立了中国民族学学会汉民族分会，并挂靠于中国社会科学院，由费孝通先生担任第一届汉民族学会名誉会长（我勉为其难地任会长）。此后，在汉民族学会组织领导下，我国的汉民族研究学术活动逐步走向正轨。自1986年至今，在我国广西、广东、云南、湖南、福建、澳门、山东、陕西、河南、四川、北京等地，曾先后召开了十多次汉民族研究学术讨论会、专题研讨会和国际学术讨论会，取得了丰硕成果，编辑出版了十多本汉民族研究论文集，充分反映了我国当代汉民族研究的成就和现状。20余年来，汉民族研究得到国内、港澳台地区和国外许多专家学者的重视、支持和参与。很多专家学者，在汉民族学会所组织的一系列活动中，一开始就积极参与及大力支持，做出了重要贡献。其中有些人现已作古。今在世者亦大多已年迈，但他们还不时地关心着汉民族学会的工作和汉文化的学术活动。经常来信或来电询问有关情况（包括国外的学者）。值此汉民族学会2012年年会召开之际，对已故的曾倡导或大力支持汉民族学会工作和活动的费孝通先生、伍精华先生、黄汉强先生、袁少芬教授等一批领导和专家学者，我们表示深切之怀念，对一切支持过汉民族学会工作，并做出过贡献之单位和个人，表示崇高的敬意。

多年来，在荆楚文化研究方面，亦取得了可喜成绩，出版了巨作，培养了人才。已故的原湖北省社科院副院长、汉民族学会的积极支持者和参与者张正明先生，主编的"楚学文库"八卷本即为一例，多位学者曾参与这套丛书的撰写。这是一部精品和传世之作，受到学术界和社会上的关注，产生了很大影响，当时还获得奖项。为此，光明日报社在北京专门召开了关于"楚学文库"的学术座谈会。对此巨作，本人阅后受到很大教益。

我前面已讲到，汉民族学会成立后曾召开了十多次学术会议，出了十几本论文集。但汉民族学会学术活动中，还没有专门召开过以"汉民族和荆楚文化"为中心内容的学术讨论会，尚未出过一本专门反映汉民族与荆楚文化关系为主旨的论文集。故我衷心希望通过本次学术研讨会，对荆楚文化有更深入的讨论，能出一本充分反映当代汉文化与荆楚文化研究之较高水平论文集，在学术界起到积极的推动和促进作用。

汉民族学是民族学的一个分支。我想就包括汉民族学在内的民族学今后研究方向，谈一点个人看法。

新中国成立60多年来，我国在一般性传统文化研究方面已取得很多成果，出版了不少论著，培养了大批专家学者。但是民族学和汉文化之研究，仍有不足之处，主要表现在我们对社会主义优秀文化和当代先进文化的研究很薄弱，很不够。民族学历经沧桑，不能老是局限于一般性传统文化之研究水平上，必须要根据形势发展的需要，调查新情况，研究新矛盾，解决新问题。民族学工作者要顺应形势之发展，摆脱过去几十年来的影响和框框，解放思想，与时俱进，开拓创新。只有使民族学研究有所突破，有所创新，适应时代的要求，与国家的现代化战略相联系，不断完善、丰富中国特色民族理论体系，民族学才能有所发展，才能有辉煌的前景，保持旺盛的生命力。正如中央领导同志所指出的："社会主义现代化应该有繁荣的经济，也应该有繁荣的文化。""面对科学技术迅猛发展和综合国力竞争，面对世界范围各种思想文化相互激荡，面对小康社会人民群众日益增长的文化需求，全党必须从社会主义事业兴旺发达和民族振兴高度，充分认识文化建设的重要性和紧迫性。"2011 年，中共十七大六中全会，作出了《关于深化文化体制改革推动社会主义文化大发展大繁荣若干重大问题的决定》，提出了关于当代社会主义文化大发展大繁荣的伟大战略。

面向 21 世纪，我国现代化建设所取得的巨大成就和改革开放之形势，面对我国民族问题进入以经济发展为中心的新时期，各族人民的物质文化生活水平的不断提高和生活结构的变化。民族学研究重点，亦必须随之有所转变。在关注民族传统文化的同时，要加强对社会主义优秀文化和当代先进文化之研究。即要把社会主义优秀文化和当代的先进文化，作为 21 世纪民族学研究之重点对象和内容。就民族学科而言，要重点研究社会主义先进文化之内容，应包括两方面，即社会主义的物质文化与精神文化。

目前，我国仍处于社会主义初级阶段，社会的主要矛盾，是要解决人民日益增长的物质文化需求与落后生产力之间的矛盾，各项事业必须贯彻以经济发展为中心的基本方针，提高生产力，改革分配机制，才能彻底摆脱贫困，走上富民强国之路。故民族学必须加强对社会主义物质文明建设的研究。要从文化角度，来研究我国社会主义初级阶段生产力和生产关系，研究其现状和发展，研究人们物质生产力，创造物质财富能力，包括生产力之演变，生产力发展水平。研究生产力及分配机制对人们社会关系的影响和作用，物质文化与精神文化的关系，物质文化发展之趋势，物质文化发展对我国改革开放与社会主义经济的作用、影响，等等。与此同时，要加强对社会主义初级阶段精神文明建设之研究，其中包括对社会主义意识形态和核心价值体系之研究，对社会主义教育、科学、法律、文化、艺术、思想道德、生活习俗、医药卫生、文艺体育、宗教信仰等之研究。民族学要根据当前国内外形势发展和学科发展之需要，从一般民族学理论中解脱出来，要进行民族学诸分支专业学科研究。加强对经济民族学、政治民族学、法制民族学、历史民族学、语言民族学、结构民族学、都市民族学、建筑民族学、人口民族学、体质民族学、旅游民族学、影视民族学、医药民族学、宗教民族学等多方面和综合性研究，从而把民族学之研究推向纵深发展，达到一个新的高度。

　　就汉民族研究而言，我们在继续关注和研究其历史、语言、文化、社会演变发展、在中国历史上作用和地位、与诸族关系及各方面所取得之成就外，更需要继往开来，放眼当代。特别要加强对当代汉民族物质生活和精神生活的发展变化、生活结构和生活方式的变化、意识形态和价值观念变化、民族关系的变化、汉民族在现代化建设中的主体地位、在科技发展中作用、海外华人在振兴中华大业和开展国际事务中的作用与影响、当代中华民族凝聚力及爱国主义具体内容等问题的研究。并要特别关注探索汉文化在建设社会主义优秀文化和当代先进文化中的作用。

　　总之，我们要通过加强对民族学和汉文化之研究，为推动和促进社会主义文化强国的建设而尽职尽力，使汉民族研究更上一层楼。

　　最后，预祝大会取得圆满成功，谢谢大家。

加强汉族研究　促进各民族共同繁荣

杨荆楚

（中国社会科学院民族学与人类学研究所）

一

加强汉民族研究，促进各民族共同繁荣。汉族是世界上第一大民族，人口占世界总人口近 1/5 的汉民族在 5000 多年的历史长河中，从未出现过断层，这在世界各民族发展史上是独一无二的。2004 年，在山东昌乐县袁家度等龙山文化遗址上，先后发现和搜集了 100 多片兽骨，上面刻有一种原始文字，比河南安阳出土的殷虚甲骨文还早 1000 年。[①] 这种原始的象形文字，在长达 4000 多年的发展演变过程中，形成了今天使用人数最多的方块汉字。汉字一字一音，形意兼备，素有"书画同源"之称。汉字记载丰富多彩的汉族语言和历史。中国地域辽阔，古代交通闭塞，同一个方块字，在不同地区发音差别很大，逐渐形成了汉语八大方言。同一个汉字，尽管各地发音不一，但字义完全相同，这是形成汉民族自我意识和凝聚力的关键因素。如果汉字走上拼音文字的道路，那么汉民族早已分裂成若干个不同的大小民族。所以，方块汉字对于汉民族的形成和统一起到了不可替代的作用。由汉字记载中国几千年的文明发展史，使中国成为世界上四大文明古国之一。汉字记述的孔子和孟子的儒家学说，成为汉文化的灵魂和核心，早已超越中国国界，形成东南亚和东北亚的"儒家文化圈"。中国实行改革开放后，受到世界许多国家和地区人民的欢迎。据

[①] 《深圳商报》2008 年 10 月 22 日。

有关统计，中国在海外定居的华人华侨人数在 5000 万以上，几乎在世界所有国家，都有华人（主要是汉族人）的足迹。在多数华人聚居的国家和地区，华人兴建唐人街，创办汉文学校，为其子孙后代保留和传承汉族语言和文化。儒学在世界广泛传播，使孔子名列千禧年世界历史文化名人榜首。

荆楚文化是汉民族传统文化的重要组成部分。据历史学家考证，春秋战国时期，楚国从建国到灭亡，前后经历了 700 余年，为春秋时期的五霸之一。地方五千里，持戟百万先后消灭诸候国与部落六七个，疆域扩展到山东、河南，几乎统一了南部中国，为秦始皇统一中国奠定了一定的基础。

楚国统治阶级的族源非常复杂，有的学者认为，楚国公族"非夏非夷，亦夏亦夷"，到春秋末期才正式被华夏所认同，成为汉族的前身——华夏族的一部分。荆楚文化与华夏文化有密切的亲缘关系。同楚人的族源一样，中原华夏文化扩展到楚地，与当地的苗、蛮、夷、北越等少数民族文化相互吸收，相互融合，形成了独特的地域文化——荆楚文化，被史学界称为"南楚北夏"，实际上是同一民族文化的地域差异。① 汉民族的音乐舞蹈史源远流长。楚国的编钟乐舞，具有独特的荆楚文化地域特色，是华夏音乐舞蹈史上的一朵奇葩。新近在湖北宜昌市白洋镇万福脑村遗址上，出土了一批西周时期的陶器和青铜器，其中有一套 11 件青铜编钟，上面镌有"楚季宝钟厥孙乃献于公公其万年受厥福"17 个字。这是湖北首次考古发现楚国国君用的编钟。以上出土文物，是早期楚文化实物考古的重大发现，填补了早期楚文化研究中缺少实物资料的空白。②

荆楚文化中的诗歌和文学，在中华文化中占有重要地位。伟大的爱国诗人屈原就是荆楚文化的杰出代表。他创作的《离骚》、《天问》、《招魂》、《哀郢》、《怀沙》、《九歌》、《惜往日》、《涉江》等 25 篇，由后世刘向辑集为《楚辞》。国学大师鲁迅先生高度评价其为"逸响伟辞，卓绝一世"。公元前 278 年，楚国郢都被秦军攻占，楚王出逃。忧国忧民的爱国诗人屈原，眼见自己变法图强、任用贤能的政治主张无法实现，痛恨楚

---

① 王钟翰主编：《中国民族史》，中国社会科学出版社 1994 年版，第 92—94 页。

② 《中国社会科学报》2012 年 8 月 20 日第 1 版。

国政治腐败，君臣苟且偷安，丧权辱国，复国无望。他满怀悲愤，于当年五月初五，怀石投汨罗江（在今湖南东北部）自尽殉国。[①] 楚国百姓悲恸欲绝，将每年五月初五定为"端午节"。广大汉族群众，在这一天吃棕子、划龙舟，缅怀和悼念伟大的爱国诗人屈原。"端午节"成为全国各族人民共同的传统节日。以逝者的忌日，作为全国的纪念日，在汉族历史上绝无仅有，突出了屈原在中国历史上的重要地位。屈原作品中的忧国忧民、百折不挠、自强不息的爱国主义精神，对于后代诗人和整个文学界产生了深刻的影响，特别是对楚国故地湖北、湖南，影响更为突出。近现代中国反帝反封建的民族民主革命中，涌现出一大批爱国爱民的英雄豪杰。戊戌维新失败后，谭嗣同自愿赴死，以唤醒国人推翻腐朽没落的清王朝。辛亥革命中的黄兴，履败履战，从不服输。1911 年，黄兴任武昌起义革命军总司令，武昌起义成功，为最终推翻清王朝起到了关键作用。蔡锷在推翻袁世凯称帝战斗中，立下了不朽的功勋。在新民主主义革命时期，两湖是中国共产党领导武装起义的首发地。无数革命先烈在反帝反封建的民主革命中，抛头颅、洒热血，为国家和民族献出了宝贵的生命。共产党员夏明翰英勇就义前喊出："砍头不要紧，只要主义真，杀了夏明翰，自有后来人"是何等英雄气概。毛泽东的弟弟毛泽民、毛泽覃，爱人杨开慧，都死在敌人的枪口下。湖北共产党人李芝龙、赵博生、陈潭秋先后为革命捐躯。身经百战未死的一批共产党人，成为新中国党、政、军的重要领导人。湖北老革命根据地红安、麻城两个县，走出了几十个将军。十大元帅中，两湖就有 4 人，他们在民族复兴、国家统一、主权独立和社会主义现代化建设中，作出了不可磨灭的巨大贡献。

二

中国历史上形成民族压迫剥削制度，历代封建统治阶级推行民族压迫、民族歧视政策，造成汉族与少数民族和少数民族之间互不信任，隔阂很深。加上少数民族和汉族、民族地区与汉族地区之间发展极不平衡，绝大多数少数民族地区贫穷落后，缺医少药、食不果腹、衣不遮体。部分少

---

① 高文德主编：《中国民族史人物辞典》，中国社会科学出版社 1990 年版，第 381 页。

数民族还处在原始社会末期、奴隶制和封建农奴制发展阶段。

　　新中国成立后，为了根除民族压迫剥削制度，实现真正的民族平等，中央政府制定了一套较为完整的路线、方针和政策。在一些省市建立民族院校和少数民族研究机构，培养了一大批少数民族干部和民族教学科研人员；深入各民族地区，开展民族大调查和少数民族成分识别工作；在少数民族聚居区，建立民族自治地方，实行民族区域自治；派遣大批汉族干部和科技人员，帮助少数民族和民族地区发展经济和文化，等等。所以，在20世纪五六十年代，全国各地民族工作和民族研究的对象是国内各个少数民族，汉族没有作为民族加以研究。改革开放后，大批汉族人到世界各国求学、务工和经商。随着国内经济不断发展，中国国际地位日益提高，影响不断扩大，走出国门的大批汉族人民与世界各族人民友好相处的同时，与当地不同民族在经济、政治、文化和风俗习惯方面的矛盾时有发生。此外，国内改革开放后，一方面汉族与少数民族交往日益密切，相互了解加深；另一方面，计划经济时期对少数民族和民族地区特殊优惠政策失灵，国家投资和发展重点由西部民族聚居区转向东部汉族聚居区。东西部地区、汉族与少数民族发展差距日益拉大，造成少数民族干部群众心理失衡，汉族与各少数民族之间矛盾相对增多。在新的形势下，国内的知名学者如费孝通、牙含章、林耀华、杨堃、陈永龄先生，多次呼吁和支持国内开展汉民族研究。一些实际民族工作部门的领导人，如中共中央统战部副部长江平，国家民委第一副主任伍精华（彝族）等人提出，为搞好新时期民族工作，需要加强汉民族研究。1986 年，由广西民族学院、中国社会科学院民族研究所、广东省民族所、云南大学历史系等单位共同发起，在广西南宁市召开新中国成立后首次汉民族研究学术讨论会。1989 年和 1991 年先后在广东汕头市和云南昌明市召开了两次国际汉民族研究学术讨论会，有中国港、澳、台及泰国、澳大利亚、新加坡、马来西亚、日本、美国、英国、韩国、加拿大、波兰、苏联等十多个国家和地区的专家、学者出席了讨论会，出版了三本汉民族研究论集，在国内外学术界产生了一定的影响。不少与会代表，一致要求成立汉民族研究学会，开展经常性的汉民族研究。国家民委规定，原则上不同意建立单一民族全国性学会。1993 年 10 月，中国民族学学会在四川乐山召开第五届年会，以广西大学袁少芬教授为代表的一批学者要求在中国民族学学会属下，建立全国性的汉民族研究会。会后，中国民族学学会领导机构经过半年多的内部协商，同意建立国家二级汉民族研究会。待条件成熟，再建立中国汉民族研究会——国家一级学会。1994 年 4 月 18 日，由中国社会科学院民族研究所杨荆楚、广西大学民族研究所袁少芬、云南大学历史系林超民代表三家主要发起单位，在北京召开成立汉民族研究会筹备会议。出席筹备会议的除三个发起单位代表之外，还有中央民族大学陈连开、广东中华民族凝聚力研究会林卓才、四川民族研究所袁晓文、广东汕头历史学会连振国等代表单位参加。中国民族学学会常务副会长詹承绪、秘书长夏之乾出席筹备会。另外，来信、来电表示愿作为筹备会议发起单位，因故没有派代表出席会议的单位有：广西民族学院民族研究所、广西民族研究所、广东省民族所、云南省社会科学院、湖南省社会科学院、中山大学历史系、厦门大学历史博物馆等，这些单位在筹备会议期间来电对筹备会议表示祝贺，并愿意承担成立汉民族研究会启动资金 1000—2000 元。

筹备会议期间，中国社会科学院民族研究所所长杜荣坤教授、党委书记李希研究员，代表民族所热情欢迎各地代表出席北京汉民族研究会筹备会议，并对成立汉民族研究会发表热情洋溢的讲话和祝贺。中央民族大学校长哈经雄教授、党委书记周兴健教授看望与会代表，并表示大力支持在京成立汉民族研究会，中国民族学学会会长宋蜀华教授代表民族学学会宴请与会代表，并与上述单位的主要领导和代表们合影留念。与会代表对此深受鼓舞，一致表示要为加强汉民族研究尽职尽责。

筹备会议通过了研究会会章，协商、推荐并确定了常务理事会理事、名誉会长、顾问以及会长、常务副会长、秘书长、副会长名单。中国社会科学院民族所是研究会的主管单位，会长、常务副会长、秘书长由主管单位推荐，各发起单位各出一名副会长。筹备会议一致同意：名誉会长为费孝通（全国人大常委会副委员长、教授）、会长为杜荣坤（民族所所长、教授）、常务副会长为杨荆楚（民族所理论室主任、研究员）、秘书长为李坚尚（民族所民族学室副研究员，中国民族学学会副秘书长），顾问为：

汝信：中国社会科学院常务副院长、国务院学术委员会副主任、研究员。

任继愈：全国人大常委会委员、中国国家图书馆馆长、研究员。

杨堃：中国社会科学院民族所研究员、博士生导师。

哈经雄：中央民族大学校长、教授。

林耀华：中央民族大学教授、博士生导师。

陈永龄：中央民族大学教授、博士生导师。

郑群：广东社会主义学院院长、广东中华民族凝聚力研究会会长。

覃宏佑：广西社科联党组书记、主席、教授。

江平：中共中央统战部副部长、全国政协常委。

伍精华：国家民委第一副主任、中国民族理论学会会长。

筹备会议后，将申请成立汉民族研究会的请示报告，由中国民族学学会呈送中国社会科学院科研局，经审核同意后，报送国家民政部社团司审批。同年 10 月，经国家民政部社团司批准，报送公安部备案，由民政部社团司颁发社团证书，代刻图章，正式确定名称为中国民族学学会汉民族分会。

1996 年 11 月 1 至 4 日，由湖南省社会科学院和长沙市人民政府共同主办，在长沙湖南宾馆召开了汉民族分会成立和国际汉民族学术讨论会，会议主题为"汉民族发展的历史特点和未来走向"。出席这次会议的境外代表有马来西亚、韩国、日本、波兰、瑞典、新加坡及香港、澳门和台湾地区的专家学者 13 人。还有来自全国 15 个省、市、自治区的代表 104 人。中共中央统战部顾问江平、湖南省副省长唐之享在会上作了重要讲话，湖南省政协副主席龙禹贤和长沙市负责同志出席了会议。大会上宣布中国民族学学会汉民族分会正式成立，并宣读了学会的领导班子、名誉会长、顾问及常务理事名单。从 1994 年汉民族分会成立至 2006 年 12 年中，除长沙会议外，先后在南京、泉州、宝鸡、昆明、山东、章丘、澳门、洛阳等城市召开了 8 次国内或国际汉民族研究学术讨论会。其中影响最大的是泉州会议和澳门会议。2000 年 8 月，在侨乡和台湾同胞的祖居地——福建泉州市，召开海峡两岸汉民族研究学术讨论会，主题为"中华文化与海峡两岸汉民族研究"，与会代表 120 多人，其中台湾学者 32 人。分会邀请全国人大常委会副委员长、学会名誉会长费孝通教授，台湾中央研究院副院长李亦园院士，澳门社会科学研究会会长黄汉强教授出席会议。大陆、台湾、澳门两岸三地社会科学权威学者共同赴会并作了重要讲话，实属难能可贵。台湾学者争相在大会上发言，公开批判台独言行。会后，由会议东道主福建省社会科学联合会编辑、中国社科出版社出版了一本 58 万字的高质论文集。会上有 30 多位专家学者申请入会，李亦园院士和黄汉强教授高兴地应聘担任分会的顾问，并衷心感谢学会对他们的信任。

2001年10月，由澳门社会科学学会主办的澳门汉民族学术讨论会，主题为"澳门文化、汉文化、中华文化与21世纪"，出席会议的有来自内地15个省、市、自治区及港、澳、台地区和新加坡、马亚西亚学者70多人，不少学者在大会发言中分析了澳门多元文化和谐共处、汉文化在多元文化中始终占据主导地位的历史渊源和现实原因，对于中国内地构建和谐社会有一定的参考价值和借鉴意义。与会学者一致认为，在经济全球化、文化多元化的今天，各国学术界应重视和加强汉民族文化研究，对于促进各个国家和不同民族相互尊重、和谐共处具有重要的国际意义。与会代表提交了59篇论文，会后由澳门社会科学研究会编辑出版《澳门文化、汉文化、中华文化与21世纪》论文集，全书63万字，收集多篇境外学者的论文，很受内地学者的欢迎。

澳门会议，是中国民族研究团体联合会下属20多个一二级学会中，首次在境外召开的一次学术会议，在学术界产生了良好的反响。

汉民族研究从南宁第一次学术会议以来，出版了10本汉民族研究论文集，共有500多万字，如实记载了汉民族研究的主要成果，为今后开展汉民族研究打下了一定的基础。

近些年来，由于学会活动经费不足等种种因素制约，多数学会不能开展正常的学术活动，很少召开学术会议。汉民族分会是国家二级学会，国家和单位不给活动经费，在无经费来源的情况下，分会主要领导人齐心协力，加强与会员和分会理事的密切联系，及时回复会员的要求与建议，不断增强分会的向心力与凝聚力。每次学术会议期间召开分会理事会，报分会工作和今后的工作计划，协商下一次学术会议的安排。每次理事会上，都有两三家单位申办下次学术会议。定下主办单位后，分会和主办单位积极筹办下一次学术会议。大多数分会会员，都参加过汉民族学术会议，不少会员反映，参加汉民族学会，确实收获不少，无疑对汉民族学会增强了信任感。几乎每次会议后，都有人申请入会。

三

前文论及新中国成立后，党和国家十分重视民族工作，派遣大批汉族干部、科技人员到条件艰苦的民族地区工作，帮助民族地区和各少数民族发展政治、经济和文化，对民族地区制定和实施一系列优惠政策，使历史上形成的汉族地区与少数民族地区极大的发展差距有所缩小。改革开放后，国家发展重点转向东部汉族地区，让东部地区一部分人先富起来，东西部缩小的发展差距开始逐步拉大，地区和民族间发展不平衡的矛盾日益突显。1999 年，新中国成立 50 周年时，中央提出实施西部大开发战略，国家加大对西部民族地区的投入和中央财政转移支付，在一定程度上遏制了东西部发展差距进一步拉大。但因历史上西部民族地区经济、社会发展滞后，自然条件和基础设施差，要从根本上缩小东西部发展差距，任务十分艰巨，任重道远。西部 10 多个民族省、市、区占全国总面积的71.6%，占全国总人口近 30%。其中，西部民族自治地方面积 595.37 平方公里，占全国民族自治地方面积的 96.5%，人口占 72%。① 据《中国社会科学报》2012 年 8 月 15 日报道，国务院有关部门公布的官方数据，2010 年，每 10 万人中大专以上学历的人口，北京有 31499 人，上海有21952 人，西藏有 5507 人，贵州只有 5292 人，全国平均 8930 人。2010年，全国共有 2358 所高等学校，东部地区有 1046 所，占 44.4%；中部有748 所，占 31.7%；西部有 564 所，占 23.9%。我国"985 工程（一、二期）"高校 39 所，其中东部有 24 所，中部有 8 所，西部有 7 所。2010年，我国卫生技术人员 44.5% 集中在东部 11 个省和直辖市，中、西部分别只占 30.5% 和 25%。2010 年，我国大中型企业研发经费共投入40153965 万元，其中，东部占 71.7%，西部只占 18.5%。

　　上述数据虽然不能直接说明东西部发展差距拉大的原因，但科学技术是第一生产力，大专以上科技人员是生产力最活跃的决定因素。东西部教育和医疗卫生事业发展的差距，实际上是东西部发展差距拉大的直接因素。只有加快西部教育、科技、文化和卫生事业的发展，创造东西部平衡发展的环境和条件，才能从根本上缩小少数民族地区和汉民族地区的差距。由此可见，历史上形成的东西部发展差距，很难在短时期内完全消除。新中国成立后，党和国家十分重视发展少数民族地区的文化教育和科技卫生事业，全国建立了 13 所民族学院（大学），兴办了一大批民族寄

①　西部 10 多个省区包括 5 个自治区、重庆市、滇、桂、川、黔、陇 5 个民族省。

宿中小学，并在东部发达地区开办西藏班、新疆班。另外，从东部城市选派优秀教师到民族地区支教，并为民族地区培养了一批少数民族骨干教师和医护人员。国家继续加大对西部民族地区的教育经费投入，改善办学条件，增加贫困生的生活补助，使西部民族地区教育两基普及率普遍提高，医疗条件明显改善。经济是基础，只有加快民族地区经济和社会发展，才能为科教文卫提供财政保障。"十一五"计划以来，民族地区发展速度普遍高于全国平均水平。四川民族自治地方三州三县，"十一五"末期与"十五"相比，地方生产总值翻了一番，财政收入增长4倍，素有西部发展引擎之称的重庆市，2011年GDP增长16.5%，2012年预计增长目标为13.5%，虽然增速低于上年，但仍高于全国增长目标6%。5个自治区及滇、黔、青3个民族省，年初公布的经济增长预期目标比全国平均增速高出3.5至6.5个百分点。①

内蒙古、新疆是资源富集的自治区，系国家重点发展的能源基地。内蒙古的煤炭、电力输出，为国家经济发展提供了强大的动力，每年外输电力达400多亿千瓦时，居全国第一位。首都北京4盏电灯中，就有1盏是内蒙古电源点亮的。内蒙古电能和资源的开发，大大加快了我国经济和社会的发展。2001—2007年，经济总量由1000多亿元增至4700多亿元，财政收入从100多亿元增至700多亿元。② 2000—2011年，内蒙古GDP年均增长17%，增速居全国首位。③ 新疆煤炭资源占全国煤炭总量的43%，油气储量位居全国前列，已成为国家的重要能源基地；同时，新疆又是优质棉花、工业、蕃茄、红花、枸杞、大枣、啤酒花等特色农产品的生产/种植基地。在全国耕地不断减少的情况下，1997年与2007年，新疆新增耕地230多万亩，后备耕地资源达2亿多亩，发展潜力巨大。④ 近些年因资金、人才、交通等因素的制约，新疆与东部地区发展差距拉大。中央决定加大对新疆的对口支援，19个对口援疆的省市，基本上实现援疆资金100%到位，至2011年12月底援疆项目100%开工，其中包括安居富民、定居兴牧、高效节水、村镇基础设施配套、双语教育、村级文化活动中心

①《中国民族报》2012年3月13日。
②《中国民族报》2007年5月25日第1版。
③《中国民族报》2012年3月13日。
④《人民日报》2007年5月14日第1版。

和卫生室等民生工程1448个，援助到位资金134亿元。已完工的项目825个，完工率达56.7%。东西部对口支援，增强了新疆经济的活力。[①] 2011年，新疆地区GDP增速为12%，2012年，预期增长目标为11%。整个"十二五"时期，每年增速高于全国3.5个百分点，2015年，赶上全国平均水平。[②]

宁夏回族自治区集中了连片特困地区，有100多万农村绝对贫困人口，占宁夏总人口的1/6，脱贫任务十分艰巨。宁夏借力"中阿经贸论坛"，打造"向西开放"新门户。2010年第一届中阿经贸论坛，有254家国外企业，6000多人参加，签订合作项目190个，投资金额893亿元。2011年第二届中阿经贸论坛有76个国家和地区参加，签订国内外合作项目164个，投资额为839.5亿元。2012年，宁夏在沙特阿拉伯经贸活动周上，与沙特企业共签署了8项合同，总金额达46.14亿美元。中阿经贸论坛，扩大了宁夏与阿拉伯国家和东南亚国家的经贸往来。据统计，宁夏进出口商品逾千种，外贸额由2007年的15.85亿美元增至2011年的22.86亿美元。2011年，宁夏地区生产总值达2060.8亿元，增速连续4年高于全国平均水平。[③] 当年全区财政预算收入突破300亿元，全区财政预算支出首次突破600亿元，民生财政支出占全区财政预算支出的70%以上。5年来，城镇居民人均可支配收入从9177元，增加到17500元；农民人均纯收入从2760元增加到5400元。但与全国人均收入差距仍然较大。

西藏历史上长期处于黑暗的农奴制社会，加上高山大川阻隔的封闭状态，生产力水平极为低下。1951年，西藏和平解放后，在党和政府以及全国各族人民的大力支援下，经济、社会有了很大的发展，但仍然是中国欠发达地区之一。改革开放后，中央先后召开五次西藏工作座谈会，作出了加快西藏发展重要战略决策，国家加大对西藏财力、物力和人力的投入，并决定由中部发达的省市对口支援西藏建设，已先后建成了一大批重大工程项目，如羊卓湖水电站、青藏铁路、青海柴达木拉萨输油管道、西

①　《中国民族报》2012年3月2日第1版。
②　《中国民族报》2012年3月第2版。
③　《中国民族报》2012年9月11日第3版

藏电力与内地联网等重大工程，大大改善了西藏的交通运输条件和能源供应状况。这些工程没有大批汉族工程技术人员和技术工人的辛勤劳动，是不可能完成的。湖北武汉在援藏工作中创新西部区域经济发展的新模式，取得了很好的经济效益和社会效益。武汉对口支援的远郊县，纳入市场经济社会发展规划，建构成政府援藏为主、社会援藏为辅、企业参与开发的援藏主体多元化格局，重视培植财源和增强经济发展活力，因地制宜实施干部、资金、项目、技术、人才、管理和智力等全方位、多层次、宽领域的立体式援藏工程。16 年来，乃东县经济总量实现了年均 100% 以上的高速增长，各项社会发展指标位居西藏前列，农牧民人均纯收入已接近全国平均水平。武汉的援藏经验，在东中部汉族聚居的发达地区对口援助西部欠发达的民族地区中，具有普遍的推广意义。①

　　中国是一个统一的多民族国家，汉族占全国总人口的 92%。除西藏、新疆外，绝大多数民族自治地方汉族人口占多数。从整体上讲，汉族经济、文化、科技、医疗水平远高于少数民族发展水平，在全国处于主导地位。而辽阔的西部边疆，世居各个少数民族，34 个少数民族跨境而居，直接关系到国家的安危和统一，战略地位十分重要。当前世界金融危机非常严重，外贸出口不畅，内需不足，国家经济增速乏力；而西部民族地区资源丰富，处在工业化和城市化初期，工资、地价普遍低于东部，能源相对充裕，发展潜力和后劲较大。近年来，西部经济增速明显高于东中部，是中国经济长期稳定增长的重要引擎之一。东中部汉族地区加强对西部民族地区对口支援和互利合作，既是义不容辞的历史责任，又是自身发展、国家长治久安、构建和谐社会的需要。所以，湖北对口支援的"武汉经验"，更具有重大的现实意义。

---

　　① 《中国社会科学报》2012 年 8 月 27 日第 6 版。

【学术报告】

西夏的汉族和党项民族的汉化

史金波

（中国社会科学院民族学与人类学研究所）

西夏是中国中古时期党项族建立的大夏国（或称夏国）的别称。它作为有宋一代中国的第三大势力，在西北地区称霸两个世纪。西夏是以党项族为主体，包括汉族、吐蕃、回鹘等族的多民族王朝。

一 西夏时期的汉族

西夏所辖的中国西北地区，包括宁夏、甘肃大部，陕西北部，内蒙古西部和青海东部的广大地区。这些地区靠近中原，很早以前就有汉人与其他少数民族共同居住、开发，是汉族和其他民族往来密切、交错杂居之处。

党项族自唐代北迁进入这一地区后，就与汉族和其他民族共同生活在这里。可能开始时是因为党项族多从事传统的畜牧业而游牧于草地、山间等牧区，而汉族则主要居住在农村和城市。随着部分党项族学习并从事农业，特别是其统治者将其政权中心先后设立在夏州（今陕西省靖边县北白城子）、灵州（今宁夏吴忠市境内）、兴州（今宁夏银川市）后，党项族的居住地与汉族更接近，形成更为广泛的民族杂居态势。

在西夏社会中，党项族（番族）和汉族是西夏的两大主要民族。这两个民族有着十分密切的往来。在经济上以党项族为主的牧业和以汉族为主的农业并重，政治上自皇帝以下有党项人和汉人同朝为官，在文化上番礼和汉礼交互行用。就连文字的使用也是番文（西夏文）、汉文同时流行。

汉人在西夏有着举足轻重的地位和影响。西夏语中称汉族为"嘧"。汉族在长期的历史形成过程中混入了很多不同民族的成分，它的构成确实很杂。特别是离西夏较近的唐末、五代时期，由于藩镇割据、朝代频繁更迭，北方各民族进入了一个迅速融合的历史时期，一些民族逐渐消亡，他们大部分归入了汉族之中。党项人用汉语中的"杂"字来称呼汉人，反映出汉族人数众多，分布地域广，其成分比较杂，各地的汉族有某些不同的特点。辽、金时期有所谓"乣"（也作"乣"），读音为"札"或"察"，本义有"杂户"、"杂类"之义，用以称呼杂居的外族分子。至元代索性用来称呼汉人。[1]"乣"和西夏文中称呼汉人的"嘧"音极相似，北方少数民族对汉人的称呼有共通之处，可能元代的"乣"即来源于西夏的"嘧"。

在西夏文字典《文海》中，此发音为"嘧"的字，有如下的注释："汉者蛮也，阔悗也，汉之谓也。"[2]"阔、悗"的两个西夏字中，第一个字，与字义为"布"的字同音，字形构成由"布"字左部和读音为"嘧"的"汉"字全字合成；第二个字与字义为"衣"的字同音，字形构成又正好由"衣"的左部和"汉"字整个字合成。原来党项人称呼汉人的所谓"阔悗"二字，是"布衣"之意。西夏双语词语集《番汉合时掌中珠》中有"布衫"一词，旁边所注的汉字读音即为"阔悗"[3]。党项人称呼汉人为"布衣"，反映了番族"衣皮毛，事畜牧"习俗与汉族人民穿布衣、事农桑习俗的明显的差别。这一称呼很可能是早期党项人对汉人的称谓。西夏文字创制时，为了书面上把称衣着的"布衣"和称呼汉人的"布衣"相区别，便在称呼汉人时用"布"、"衣"二字的一部分分别加上"汉"字的字形。

汉人在西夏处于特殊、微妙的地位。特别是西夏初期因与以汉族为主体的宋朝不断战争，对汉族有敌视情绪。西夏初期创制西夏文字时，"汉"字（音"嘧"）由"小"和"虫"字组成，便是证明。在阶级社会中，统治阶级的民族不平等、民族歧视观念根深蒂固，取得优势地位的少数民族

---

① 蔡美彪：《乣与乣军之演变》，《元史论丛》第二辑，中华书局1983年版。

② 史金波、白滨、黄振华：《文海研究》，中国社会科学出版社1983年版，第84、141、519、638页。

③ （西夏）骨勒茂才著，黄振华、聂鸿音、史金波整理：《番汉合时掌中珠》，宁夏人民出版社1989年版。

统治者也不例外。但汉族经济、文化相对比较发达，汉族的士人的统治经验、文化素养也比较丰富，以汉族为主的农业生产在社会经济生活中发挥越来越重要的作用，因而西夏的统治者对汉族的作用也有充分的认识。

西夏历代统治者没有因为与以汉族为主体的宋朝对峙而完全排斥汉人，而是多能从大局着眼，从实际需要出发，吸收、利用汉族人才。一些汉人早在夏州政权时，就参与军政。北宋初年党项族首领李彝兴任定难军节度使时，汉族康氏家族是当地官宦之家，康公任夏州政权五州管内都指挥使。① 至李继迁时期，汉人张浦出谋划策，辅佐李继迁抗宋自立，后来还代表夏州政权出使宋朝。继迁时期还有宋灵州屯戍军校郑美投归，被授指挥使之职，协助继迁夺取宋朝重镇灵武。事后宋太子中允、集贤院富弼上书皇帝曾论及此事：

> 顷年灵州屯戍军校郑美奔戎，德明用之持兵，朝廷终失灵武。元昊早蓄奸险，务收豪杰。故我举子不第，贫贱无归，如此数人，自投于彼。元昊或授以将帅，或任之公卿，推诚不疑，倚为谋主。彼数子者，既不得志于我，遂奔异域。观其决策背叛，发愤包藏，肯教元昊为顺乎，其效郑美必矣。②

这里富弼将继迁误记为德明。可知当时宋入西夏的汉人并非只一二人，已引起统治阶层的重视。

西夏正式立国后有更多的汉人进入政府高层，身居枢要，甚至位居宰辅。元昊称帝之初，以番人野利仁荣、汉人杨守素为谋士，立国授官时，又任用多位汉人为其主要文官。后又接纳中原地区的汉人文士张元、吴昊，参与谋议，委以重任。张元，宋许州（今河南许昌）人，多次举进士不第，又为县宰笞打，于是逃往西夏，备受重用，位至国相。③ 宋朝旧制，殿试皆有黜落。张元黜落后以积忿投归元昊，成为宋朝大患。宋朝由此事总结教训，将其归咎于殿试黜落制度。于是在宋嘉祐二年（1057）

---

① 戴应新：《有关党项夏州政权的真实记录——记〈故大宋国定难军都指挥使康公墓志铭〉》，《宁夏社会科学》1999 年第 2 期。

② 《续资治通鉴长编》卷一百二十四，仁宗宝元二年（1039 年）九月己卯条。

③ （宋）王巩：《闻见近录》，1984 年中华书局影印本。

诏进士与殿试者皆不黜落，此后成为定制。这是因张元投西夏，而使宋朝后世士子无殿试黜落之忧。①

夏毅宗谅祚时陕西人景询投奔西夏，谅祚授其为学士，深受信用。谅祚"每得汉人归附，辄共起居，时致中国物娱其意。故近边番汉争归之"②。可见当时西夏皇帝对汉人的重视。

夏崇宗时汉人任得敬献女得宠，镇压起义得势，仁宗时为国相，后晋为楚王、秦晋国王，位在一人之下，万人之上。成为汉人在西夏王朝职位最高者，后因篡权分国被杀。

西夏王朝中很多重要事项都是番、汉并列，如番汉大学院、番汉学士、番汉乐人、番汉僧人等。在提及多民族时，番在前，汉在后，然后是其他民族。汉族在西夏是番族以外影响最大的民族。

在西夏法典《天盛律令》中西夏的汉人又区分为"汉"和"降汉"，汉可能是原来就居住在西夏地区的汉人，"降汉"在西夏原文是"兽汉"，也可译为"敌汉"，应是后来战争中被俘或投诚的汉人。《天盛律令》中又有"修城黑汉人"、"归义军院黑汉人"③。汉人作修城的苦力，投降的汉族军人为"归义军"，这当然不是西夏军队的主力。

《天盛律令》规定："番、汉、降汉、西番、回鹘共职者，官高低依番汉共职法实行。"④ 可知在西夏"汉"和"降汉"也能为官。西夏虽视汉人为国人，但仍保持番、汉界限，甚至对汉官的服饰也规定在法典中。《天盛律令》规定："汉臣僚当戴汉式头巾。违律不戴汉式时，有官罚马一，庶人十三杖。"⑤ 这样的意图是不想使番汉混淆。

汉人在西夏的政治活动和生产活动中都发挥了重要作用。在文献中所能见到的汉族人名多为上层统治者，主要汉姓有赵、李、梁、王、任、曹、刘、韩、张、杨、苏、罗、贺、高、薛、潘、米、白、宋、吴、焦、田、邹、马、郝、索、陈等。

在西夏社会中，不仅上层有汉人，在普通居民中更有大量的汉人。在

---

① （宋）王栐：《燕翼诒谋录》卷五，中华书局 1981 年版。
② （清）吴广成：《西夏书事》卷二十一，清道光五年小砚山房刻本。
③ 史金波、聂鸿音、白滨译注：《天盛改旧新定律令》，法律出版社 1999 年版，第 224 页。
④ 《天盛改旧新定律令》，第 379 页。
⑤ 同上书，第 431 页。

西夏传统的农业区中应是以汉族为多数。即便是在西夏新兴的地区中，也有不少汉人。黑水城是西夏始建的城市，那一带牧业发达，因引黑水灌溉，农业也兴盛起来。在黑水城出土的一件户籍中，可见其中除有党项族以外，还有杨、浑、潘、罗等汉姓户主，证明当时黑水城地区的基层是党项人和汉人杂居的。① 当时两个民族的农民杂居在一起，归属于一个社区。

在西夏文《三才杂字》和西夏汉文本《杂字》中，除"番姓"外，都有"汉姓"一节。在西夏文《杂字》中自"张、王、李、赵、任、季、田、狄"开始，共有 84 个汉姓。而在汉文本《杂字》中"汉姓"列在第一节，"番姓"为第二节。"汉姓"前残，约缺几十个姓，尚余"梁、陈、苏、辛、美、丁、薛、谋"等 138 个姓②。汉姓在《杂字》中的位置表明了汉族人在西夏有与番族相近的地位。

在西夏文《碎金》相当于中原地区的《千字文》，其中 1000 个字中记载了 120 个汉姓：

> 张王任钟季，李赵刘黎夏。田狄褚唐秦，温武邢袁枝。金严陶萧甄，胡白邵封崔。
>
> 息传茫廉罗，司段薄徐娄。江南蔡子高，羊鞠钱伯万。董隋贾迺卓，韩石方穆回。
>
> 解周燕尚龚，何傅儿奚德。耿郭君邱铁，史申稣孙合。曹陆倪苏姚，浑酒和殷陈。
>
> 牛杨孟杜家，吕马纪不华。寇婴宗许虞，韦翟权薛安。吴九邹聂丁，侯窦左糜潘。

在《碎金》中汉姓的前面是常用的番姓，以嵬名为头。汉姓以张姓为首。看来，这些汉姓应该是在西夏地区常见的汉族姓氏。③

特别值得提出的是西夏时期编纂的《番汉合时掌中珠》，每一词语皆有西夏文、相应的汉文、西夏文的汉字注音、汉文的西夏字注音四项，是

---

① 史金波：《西夏户籍初探》，《民族研究》2004 年第 5 期。

② 史金波：《西夏汉文本〈杂字〉初探》。

③ 聂鸿音、史金波：《西夏文本〈碎金〉研究》，《宁夏大学学报》1995 年第 2 期。

当时西夏番人和汉人互相学习对方语言的工具书。其序言就提到番汉语言和番言。

> 今时人者，番汉语言可以俱备，不学番言则岂和番人之众；不会汉语则岂入汉人之数。番有智者，汉人不敬；汉有贤士，番人不崇。若此者由语言不通故也。[①]

可见，当时西夏社会上对番、汉关系的基本态度，也反映了当时社会主流提倡民族友好、民族交流的深刻认识。此书编印问世后，曾一再修订印行。近代不仅在大量出土西夏文献的黑水城遗址（今属内蒙古额济纳旗）发现了此书的全本，还在当时西夏的首都（今宁夏银川市）、敦煌莫高窟都发现了此书的残本，证明此书当时受到重视和欢迎，同时也反映出西夏时期汉族的重要地位与番汉友好的民族关系。

二　西夏时期党项族的汉化趋向

党项族原来居住在今青海省东南部、四川省西北部一带。那时，党项族还处于原始社会的晚期。后与其相邻的吐蕃势力不断壮大，党项族直接受到吐蕃的挤迫，于8世纪初期陆续内迁。中唐以后，大部分党项人逐渐内迁到今甘肃东部、宁夏和陕西北部一带，在新的地区繁衍生息，不断发展壮大。黄巢起义军攻入唐都城长安（今陕西省西安市）时，党项族首领拓跋思恭于中和元年（881）与其他节度使响应唐僖宗的号召，参与镇压黄巢义军，次年攻入长安，因功被封为定难军节度使，管领五州，治所在夏州。五代时期，夏州党项政权先后依附于中原的梁、唐、晋、汉、周各朝，并在与邻近藩镇斗争中，势力不断壮大。北宋时期党项族首领李继迁抗宋自立，对宋朝造成重大威胁。经其子李德明时期的发展，扩大了管辖版图，至李德明子元昊时正式立国称帝。

若仔细分析西夏主体民族党项族的发展，可以看到它随着时间的推移不断在发生着变化，有些变化甚至非常显著，非常深刻。这种变化是在社

---

① 《番汉合时掌中珠》序。

会发展过程中，在民族进步中有意或无意进行的。而这种变化的最大特点就是趋同汉族，逐步汉化。

（一）物质生产方式的转变

党项族在北迁之前完全是游牧民族的生产方式。《隋书》记载：党项人"牧养牦牛、羊、猪，以供食，不知稼穑"①。至唐代，党项人仍然"畜牦牛、马、驴、羊，以供其食。不知稼穑，土无五谷"②。

党项人进入西北地区后领地不断扩大，自然环境有了很大改变。那里不仅有宜于放牧的牧地，还有很多适于耕种并已耕作过的农田。同时，无论是统治者还是百姓都不断地、频繁地接触汉族。汉族先进的生产方式潜移默化地影响着党项族。不少党项族逐步从事农业生产，他们慢慢由纯牧民变为农民，或半农半牧的人。黑水城出土的西夏后期土地买卖契约中，卖地者及证人都是当地农民，从他们的姓名看多数是党项族，如耶和、没啰、恶恶、讹劳、平尚、每乃、藐泥、息尚、麻祖等。这些原始资料证实当时党项族中不少已是耕种土地的农民。这些卖地契还证实，西夏后期党项族农民中的一些人由于生活所迫，不得不出卖祖先经营的土地。契约中也有部分出卖土地者和证人是汉族姓氏，如契约中的梁、邱、翟、曹、陈姓等。③ 证明当时党项族和汉族农民居住在同一区域，在经济生活中联系紧密。

党项族物质生产方面的根本性变化是学习、趋同汉族的结果。

（二）风俗习惯的变化

党项族来到汉族文化底蕴很深的西北地区后，不仅在生产方面，在吃、穿、用等方面都有很大改变。原来生活用品基本上都取自于牲畜，食畜肉、饮畜乳、衣牲畜皮毛，就连居室都是"织牦牛尾及羊毛覆之"。后来在汉族的影响下其生活方式不可避免地产生了巨大变化。西夏第一代皇帝元昊在称帝前与其父李德明有一段对话：

---

① 《隋书》卷八十三《党项传》页。
② 《旧唐书》卷一百九十八《党项羌传》。
③ 史金波：《黑水城出土西夏文卖地契约研究》，《历史研究》2012 年第 2 期。

> （元昊）数谏德明无臣中国，德明辄戒之曰："吾久用兵，终无益，徒自疲尔！吾族三十年衣锦衣，此圣宋天子恩，不可负也。"元昊曰："衣皮毛，事畜牧，番性所便。英雄之生，当王霸尔，何锦绮为？"①

由此可见，党项族北迁后一个多世纪，生活方式也发生了很大变化，特别是统治阶级变化更是明显，他们不再只"衣皮毛"，而是喜欢穿着"锦衣"。

元昊在其父德明的基业上正式建立大夏皇朝，他突出标榜党项民族特性，但在番、汉接触增多、难舍难分的大环境下，也不得不接受诸多汉文化的影响，成为一个复杂、矛盾的人物。元昊在立国前夕进行服饰改制，以服饰区分等级，正式规定西夏文武官员衣着：

> 文职则幞头、鞾笏、紫衣、绯衣；武职则冠金帖起云镂冠、银帖间金镂冠、黑漆冠，衣紫旋襕，金涂银束带，垂蹀躞，佩解结锥、短刀、弓矢韣……便服则紫皂地绣盘球子花旋襕，束带。民庶青绿，以别贵贱。②

可以看出，这种服饰制度的原则和具体内容，多是效法中原地区的服饰制度，文官的装束多因袭唐宋，而武职的服装除效法中原外，保留了较多自身的特色。而这些特色恐怕与党项族隋唐时期的服饰也相去甚远，倒可能和长期以来与骑马民族回鹘、契丹交往较多有关，这些民族武士服饰对西夏武官的服饰产生了重要影响。西夏文官和武官服饰的差别，大概和西夏初期文官汉族人居多，武职中又以党项人为主关系很大。

西夏前期在统治者内部长期存在着所谓"番礼"和"汉礼"之争。汉礼即指当时汉族或中原地区的风习、礼仪。在西夏，番、汉两种文化同时并存，在不同时期又根据当时政治形势和统治者的爱好而有所侧重。西夏统治者内部在提倡番礼抑或汉礼问题上，曾有严重的分歧和兴废的反

---

① 《续资治通鉴长编》卷一百十一，仁宗明道元年（1032 年）十一月壬辰条。
② 《宋史》卷四百八十五《夏国传上》。

复。元昊时兴秃发、别服饰、创番文，提倡番礼。元昊死后，没藏太后专权，更强调番礼。此后一般后族掌权时提倡番礼，而皇族掌权时则提倡汉礼。第二代皇帝毅宗亲政后，想与宋修好，于奲都元年（1057）杀掉其专权的舅父没藏讹庞后，请去番礼，而用汉仪。毅宗给宋朝上表："本国窃慕汉衣冠，今国人皆不用番礼。明年欲以汉仪迎待朝廷使人。"①此举当然得到宋朝嘉许。第三代皇帝惠宗朝垂帘听政的梁太后恢复番礼。而惠宗却爱好汉礼。因此梁太后便把惠宗囚禁起来。西夏前期"番礼"与"汉礼"之争，其实质往往反映出皇族与由保守势力支持的后族之间的政治斗争。② 这种斗争也反映出在西夏党项族虽是主体民族，但汉族的风俗礼仪却不能忽视。

从崇宗到仁宗时期，番、汉文化同时发展到新的阶段。特别是仁宗在发展番族文化、大量使用番文的同时，全面学习汉文化，使西夏成为一个文化发展、礼仪类似中原的国度。

其实汉族的风俗一直在浸润着党项族的方方面面。衣食住行、婚丧嫁娶都摆脱不了汉族越来越多的影响。《番汉合时掌中珠》中所载的西夏衣物、食品已与中原地区大致相同；其住房无论统治者的宫殿、官府，还是普通百姓的土屋，都不再是单纯的帐篷。

在婚姻方面变化尤其明显。隋唐时期党项族的婚姻还保留着群婚的残余。《隋书》记载："淫秽烝报，于诸族中最为甚。"③《旧唐书》记载更加详尽："妻其庶母及伯叔母、嫂、子弟之妇，淫秽烝衮，诸夷中最为甚，然不婚同姓。"④ 至西夏时期，党项族的婚姻无论西夏法典《天盛律令》的法律规定，还是《番汉合时掌中珠》的记载，都可见包括党项族在内的西夏婚姻已经是有父母之命、媒妁之言的封建婚姻关系。尽管党项族还保存着姑舅表婚的特点，但事实上，已经靠近了汉族的婚姻习俗。⑤

更直接反映西夏婚俗变化的是番、汉两个民族之间的族际通婚。西夏

---

① 《续资治通鉴长编》卷一百九十五，仁宗嘉祐六年（1062 年）十一月己巳条。

② 蔡美彪等著：《中国通史》第六册，人民出版社 1979 年版，第 164—174 页。

③ 《隋书》卷八十三《党项传》。

④ 《旧唐书》卷一百九十八《党项羌传》。

⑤ 史金波：《西夏党项人的亲属称谓和婚姻》，《民族研究》1992 年第 1 期。

党项族和附近民族有友好往来，他们互通婚姻，不断地进行民族间的自然融合。西夏皇室就不断与其他民族结亲。李继迁、元昊和乾顺曾先后娶契丹皇室女为妻。西夏皇帝娶汉族女为妻也不乏其人。如崇宗乾顺之妃曹氏为汉族，生子仁孝，是为仁宗；仁宗妃罗氏也为汉族，生子纯佑，是为桓宗，西夏两代皇帝的母亲都是汉族。西夏皇族中汉族血统的成分越来越多了。

　　黑水城出土的西夏文户籍表明，西夏底层社会存在着更为普遍的番、汉通婚现象。如从 Инв. No. 6342 号 30 户的户籍可知，当地居民虽以党项族为主，户籍中反映的婚姻关系也以党项族之间结合为多，但党项族与汉族通婚已不是个别现象。如第 6 户千叔讹吉的妻子焦氏，第 9 户嵬移雨鸟的妻子罗氏，第 27 户千玉吉祥有的妻子瞿氏都是汉族。[①] 证明当地党项族和汉族相通婚姻。黑水城出土的一些借贷契约中借贷者和同借者不少是夫妻关系，有的夫妻一个是汉族，一个是党项族。如 Инв. No. 4996—6 号③立契约者是曹肃州，相借者是妻子讹七氏西宝。前者是汉族，后者是党项族。[②]

　　西夏姓氏中有复姓现象。如西夏首领印上刻画的首领姓名有"吴嵬名山"，又如《凉州重修护国寺感通塔碑铭》中有"浑嵬名遇"，莫高窟61 窟题记有"翟嵬名九"，榆林窟 12 窟—13 窟之间的题记有"张讹三茂"等。以上姓氏第一个音节为汉姓，第二三个音节为番姓。这种复姓现象或许是父姓与母姓共用，或许表明了一种特殊的婚姻关系。在所见一个人名中有汉姓和番姓两个姓氏时，都是汉姓在前，番姓在后。大约本人是汉族，妻子是番族。西夏境内各族当中，自然以主体民族党项族地位较高，有的汉人与党项人结为婚姻后，为了表明自己不同于一般汉人的特殊地位，便在自己的汉姓之后加上妻族的姓氏。由此可以看出西夏上层和基层都不乏党项族和汉族通婚的例证，这是两族密切交往的自然融合现象。

　　当时在宋、夏有很长的边境接壤，而且边界并不固定，不少汉人在西夏生活，也有很多党项人到宋朝所辖地区。有的党项人在宋朝便更改成汉姓。原来是朝廷赐姓，后私自改姓。当时范仲淹之子、时任鄜延路经略使

---

　　① 史金波：《西夏户籍初探》。

　　② 史金波：《西夏粮食借贷契约研究》，《中国社会科学院学术委员会集刊》第 1 辑（2004年），社会科学文献出版社 2005 年版。

的范纯粹还为此郑重上言：

> 契勘本路蕃官，自来有因归顺，或立战功，朝廷特赐姓名，以示旌宠。如威明善为赵怀顺，均凌凌为朱保忠是也。后来有蕃官无故自陈乞改姓名，经略司不为止遏，据状申陈，省部亦无问难，遂改作汉姓，如伊格为白守忠，鄂钦为罗信是也。亦有不曾陈乞，衷私擅改作汉姓，如罗凌之子为周俊明是也。……今乃使外蕃种类，无故自易姓氏，混杂华人，若年岁稍远，则本源汨乱，无有考究，汉蕃弗辨，非所以尊中国而别族类也。①

上述"威名"即西夏皇族嵬名氏。看来宋朝党项族改为汉姓的不是个别现象。入宋的党项族更容易被汉族同化。

（三）语言文字的表现

语言往往能反映一个民族的特点。党项族的语言属汉藏语系藏缅语族，后世称党项语为西夏语。党项族与汉族的密切交往，使西夏语也发生着前所未有的变化。

最直接的变化是西夏语中出现的大批汉语借词。在基本词中就不下上百个汉语借词，其中有的是党项族原来没有的事物和行为，在接受了汉族的新事物后同时借词，如名词中的圣、府、州、县、堡、官、车、经略、刺史、箜篌、和尚、沙门，动词中的写、灌、雇、包、安抚、安排、参差，量词中的寸、卷等。有的是西夏原也有此种事物，但因经常使用汉语中相应的词，汉语词逐渐借入西夏语，形成本语词和汉语借词并用的态势，如名词中的牲、谷、山，动词中的生、打、分，形容词中的大、粗、细、正等。

一般在语言的语音、词汇、语法三部分中，语法是最稳定的。但在西夏语中语法中的某些现象也在汉语的影响下发生了明显的变化。例如，在西夏语中形容词在修饰名词时，形容词置于被修饰的名词之后，这与汉语的词序相反。但因受汉语的影响，西夏语中也出现了一些形容词置于被修

---

① 《续资治通鉴长编》卷四百七十六，哲宗元祐七年（1092）八月壬子壬戌条。

饰的名词之前的现象。这表明汉语对西夏语的影响已达到很深的程度。

西夏早期创制了记录西夏语言的文字，后世称为西夏文。在创制西夏文时好像要特意突出特点，尽量标新立异，所有 6000 多西夏字，无一字与汉字雷同。但翻看西夏文文献，第一眼就感到他们特别像汉字，因为西夏字不仅是和汉字一样性质的方块字，而且使用了汉字点、横、竖、撇、捺、拐等笔画，构字方法也与汉字相近。因此，尽管造西夏字者力图摆脱汉字的影响，但结果终未能跳出汉字系统的圈圈，从西夏字中可以透视到汉字的影子。

由前述《番汉合时掌中珠》的序言可知，由于社会实际的需要，西夏提倡番汉民族互相学习对方的语言文字，大力推行双语教育。这种双语现象和带有教科书的双语教育，促进了两个民族更加密切的接近和实质性的融会。

西夏番汉两个民族在接触过程中，都会受到对方的影响，但一般经济、文化先进的民族给予对方的影响更大。党项族实际上早已处于趋同汉族的过程之中。

三　西夏灭亡后党项民族汉化

历史使西夏走过了由弱而强、由盛而衰的道路。党项族素以强军著称。西夏之所以能在强邻环伺的局势下，强梗立国近两个世纪，靠的是一支组织有序、机动灵活、战斗力强大的军队。这支军队在西夏前期与宋、辽、吐蕃、回鹘轮番作战，胜多败少，维持并发展了自己的势力。然而随着社会的发展，王朝经济、文化建设成为社会的主流，文治加强，武备渐弱。在蒙古迅速崛起后，西夏军队与之周旋 20 余年，终于未能抵挡住蒙古铁骑的多次进攻，于 1227 年首都陷落，西夏王朝灭亡。

在蒙古进攻西夏的过程中，除以武力进攻外，还采取利用、拉拢西夏人的做法，甚至逼迫西夏把部分西夏军队交由蒙古驱使作战。期间一些西夏党项人或其后裔加入了蒙古军的行列，立下了赫赫战功，有的还是西夏皇族后裔。其中一些人在湖北省留下了他们的足迹。

李桢是党项人，"其先姓於弥氏，唐末赐姓李，世为西夏国主"。於弥氏即西夏皇族嵬名氏。他曾从皇子阔出伐金，太宗命阔出："凡军中事，须访桢以行。"可见，李桢在伐金的战斗中受到太宗的极大信任，起着皇子阔出军事顾问的作用。后来他向定宗强调指出襄阳（今湖北襄阳市）在对宋战争中的战略地位："襄阳乃吴、蜀之要冲，宋之喉襟，得之则可为他日取宋之基本。"后来的对宋战争充分证明其建议确有先见之明，襄阳成为蒙古军和宋军反复争夺的战略要地。1250 年李桢被授为襄阳军马万户，1256 年宪宗命他率师巡哨襄樊，1258 年宪宗亲征，李桢被召议事，是年，卒于合州。①

党项人李恒也是西夏皇族后裔。《元史》载："其先姓於弥氏，唐末赐姓李，世为西夏国主。"② 早年随其父（淄川达鲁花赤）为蒙古军效力有功，1270 年从伐宋，李恒率军败宋襄阳守将吕文焕。1273 年春，以精兵渡汉水，自南面先登，攻破樊城，襄阳亦归降。占领襄阳后，李恒继续向东南进军。第二年丞相伯颜进攻沙洋（今湖北省沙洋县）、新城（今湖北襄阳东南），李恒为后拒，败宋追兵，激战阳罗堡（今属湖北省武汉市），攻陷鄂州（今湖北省鄂州市）、汉阳（今属湖北省武汉市）。后从伯颜东下。1275 年宋将高世杰攻湖北，李恒受命守鄂州，又南下攻湖南，至洞庭，擒高世杰。后世祖下令三道出师，李恒为左副都元帅，攻江西、福建、广东，被任命为蒙古汉军都元帅。后又从皇子镇南王征交趾，中毒矢亡于思明州。③

党项人察罕是西夏皇族嵬名（乌密）氏，成为蒙古军的著名将领，后为马步军都元帅，并兼领尚书省事。察罕之子木花里初为蒙古宪宗宿卫，1267 年攻宋，自江陵（今湖北荆州市）略地回兵时，救都元帅阿术，后在进攻襄樊战斗中立有军功。④

党项人虎益为李恒部下，后也参与襄阳之战，并随李恒转战两湖、江西、福建、广东。后为袁州、徽州总管兼管内劝农事。⑤

党项人来阿八赤，早年其父术速忽里归太祖，宪宗时曾上进攻四川之策。来阿八赤在进攻襄樊时曾督运粮储。"至元七年（1270），南征襄樊，

---

① 《元史》卷一百二十四《李桢传》。
② 《元史》卷一百二十九《李恒传》。
③ 《元史》卷十三《世祖纪》；卷一百二十九《李恒传》。
④ 《元史》卷一百二十《察罕传》。
⑤ （元）姚燧：《牧庵集》卷十四《徽州路总管府达噜噶齐兼管内劝农事虎公神道碑》。

发河南、北器械粮储悉聚于淮西之义阳。虑宋人剽掠，命来阿八赤督运，二日而毕。"① 受到世祖的奖赏。

河南濮阳杨十八郎村古金堤南墓地立有一通《大元赠敦武校尉万户府百夫长唐兀公碑铭》，叙述唐兀氏闾马"优于武艺，攻城野战，围打襄樊，诸处征讨，多获功赏"②。闾马也是一位参加过攻打襄樊的党项人。

元代党项人属色目人，有较高的政治地位，在政治、军事、经济、文化领域，皆有不俗表现。然而在这一时期党项人的汉化也更为深刻。一方面党项人不再具有主体民族的地位，另一方面元朝的大一统地域为党项人向更为广大地区的流动提供了广阔空间。

党项人通过多种渠道、多种形式大批内迁。比如元大都的宿卫军主要由蒙古、色目兵士组成，是皇室的亲军，其中有唐兀卫，领河西军（党项人部队）三千人。③ 又如元初党项人昂吉儿率河西军屯驻庐州，后他又请于两淮屯田。其子昂阿秃 1289 年任庐州蒙古汉军万户府达鲁花赤，大德六年（1302）外出征讨后还镇庐州。党项部队也有驻守其他地区者，如 1328 年"徽鄢陵县河西军赴阙"④。可知河南鄢陵也曾屯驻党项部队。⑤

党项人迁到内地为官者也不少。党项人余阙祖居武威，其父名沙拉藏卜，在庐州为官。余阙自幼读书，元统元年（1333）进士及第，三次被召入大都为官。元末农民起义时，政府为镇压农民起义，于至正十二年（1352）任以淮西副使，驻守安庆。至正十八年（1358）安庆被起义军攻破。余阙及其妻子、儿女皆自尽，仅留一襁褓幼子，传承后世。余阙成了为元"死节"的典型人物。余阙曾写过一篇《送归彦温赴河西廉使序》，其中记录了西夏故地党项人的质朴的风俗习惯，又感慨地描述了进入内地之后这些人风俗的变化，经数十年以后，合肥的党项人"其习日以异，其俗日不同"，不仅移居内地的党项人如此，即便是居住在西夏故地的"今亦莫不皆然"。可见，元末的党项人风俗习惯发生了根本的变化。余

---

①　《元史》卷一百二十九《来阿八赤传》。

②　任崇岳、穆朝庆：《略谈河南省的西夏遗民》，《宁夏社会科学》1986 年第 2 期。

③　《元史》卷八十六《百官志》；卷九十九《兵志二》。（元）虞集：《道园类藁》卷四十二《彭城郡侯刘公神道碑》。

④　《元史》卷三十二《文宗纪》。

⑤　史金波：《河南、安徽西夏后裔及其汉化》，《汉民族文化与构建和谐社会》，黑龙江人民出版社 2008 年版。

阙不了解这是社会发展的结果，还希望政府所派"廉能之官"到河西一带去恢复过去那种比较原始的风俗习惯，以为那样"风俗必当丕变，以复千古"①。然而党项族与其他民族同化的局面毕竟无法挽回，就连余阙等党项族上层自己也处于十分矛盾的状态之中。一方面他们从生活、文化上已经汉化，民族语言、文字也不再使用，甚至连姓名也改成汉族样式；另一方面却期望本族故土和人民保留原来的形态，这自然是难以实行的。②

由元入明，党项族后裔发生了更为迅速的汉化，至明清之际，党项族作为一个民族最后消亡了。合肥一带的余阙后裔至今仍有成千上万，他们现今属汉族，其语言、意识、风格，包括婚姻、葬俗等方面与汉族无异，他们作为汉族与当地其他汉族人民亲密无间地生活在一起。党项族的后裔在这里走过了与时俱进的历史进程，这是历史选择的必然结局。

中国历史上消失了不少民族，有些是在中国历史上颇具影响的民族，诸如匈奴、鲜卑、契丹等，当然还有本文讨论的党项族。这些都是历史发展的正常现象。

实际上就全世界人类发展历史看，民族、部族随着时代的前进，都在不断地减少。特别是近代以来，随着民族间交往更频繁、更深刻的演进，世界上的民族和民族语言消失的速度也在加快。这似乎成了一个发展趋向，成了一种历史的潮流。对于强迫民族同化的行为，应予以坚决反对。但对于促进民族发展、改善民生的民族之间自然而然的交往、交流、吸收、融会，则应欢迎、鼓励、提倡、推进，毕竟社会的进步、人民生活的改善是我们追求的主要目标。

---

① （元）余阙：《青阳先生文集》卷四《送归彦温河西廉使序》。
② 史金波、吴锋云：《西夏后裔在安徽》，《安徽大学学报》1983 年第 3 期。

民族学视野中的汉民族研究

曾少聪

（中国社会科学院民族学与人类学研究所）

我国民族学的汉民族研究，指的是民族学和人类学的汉民族研究。杨堃在论述人类学与民族学的关系时指出："民族学在大体上则和英、美两国所说的'文化人类学'或'社会人类学'同属于一门学科。"① 在我国教育部颁发的学科目录中"民族学"为一级学科，"文化人类学"是民族学之下的二级学科，即我们通常所说的狭义民族学。要准确地界定民族学的汉民族研究很不容易，我们将受过民族学教育并长期从事民族学教学和科研的学者撰写的有关汉民族研究的论著，视为民族学的汉民族研究成果，大家都容易接受。不过，有许多学者并没有受过民族学的教育，却长期在民族学的教学和科研机构工作，并从民族学的角度研究汉民族，我们很自然地把这些论著也算作是民族学的汉民族研究成果。至于个别外国华裔学者，他们长期在中国的教学和科研机构工作，在征得他们本人同意的情况下，我们也把他们的论著包括进来。②

本文主要谈三个问题。首先阐述从民族学的视角研究汉民族的必要性，其次论述我国民族学汉民族研究的主要方面，其三提出对民族学视角下汉民族研究的几点思考。在这里需要特别说明的是由于笔者所知有限，以及无法准确判断一些著作是否属于民族学的汉民族研究，因此难免挂一漏万，敬请学术界前辈包涵和指正。

---

① 杨堃：《民族学概论》，中国社会科学出版社 1984 年版，第 6—7 页。
② 陈志明教授是马来西亚华人，他长期在香港中文大学人类学系任教，征得他本人的同意后，我们也介绍他的学术观点。

一　从民族学的视角研究汉民族的必要性

我国是一个统一的多民族国家，根据 2010 年第六次人口普查数据显示，我国汉族人口占 91.51%，少数民族人口占 8.49%。我国民族学研究的内容不仅要包括少数民族的研究，而且也要包括汉民族的研究。费孝通和林耀华指出："民族学的研究对象是包括一切民族在内的，在中国的范围里，不但要研究少数民族，也要研究汉族。"① 中国社会科学院原院长胡绳在第一届都市人类学国际会议上讲话时指出："开展都市人类学研究，必须要研究汉族。对城市汉民族的研究，有助于深入研究少数民族，这两项任务是互相促进的。"② 中国社会科学院民族研究所原所长牙含章，在《给全国汉民族学术讨论会的贺信》中指出："汉民族拥有九亿多人口，不仅是我国境内最大的民族，也是全世界最大的民族。因此，研究汉民族的问题，既有国内意义，也有国际意义。"③

虽然我国的学者很早就提出要加强汉民族的研究，但由于一些原因，汉民族研究一直未能引起民族学界的足够重视，以至于国家民委原主任李德洙指出："长期以来，我国民族学界没有把汉民族纳入民族学研究范围。更为遗憾的是我国最大的民族学研究机构——中国社会科学院民族研究所也没有把汉民族研究课题纳入规划。"④ 学术界忽视汉民族研究主要有以下两个原因。第一，一些学者把中国通史等同于汉民族史；第二，新中国成立以来，我国民族工作者响应党和政府的号召，加强了对少数民族的研究，与此同时忽视了对汉民族的研究。⑤

20 世纪 80 年代，在费孝通、林耀华、牙含章、陈永龄等老一辈学者的支持下，中国社会科学院民族研究所、广西民族学院民族研究所、云南大学历史系、广西民族研究所、四川民族研究所等单位于 1987 年 6 月在广西南宁召

① 费孝通、林耀华主编：《中国民族学当前的任务》，民族出版社 1957 年版。
② 阮西湖主编：《都市人类学》，华夏出版社 1991 年版，第 2 页。
③ 袁少芬、徐杰舜主编：《汉民族研究》（第一辑），广西人民出版社 1989 年版，第 1 页。
④ 李德洙：《中国都市人类学是一门理论与应用并重的学科》，载李德洙主编：《走向世界的中国都市人类学》，中国物质出版社 1994 年版，第 1 页。
⑤ 徐杰舜：《汉民族发展史》，四川民族出版社 1992 年版，第 1—3 页。

开了"全国首届汉民族研究学术研讨会",由此揭开了汉民族研究进入新阶段的序幕。1994年,中国民族学会汉民族分会成立,该分会挂靠在中国社科院民族所,会长和秘书长长期由民族所的领导和研究人员担任。民族所和其他兄弟单位投入大量的人力和物力,组织全国汉民族研究的学术活动,已经召开国内和国际学术研讨会10多次,编辑和出版了10多部会议论文集,[①] 推动了我国汉民族研究。

中国社会科学院正在组织实施哲学社会科学创新工程,民族学与人类学研究所领导和同人支持开展汉民族研究通过整合所内民族学、人类学、语言学和民族经济学等学科的力量,设置了"中华民族多元一体格局进程中的汉民族研究"创新工程项目[②],以加强汉民族的研究。

二　民族学视角下汉民族研究的主要方面

关于我国汉民族研究的成果,已有历史学家和民族学家对它做了梳理。陈连开的《20世纪汉民族研究概述》一文,[③] 比较全面地评述了20世纪我国汉民族研究的情况。王东平在《中华文明起源和民族问题》一书中,[④] 有专门一章探讨汉民族形成的问题,梳理了20世纪50年代关于汉民族形成的争鸣,60年代以来民族形成问题的理论探索,新时期(指改革开放以后)以来汉民族形成的新探索。达力扎布主编的《中国民族史研究60年》一书,[⑤] 在该书的第二章"汉民族形成研究"中,主要谈20世纪50—60年代

---

① 1. 袁少芬、徐杰舜主编:《汉民族研究》(第1辑),广西人民出版社1989年版。2. 袁少芬主编:《汉民族地域文化研究》,1999年,广西人民出版社1989年版。3. 何光耀主编:《汉民族的历史与发展》,岳麓出版社1998年版。4. 吕良弼主编:《中华文化与海峡两岸汉民族研究》,中国社会科学出版社2002年版。5. 陈祥辉等主编:《澳门文化、汉文化、中华文化与21世纪》,澳门社会科学学会2003年版。6. 霍彦儒主编:《炎帝与汉民族论集》,三秦出版社2003年版。7. 揣振宇等主编:《汉文化、多元文化与西部大开发》,民族出版社2004年版。8. 王志民主编:《齐鲁文化研究》,山东文艺出版社2005年版。9. 陈义初主编:《河洛文化与汉民族散论》,河南人民出版社2006年版等。

② "中华民族多元一体格局进程中的汉民族研究"创新工程项目,曾少聪研究员担任首席专家。

③ 陈连开:《20世纪汉民族研究概述》,袁少芬主编:《汉族地域文化研究》,广西人民出版社1999年版。

④ 王东平:《中华文明起源和民族问题》,中央民族大学出版社2010年版、花洲文艺出版社2004年版。

⑤ 达力扎布主编:《中国民族史研究60年》,中央民族大学出版社2010年版。

汉民族形成问题的讨论；70 年代末以来汉民族形成问题的新探索。李亦园比较全面地回顾了台湾汉民族研究的历程。① 笔者认为，如果从民族学的视角来看，可以把以往的汉民族研究分为以下几个方面。

（一）中国民族史的汉民族研究

辛亥革命以前和以后的十年间，既是汉民族研究的发轫时期，也是中国学术界引进欧洲的学科理论与方法对中国自己民族进行研究的初始时期。代表人物有梁启超、孙中山、王桐龄和章太炎等。②

从 20 世纪 20 年代开始，历史学界和民族学界开展了比较系统的中国民族史的研究，据统计已经出版了数十本关于中国民族史的著作。③ 不论是民族学家，还是历史学家，在阐述中华民族的形成和发展时，一定要谈到汉民族的形成和发展。例如，人类学家林惠祥著的《中国民族史》④ 一书，第三章华夏系（汉族来源之一）、第四章东夷系（汉族来源之二）、

① 李亦园：《台湾汉民族研究的回顾与前瞻》，袁少芬主编：《汉族地域文化研究》，广西人民出版社 1999 年版，第 7—17 页。

② 陈连开的《20 世纪汉民族研究概述》，袁少芬主编《汉族地域文化研究》，广西人民出版社 1999 年版，第 18—39 页。

③ 中国民族史研究有以下重要的著作。王桐龄的《中国民族史》（北平文化学社，1928 年），常乃惪的《中国民族小史》（爱文书局，1928 年），张其钧的《中国民族志》（商务印书馆，1928 年），曹松叶的《中国人民史》（商务印书馆，1933 年），吕思勉的《中国民族史》（世界书局，1934 年）、《中国民族演进史》（上海亚细亚书局，1935 年）和《中国民族简史》（光华出版社，1948 年），宋文炳的《中国民族史》（中华书局，1935 年），林惠祥的《中国民族史》（商务印书馆，1939 年），杨向奎的《夏民族起于东方考》（禹贡学社，1936 年），刘思培的《中国民族志》（宁武南氏刘申叔先生遗书本，1936 年），李广平的《中华民族发展史》（正义出版社，1941 年），张旭光的《中华民族发展史纲》（桂林文化供应社，1942 年），李震同的《中华民族的来源》（上海民众书局，1942 年），马精武的《中华民族的形成》（上海民众书局，1942 年），俞建华的《中国民族史》（国民出版社，1944 年），林炎的《中国民族的由来》（上海永祥印书馆，1945 年），施瑛的《中国民族讲话》（世界书局，1945 年），郭维屏的《中华民族发展史》，缪风林的《中国民族史》，藏渤鲸的《中华民族新论》（重庆商务印书馆）（以上几书为 1949 年以前出版，出版社和年代阙如），刘揆黎的《中国民族史》，吕振羽的《中国民族简史》（增订本，生活·读书·新知三联书店，1950 年），罗香林的《中国民族史》（台北中华文化出版事业委员会，1955 年），陈致平的《中华民族史话》（十一册，台北正中书局，1956 年），《历史研究》编辑部的《汉民族形成问题讨论集》（生活·读书·新知三联书店，1957 年），罗香林的《中国民族史》（中华文化出版事业社，1957 年），刘义棠的《中国边疆民族史》（台湾中华书局，1969 年），王寒生的《中华民族新论》（台湾龙华出版社，1970 年），胡耐安的《中国民族志》（台湾商务印书馆，1964 年），吴主惠的《汉民族研究》（台湾商务印书馆，1968 年版，1982 年 2 版），刘义棠的《中国边疆民族史》（修订本，台湾中华书局，1979 年 3 版），徐杰舜的《汉民族历史和文化新探》（广西人民出版社，1985 年）。

④ 林惠祥：《中国民族史》，商务印书馆 1939 年版。

第五章荆吴系（汉族来源之三）和第六章百越系（汉族来源之四），专门
论述了汉民族的形成和发展。又如历史学家王桐龄著的《中国民族史》，
第一章汉族胚胎时代、太古至唐虞三代；第二章汉族蜕化时代、东夷西戎
南蛮北狄血统之加入、春秋战国；第三章汉族修养时代、汉族与匈奴之接
触、汉族与乌孙之联合、秦汉；第四章汉族第二次蜕化时代、三国两晋南
北朝；第五章汉族第二次修养时代、隋唐；第六章汉族第三次蜕化时代、
五代及宋元；第七章汉族第三次修养时代、明；第八章汉族第四次蜕化时
代、清。① 上述的中国民族史有个共同的特点就是以汉民族的形成和发展
为主线，对中国民族特别是汉族的发展进行分期，强调汉民族的形成和发
展，吸收和同化了其他民族，使汉族不断壮大。同时，也阐述了汉族与少
数民族在数千年的接触和交往过程中的相互影响。

　　近20年来，有关中华民族史、中华民族关系史、中华民族凝聚力的
研究，都会涉及汉民族研究的内容。如王钟翰主编的《中国民族史》一
书中，在相关章节中论述了汉民族的形成。② 翁独健主编的《中国民族关
系史纲要》详细讨论了汉族与少数民族的关系，③ 卢勋和杨保隆主编的
《中华民族凝聚力的形成与发展》，论述了汉民族与中华民族凝聚力的形
成和发展，④ 白翠琴的《魏晋南北朝民族史》⑤ 一书，在第十三章《民族
大融合及汉族的发展》，着重谈了三个问题，一是民族融合为汉民族注入
大量的新鲜血液；二是汉民族汲取少数民族的精华，促进了汉族文化的发
展；三是迁移流徙使汉族分布更为广泛、影响日趋扩大。何光岳的《中
华民族源流史丛书》，探讨中华民族以及汉民族的源流史。⑥

（二）汉民族形成问题研究

　　新中国成立以后，学术界开展了关于汉民族形成问题的讨论。关于
汉民族的形成，大致有以下三种观点：第一，苏联学者叶菲莫夫认为中

---

① 王桐龄的《中国民族史》，北平文化学社1928年第1版，1934年影印版。王桐龄
(1878—1953)，我国现代著名的历史学家。
② 王钟翰主编：《中国民族史》（增订本），中国社会科学出版社1994年版。
③ 翁独健主编：《中国民族关系史纲要》，中国社会科学出版社1992年版。
④ 卢勋、杨保隆主编：《中华民族凝聚力的形成与发展》，民族出版社2000年版。
⑤ 白翠琴：《魏晋南北朝民族史》，四川人民出版社1996年版。
⑥ 何光岳：《中华民族源流史丛书》，已经出版多卷。

国民族（指汉民族）形成于 19 世纪与 20 世纪之间。① 第二，范文澜认
为秦汉时代汉民族已经形成。② 范文澜的观点与我国有些历史学家的观
点相同，例如抗战前吕思勉就持这种观点。③ 第三，汉民族的形成应与
中国资本主义萌芽的历史相吻合，因此有的学者认为资本主义的萌芽在
明末清初，有的认为在唐宋时期，资本主义萌芽期也就是汉民族形成的
历史时期。④

　　20 世纪 80 年代，民族学界积极参与汉民族形成问题的讨论。牙含章
发表了系列论文和专著，如《建国以来民族理论战线的一场论战——从
汉民族形成问题谈起》⑤、《论民族》⑥ 以及《民族形成问题研究》⑦，对汉
民族的形成问题进行了深入的探讨。参与这场讨论的还有杨堃的《略论
有关民族的几个问题》⑧ 和《说民族与民族支系》⑨，以及孙青的《对斯
大林民族定义的再认识》⑩。

　　徐杰舜在《汉民族发展史》⑪ 一书中，对汉民族的起源、形成、发
展、特征和文化进行了比较详细的论述，并提出自己的一些见解。高凯军
著的《论中华民族：从地域特点和长城的兴废看中华民族的起源、形成
与发展》⑫，该书有九个部分，其中有三个部分探讨汉民族的问题，即影
响华夏族起源、形成和发展的几个重要因素；从秦汉的统一政策、措施看
华夏向汉族的发展；先秦两汉时期华夏——汉族的心理和实体防线。李龙

---

① 叶菲莫夫：《论中国民族的形成》，苏联《历史问题》1953 年第 10 期，转载我国《民
族问题译丛》，1954 年第 2 辑。

② 范文澜：《试论中国自秦汉时成为统一国家的原因》，《历史研究》1954 年第 4 期。

③ 吕思勉：《中国民族演进史》，上海亚西亚书局 1935 年版，第 44 页。

④ 林征：《关于汉民族形成问题的讨论》，历史研究所编辑部编：《汉民族形成问题讨论
集》，生活·读书·新知三联书店，第 255 页。

⑤ 牙含章和孙青：《建国以来民族理论战线的一场论战——从汉民族形成问题谈起》，《民
族研究》1979 年第 2 期。

⑥ 牙含章：《论民族》，《民族研究》1982 年第 5 期。

⑦ 牙含章：《民族形成问题研究》，四川民族出版社 2000 年版。

⑧ 杨堃：《略论有关民族的几个问题》，《云南社会科学》1982 年第 3 期。

⑨ 杨堃：《说民族与民族支系》，《中央民族学院学报》1984 年第 4 期。

⑩ 孙青：《对斯大林民族定义的再认识》，《民族研究》1986 年第 2 期。

⑪ 徐杰舜：《汉民族发展史》，四川民族出版社 1992 年版。

⑫ 高凯军：《论中华民族：从地域特点和长城的兴废看中华民族的起源、形成与发展》，文
物出版社 2010 年版。

海著：《汉民族形成之研究》，① 该书运用人类学和民族学的理论为指导，以文献典籍、甲骨文、考古材料为基本史料，并参之以体质人类学以及其他自然科学的相关成果，对汉民族形成过程中族群关系与族群认同、汉民族及其前身华夏族形成的时间，以及自然与人文生态在汉民族形成过程中的作用进行了探讨。

（三）中华民族多元一体的汉民族研究

1988 年，费孝通在香港中文大学宣读了《中华民族多元一体格局》的论文，提出了中华民族多元一体的观点。他指出："我将把中华民族这个词用来指现在中国疆域里具有民族认同的 11 亿人民。它所包括的 50 多个民族单位是多元的，中华民族是一体，他们虽然都称'民族'，但层次不同。"② "汉族的形成是中华民族形成中的一个重要阶段，在多元一体的格局中产生了一个凝聚的核心。"③ 费孝通的观点引起学术界广泛的关注，并引起进一步的讨论。贾敬颜通过"汉人"这一称谓含义的演变，说明汉族是在不同民族长期交往过程中，由多个民族汇合而成。④ 同时，他也阐述了历史上少数民族中的"汉人成分"⑤。

1990 年，由国家民委民族问题研究中心主办，费孝通主持的民族研究学术讨论会，出席这次讨论会的国内外 40 多位学者，各自阐明对中华民族多元一体格局的见解。⑥ 在谈到中华民族多元一体格局的形成和发展时，都离不开对汉民族的讨论。史金波在《从西夏看中华民族多元一体》一文中提出了"党项族及其所建的西夏王朝，为西北局部地区的统一和发展，为中华民族多元一体格局的形成作出了贡献，同时也为我们认识中

---

① 李龙海著：《汉民族形成之研究》，科学出版社 2010 年版。
② 费孝通：《中华民族的多元一体格局》，费孝通等著：《中华民族多元一体格局》，中央民族学院出版社 1989 年版，第 1 页。
③ 同上书，第 8 页。
④ 贾敬颜：《"汉人"考》，费孝通：《中华民族的多元一体格局》，费孝通等著：《中华民族多元一体格局》，中央民族学院出版社 1989 年版，第 137 页。
⑤ 贾敬颜：《历史上少数民族中的"汉人成分"》，费孝通：《中华民族的多元一体格局》，费孝通等著：《中华民族多元一体格局》，中央民族学院出版社 1989 年版，第 159—177 页。
⑥ 陈连开：《怎样理解中华民族及其多元一体》（讨论综述），费孝通主编：《中华民族研究新探索》，中国社会科学出版社 1991 年版，第 406 页。

华民族的形成和发展提供了一种典型的实证。"① 此外，史先生还指出："西夏是一个少数民族为主体的国家，又是一个多民族的王朝。主体民族党项羌，自称为'弥'，译成汉文为'番'。西夏所辖地区原是汉族和其他民族早就开发的地区。西夏境内汉族人口很多。在西夏境内往往番、汉并称。……可以说番、汉两族在西夏都处于重要地位。"② 白翠琴在《魏晋南北朝时期汉民族发展刍议》一文中，③ 阐述了汉民族在与少数民族的接触中得到发展和壮大的观点。她指出："实际上，魏晋南北朝时期是我国汉族发展的重要阶段。民族大迁徙和大融合给汉族注进了大量新鲜血液，而在融合过程中，汉族又汲取了少数民族文化精华，大大丰富了自身的物质及精神文化。同时，汉族人口分布较前广泛、合理，与其他民族一起，对恢复北方社会经济和开发江南共同作出了贡献，为隋唐的繁荣昌盛、汉族大发展奠定了基础。"

（四）汉民族区域文化研究

我国是个多民族的国家，在历史发展长河中，各民族共同缔造了光辉灿烂的中华文化。汉文化作为我国传统文化的主体文化，在我国数千年的历史中，产生了重要的影响和作用。杜荣坤指出："其文化（汉文化）思想观念，不仅为汉民族所继承，对大陆及台湾等少数民族亦产生深远的影响。汉民族传统文化源远流长，博大精深，其中包括由历史沿传下来的思想、道德、风俗、文学艺术、文物古迹、语言文学、各种制度及科学技术等等许多优秀东西，并且随着时代的需要，内容不断地丰富和发展。它对中华民族的形成和发展，曾起到积极的促进作用。"④

汉民族的区域文化，按汉语方言划分可以分为七大方言区，即北方方言区、吴语方言区、湘语方言区、赣语方言区、闽语方言区、粤语方言区、客家方言区。徐杰舜按地域划分，将汉文化分为华南、华东、华中、

---

① 史金波：《从西夏看中华民族多元一体》，费孝通主编：《中华民族研究新探索》，中国社会科学出版社 1991 年版，第 321 页。

② 同上书，第 317—318 页。

③ 白翠琴：《魏晋南北朝时期汉民族发展刍议》，费孝通主编：《中华民族研究新探索》，中国社会科学出版社 1991 年版，第 254 页。

④ 杜荣坤：《加强汉文化研究，充分发挥其当代价值作用》，《中央民族大学学报》2001 年第 1 期，收入《中华文化与海峡两岸汉民族研究》，中国社会科学出版社 2002 年版，第 727 页。

华北、东北、西北和西南七个地区，分别论述各区域汉民族的形成、发展和文化;[1] 并围绕汉文化的特征展开讨论。[2] 历史学家李学勤将东周列国划分为 7 个文化圈，即中原文化圈、北方文化圈、齐鲁文化圈、楚文化圈、吴越文化圈、巴蜀文化圈、秦文化圈。[3]

总的来看，学术界对河洛文化、楚文化、齐鲁文化、客家文化和闽南文化研究得比较深入。例如，客家文化研究已经形成了三个中心，梅州嘉应学院的客家学院、赣南师院的客家研究中心和台湾交通大学客家学院，这三个机构的学者分别出版了一系列有关客家文化研究的论著。美国学者劳格文主持的《客家传统社会丛书》，自 1996 年第 1 册问世以来，至 2005 年已经出版了第 24 册。[4]

（五）汉民族社区研究

早在 20 世纪 30—40 年代，我国民族学、人类学和社会学界就开展对汉人社区的研究。比如费孝通著的《江村经济》、杨庆坤著的《山东的集市系统》、徐雍舜著的《河北农村社区的诉讼》、黄石著的《河北农民的风俗》、林耀华著的《福建的一个氏族村》、廖泰初著的《变动中的中国农村教育》[5] 以及胡庆军的《汉村与苗乡：从 20 世纪前期滇东汉村与川南苗乡传统看中国》等著作。[6] 当时正在进行研究的还有有李有义的"山西的土地制度"和郑安伦的"福建和海外地区移民的关系问题"[7]。

费孝通《江村经济》一书，涉及的内容有以下几个方面：调查区域、家、财产与继承、亲属关系的扩展、户与村、生活、职业分化、劳作日程、农业、土地占有、蚕丝业、养羊与贩卖、贸易、资金、中国土地问题

① 徐杰舜主编：《雪球——汉民族的人类学分析》，上海人民出版社 1999 年版。

② 徐杰舜：《汉民族历史和文化新探》，广西人民出版社 1985 年版。

③ 李学勤：《东周与秦代文明》，文物出版社 1983 年版。

④ 参见〔法〕劳格文（John Lagerwey）主编：《客家传统社会》（下册），中华书局 2005 年版，第 957—977 页。

⑤ 布·马林诺斯基：《序》（1938 年 10 月 15 日），费孝通著：《江村——农民生活及其变迁》，敦煌文艺出版社 1997 年版，第 8 页。

⑥ 胡庆军：《汉村与苗乡——从 20 世纪前期滇东汉村与川南苗乡传统看中国》，天津古籍出版社 2006 年版。

⑦ 布·马林诺斯基：《序》（1938 年 10 月 15 日），费孝通著：《江村——农民生活及其变迁》，敦煌文艺出版社 1997 年版，第 8 页。

等方面。① 林耀华：《金翼：中国家族制度的社会学研究》一书，林先生在他的序言中指出："这部书包含着我的亲身经验、我的家乡、我的家族历史。它是真实的，是东方乡村社会与家族体系的缩影；同时，这部书又汇集了社会学研究所必须的种种资料，展示了种种人际关系的网络——它是运用社会人类学调查研究方法的结果。"② 有趣的是，费孝通和林耀华都是享誉海内外的民族学家和人类学家，他们成名作的田野调查点都在自己的家乡，也都是属于汉人社区。

　　20 世纪 80 年代，厦门大学人类学系，在陈国强的带领下，对福建闽南惠东人和闽西客家人进行调查研究，出版了《崇武人类学调查》、《崇武大作村调查》和《惠东人研究》等专著。③ 庄孔韶著的《银翅：中国的地方社会与文化变迁》一书，④ 是根据林耀华《金翼》一书所做的追踪调查与研究，该书探讨了中国福建黄村地方社会近 50 年的沧桑变化、人事更替和文化传承。周大鸣的《凤凰村的变迁》一书，⑤ 是根据美国学者葛学溥（D. H. Kulp）的《华南的乡村生活：广东凤凰村的家族主义社会学研究》一书，所做的追踪调查与研究。⑥ 周先生运用人类学的理论方法，全面展示了凤凰村 80 多年来的变迁，就一些人类学的核心问题与葛著进行了对话，并从中观和宏观的视野，分析了中国乡村社会传统文化复兴背后的深层次原因，探讨了乡村都市化的途径与方式。⑦ 有关汉人社区的研究还有北京大学王铭铭的《村落视野中的文化与权力：闽台三村五论》等著作。⑧

---

　　① 费孝通著：《江村——农民生活及其变迁》，敦煌文艺出版社 1997 年版。

　　② 林耀华：《金翼：中国家族制度的社会学研究》，生活·读书·新知三联书店 2000 年版，第 2 页。《金翼》于 1944 年在纽约印行。

　　③ 陈国强等主编：《崇武人类学调查》，福建教育出版社 1990 年版；陈国强等主编：《崇武大作村调查》，福建教育出版社 1990 年版。乔建、陈国强等主编：《惠东人研究》，福建教育出版社 1992 年版。

　　④ 庄孔韶：《银翅：中国的地方社会与文化变迁》，生活·读书·新知三联书店 2000 年版。

　　⑤ 周大鸣：《凤凰村的变迁》，社会科学文献出版社 2006 年版。

　　⑥ 葛学溥（D. H. Kulp）《华南的乡村生活：广东凤凰村的家族主义社会学研究》，美国哥伦比亚大学教育学院出版社 1925 年版。中译本由周大鸣译，知识产权出版社 2006 年版。

　　⑦ 杨小柳、何星亮：《人类学与中国乡村社会的百年变迁——周大鸣〈凤凰村的变迁〉评介》，《民族研究》2007 年第 5 期。

　　⑧ 王铭铭：《村落视野中的文化与权力：闽台三村五论》，生活·读书·新知三联书店 1997 年版。

自 1965 年开始，台湾民族学界的一些学者转向汉民族研究，比如李亦园开始研究海外华人，王崧兴开始研究龟山岛汉人社会,① 庄英章开始对汉人村落的研究。② 以后又将研究领域从村落发展到区域的研究，即"浊水大肚"区域的研究。"浊大"计划全名为"台湾省浊水、大肚两溪流域自然与文化史科技研究计划"，由张光直教授主持，从 1972 年开始到 1975 年共执行了四年。该计划主要目的是希望探讨台湾中部浊水溪与大肚溪两流域之间不同生态环境下人们的适应方式。③

（六）汉民族海外移民研究

汉民族不仅在国内发展，而且在海外繁衍生息，而大部分海外华人是汉族的海外移民及其后裔。因此，海外华人研究理应是汉民族研究的一个重要组成部分。民族学的海外华人研究，如果把田汝康撰写的《沙捞越华人》一书的出版（1953）当作民族学家研究海外华人的起点，已经有 50 多年的历史。④ 不过，我国大陆民族学与人类学对汉民族在海外发展的研究还比较少见。鉴于中国大陆民族学界海外华人研究相对薄弱，1999 年，中国社会科学院民族研究所成立海外华人研究中心，2002 年该中心升格为"中国社会科学院海外华人研究中心"，同年中心召开了海外华人国际学术研讨会，并出版了郝时远主编的《华人研究论集》;⑤ 尔后曾少聪著的《漂泊与根植——当代东南亚华人族群关系研究》一书，也于 2004 年版。⑥

---

① 王崧兴:《龟山岛——汉人渔村社会之研究》，"中央研究院"民族学研究所专刊之 13，1967 年。

② 庄英章:《林圯埔:一个台湾市镇的社会经济发展史》，台北:"中央研究院"民族学研究所，1977 年;《家族与婚姻:台湾北部两个闽客村落之研究》，台北:"中央研究院"民族学研究所，1994 年。

③ 李亦园:《台湾汉民族研究的回顾与前瞻》，袁少芬主编:《汉族地域文化研究》，广西人民出版社 1999 年版。

④ T'ian, Ju-K'ang, The Chinese of Sarawak: A Study of Social Structure. London: The London school of Economics and Political Science. Monographs on Social Anthropology, No. 12, 1953。2002 年 7 月，笔者在昆明云南大学开会期间，特别去田汝康教授家拜访他，他告诉笔者他在英国伦敦大学政治经济学院修习人类学专业的情况，以及他在沙捞越华人社区做田野调查的一些情形。

⑤ 郝时远主编:《海外华人研究论集》，中国社会科学出版社 2002 年版。

⑥ 曾少聪:《漂泊与根植——当代东南亚华人族群关系研究》，中国社会科学出版社。

与大陆相比，台湾和香港民族学界比较重视海外华人的研究。台湾“中央研究院”民族学研究所自 1962 年起，接受“中国东南亚学术研究计划委员会”的支持，开始从事华侨社会研究。[①] 自此以后，“而民族学研究所也始终以华侨社会研究为研究的重点之一”。在李亦园所长的推动下，该所出版“海外华人社会研究丛书”第一辑，共 13 本。[②]《“中央研究院”民族学研究所集刊》也重视发表海外华人研究方面的论文，并出版海外华人研究的专著和资料汇编。[③] 庄英章主持“客家族群互动：认同与文化运作”研究项目，主要探讨大陆、台湾与东南亚客家人的迁徙、认同和文化变迁等问题。在香港，陈志明主持的“大陆与东南亚闽南人研究”项目，着重讨论大陆和东南亚闽南人的问题，已出版两本论文集，[④] 此外陈先生还主编了有关马来西亚华人研究的论著。[⑤]

三　民族学视角下汉民族研究的几点思考

袁少芬指出：从民族学的角度去考虑，我国在汉民族研究方面存在三个问题。首先，把中国等同于汉族。其次，各学科对汉民族的研究代替了

---

① 李亦园、郭振羽：《海外华人社会研究丛书总序》，载吴燕和著、王维兰译：《巴布亚新几内亚华人百年史》（1880—1980），台北，正中书局 1985 年版，第 I 页。

② 它们分别为：1. 李亦园等著：《东南亚华人社会研究》（上册）。2. 李亦园等著：《东南亚华人社会研究》（下册）。3. 李亦园著：《一个移殖的市镇——马来亚华人市镇生活的调查研究》。4. 吴元黎主编，广树诚译：《美国华人经济现状》。5. 郭振羽著：《新加坡的语言与社会》。6. 吴元黎、吴春熙合著，陈永墀、杨宝安合译：《海外华人与东南亚的经济发展》。7. 吴燕和著，王维兰译：《巴布亚新几内亚华人百年史》（1880—1980）。8. 麦留芳著，张清江译：《星马华人私会党的研究》。9. 陈约翰（John Chin）著，梁元生译：《砂捞越华人史》。10. 廖建裕著、崔贵强译：《爪哇土生华人的政治活动》（1917—1942）。11. Maurice Freedman 著，郭振羽、罗伊菲合译：《新加坡华人的家庭与婚姻》。12. 葛力克（Clarence Glick）著，吴燕和、王维兰合译：《夏威夷的华裔移民》。13. James Loewen 著，何翠萍译：《密西西比的华人》。在这 13 本书中，第 1、2 本为论文集，第 3 本和第 5 本分别为李亦园和郭振羽的专著，其余 9 本都是从英文翻译而成。参见李亦园、郭振羽：《海外华人社会研究丛书总序》，载吴燕和著，王维兰译：《巴布亚新几内亚华人百年史》（1880—1980），台北，正中书局 1985 年版，第 II—III 页。

③ 参见“中央研究院”民族学研究所编印：《“中央研究院”民族学研究所出版品目录》，台北，1993。

④ 陈志明等主编：《福建暨闽南研究文献选集》，香港中文大学香港亚太研究所 1999 年版。陈志明等主编：《传统与变迁：华南的认同和文化》，文津出版社 2000 年版。

⑤ Edited by Lee Kam Hing and Tan Chee-Beng , The Chinese in Malaysia, New York, Oxford University Press, 2000.

民族学的汉民族研究。其三,以少带多,即以少数民族研究代替汉民族研究。① 她还提出加强汉民族研究的几点意见:一是联合调查,二是历史源流的比较,三是地域性比较研究,四是汉(族)与非汉(族)的比较研究,五是汉化与"少数民族化"的比较研究,六是"横向联合",协同研究。② 袁少芬提出的汉民族研究强调比较和联合研究,这固然很重要,但她忽视了把汉民族作为一个民族实体等方面的研究。而笔者认为,从民族学的视角研究汉民族研究,应该加强以下几个方面的探讨。

(一) 汉民族是一个民族实体

汉民族是中国 56 个民族中的一员,是一个民族实体。学界以往的研究通常把汉民族放在中国通史或朝代史里论述,较少将其作为一个民族实体来探讨;在研究汉民族与少数民族关系时,往往把汉族等同于朝廷和政府。事实上,汉民族只是一个民族,并不能代表朝廷或政府。

(二) 汉民族与少数民族的关系

汉民族是我国人口最多、分布范围最广的民族,虽然在我国的政治、经济、社会和文化等方面处于优势地位,但是在与少数民族几千年的密切交往中,已经形成了"汉族离不开少数民族,少数民族离不开汉族,各少数民族之间也相互离不开"的传统。自改革开放以来,我国各民族人口流动规模和范围不断扩大,汉族与少数民族的接触日益增多,也更为密切。它既是新时期我国汉族与少数民族关系的特点,也是汉民族研究的新课题。

(三) 汉民族海外移民的历史与现状

汉民族不仅在国内发展,而且在海外繁衍生息。目前,分布在世界各地的海外华人大约有 5000 万人,他们当中大部分是汉民族的海外移民及其后裔。因此,探讨汉民族,不能忽视对汉民族海外移民的研究。我们必

---

① 袁少芬:《浅议加强汉族的民族学研究》,袁少芬、徐杰舜主编:《汉民族研究》(第 1 辑),广西人民出版社版,第 21—28 页。

② 同上。

须加强海外华人在居住国发展、对祖籍国的贡献以及在中国走出去战略中海外华人的作用等方面的研究。海外华人有中华民族的血统，在文化上认同中华文化；但是他们已加入所在国的国籍，在政治上认同居住国。因此，在不危害海外华人在国外的发展，又不妨碍他们对中华民族的认同的情况下，对外籍华人民族认同和与中国关系等问题，提出一个合理的解释。

（四）汉民族社区的田野调查

田野调查是民族学研究的基本方法，这是民族学区别于其他学科的重要标志。费孝通指出："我一向认为要解决具体问题必须从认清具体事实出发。对中国社会的正确认识应是解决怎样建设中国这个问题的必要前提。科学的知识来自实际的观察和系统的分析，也就是所说的'实事求是'。因此，实地调查具体社区里的人们生活是认识社会的入门之道。我从自己的实践中坚定了这种看法。"[①] 只有做深入的田野调查，才能深刻地认识和了解汉人社会，深化汉民族研究。

（五）从少数民族的视角看汉民族

对汉民族的研究，可从它的核心特征出发来理解其内在文化，也可从它与周边民族的接触来看其到底是怎样成为一个民族的，进而理解其文化特征。就汉文化而言，它是多元的，有很多民族，包括匈奴、鲜卑、氐、羌、突厥、契丹、女真、百越等民族，与汉族有着密切的接触和互动，因此汉文化也是由汉族和这些少数民族的文化融合而成的。不管是历史上还是现在，汉民族与其他少数民族一直有互动，因此我们有必要从少数民族的视角来看汉民族。

四　结论

我国是一个统一的多民族的国家，汉族是我国人口最多的民族，也是世界人口最多的民族。我国民族学研究的内容不仅要包括少数民族的研究，而且也要包括汉民族的研究。本文回顾了民族学视角下汉民族研究的

---

① 费孝通、张之毅著：《云南三村》，社会科学文献出版社 2006 年版，第 3 页。

主要方面，即中华民族史的汉民族研究、汉民族形成问题的讨论、中华民族多元一体视角的汉民族研究、汉文化研究、汉民族社区研究和汉民族海外移民研究。从上述的回顾中我们可以看出，不论是民族学家还是历史学家，在探讨中华民族史时，都会涉及汉民族形成和发展这一问题。对汉民族的形成问题，学界仍有争议。而费孝通提出的中华民族多元一体格局和汉民族处于中华民族形成过程中的核心作用的观点，得到学界的普遍接受。民族学界对汉民族区域文化研究、汉民族社区研究、汉民族海外移民历史与现状的研究，已经取得可喜的成绩，有大批的研究成果面世。但是，有关汉民族研究仍有一些问题需要进一步探讨。

　　根据我国民族和民族关系的实际情况，以及我国民族学界汉民族研究的现状，我们提出加强汉民族研究的几点思考。首先需要把汉民族作为一个民族实体进行研究；其次重视对当前汉族与少数民族关系新特点的研究；其三加强对汉民族海外移民历史和现状的研究；其四加强汉民族社区的田野调查；最后从少数民族的视角来看汉民族，以期对汉民族有个更全面的认识。希望上述的几点想法，有助于深化民族学的汉民族研究。

近代汉族地域文化及其荆楚文化浅议

徐亦亭

（中央民族大学）

根据中华人民共和国国家统计局于 2011 年 4 月 29 日公布的全国第六次人口普查主要数据表明，现今中国的汉族人口为 1225932641 人，约占全国总人口 1339724852 人的 91.51%，当之无愧地成为多民族统一的中国主体民族。汉族人口约占全世界 70 亿人口的五分之一，汉族及其绵延五千年的历史文化，乃是人类唯一的自古发展至今从不间断的民族文化。

今天多民族统一的中国主体民族汉族和中国主体民族文化汉文化，是历史上中国的中原华夏文化与不断进入中原的少数民族文化和周围民族文化及外来民族文化，通过长期的互相学习、彼此汲取，在不断融合的基础上发展壮大而来的。很早以来，分布活动在黄河中下游流域和长江中流江汉流域的中原华夏，凭借着稳步发展的农耕经济、相对先进的礼仪制度和源远流长的传统文化，遂与陆续进入中原的少数民族文化和周围民族文化及外来民族文化，形成了既集中分布又交叉活动的大杂居小聚居的生活局面，从而使辽阔的中原成为华夏农耕文化与少数民族文化和周围民族文化及外来民族文化互相交流学习、彼此汲取和共同融合的历史舞台。

近代中国，在以汉人汉文化为主的中国各民族文化，共同反对封建统治制度，抗击外国资本主义侵略者的斗争中，近代汉族汉文化不仅实现了向现代民族和现代文化转变的历史性跨越，也完成和形成了举世瞩目的近代汉族地域文化。如今的中国，正是近代汉族地域文化表现和展示了分布辽阔、历史久远、人口众多的现代汉族汉文化，并使中国主体民族文化汉族汉文化，继续不断地与少数民族文化和周围民族文化及外来民族文化，形成团结互助、共同进步，永葆生机地不断发展壮大的和谐关系。

一　展现汉族汉文化的近代汉族地域文化

需要说明的是，本文论述的近代汉族地域文化，实际上还应是一个学术意义上的理论概念。对于近代汉族地域文化的研究和阐述，对地域文化的指含和某些概念的解释和界定，学者们目前仍多是见仁见智①。

（一）蕴含民族内聚力的地域性同质文化

如果我们参照 1985 年中国大百科全书出版社出版的《简明不列颠百科全书》第二册第 596 页对"地域人种"（Local race）所作的叙述："某些较大的地理区域，例如某个大陆范围内的诸地域人种所组成的集合体，就是一个地理人种。"而且"一个地理人种之内的诸地域人种，由于很少完全隔开，在遗传结构上彼此趋于相似"。

那么，本文所述的近代汉族地域文化，就是历史上中国的中原华夏作为中国主体民族文化，在缔造和发展多民族统一的中国历史进程中，特别是在近代中国各民族文化共同的反帝反封建斗争中，以辽阔的中原地区为共同地域，并以共同经济、共同语言，以及反映共同文化特征的共同心理素质为基础，形成和完善的具有现代汉族和现代汉文化色彩、蕴含民族内聚力的地域性同质文化。

早在明朝时，长江中下游和东南沿海等地的中原华夏文化，就已经萌生了新兴的资本主义生产方式和资本主义思想文化。明清时期新兴的市民和市民阶层文化中，产生和蕴含了反封建的资本主义思想和资产阶级文化。1840 年发生的鸦片战争，遂使有着反帝反封建意识的近代汉族汉文化，成为近代中国各民族文化反抗封建统治压迫，抗御外国资本主义侵略的主体，并且在完成自身现代民族化和现代文化的过程中，形成和完善了具有现代汉族和现代汉文化色彩、蕴含民族内聚力的近代汉族地域文化。

近代汉族地域文化形成，还因为受到了汉族汉文化分布疆域辽阔，各地不尽相同的自然和地理环境等因素的影响，特别是在复杂多变的气候和地形的制约下，各地汉人汉文化在生产、生活方式及文化习俗等方面，都

---

① 袁少芬主编：《汉族地域文化研究》，广西人民出版社 1999 年版。

呈现出明显的地域性差异。例如，分布在中国北方和南方、东部和西部的汉族汉文化，在社会经济、农耕生产、农业技术和生产工具、生产作物，以及饮食嗜好、衣着服饰、居室特点、建筑运输，甚至在体型外貌、方言口语等方面，都存在着显而易见的地域性差异。这就使得近代汉族地域文化具有不同的地域性差异和地区特点。近代汉族地域文化不同的地域性差异和地区特点，一点都不亚于欧洲地中海周围各民族文化与北欧日耳曼民族文化所存在的地域性差异和地区间特点。

（二）历史上中国的汉人汉文化地域性差异

在中国历史上很早就有学者注意和研究了汉人汉文化地域性差异。汉代学者对当时汉人汉文化的地域性差异，及其地区间不同特点的论述，至今仍对我们不无启示。班固的《汉书·地理志》就是依据汉代汉人汉文化的地理分布，以及各地汉人汉文化的先世历史、居处迁徙、传统沿袭，特别是他们与蛮夷戎狄等少数民族文化的交往、汲取和融合等因素，划分出了12个称作"地"的地域性区划，即：（1）秦地；（2）周地；（3）韩地；（4）赵地；（5）燕地；（6）齐地；（7）鲁地；（8）宋地；（9）卫地；（10）楚地；（11）吴地；（12）粤地。这应该是汉代学者对当时汉人汉文化所区划的12个地域文化。

无独有偶，另一位汉代学者杨雄则是着意研究了汉人汉文化的语言和语音。他的《方言》一书从汉人汉文化的语言和语音上所存在的类似地域文化上不同的地域性差异，并根据当时汉人普遍使用的通语，某地与某地之间通用的区域性很广的四方之通语，仅某地之间使用的区域较小的某地语，根据它们之间所存在的不同的地域性差异，确定划分了西汉时13个汉语地域性方言，这就是：（1）秦晋地域方言；（2）郑韩周地域方言；（3）梁西楚地域方言；（4）齐鲁地域方言；（5）赵魏之西北地域方言；（6）魏卫宋地域方言；（7）陈郑之东郊地域方言；（8）东齐与徐地域方言；（9）吴扬越地域方言；（10）荆楚地域方言；（11）南楚地域方言；（12）西秦地域方言；（13）燕代地域方言。

无论是汉代学者对汉代汉人汉文化所划分的12个地域文化，或者是西汉时13个汉语地域性方言的述说，都由于后来不同时期的汉人汉文化向各地迁移发展，随即形成和出现了不同历史时期汉人汉文化的地域文化和汉语地域性方言区划上的大同小异。值得注意的是，中国历史上不同时期汉人汉文化形成和出现的地域文化和汉语地域性方言，在社会地位上有着不同变化。例如，周秦时期的秦晋地域文化和秦晋地域方言，元明清以来的北方地域文化和北方方言，在当时都具有较高的社会地位，这反映并表现出中国历史上的中原华夏文化在不同历史时期发展的概貌。

（三）对近代汉族地域文化的划分

对于举世瞩目的近代汉族地域文化，应该怎样划分呢？

自从汉代学者对汉代汉人汉文化做出了 12 个地域文化抑或是 13 个汉语地域性方言的划分以来，历史上中国汉人汉文化大体上经历了：魏晋南北朝时期、五代和宋辽金元时期所发生的中国历史上第二次和第三次大规模民族文化大融合，以唐末、北宋末、南宋末和明末为主的中原华夏汉人汉文化向江南、东南沿海、岭南、西南、西北和东北等地的较大规模迁移和开拓，以及在此基础上形成和出现的汉人汉文化共同地域上的地域性差异和汉语地域性方言。

中原华夏陆续迁移到各地汉人汉文化地域，保持并凭借着较为先进的生产方式、源远流长的礼仪文化和稳持凝聚的家族制度，维持和弘扬慎终思远、孝敬祖先的传统伦理，遵循儒家和儒家学说为主的思想文化，宣扬忠孝节廉耻、仁义礼智信，以及尊老爱幼的道德准则。从而使中原华夏迁移到各地开拓垦殖的汉人汉文化依旧保持并因地制宜地发展着中原华夏的生产生活方式和文化习俗，终于形成和出现了如今的近代汉族地域文化。

假若我们借助中国历史上的汉代学者对汉代汉人汉文化所作的 12 个地域性差异的划分，以及对汉代汉人汉语所作的 13 个地域性方言的划分，再参照我国现在大多数学者对现代汉语所做的 7 个地域性方言的划分，即：（1）北方方言；（2）吴方言；（3）湘方言；（4）赣方言；（5）客家方言；（6）闽方言；（7）粤方言。那么，不妨可以试将当今汉族汉文化以共同地域、共同经济、共同语言，以及反映共同文化特征的共同心理素质为基础，出现和形成的具有表现和展示现代汉族汉文化、蕴含民族内聚力的地域性同质文化，划分出 12 个各具地域性特点以及相应地域性方言的近代汉族地域文化。那就是：（1）秦晋地域文化；（2）齐鲁地域文化；（3）燕赵地域文化；（4）东北地域文化；（5）西北地域文化；（6）西南地域文化；（7）巴蜀地域文化；（8）荆楚地域文化；（9）吴越地域文化；（10）闽台地域文化；（11）岭南地域文化；（12）客家地域文化。

二　饭稻羹鱼、火耕水耨的江汉流域荆楚文化

司马迁在《史记·食货列传》所描述的："饭稻羹鱼，或火耕而水耨。"① 毫无疑问应是中国古代学者对长江中游江汉流域荆楚文化及其显著特点的一种生动而形象的记述。众所周知，历史上中国长江中游江汉流域荆楚文化与黄河流域中原华夏文化并驾齐驱地遥领着中国古代文明，构成了中国古代的主体民族文化——中原华夏农耕文化。

著名历史学家范文澜的《中国通史简编》明确地指出：江汉流域是蛮族的根据地。西周时昭王征南蛮，全军覆没。穆王、宣王相继南征，皆不曾得到大的战果。汉水流域有些姬姓的诸侯全是弱国。② 由此可见，长江中游江汉流域荆楚文化，主要分布在今天湘、鄂和豫、皖、赣三省部分地区的广袤地带。这一地带既是古代中原华夏农耕文化的南支辛勤垦殖之地，更是中国古代民族南蛮历经艰难险阻开辟的游耕地区。

（一）源远流长的江汉流域荆楚文化

中原华夏农耕文化南支的创造者，主要是分布在江汉流域的姬姓诸侯楚国楚人。楚国楚人的先世源自中国传说时代"五帝"之一的颛顼高阳氏。渊源久远的长江中游江汉流域荆楚文化，就是历史上中国江汉流域的中原华夏农耕文化的南支与很早以来就"辟在荆山，筚路蓝缕"的南蛮游耕文化互相汲取共同交融而成的。

（1）源自颛顼高阳氏的荆楚文化

《史记·楚世家》直截了当地指出："楚之先祖出自帝颛顼高阳。"所以说，创造荆楚文化的楚国楚人，是帝颛顼高阳氏的苗裔。楚国著名诗人屈原同样不无自豪地称自己是：颛顼高阳氏的苗裔。因此，我们可以毫无疑问地主张和认为，长江中游江汉流域荆楚文化的主要创造者——楚国楚

① 《二十五史·史记》，第356页第二栏。上海古籍出版社、上海书店1986年版。
② 范文澜：《中国通史简编》修订本第一编，人民出版社1964年版，第153页。

人源于传说时代的五帝颛顼高阳氏。

《史记·五帝本纪》明确详尽地记载了"帝颛顼高阳者"的世系。目前学界也普遍认为颛顼高阳氏是古代华夏始祖黄帝之孙。对此,汉文古籍《世本帝·系纪》是这样记述的:"黄帝生昌意,昌意生高阳,是为帝颛顼……颛顼娶于滕坟女,谓之女禄,产老童,老童娶于根氏女,谓之骄福,生重阳及吴回。吴回氏产陆终,陆终娶于鬼方氏之妹,谓之女嬇,是生六子……其一曰樊,是为昆吾;二曰惠连,是为参胡;三曰籛铿,是为彭祖;四为求言,是郐人;其五曰安,是为曹姓;六为季连,是芈姓。"宋忠的注释认为:"季连名也,芈姓,诸楚所出,楚之先。"

这些汉文古代文献记述和注释,让我们有充分理由辨析出,既然颛顼高阳氏的苗裔楚国楚人源自古代华夏始祖黄帝,因此,长江中游江汉流域荆楚文化的渊源自然也源自传说时代的中原华夏始祖黄帝。再据《左传·昭公十八年》的记载:"禳火于玄冥、回禄。"注曰:"回禄,火神。"疏:"楚之先,吴回为祝融,或云回禄即吴回也。"这样,我们在此还可见,创造中原华夏农耕文化的南支——长期垦殖活动在长江中游江汉流域的姬姓楚人,他们的先世还曾以华夏传说中的火神嫡传而自居。

(2)传承南蛮游耕文化的荆楚文化

江汉流域荆楚文化还传承自历史上显赫一时的南蛮游耕文化。南蛮游耕文化的创造者——中国古代民族南蛮,其先祖是华夏传说时代的蚩尤。蚩尤与炎帝、黄帝并列为传说时代中原华夏的三位至尊始祖,后因为其与炎帝、黄帝逐鹿中原失败,其部下中九黎的一支被迫从中原退至长江中游江汉流域山地。《国语·楚语》所记:"少昊之衰,九黎乱德……其后,三苗复九黎之德。"指的便是这段华夏传说时代的历史。

《国语·楚语》说的"三苗复九黎之德",揭示和反映了九黎的后代三苗,于帝尧时毅然在"江淮、荆州,数为乱"。这也就造成和出现了《尚书·舜典》所记述的:舜归,而言于帝,"放驩兜于崇山,迁三苗于三危①"的中国早期民族和民族文化冲突碰撞的历史。

《尚书·舜典》所记载的:"迁三苗于三危。"古今学者历来对此的解释纷纭不一。现代学者马少侨先生别具眼光地提出:"迁三苗于三危"就

---

① 《十三经注疏》,中华书局影印本,上册第128页下,1980年版。

是"窜群苗于群山"的意思。他进而主张，这外"窜群苗"的"群山"，"又一定是他们最熟悉的原部落所在的南方山地"。这么一来，长江中游江汉流域的山地，应该就是《尚书·舜典》所说的，"迁三苗于三危"最合理的所在地，也应是三苗后裔的南蛮艰苦卓绝地创造游耕文化的群山地带。

关于长江中游江汉流域荆楚文化传承自蚩尤和三苗后裔的南蛮游耕文化，《左传·昭公十三年》曾有过这样记述："辟在荆山，筚路蓝缕，以处草莽，跋涉山林，以事天子。"事实上这同样也是对中国古代民族南蛮作为蚩尤之后的九黎和三苗后裔，被迫从中原华夏迁徙至长江中游江汉流域，坚忍不拔地在荆山中过着"食尽一山"即转移的不定居生活，以较落后的生产工具和生产技术，艰苦卓绝地创造和发展了"筚路蓝缕"、"以事天子"的南蛮游耕文化所做的生动记述。

（二）强盛一时的江汉流域荆楚文化

历史上强盛一时的楚国楚人及其荆楚文化，崛起并风骚于沃野千里的长江中游江汉流域。英武勇猛的楚国楚人在江河湖泊星罗棋布的江、汉、沅、湘水乡，以水稻种植和水生动物捕捞为主的稻作生产方式生活；汲取和结合了迁徙活动于荆山地区的中国古代民族南蛮所创造的刀耕火种和不定居生活的游耕农业生产。进而，便在千里沃野的鱼米之乡和"辟在荆山"之间，在这独特的社会经济基础上创造和形成了被《史记·食货列传》记称为："饭稻羹鱼，或火耕而水耨①"的长江中游江汉流域荆楚文化。

楚国楚人和荆楚文化在长江中游江汉流域迅速发展壮大，陆续兼并统一了长江中游江汉流域的华夏小邦和荆蛮诸部。随着楚国楚人和荆楚文化的不断发展壮大，遂使中原华夏诸侯对"荆"和"楚"的称呼有了同等意义。因此，后世有的学者就据此认为：荆者，楚也。但仍有学者还是主张：虽说荆楚文化是不断发展的，而"荆"是"楚"的本号，是后来才改变为楚的。

周秦时期，在长江中游江汉流域以及荆山之南的广袤地区上，迅猛发

---

① 《二十五史·史记》，第356页第二栏，上海古籍出版社、上海书店1986年版。

展壮大的楚国楚人和荆楚文化，曾令中原华夏诸侯为之惊慌失措。有些中原华夏诸侯，面对英武勇猛的楚国楚人和荆楚文化，不禁产生了"蠢尔蛮荆，大邦为仇"的惊叹。因之，周宣王时中原各地的华夏诸侯，一时之间竟然将力量足以威胁中原华夏的楚国楚人及其所携的荆楚文化笼统称为"荆蛮"、"蛮荆"或"荆楚。"

而在当时，英武倔强的楚国楚人也确曾以"蛮夷"自居。楚国楚人和荆楚文化，有着不同于中原华夏的"崇巫"传统，他们服色尚赤，方向尚东，有着强烈的尊祖、爱国、忠君等思想意识，处处洋溢着勇于进取和不断抗争的精神。楚国楚人和荆楚文化的顽强不息和英勇奋斗的传统意识，不仅促使楚国楚人专力攻伐中原华夏，甚至形成了五年不外出征战便觉得是莫大的耻辱，死后见不得祖先的思想。这种英武好斗、勇猛顽强和尚武念祖的传统心理意识，对江汉流域荆楚文化的强盛一时影响巨大。

周秦时期的楚国楚人和荆楚文化，不仅孕育出了中国古代杰出的道家思想，成为战国时道教的发祥地。而且产生了精深宏博的哲学和瑰丽奇妙的文学，出现了诸如李耳、庄周和屈原等一批伟大的思想家和文学家。楚国楚人和荆楚文化创造了跃然当时的辉煌和昌盛。

不仅如此，楚国楚人和荆楚文化在华夏诸国享有的很高地位，所以楚国楚人的方言也和齐国方言一样，在春秋战国时期的中原华夏享有特别的殊誉。长江中游江汉流域的楚国楚人和荆楚文化，大量吸收和接纳东周王室式微后从中原大量迁入楚国的周人和周朝典籍。经过春秋战国时期的民族文化交流，发展壮大成融合中原农耕礼仪文化与长江中游独特巫文化的楚国楚人和荆楚文化。

强盛一时的江汉流域楚国与宋国、鲁国一起，成为周秦时期中原华夏三大礼仪文化中心。经过楚国楚人和荆楚文化向吴国、越国等长江下游和东南沿海地区的发展传播，长江中游江汉流域荆楚文化为中国古代文明和中原华夏农耕文化的发展作出了不可磨灭的巨大贡献。

（三）传统悠久的江汉流域荆楚文化

楚国楚人和荆楚文化的影响弥远。荆楚文化形成和发展壮大的所在地江汉流域，历来是多民族统一的中国"九省通衢"之中心腹地。江汉流域荆楚文化地域，占有得天独厚的地理优势和四出交通的独到方便。历史上辉煌灿烂的古代中华文明传统，正是由古代长江文明传统和黄河文明传统共同组成的。

展示古代长江文明传统的长江中游江汉流域荆楚文化，作为古代中华文明和长江文明的重要内涵，不断以其独具的地理优势和便捷交通，推动和促进着多民族统一的中国历史发展进程，努力推动和促进了中华民族和中华文明的发展形成。江汉流域荆楚文化传统，也是因为其在以汉族汉文化为主的中华民族和中华文明发展壮大中起到了积极的作用，进而继承下来的。

历史上中国的江汉流域楚国楚人及荆楚文化，其形成发展及分布的地区，多是物华天宝的富饶泽国以及交通便利的鱼米之乡。这些富裕地区包括了今天湖南、湖北两省和安徽、江西、河南等省部分地区。在中国历史上，这一富有地带的长江中游流域，更是以先进的青铜冶炼、丝织、漆器等工艺技术，较先进的生产技术和生产水平，引领并影响着中国封建社会的经济和生产发展。

近代中国，在以汉人汉文化为主的中国各民族文化反抗封建统治制度和封建文化、抗击西方资本主义侵略的共同斗争中，"九省通衢"的长江中游江汉流域荆楚文化传统，依然秉承春秋战国时期楚国楚人"蠢尔蛮荆"与"大邦为仇"的英武尚勇精神，发扬南蛮"辟在荆山"、"筚路蓝缕"、"以事天子"的忠君爱国意识，举起辛亥革命义旗，推翻清朝封建中央专制统治王朝。可以说是近代汉人地域文化的荆楚文化率先揭开了近代中国以汉人汉文化为主的，各民族文化共同反对帝国主义侵略、反抗封建统治压迫的反帝反封建斗争的历史新局面。

进入社会主义革命和社会主义建设新时期，近代汉人地域文化荆楚文化的发展，正在不断继承和弘扬荆楚文化"兼收并蓄"和"追新逐奇"的优秀传统，努力继承和发扬游耕文化"筚路蓝缕"的开拓精神，以历史上江汉流域楚国楚人和荆楚文化的悠久传统，在长江中游江汉流域广袤土地上积极发挥擅于开放融合、勇为天下先的拼博和进取传统，进一步以坚韧刚毅、艰苦奋斗、讲究诚信和重诺贵和的优良作风铸造出社会主义中国的江汉流域荆楚文化新风貌。

三　余言

历史上，中原华夏农耕文化在源源不断汲取和融合进入中原的少数民族文化及周围民族文化和外来民族文化同时，累世不竭地向北方、西部、东北、西南，及东南沿海地区辛勤拓垦，在不断扩大的共同地域上，努力发展农耕文化、弘扬封建礼仪制度，从而为近代汉族地域文化的形成和发展奠定了基础。

近代汉族地域文化只是一个学术意义上的理论研究。还必须看到的是，现实生活中近代汉族汉文化各具不同地域特点的文化样态正在飞速发展的科学技术和与时俱进的经济建设中日趋一致。当今社会日新月异的科学技术和社会经济发展，早已让近代汉族汉文化所分布活动的辽阔疆域上，"适千时者如在户庭，之万里者如出邻家"。不仅是现代交通和交通工具的发达，早已使"千里江陵一日还"成为平常不过的现实。而且如今高科技带来的足不出户的网络、电信等信息交流方式，更是让人们在瞬间便将天下大事一览眼底。

所以说，近代汉族地域文化中各具不同地域特点的文化样态，正在科学技术发展和社会经济建设中趋于消失和一致。甚至汉语地区性方言的语音差异也正在并终将因为汉语普通话的推广普及而逐步消失。但是，不管怎样，对近代汉族地域文化及江汉流域荆楚文化的研究探索，仍应是一个充满魅力的学术课题。

最后，本文对近代汉族地域文化的阐述及划分，只是个人学术意义上的研究和探索。陋见浅识，难免有所欠缺，权作抛砖引玉而已，在此诚请大家赐教。

民族认同与中华民族认同浅论

柏贵喜

（中南民族大学科研处）

认同（identity）的概念相当复杂。根据菲利普·格里森的研究，identity一词来自于拉丁文 idem，原意为"相同"或"同一"（the same），16 世纪在英语中出现，起初主要用于代数和逻辑学。identity 与哲学中的认识主体问题发生关联是从洛克时代开始的。后来该词在心理学中得到应用，并推广到社会科学的其他学科领域。但直到 20 世纪 50 年代，由于急剧的社会变迁，很多人都面临着确定认同和身份的问题，identity 才成为社会科学中一个流行的词汇，并很快普及开来。[1]

关于认同的内涵，不同的学科有不同的理解。简金斯（Jenkins）认为，"认同"一词在英文中有两个含义，第一，同一性，即两者之间的相同或同一。第二，独特性，它表现为在时间跨度中所体现出来的一致性和连贯性。由此可见，"认同"揭示了"相似"（similarity）与"差别"（difference）的关系。"同一"（或相似）与"差别"是认同的两个不同的方面。[2] 心理学将"认同"解释为一种心理过程，如《张氏心理学大辞典》将"认同"解释为"一个人将其他个人或群体的行为方式、态度观念、价值标准等，经由模仿、内化，而使其本人与他人或群体趋于一致的心理历程"[3]。《社会心理学辞典》认为，认同是一种情感、态度乃至认识的移入过程，在人际交往中，无论是别人被自己同化，还是自己被别人同

---

[1] 参见 Philip Gleason, "Identifying Identity: A Semantic History," The Journal of American History, Vol. 69, No. 4（March 1983）, pp. 910—931。

[2] 参见张向东《认同的概念辨析》，《湖南社会科学》2006 年第 3 期。

[3] 张春兴编著：《张氏心理学大辞典》，上海辞书出版社 1992 年版，第 122 页。

化的过程，都称为认同。①

民族认同的内涵是在心理学中的认同含义基础上的进一步扩展。但学术界的界定角度有别。王建民认为，所谓民族认同，是指一个民族的成员相互之间包含着情感和态度的一种特殊认知，是将他人和自我认知为同一民族的成员的认识。② 王希恩认为，民族认同即是社会成员对自己民族归属的认知和感情依附。③ 刘吉昌则在总结前人的基础上认为民族认同即指一个民族的人们对其自身及文化倾向性的认可与共识。它包含两个层次的含义，一是民族是一个人们的共同体，对这一共同体中人们的相互关系的认同，是民族认同中的核心问题。也正是这种认同，使我们能区分此民族与彼民族的界限。二是民族自身文化的认同。④ 我们认为，民族认同应包括三种内涵：第一，民族认同是民族成员个体对自己族属的认知、选择和情感归属与依附，一旦获得认知，并进行族属的选择，这一个体便自觉、不自觉地将民族记忆、文化、价值观等进行内化与维持；第二，对同族成员的相似性的认知和情感接纳，并形成"同族"的集体观念；第三，对民族差异乃至民族边界的觉察和主观认定。三种内涵实际上是一个过程的三个方面。个体归属感获得的同时便拥有了对民族集体的认知，对民族集体认知的同时即划分了己族与他族的边界。

基于以上关于民族认同的认识，下面主要对民族认同与中华民族认同的相关问题进行初步探讨。

一　民族认同的层次

社会认同是多向性的。一个人的社会认同根据情境，可以有多种选择，如在拥有阶级认同、地域认同的同时，还可有民族认同、性别认同、社会角色认同等。民族认同是社会认同的一种，具有明显的层次性，特别是在多民族国家中，民族认同的层次性更为突出。民族认同的层次性已为学者们所论述。如有的学者认为在多元文化发展中，民族认同分为族群认同即最初的民

---

① 费穗宇、张潘仕主编：《社会心理学辞典》，河北人民出版社 1988 年版，第 45 页。
② 王建民：《民族认同浅论》，《中央民族学院学报》1991 年第 2 期。
③ 王希恩：《民族认同与民族意识》，《民族研究》1995 年第 6 期。
④ 刘吉昌：《民族认同与中华民族的发展》，《贵州民族学院学报》2003 年第 4 期。

族认同、民族—国家认同和文化认同三个层次，"全球化时代的民族认同表现为以上三个不同层次的相互交替、相互依存"，并将这种关系概括为"'立足本民族、面向民族—国家、放眼全球多元文化'的分层认同模式"①。顾定国（Guldin）在论述族群时认为认同最基础的是阶级、亲属关系、村落，接着是本地（镇、县、市），方言社区，省或区域，最高层次是什么人（people），然后是社会的或民族的大区域（如西南、西北）。②

我们认为，民族认同的层次划分应有内在的逻辑性，从主体认同的客观指向来看，民族认同一般包括如下三个层次：

1. 族属认同。作为社会的个体在社会化的过程中首先要解决个人的社群归属问题，这种归属或为血缘性的，或为地缘性的，或为职缘性的，等等，民族归属是社群归属中重要的一种。个人的族属大多是先赋的，是由出生所决定的。若父母双方均为同一民族，其子女的族属往往难以作其他选择，自然认同于其父母所属的民族。大多数传统的、封闭的社会中的族属认同均属于这种类型。部分社会成员的族属是选择性的，特别是族际通婚较为普遍的社会中，个人往往选择某位直系亲属所在民族作为自己的族属。无论是先赋性的，还是后天选择性的，族属认同均要解决个体的民族归属感问题，即要解决我是谁，我属于谁的问题，它是民族认同的最基础的层次。需要辨明的是，族属认同与族籍确认是有差别的，族属认同是个体民族归属的主观认知，属于心理学的范畴，而族籍确认是国家、社会对个体族属选择的确认，属于法学的范畴。在我国的人口普查和个人身份信息的确认中，往往是两者的结合与匹配，而不是单向的选择。

2. 族体认同。族体认同属于民族认同的第二个层次。它是在族属认同的基础上形成的关于民族共同体及其内外关系结构的认知。族体认同包括三个方面的内容：

其一，民族共同体的认知。民族共同体是社会共同体的一种。目前，我国确认的民族共同体共有 56 个。民族共同体的认知是关于自己所属民族的整体样貌的认识，包括对其历史、人口、地域、经济生活、语言、文

① 王鉴、万明钢：《多元文化与民族认同》，《广西民族研究》2004 年第 2 期。

② G. E. Guldin , The Waishengren are coming : Ethnicity and migration im Guangdong , AAS 1995, Washington，D. C. 转引自孙九霞《试论族群与族群认同》，《中山大学学报》1998 年第 2 期。

化、宗教等方面特征的认识。这种认识既可以通过生活感受，也可以通过阅读学习等途径获得。

其二，民族共同体内部关系结构的认知。民族共同体内部关系结构是指一个民族共同体组成元素（成员、亚群体）及其关系的总和。社会成员之间相互认同为一个民族是民族共同体内部关系结构认知的基本表达，一个民族的两个或两个以上成员往往借助语言、姓名、服饰及其他文化现象，有时甚至可以凭借体质特征即可获得相互认同感或同族观念，这种相互认同感或同族观念在散居地区或异域他乡更容易被激发。当然，作为认知能力较强的民族共同体成员还能对民族共同体内部的各种亚群体（如家族、支系等）的关系及其异同特质进行合理的辨明，各亚群体常常会在民族精英的倡导下举行寻根、重大祭祀等活动，以加强民族内部的相互认同感与凝聚力，这在支系繁多的民族中更为明显。中外瑶族追寻千家峒和对盘王的祭祀即是典型之例。

其三，族界认知。边界是自然界与人类社会中普遍存在的现象。为摄取资源和维持物种的繁衍，不同种类的动物会划分具有排他性的势力范围，形成自己的领地。人类社会在发展过程中也会有各种各样的边界存在，如国界、族界等。族界及族界认知只有在存在民族差异，民族接触和族际交往发生的状态下才有讨论的价值。族界可能外在为明晰的地理边界，也可能是社会和文化意义上的边界，还有可能仅是心理上的边界。从文化生态角度来看，族际接触过程中，其生态上的相互依赖具有几种不同的形式：第一，他们可能在自然界各有自己的明确生存范围，不存在激烈的资源竞争，他们之间的依赖程度有限，族界以贸易和仪式为标志；第二，他们可能各自垄断分开的地域，此时，他们之间存在资源竞争，族界的标志通过沿边界的政治活动而得到表现；第三，他们可能互相给对方提供重要的物品和服务，形成互相依赖的关系；第四，在群体杂居的地方，至少存在某种程度的竞争，在经过一段时间后，一个民族会取代另一个民族或者他们兼容并存，更加互相依赖，互相补充。[1] 无论何种形式，族界的普遍存在都是客观事实。对族界的认知一方面会促进民族成员对于民族特征的保持，使民族边界更加明晰；另一方面也会促进民族之间的互动与

---

[1]　参见纳日碧力戈《现代背景下的族群建构》，云南教育出版社 2000 年版，第 64 页。

交往。巴斯详细地论述了族界与互动之间的关系。①

　　3. 国家认同与中华民族认同。国家是一种政治共同体，对这种政治共同体的认同即是国家认同。但国家认同相当复杂，至今无统一界定。我们认为，国家认同至少包括以下三个层面的内涵：第一个层面，国家认同是一国公民对自己的国家成员身份的主观认知及由此获得的归属感，国家依据宪法对公民身份进行确认使其获得一国国籍是这种认同的客观标志。第二个层面，国家认同是公民对于身份归属国家的主权、政治结构、历史传统、精神价值等的认知以及由此获得的祖国意识、国家忧患意识和国家自豪感等。第三个层面，国家认同是国际关系建构中一个国家的合法性得到国际社会的确认，其中国界的认知或确认是一个重要的标志。

　　国家认同与民族认同有着密切的关系。关于两者的关系，学术界有冲突论与和谐论两种主要的观点。冲突论往往夸大民族认同与国家认同的冲突关系，在实践上具有极大的危害性，因而被许多学者所抛弃。和谐论虽具有一定的建构意义和现实价值，但仍将民族认同与国家认同看作是二元状态。我们认为，国家认同在当代社会是一个具有多种属性的认同复合体，国家认同是民族认同的一个层次，是一个比族属认同和族体认同更高的民族认同层次。

　　在一族一国的民族国家中，民族与国家具有相同的外延，民族认同与国家认同是重叠的，民族认同可以理解为国家认同，国家认同也可以理解为民族认同。但在全球化背景下，国际间民族交往日益频繁，当下社会纯粹的一族一国的民族国家已很少存在，国家中族群或民族多元化变成一种趋势，多民族国家成为国家形态中的主流形态。在多民族国家中，国家认同是民族认同的一个层次，这种将国家认同"嵌入"到民族认同中使两者达到统一的命题，既具有现实的基础，又具有建构的价值。

　　从现实基础看，在多民族国家中，在长期的历史发展中，由于民族间通婚、杂居，由多族成员共同参与的社会组织的增长以及各族经济交往关系的发展和文化互动的更为频繁等，形成了你中有我，我中有你，谁也离不开谁的关系。这种关系在多民族的中国更为显著。多民族国家中，各民族之间的血统、政治、经济、文化等共性增长，必然会逐步淡化乃至消解

① 参见庄孔韶主编《人类学通论》，山西教育出版社2002年版，第345页。

差异性的认同意识，而发展出共同的认同意识。因此，多民族国家中的国家认同不是哪一个民族或哪一个政党"制造"出来的认同，而是在民族互动关系发展中自然生成的认同。当然像黑非洲国家需要通过国家政治权力的介入和干预，通过官方意识形态塑造、统一规范和标准化的教育手段、体制和政策，以及经济一体化等措施，整合各种分散、隔离的部族认同和地方性认同，消除国内部族文化的异质性，塑造一种同质一体化的国民文化，从而使民族成员形成统一的国家民族观念。① 我们虽然不能认同黑非洲国家通过国家政治权力介入和干预来消除异质性的做法，但黑非洲这种新兴国家的国民文化和国家认同恰恰需要一个长期的过程，而像中国这样具有五千年文明史的国家业已完成了这个过程。

从认同本身看，认同具有多重性和依情境转化的特点。个体的认同意识往往产生于社会经验之中，个人在与社会群体持续互动的过程中获得关于"自我"的观念。在这个过程中，个体不断调整自己以适应所属的社会群体和环境，也改变着社会进程本身，进而使得一个更加高度组织化的社会成为可能。② 认同的多重性使个体会根据情境的转化而选择或强化、突出认同结构的某一类认同，而暂时淡化另一类认同。在特定场合或情境下只强调或突出一种认同，并不等于用一种认同取代另一种认同，也不意味着另一种认同的消失。一般情况下，我们对于身份和认同的情境性选择并非由两种认同之间的矛盾或冲突引起，而是受到具体情境的决定，它至少包括三个要素：我们的接触对象、我们与对方进行交往的模式、我们对这一交往的预期。③ 在民族认同的结构中，族属认同、族体认同和国家认同是并存的，人们会根据情境强化或突出族属认同、族体认同或国家认同，而不是强调某种认同即意味着放弃另一种认同。

当然，认同结构中还存在着级序结构，即把什么认同放在优先的级序，在民族认同的级序结构中，国家认同即是优先的级序。有学者指出：

---

① 参见刘鸿武《黑非洲文化的现代复兴与民族国家文化重构》，《历史教学》1993 年第 10 期；《黑非洲国家现代化进程中的文化发展主题》，《西亚非洲》1996 年第 1 期；《论当代黑非洲的部族文化整合与国民文化重构》，《西亚非洲》1997 年第 3 期；《撒哈拉以南非洲民族国家统一构建进程》，《西亚非洲》2002 年第 2 期。

② 参见［美］乔治·H. 米德著《心灵、自我与社会》，赵月瑟译，上海译文出版社 2005 年版，第 136、110、106、140—143 页。

③ 钱雪梅：《从认同的基本特性看族群认同与国家认同的关系》，《民族研究》2006 年第 6 期。

"国家认同在民族成员认同层次结构中应该处于最高的级序，优先于各种民族认同形式。尤其是当民族成员作为国家的公民，在与国家公共权力发生关系时，要认同国家政治权威的合法性、自愿践行公共领域的准则。在多民族国家中，每一个成员在保有各自民族认同的同时，都把国家作为自身最高的认同和归属对象，宣誓效忠并且以此作为自身情感信念、义务责任和行为规范的最高来源，这是民族认同与国家认同关系的理想状态。"①但这是把国家认同放在民族认同结构之外来理解的。费孝通在说明"中华民族多元一体格局"的级序性时提到，作为国家认同的中华民族相对于社会成员的民族认同而言，是高一个层次的民族认同意识。② 这种认识恰恰是把国家认同看作是民族认同结构内的一个层次。

当然，要建构国家认同是民族认同的高一级认同层次，必须要解决族属认同、族体认同与国家认同的属性一致的问题。族属认同、族体认同主要依据两者的血缘集团与文化共同体的属性，而国家认同则表现的是其政治共同体的属性，它们的属性并不一致，如何能在认同结构中组成一个级序，我们认为，国家虽然是政治共同体，但政治共同体仅是国家的属性之一，国家也可以看作是历史文化共同体和经济共同体等。有学者提出对国家应作"族群国家"、"文化国家"和"政治国家"的区分，并认为公民认同国家的标准可以分为三类：族群血缘关系、历史文化传统与政治社会经济体制。国家认同相应地可以在这三个层面探讨：族群认同、文化认同与制度认同。③ 这从一个角度说明了国家是多种属性的复合体，只是不同的场合，其属性呈现有所差异而已。当然，多民族国家中，国家认同要建立在民族认同结构中高级序地位，最有效的办法是建构一个与国家同质或一体的"国家民族"或"国族"。在多民族国家建构的"国族"可以是实体意义上的民族共同体，也可以是各民族文化上的象征性的结合体。"中华民族"即是中国具有文化象征意义的"国族"或"文化国族"。

"中华民族"一词是在清末立宪和清末民族观之争中由梁启超于1903年提出的。许多学者在使用"中华民族"概念时认为其不是血统意义上

①　高永久、朱军：《论多民族国家中的民族认同与国家认同》，《民族研究》2010 年第 2 期。
②　参见费孝通《论人类学与文化自觉》，华夏出版社 2004 年版，第 163 页。
③　张友国：《族群认同与国家认同：和谐何以可能》，《首都师范大学学报》2008 年第 5 期。

的，而是文化意义上的。如杨度曾在《金铁主义说》中论述道："中华之名词，不仅非一地域之国名，亦且非一血统之种名，乃为一文化族名……以此推之，华之所以为华，以文化言，不以血统言，可决知也。故欲知中华民族为何等民族，则于其民族命名之顷，而已含定义于其中。与西人学说拟之，实采合于文化说，而背于血统说。"

"中华民族"作为国族的宪政塑造亦始于民国时期。在《临时大总统宣言书》中，孙中山先生庄严宣誓，"国家之本，在于人民。合汉、满、蒙、回、藏诸地为一国，即合汉、满、蒙、回、藏诸族为一人，此为民族之统一"。在之后的民国政府立宪中均强调了中华民国各族是中华民族或中华国族之构成分子，一律平等。从"中华民族"到"中华国族"，虽然几经反复，但其目的均是为了强化中华民族的国族认同，在加强中华民族的凝聚力的同时实现民族国家建构。[1]

中华人民共和国建立后，从《中国人民政治协商会议共同纲领》到后来制定的历部宪法，均采用"中国各族人民"、"中国人民"、"包括台湾同胞在内的全中国人民"、"全国各族人民"、"全国各民族"等表述方式。宪法的文本虽无"中华民族"的明确字眼，但上述表述与中华民族类同，成为中华民族的代名词，故宪法文本隐含了中华民族认同的塑造。[2] 当然在中国共产党制定发展方略、处理两岸关系的政治实践和中国学者的学术实践中，"中华民族"已经成为表述中国各民族的通行名词。如党的十七大就提出"实现中华民族的伟大复兴"。费孝通先生曾认为，"中华民族作为一个自觉的民族实体，是在近百年来中国和西方列强的对抗中出现的，但作为一个自在的民族实体，则是在几千年的历史过程中形成的。……它的主流是由许许多多分散孤立存在的民族单位，经过接触、混杂、联结和融合，同时也有分裂和消亡，形成一个你来我去、我来你

---

[1] 常安：《中华民族认同与国家建构——评〈从多元走向一体：中华民族论〉》，《湖北民族学院学报》2010年第1期。

[2] 参见常安《中华民族认同与国家建构，——评〈从多元走向一体：中华民族论〉》，《湖北民族学院学报》2010年第1期。当然，这种隐含是不够的，许多学者如宁骚、马戎、关凯、李占荣等主张确立中华民族的国族地位，并提出中华民族入宪的问题。徐杰舜也提出"确认中华民族作为民族实体"的法律地位，即以宪法修正案的形式，把"中华民族的概念从学术层面提升到政治的层面，确认其法律地位"，参见徐杰舜《从多元走向一体：中华民族论》，广西师范大学出版社2008年版，第68页。

去，我中有你、你中有我，而又各具个性的多元统一体。这也许是世界各地民族形成的共同过程。中华民族这个多元一体格局的形成还有它的特色：在相当早的时期，距今三千年前，在黄河中出现了一个有若干民族集团汇集和逐步融合的核心，被称为华夏，像滚雪球一般地越滚越大，把周围的异族吸收进入了这个核心。它在拥有黄河和长江中下游的东亚平原之后，被其他民族称为汉族。汉族继续不断吸收其他民族的成分而日益壮大，而且渗入其他民族的聚居区，构成起着凝聚和联系作用的网络，奠定以这个疆域内许多民族联合成的不可分割的统一体的基础，成为一个自在的民族实体，经过民族自觉而被称为中华民族"。①根据费先生的观点，"中华民族"在近代以来业已形成为一个既自在又自觉的民族实体。由此可见，中华民族作为文化国族的地位从现实基础和认同价值两方面来看均已经得以确立。

中华民族既包括中国境内的各民族，也包括海外的侨民。其中中国在海外的侨民有两种类型：一类是长期定居在国外，但仍然保留着中国国籍，这一类中国侨民被称为华侨；另一类也是长期定居在国外，并加入了当地国籍，但他们具有中国血统，并认同中华民族，这一类中国侨民被称为外籍华人。中华民族认同就是对中华民族这一族体、中华文化的认知与归属意识，以及由此产生的使命感和责任感。中华民族作为国族与中国国家是二位一体的。因此，中华民族认同即中国国家认同，反之亦然。当然，我们也看到外籍华人因加入外国国籍，在法律上已不再拥有中国的身份归属，但在心理和情感上仍对中国拥有归属感。

二　民族认同的影响因素

民族认同的因果关系是民族认同研究不可回避的问题。民族认同不是孤立的现象，它同民族与民族问题中的许多现象有着千丝万缕的联系，只有理清这些关系，才能对民族认同问题有一个科学、全面的认识。

民族认同是受多种因素影响的，这些影响因素对民族认同的作用力有先后、主次之分，有些因素本身就是民族认同的内在要素。当然，诸多因

---

①　费孝通：《中华民族多元一体格局》，中央民族学院出版社 1989 年版，第 1—2 页。

素对民族认同的影响也会随着时空、情境的变化而不同。对民族认同产生影响的主要因素有文化、历史记忆、地域、民族政策等，血缘、个人的经历、教育背景以及民族互动等也会对民族认同产生一定的影响。

1. 文化。文化是人类创造的物质财富和精神财富的总和。英国人类学家泰勒曾将文化看作是一种复合体，他指出："文化，或文明，就其广泛的民族学意义来说，是包括全部的知识、信仰、艺术、道德、法律、风俗以及作为社会成员的人所掌握和接受的任何其他的才能和习惯的复合体。"① 几乎所有的研究者都承认文化对于民族构成的价值，把共同的文化看作是民族的基本特征。斯大林关于民族的经典定义是："民族是人们在历史上形成的一个有共同语言、共同地域、共同经济生活以及表现于共同文化上的共同心理素质的稳定的共同体。"② 斯大林关于民族的四大特征的界定中，有两个特征讲的都是文化，语言是文化的组成部分和文化的载体，共同心理素质是由共同的文化所表现的。弗雷德里克·巴特（Fredrik Barth）概括族群的基本特征之一也是文化："它具有共同的基本文化价值观念，在文化形式的外在统一性上也是可以认辨的。"③

文化是民族认同的核心影响因素，"文化认同"同时成为民族认同的一个要素和表现形式。西方的族群认同理论即是把族群之间的根本差别看作是文化差别，认为共同的文化特点是族群认同的客观现实基础。④

文化对于民族认同的影响主要表现为：其一，共同的语言文字、服饰、宗教、价值体系等文化要素可以维护和激发共同的民族意识和民族情感。文化是通过传习而得到积淀，文化又是民族个体成员相互认知和加强联系的重要纽带。在聚居的区域中，民族成员通过共同的文化维护着共同的民族意识和民族情感；迁移他地的民族成员，会通过共同的文化激发相互认同的意识。其二，文化是民族边界区分的客观标志。民族与民族区分的客观标志之一即是民族文化。在现实社会中，尽管由于文化的相互影响，民族文化间的共性越来越多，但人们总是愿意并在一定程度上能够从文化上对民族进行区分，并辨识社会成员的民族归属。更为重要的是，在

---

① ［英］爱德华·泰勒著，连树声译：《原始文化》，上海文艺出版社1992年版，第1页。
② 《斯大林全集》第2卷，人民出版社1953年版，第294页。
③ 转引自庄孔韶主编《人类学通论》，山西教育出版社2002年版，第342页。
④ 庄孔韶主编：《人类学通论》，山西教育出版社2002年版，第343页。

民族互动较为频繁的情况下，民族文化还成为民族边界保持的重要因素。其三，民族认同在一定意义上是通过文化认同来展现的。民族认同不是抽象的认同，而是具体的认同，民族认同被具象为民族成员对本民族文化传统的承认、传习、内化、发展。特别是当血缘、地缘性因素从民族实体中渐渐消失之后，人们会依据文化纽带塑造一种文化民族，民族认同实际上被文化认同所取代。

2. 历史记忆。历史记忆又称为集体记忆、社会记忆。按照王明珂的总结，集体记忆研究者的主要论点有：（1）记忆是一种集体社会行为，人们从社会中得到记忆，也在社会中拾回、重组这些记忆。（2）每一种社会群体都有其对应的集体记忆，借此该群体得以凝聚及延续。（3）对于过去发生的事件来说，记忆常常是选择性的、扭曲的或是错误的，因为每个社会群体都有一些特别的心理倾向，或是心灵的社会历史结构。回忆是基于此心理倾向上，使当前的经验印象合理化的一种对过去的建构。（4）集体记忆依赖某种媒介，如实质文物及图像、文献，或各种集体活动来保存、强化或重温。① 与集体记忆相关，许多学者还研究了"结构性失忆"（或谱系性失忆），英国人类学家古立佛在研究非洲 Jie 族的亲属结构时，观察到他们家族的发展（融合或分裂），多由特别记得一些祖先及忘记另一些祖先来达成。后来许多研究者的民族志也显示，以忘记或虚拟祖先以重新整合族群范围，在人类社会中是相当普遍的现象。②

集体记忆或结构性失忆均可以强化某一民族或族群的凝聚力。集体记忆有多种展现形式，哈布瓦斯认为其具有双重性质，"既是一种物质客体、物质现实，比如一尊塑像、一座纪念碑、空间中的一个地点，又是一种象征符号，或某种具有精神含义的东西、某种附着于并被强加在这种物质现实之上的为群体共享的东西"③。王明珂也列举了集体记忆的展现形式，"传说中的始祖（如汉族传说中的炎黄），或是一个重要的事件（大规模的移民或战争），成为一群人重要的集体记忆。一个族群，常以共同

---

① 王明珂：《华夏边缘——历史记忆与族群认同》，社会科学文献出版社 2006 年版，第 27 页。

② 参见王明珂《华夏边缘——历史记忆与族群认同》，社会科学文献出版社 2006 年版，第 24 页。

③ 莫里斯·哈布瓦斯：《论集体记忆》，毕然、郭金华译，上海人民出版社 2000 年版，第 335 页。

的仪式来定期或不定期地加强此集体记忆，或以建立永久性的实质纪念物来维持此集体记忆，或民族国家以历史教育来制度化地传递此集体记忆"①。历史记忆对民族认同的影响除了王明珂关于华夏认同的著名研究外，在我国瑶族《评皇券牒》②、麻江瑶族"隔冬"集体祭祖仪式③、湘西苗族的鼓舞④等的研究中也得到了验证。

3. 地域。地域是地球上被人为划分的一个个特定区域。地域有时仅是一个地理空间，但大多数地域都有人类居住，人类在其上创造了特定的文化，形成一定的社会集团与社会结构，因而，地域也是一种社会与文化空间。由于受到特定地理区域内自然环境影响而形成人种和人类文化的区域性特点，人类往往借助地域因素进行自我类分，诸如大洲、国家、国家内的地区等。地域内的人群及其社会文化具有极大的相似性以及地域与地域之间存在着明显的差异性，导致人们形成地域意识、地域情感与地域归属感，于是形成地域认同。

地域认同是人类认同意识中具有恒久价值的意识，特别是在中国这样一个安土重迁的传统农业社会和乡土社会，人们对祖居地和出生地具有特殊的情感，人们怀有强烈的故乡、家乡、同乡的意识。地域与地域认同与民族认同有密切的联系，对民族认同产生着重要的影响。其一，民族被看作有共同地域的人们共同体，世界上大大小小的民族大多都有自己共同的地域，一些失去共同地域的民族试图建立自己的共同地域。因此，共同的地域和地域认同是民族认同的一个重要的表现形式。其二，在一个民族内部，由于地域因素的影响，会形成一些次级认同形式。如汉民族中的"客家"认同等。其三，由于民族或族群是一个"想象的共同体"（安德森语），一个人不可能认识本族的所有成员。因而，由于社会流动，民族成员基于经商、求学等诸多原因进入都市社会和异国他乡，从村庄不断扩展的地域认同则被突出出来。乌鲁木齐维吾尔族的社会交往所体现的地域

① 王明珂：《华夏边缘——历史记忆与族群认同》，社会科学文献出版社2006年版，第31页。
② 韦浩明：《历史记忆中的瑶族自我认同——文化视野中的瑶汉族群关系研究》，《黑龙江民族丛刊》2009年第3期。
③ 龙国庆：《历史记忆与族群认同——麻江县河坝瑶族"隔冬"仪式的人类学考察》，《原生态民族文化学刊》2009年第3期。
④ 麻三山：《历史记忆、文化展示与民族认同——湘西苗族鼓舞的象征意义与功能分析》，《贵州大学学报》（艺术版）2009年第1期。

认同即是一个典型例证。一项研究表明，乌鲁木齐的阿图什人"对外地人以'阿图什人'这么一个地域概念来标示自己，但在其内部却以村落为界形成自己的一个个交往圈（上阿图什人、阿湖乡人、买谢特人等）"①。其四，在都市化和散杂居化的过程中，民族人口流动的方式之一是形成新的聚居地域，如许多都市中大量存在的回族社区、北京的新疆村等。这些聚居区的形成与存在固然是民族认同的结果，同时也说明地域对于民族认同的重要影响。散杂居还导致多民族混居一地，地域认同成为比民族认同更突出的认同。如藏彝走廊西部边缘为滇藏缅交界多民族聚杂居地区。历史上，傈僳族在文化交流中处于相对强势，形成同区域内其他民族对傈僳族文化普遍认同的历史传统。但20世纪以来，傈僳族、怒族、独龙族等对基督教文化的认同，加速与强化了对傈僳文化的认同趋势，增强了宗教认同、民族认同与区域认同三者之间在不同场景中的变动性，其中以混融并超越民族认同和宗教认同的区域认同为主要趋势。②

4. 民族政策。民族政策是指多民族或多族群国家中，由国家机关、政党等政策主体为处理民族问题、调控族际关系和保障多民族社会良性运行而采取的行为原则以及执行这些原则的一系列法令、条例、谋略、措施、办法等的总和。③ 民族政策的内容和执行方式等会对民族认同产生重要的影响。各国的民族政策主要有两种类型，一类是不平等的民族政策，包括种族灭绝政策、种族隔离政策、民族同化政策等；一类是平等的民族政策，如多元文化（主义）政策和民族区域自治政策等。不平等的民族政策是一种大民族主义的政策，这些政策内容尽管不同，但都不同程度地试图用国家主体民族的文化代替或改造其他民族的文化。有些国家在执行民族文化同化政策时，尝试用"种族一体化"来实现国族建构，如墨西哥在"一个国家、一个民族、一种语言"的主张下，将社会成员都建成墨西哥国族的一员。④ 显然，这样的政策导致民族认同的张力，一方面是

---

① 阿布都哈德（Abduqadsr Semet）：《地域认同与社会交往——乌鲁木齐的阿图什人》（博士论文），2007年，第123页。

② 高志英：《宗教认同与区域、民族认同——论20世纪藏彝走廊西部边缘基督教的发展与认同变迁》，《中南民族大学学报》2010年第3期。

③ 郑杭生主编：《民族社会学概论》，中国人民大学出版社2005年版，第269页。

④ 参见郝时远、阮西湖主编《当代世界民族问题与民族政策》，四川民族出版社1994年版，第477页。

国家（国族）主义意识的培植，另一方面是民族主义意识的增长。平等的民族政策对民族认同也产生一定的影响，如我国民族区域自治政策的执行过程中，一些社会成员为了享受少数民族的政治权力、生育政策、教育政策（如高考加分政策）等，在民族身份选择上更倾向于申报少数民族成分，有的甚至以虚假申报的方式获得少数民族成分。这种族籍的工具性选择是被动的，我们在其中看到了国家和国家政策的力量。当然，在民族——国家中，我们还能看到国家通过权力和意识形态制造或建构族籍的现象，族群的生产是对边缘人群与主流人群进行划分，并且主流人群的同质性会被民族主义强调和放大成为立国的根基。按照布拉克特·威廉斯等人的观点，族籍事实上并不是由人们自己来选择的，而是现代民族——国家及其相关意识形态在各种民族主义项目和计划中制造出来的。①

三　民族认同的功能

民族认同的功能是复杂的，既有积极的正功能，也有消极的负功能。功能的发挥与民族认同的取向与认同意识的强弱有关。

1. 民族认同的正功能。正功能的发挥与民族认同的积极取向相联系。其一，民族认同可以增强民族凝聚力与向心力。民族认同是民族成员的"同一"体认和民族"自我"建构过程，因而，民族成员个体的归属意识和族体认知是一个民族内聚为一个独立民族的心理基础。在民族形成后，民族认同可以加强民族内部团结。特别当一个民族受到外来侵略时，具有强烈民族认同感的民族成员可以迅速动员起来，组成一支坚强的抵御外来侵略的力量。在民族散居化和都市化的过程中，民族认同可以使民族成员通过同源神话、历史记忆、语言及其他民族文化，超越地理空间，保持成员联系和族性特点。在国家认同和国族认同层面，民族认同可以加强多民族国家各民族之间的一体与团结。如中国国家认同和中华民族认同可以使中国大陆各民族、港澳台、海外侨民在国际事务中高度团结，形成强大的中华力量。其二，民族认同可以促进民族传统文化的保护。文化认同是民族认同的表现之一。民族认同除了民族个体成员心理归属感外，还表现为

---

① 参见庄孔韶主编《人类学通论》，山西教育出版社 2003 年版，第 353 页。

对民族文化的认知与认可程度。因而，当出现文化同化和文化破坏情况时，具有强烈文化认同的民族成员就会站出来保护民族文化，使民族文化得以传承和发扬。其三，民族认同有助于维护民族权益。民族权益包括民族生存权和发展权。民族权益不是抽象的，它关涉到具体的民族成员的生存与发展。因此，当民族内部部分成员的权益得不到保障或受到侵害时，由于同胞的情感联系，其他民族成员就会站在本民族成员一边，维护他们的权益。其四，民族认同可以推动民族的复兴与发展。民族认同可以激发民族忧患意识和奋发图强的精神，这是民族发展的精神动力。民族认同还可以加强多民族国家的族际联合，形成共同发展的力量。一些走在世界发展前列的国家，往往都具有强烈的国族认同意识，这既有单一的民族国家如日本，也有多民族联合形成国族的国家如美国（美利坚民族）、法国（法兰西民族）等。中华民族的认同意识已激起中华民族的自豪感和自信心，正在推动着中华民族的复兴。其五，民族认同有助于构建和谐的民族关系。民族认同既是民族自我认同，也包括对其他民族的认同。民族认同意识并不必然导致民族情绪和民族主义，只要把握好认同之"度"，就有助于构建和谐的民族关系。一方面，民族认同会在民族间维持"民族边界"，这种边界不一定是阻隔民族交往的障碍。按照族界理论，边界恰恰能够组织、沟通、结构、规范人们之间的互动。①另外，民族认同是有层次的，在同一认同层次中通常会形成族际界限，但较低层次的自我认同会在较高层次形成共识，达成民族之间的一致与联合。

2. 民族认同的负功能。负功能的发挥与民族认同的消极取向相联系。如果只看到民族认同的正功能，而看不到负功能，那就是对民族认同的片面的、单向的理解。民族认同意识的极端表现是民族自大或自卑，自大会使一个民族固步自封，而自卑会使一个民族拒绝与其他民族交往，不愿向其他民族学习。这两种状态都不利于民族自身的发展。②在民族认同意识发展的过程中，往往还会出现极端的民族主义。极端民族主义者如果是国家非主体民族，在民族之间关系上，它们可能是民族冲突和不和谐的发动

---

① 庄孔韶主编：《人类学通论》，山西教育出版社 2003 年版，第 345 页。
② 周光大主编：《现代民族学》（上），云南人民出版社 2009 年版，第 213 页。

者；在民族与国家的关系上，它们可能是国家分裂的力量。极端民族主义者如果是国家主体民族，它们会形成大民族主义，或者借建立国家主义之名，无视小民族的利益，乃至以一种同化、种族歧视或种族灭绝政策处理民族关系。

【荆楚文化研究】

论明清时期荆楚文化的崛起

徐晓望[①]

（福建社会科学院）

明清时代，中国从沿海到内陆的文化波动促使荆楚文化再次崛起。作为这次文化浪潮最高峰的产物，明清荆楚文化继承和发扬了中国传统文化最核心的内容，从而代表了明清时代中华文化的发展方向，为近代荆楚文化的崇高地位打下了基础。

一 中国文化重心的转移及荆楚文化的兴替

中华文化是一体多元的文化系统，在区域文化方面，它的多元性又表现为区域文化的个性，就大的领域来说，中华汉族区域的主要地区文化系统有河洛文化、齐鲁文化、东北文化、关陇文化、三晋文化、巴蜀文化、荆楚文化、赣文化、吴文化、岭南文化、闽台文化、云贵文化等。可以说，中国每一个区域都有自己的文化特点，并以这些特点丰富了中华文化的传统。就区域文化发展的趋势来说，我们也可看到历史上中国区域文化波动起伏的常态性，有时这一区域文化领导了时代的发展趋势，有时是另一区域文化皎然自立，显示了独特的文化风格。可以说，没有一个区域文化永远领导文化的风潮，也可以说，中国多数区域文化都有独领风骚的时代，或者说他们都有显示自己个性的时代。

华中的荆楚区域是中华文化起源地之一，历来和中原区域在相互竞争、相互促进中发展。自东周以来，荆楚文化的个性首先展示于楚国文

---

① 徐晓望，福建社会科学院历史研究所研究员。

化，楚国贵族发源于中原，但在其南下过程中融合了南方苗瑶各族，新的楚文化是南北文化融合的产物，它以发源于中原的汉字系统为文化的承载体，又在南方神秘的巫文化中找到了浪漫的气质，从而成为这一时代中国南方文化的代表。战国时期屈原等人的楚辞和诗赋，是中华文化的巅峰之作。汉朝建立后，楚赋成为皇家崇尚的核心文化，楚文化进一步北上，楚辞巫风进入汉朝宫殿，每一个成功的文学家都要以楚辞打动士人的心，富有浪漫色彩的楚国神话成为中原民众共有的文化财富，就连远嫁塞外的王昭君也成为中国诗人笔下乡愁的永久性代表人物。在这一发展过程中，楚文化从地方性的区域文化一跃成为引领时代潮流的文化浪潮，同时成为代表中华文化一个时代成就的典型文化。从此，《山海经》中瑰丽的神话成为全民族神幻之源，它使中国人在淡定务实的同时，还有那么一份沉浸于理想的浪漫，给生活增加了一抹迷人的色彩。总之，战国秦汉时期以来，荆楚文化曾达到一个历史性的高峰，其典型例子是发源于楚国的赋体成为中国文学的核心文体，而其历史性地位，一直要到唐代中叶才逐渐被近体诗和散文取代。

两汉之后，荆楚文化一直是南方文化的支撑点，同时，它也成为中原文化坚强的后盾。在汉末、晋末的动乱中，中原汉文化的重心两次南移，荆楚区域因此成为南迁士族的避难之地，在三国时期，蜀国与吴国的相继崛起，荆襄士族在其中扮演了重要的角色。晋代连绵不断的战乱，孕育了"桃花源"这一浪漫的理想。然而，两汉以后的荆楚区域，在多彩的文化背后，更像是政治家争雄的舞台，三国时期魏蜀吴的相继表演，两晋时期南北对峙下的荆楚与三吴的分立，尽管我们可以说这是浪漫的历史大剧，但对于荆楚文化而言，文化的浪漫已经转化为无可奈何的浪漫历史，进一步消退为平缓的大江之流，当人们吟唱苏轼的"大江东去"的瑰丽词句，在怀念英雄时代的同时，难道没有一种对平淡现实的惋惜吗？

事实上，自隋唐宋元以来，荆楚区域的文化发展东不如华东诸省，西不如四川，在长江沿线形成一个文化的凹槽。唐宋八大散文大师，除了中原区域的韩愈和柳宗元之外，西部四川的苏门三杰，和东部江西的欧阳修、王安石、曾巩，共同展现了宋代长江文化的繁荣，在蜀赣文化之间，我们看到这一时代荆楚区域雅文化失落的尴尬。也许，我们可以自诩的是荆襄区域在这一时代成为捍卫南方安定的屏障，又一个伟大的军事家岳飞在荆襄的土地上上演了历史的悲剧，而悲剧中的英雄再次成为中华民族敬仰的伟人。历史性的重大转折总是在荆襄这一舞台上演，汉末的关羽和南宋初年岳飞，他们以生命实践了"成仁"、"取义"的伟大理想，而伟大的牺牲造就了影响遍及全国的关岳文化，在对关岳二神的敬仰中，我们看到了楚国信仰文化的背景，而在关岳儒家道德的实践中，我们又感受到中原文化精神的永存。荆襄作为中国南北文化的交融地，不论在什么时代，总能爆发出时代的强音。

如果说唐宋是中国经济重心南移的时代，那么，中国文化中心的南移，则发生在两宋时代，尤其是南北宋之交，北方士族大举南下，出现了精英荟萃于东南的现象。在指出这一点的同时，我们往往漏掉的是：在南北宋更替之际，中国区域文化重心悄然东移，南宋时期南方文化的繁荣，主要是东南区域的繁荣，历来作为文化重地的巴蜀和荆楚，此时已经沦为南北战争的第一线。除了少数情况，文化总是避开战争，巴蜀和荆楚的牺牲，造就了宋代东南文化的局部繁荣，南宋文化发达的区域是两浙路、福建路、江西路和江东路，其中，因杨时、胡安国、朱熹等儒学大师生活于闽北，使这个位于东南诸路中心的区域，一时跃升为中国的学术中心，又因理学家著作在这里大量出版，闽北的建阳还成为中国的出版中心。当然，这一南北战争状态下的闽北文化繁荣是局部现象，宋末元初，江南逐渐取代闽北成为中国文化中心区域。而且，江南这一文化地位延续至今不变。

如果说南宋中国文化中心的东移是南北战争造成的，那么，元明清以来江南文化中心的地位又是什么造成的？其实，我们在荆楚的历史中可以看出一些端倪。荆楚在中国上古史的繁荣，重要原因在于：荆楚长期是中国南北文化交流的中心区域。周秦以来，中国政治文化中心在北方的长安和洛阳，而长安、洛阳通向南方的大道，必然要经过荆襄区域，这使荆襄成为兵家必争之地，同时也成为南北文化交流的主要通道，荆湘文化的繁荣正是在这一背景下兴起的。南宋东南区域文化的繁荣，与政治中心迁至杭州有关，但江南区域文化的长期繁荣，则与中国南北交通线的东移有关。自从元朝开拓京杭大运河之后，中国南北交通的主要通道从荆襄转移到浙江、江苏、山东一线诸省，而中国东西交通的干线，仍然是浩浩东流的长江，于是，在长江与大运河的交汇之处，江南成为中国内陆交通的十字口，同时成为南北文化交流的中心区域，东南诸省上京考试的举子都是从大运河北上，江南经济的繁荣，吸引了来自各地的文化人，他们在这里谈诗论赋，臧否人物，在相互促进、提高文化水准的同时，无意中形成江南这一高水准的文化平台。从这一文化平台上崛起的江南士子，从一开始就站在较高的位置。而近代江南文化的繁荣，则与上海成为东西文化交流的平台有关。

宋元时期荆楚文化的低潮，其实和中国文化重心的东移有关。

二   明清西部开发与荆楚文化重兴的背景

元朝是一个短暂的朝代，同时又是一个战争最激烈的时代。从蒙元初年的东征西讨到元末农民大起义，战火遍布中国每一个角落，中国经济也遭受了沉重的打击。不过，从总体而言，中国的西部遭受到的破坏会更大一些，因此，明朝统一全国之时，中西部的人口远少于东部。以洪武二十四年论，中西部的四川的人口为 357 万，湖广为 409 万，云南为 35 万，陕西为 249 万，河南为 211 万；此时东部的直隶有 1006 万，浙江有 866 万，江西有 811 万，山东有 567 万人①，相对比较，东部人口众多，中西部人口稀少。明代前期，中国的经济文化中心都在东部，这是不言而喻的。

明清时期，中国的西部人口虽少，但自然条件不差，尤其是南方的四川、湖南、湖北、陕南都是水稻种植区，发展潜力极大。至于云贵高原上的云南、贵州二省，虽然位于多山地带，但其森林中蕴藏着丰富的宝藏可供开采，对民众的吸引力颇大。于是，在东南人口过剩的背景下，开发西部的浪潮悄然兴起。例如，明代中叶，福建人移民江西，江西人移民湖南，川陕鄂边区吸引了大量的流民，乃至爆发荆襄流民起义。在明末清初的战争中，中国的中西部再次遭受重大破坏，人口锐减，于是有了"湖广填四川"的移民运动。四川的人口进一步向贵州和云南迁徙，促进了云贵二省的经济开发。道光年间，四川人口达到 4 千多万，湖北、湖南的

----

① 以上数字引自梁方仲等《中国历代户口、田地、田赋统计》，上海人民出版社 1980 年版，第 202 页。

人口各在 2 千万以上，云南和贵州的人口分别有 7 百多万和 5 百多万。和明代初年相比，中国中部及大西南的发展十分惊人。

以湖广地区而论。元朝统一中国后，在传统的荆楚区域设置湖广省。湖广省辖地辽阔，大致相当于后日的湖北省和湖南省，但因南宋及元朝的惨烈战争，湖广城乡，一片焦土，人口锐减。明朝统一湖广之时，湖广仅有 77.6 万户、470 万口。明代的湖广，就是在这一起点上开始发展的。不过，湖广的发展条件甚好。湖广地处东亚大陆的腹部，气候温暖，降水丰沛，核心是洞庭湖周边的江汉平原，在江汉平原的外围，是低山丘陵地带，发源于山地的河流穿过低山丘陵，形成了无数的沼泽盆地，勤劳的湖湘民众因地就势，将其开发为水田。在中国诸省中，湖湘是水稻田最多的省份之一，在以农业为主的时代，这对各地民众产生了极大的吸引力。尤其是明代中叶以后，全国的米价节节攀升。明代中叶明朝实行金花银制度时，四石米折算一两白银，迄至明末，一石米至少值一两银子，一般情况下，一石米可值一两半银子，灾荒之地，一石米可值二两白银。米价的上升，使贩卖粮食的商人有利可图，他们到各地农村收购大米，然后到城市及灾荒区域出售，因而挣得大量的利润。农业人口因粮食出售而增加粮食种植，"地广人稀"的湖湘，吸纳了来自四方的流民开荒，湖广农田数量大增，粮食生产增加，发自湖广的米船从各地运来粮米，囤积于汉口等地的仓库，然后换载大船向下游运去。其运销数量巨大，因而出现了"湖广熟，天下足"的民谣，明中叶以后，湖广在中国区域经济中的地位大幅度提高。从区域发展的历史看，南宋时期，沿海的长江三角洲、珠江三角洲都是粮食生产基地，因而有"苏湖熟，天下足"的民谣，明代中叶以后，中国的粮食生产基地转为江西、安徽，九江和安庆相继成为长江中游的米市，迄至明末清初，湖广成为新的粮食生产基地，这都反映了从沿海向内地的发展浪潮。清代两湖人口大增，嘉庆十七年（1812）湖北人口达 2737 万，湖南人口达 1865 万，两省共计 4602 万，约为明代初年的十倍。可见，明清是湖广经济的大发展时代。

明清时期，中国西部的商品经济也有发展。从世界经济发展的大趋势而言，明中叶以后，中国与日本之间、东亚与欧洲、美洲之间的国际贸易体系形成，中国的丝绸、瓷器、白糖等商品大量销售于海外，中国沿海区域出现了城市化倾向。如果说江南经济的繁荣是江南文化繁荣的重要基础，那么，明清时期江南商品经济的发展，则使江南进一步依赖长江流域各省的支持。江南在明清时期成为中国经济运转的枢纽，各种精致手工业荟萃于江南，江南农民的生活方式发生重大变化，从以粮食生产为主，转化为以纺织品生产为主，苏杭一带的丝织品和棉织品畅销天下，沿海民众将良田改种棉花、蔗糖、烟草等经济作物，当地粮价上升。无以为生的沿海地区民众向内地进发，他们在内地种植从美洲引进的烟草、玉米、番薯以及中国传统的靛青、茶叶等植物，从而将沿海的小商品生产模式带入内地，改变了内地的生产方式，这是明清时期闽、浙、赣、粤、皖山区特产经济发展的原因。而这些省份掌握新生产方式的山农再度向中国腹地进发，他们带着烟草、靛青的种子，到各地山区租地种植，从而将这些省份荒凉的山区变成小商品生产基地。明清时期的湖广省成为烟草、靛青、木材、生铁的重要产地，都与这一点有关。因此，中国商品经济的发展浪潮同样有从沿海向内陆推进的趋势，从明代中叶的福建、浙江、广东及苏南沿海，到明代后期的华东诸省山区，再到明末清初的湖广诸省，同样有一股逐步推进的商品化浪潮。在鸦片战争以前，荆湘地区的商品经济发展水平其实不亚于沿海地区。至于大西南的四川、云南、贵州诸省，则是烟草、木材、白银等商品的产地，这些产品，只有在市场上出售才能实现内在的价值。大西南的商业网络因而兴盛起来。

从整体发展趋势来看，由于大西南的崛起，位于中国中部的湖湘地区渐渐成为中国东西交通和南北交通新的中心。长江是中国东西交通的主要动脉，不过，沿江的长途贸易，一直到明清时期才成为中国经济中不可忽略的现象。清代湖北、湖南以及云南、贵州、四川、陕西诸省的商品，大都通过长江水道运到长江下游城市；河南、陕西、山西与南方湖南、广东、广西、江西之间的联系，多要穿越荆襄区域，晚清京汉铁路和粤汉铁路的通车，更使两湖成为南北交通要道，于是，位于十字路口的武汉三镇逐步成长为中国中部的大都市，成为这一时代中西部的经济中心和金融中心。中国的经济中心历来是文化中心，两湖文化的再次崛起，与两湖经济地位是有关的。

从地域开发史来看，伴随农业化浪潮及商品化浪潮而来的，是从沿海向内地层次推进的文化浪潮，明清荆楚文化的再次崛起，是这一文化浪潮的产物。

　　鸟瞰明清时代中国的发展，明显感到中部省份的崛起。从南方的广东到中部的湖南、湖北、河南、山西，中国中部南北诸省形成一条坚实的中轴线，联通中国西部世界和东部繁荣地带，而中部诸省中，武汉又成为中部诸省的轴心，晚清大武汉的出现，不仅意味着它是中西部商品的集散中心，而且还是中西部的文化中心之一。

三　明清时期荆楚文化的复兴

　　明清时期，中国的文化中心在东南诸省，江苏、浙江、安徽、江西、山东、福建诸省是中国文化人才最多的地方，其中又以江浙的人才甲于天下。但自明代中叶以后，湖湘一带人才崛起，成为不可忽略的文化现象。

　　明代湖北出名的政治家最早是明永乐年间的石首县杨溥，其后是明代中叶的李东阳。晚明随着两湖经济的繁荣，行政人才渐渐多了起来，大政治家张居正（江陵）、熊廷弼（武昌），对明代政治都有很大的影响。湖南的行政人才中，以杨嗣昌（常德）最为出名。明代的文学家中，湖南茶陵的李东阳开创茶陵诗派；明代后期，湖北公安县的袁宗道、袁宏道、袁中道，组成了公安派的三袁。明末还有竟陵派产生。明清两代荆楚地区最有影响的思想家是王夫之。王夫之在历史和哲学两大领域颇有造诣。和江浙区域的黄宗羲、顾炎武相比，如果说黄宗羲的成就在于对传统政治制度的批判、顾炎武的成就在于对学术创新的自负，王夫之则展示了通览中国文化的博大胸怀，他是明清湖湘文化的结晶，也为清代湖湘文化的发展奠定广阔的基础。

　　中国传统学术历来以经学研究为基础。清代江浙一带的经学研究是逐渐走向精致的经典考证，它在发展到一个极高层次的同时，也失落了理学关注社会的原动力。江浙儒学的这种风貌，与江浙经济的精致化有关，整个明清时代，江浙经济始终排在中国各省区的前列，他们的生活水平领先于其他省份，学者有理由为此满足，因而，他们的学术走向精致、高雅。而湖广作为一个新兴的经济大省，有较多的社会问题，在这一背景下产生的王夫之理学，不是着重于个别经典的考证，而是关注人生与社会。他的《黄书》、《噩梦》等书直接讨论明代的社会问题，他的《读通鉴论》、《宋论》讨论了宋朝以前历代的民生国计，这就给湖广的理学打下坚实的基础。如果在这一时期总览湖广各地经济文化的发展，就会发现两湖各地都有大幅度的发展，民众富裕起来，在经济逐步壮大的基础上，各府县民众热心地盖书院，发展文化教育，各县生源的数量明显增加，两湖大地，一片生机勃勃。在王夫之的影响下，清代两湖的儒学具有明显的务实风格，如编著《清经世文编》的贺长龄、编著《海国图志》的魏源，湖湘学者在实学方面的成就，在诸省中表现得最为突出。

　　由此来看，晚清湖湘文化一向有脚踏实地的传统。而这一传统最终造就了崭新的一代儒者。由曾国藩、胡林翼、左宗棠、谭嗣同诸人代表的两湖儒学，在理论创造的同时，更注重的是改造社会。事实上，儒家从来是一门为改造社会而研究的学问，历代的儒者，无不以"齐家、治国、平天下"为己任。清代江浙考据学的发展，在将儒学推向精致学问的同时，也失落了儒家改造社会的原动力。当然，晚清社会的变动，迟早会将儒者拉回关注社会的立场上，但对江浙学者来说，这是一个较大的转弯，当这转变刚刚发生之时，一直关注社会问题的湖湘学者已经崛起，刚好填补了这一空白。于是，晚清的政界、思想界，有一大批来自湖湘的学者撑起中国半个天空，历史的重担落在了最有能力的一批人身上。对中国这样一个大国来说，各地学者的不断崛起，轮番引导思想界的潮流，正是中国文化富有生命力的体现。

试论炎黄文化与荆楚文化的关系①

高 强

（宝鸡文理学院历史文化与旅游系）

炎黄文化是新石器时代后期炎黄二族创造的并且在后世得到传承和建构的文化。炎黄文化是华夏文化的根脉，是华夏民族的纽带，是中华民族精神的源泉。荆楚文化是周代江汉地区的区域文化，其来源于远古时期的祝融文化，受到炎黄文化的影响，是周代长江中游文化的代表，至汉代融入到汉文化当中，成为华夏文化重要的组成部分。本文拟从楚人与炎黄二帝的关系、荆楚地区的炎黄崇拜以及道家文化与炎黄文化的关联三个方面考察炎黄文化与荆楚文化之间的关系。不当之处，敬请指正。

一 "楚之先祖出自帝颛顼高阳"——楚人乃黄帝苗裔

楚人究竟源自何方？南蛮说、东夷说、华夏说、西戎说，众说纷纭。《史记·楚世家》记载周成王封楚人首领熊绎于丹阳，《集解》引徐广说丹阳在枝江，郦道元《水经注·江水》说丹阳在秭归，两地皆在湖北，楚人当为湖北土著居民，属于南蛮一支。清人宋翔凤认为丹阳在河南西南部的内乡一带②。钱穆、顾颉刚、童书业等皆从此说③。然而，童书业先生认为丹阳并非楚人最早居处，"大约楚人本来居住在现今山东省与河南

---

① 本文为国家社会科学基金西部项目《炎黄文化与中华民族凝聚力研究》（09XZS014）阶段性成果之一。

② 宋翔凤：《过庭录》卷九《楚鬻熊居丹阳武王徙郢考》。

③ 钱穆：《古史地理论丛》之《〈楚辞〉地名考》；顾颉刚：《上古史讲义》之《周室的封建及其属邦》；童书业：《春秋史》之《种族疆域与列国世系追述》。

省之间"，"本是东方的种族而被周人硬迁到西方去的"①。胡厚宣先生也认为，楚人"最初之来源，则当自东方，盖与殷商、夷、徐本为同族者也"②。此说认为楚人原属东夷。

诸说中以中原华夏说影响最大。屈原在《离骚》中自称是"帝高阳之苗裔兮"，司马迁在《史记·楚世家》中也说："楚之先祖出自帝颛顼高阳。"《史记·五帝本纪》载："帝颛顼高阳者，黄帝之孙昌意之子也。"《史记·五帝本纪》和《史记·楚世家》依据的是《世本》。《世本·帝系篇》曰："黄帝生昌意，昌意生高阳，是为帝颛顼。……颛顼娶于滕坟氏，谓之女禄，产老童，老童娶于根水氏，谓之骄福，生重黎及吴回。吴回氏产陆终，陆终娶于贵方氏之妹，谓之女魄，是生六子，……六曰季连，是为芈姓。"宋忠曰："季连名也，芈姓，诸楚所出，楚之先。"《国语·郑语》载史伯答郑桓公问时说："融之兴者，其在芈姓乎？"其中"融"即指祝融，"芈姓"即指楚公族之姓。考古发现也证明了楚人与祝融的关系。1987 年，在湖北荆门包山 2 号墓中出土了一批竹简，墓主是战国中晚期之际的楚左尹，竹简记录着墓主奉祀的祖先的名字：老童、祝融、鬻熊。③

李学勤先生和唐嘉弘先生均认为祝融八姓出自颛顼之后。④ 何光岳先生认为，"荆楚的族系出于黄帝的颛顼系，是祝融氏的子孙，应属于黄帝族的华夏集团，是无可置疑的"⑤。陈连开先生指出："楚，芈姓。得姓始祖季连，出于祝融集团。""这是一个黄河流域与长江流域各部落融合形成的新的部落集团，而炎、黄在其中占优势。"⑥ 显然，陈连开先生认为楚人来源于祝融集团，是一个华夏和南蛮混合而成但以华夏为主的民族。王玉哲先生在详细考证了祝融八姓（昆吾、董、彭、秃、妘、曹、斟、芈）的地望后认为，"楚族最初起于中原"，商末以前"住在河南中部一带"⑦。

岑仲勉先生指出：楚"王名带着熊字，据《史记·楚世家》，从最早

---

①　童书业：《春秋史》之《种族疆域与列国世系追述》。

②　胡厚宣：《楚民族源于东方考》，《北大潜社史学论丛》。

③　湖北省荆沙铁路考古队：《包山楚简》第 217 号简文，文物出版社 1991 年版。

④　李学勤：《谈祝融八姓》，《江汉论坛》1980 年第 2 期；唐嘉弘：《释"祝融八姓"》，《江汉论坛》1981 年第 3 期。

⑤　何光岳：《楚源流史》，江西教育出版社 2005 年版，第 156 页。

⑥　王钟翰主编：《中国民族史》，中国社会科学出版社 1994 年版，第 68 页。

⑦　王玉哲：《中华民族早期源流》，天津古籍出版社 2010 年版，第 257 页。

的鬻熊起直至后来的熊悍，差不多每个王名开首都有一个熊字。"① 譬如
穴熊、鬻熊、熊丽、熊狂、熊绎、熊胜、熊杨、熊渠、熊挚、熊延、熊
勇、熊严、熊霜、熊徇、熊咢、熊仪、熊坎、熊通、熊恽、熊赀、熊悍、
熊居、熊疑、熊商、熊槐、熊元等。"楚的首领和楚王以熊为名，自穴熊
至熊元止，共传四十六主，以熊为名的有二十九主，占百分之六十六，可
见以熊为名，已成为荆楚首领的光荣称号，一直绵延了千余年，决不是偶
然的。"② 何光岳先生认为，熊乃荆楚的一个图腾，荆楚之采用熊为图腾，
是因为他的始祖黄帝的图腾为熊，所以《史记·五帝本纪》说黄帝为有
熊，班固《白虎通义》说黄帝有天下，号曰有熊。③ 王玉哲先生则认为，
楚之先大概"曾居有熊国之虚"，因而以"熊"为氏。皇甫谧说："有熊，
今河南新郑是也。"这是楚族当起于河南中部的又一证据。④ 由此可见，
无论楚人首领或楚王名字中酷爱使用的"熊"是图腾还是氏，恐怕都和
号曰有熊且居有熊之墟的黄帝脱不了干系。

　　论证至此，楚人为黄帝之后似乎已经成为不易之事实。然而，楚史专
家张正明先生却认为，屈原在《离骚》中自称是"帝高阳之苗裔兮"的
说法是附会，司马迁在《史记·楚世家》中"楚之先祖出自帝颛顼高阳"
的说法是误会。⑤《离骚》说"帝高阳之苗裔兮"，是楚人借以表明自身
是诸夏的一员，而实为附会。《史记》说颛顼即高阳，是汉人把旧的神谱
改造得适合新的需要，借以显示四海的一统，而纯属误会。至于楚人的始
祖既不是颛顼，也不是高阳，而只是祝融。⑥ 张正明先生的看法颇有道
理，但说"楚之先祖出自帝颛顼高阳"的说法纯属误会却不尽然。在司
马迁的笔下，不仅尧、舜、禹、汤、文武二王这些圣贤明君是黄帝子孙，
而且秦、晋、卫、宋、陈、郑、韩、赵、魏、吴、楚、越这些诸侯也是黄
帝之后，甚至连匈奴、闽越之类的蛮夷戎狄原来亦为黄帝苗裔。司马迁受
大一统观念的影响，"厥协六经异传，整齐百家杂语"，梳理华夏统绪，

① 岑仲勉：《两周文史论丛》之《楚为东方民族辨》，上海商务印书馆 1958 年版。
② 何光岳：《楚源流史》，江西教育出版社 2005 年版，第 153 页。
③ 同上。
④ 王玉哲：《中华民族早期源流》，天津古籍出版社 2010 年版，第 257 页。
⑤ 张正明：《楚史》，中国人民大学出版社 2010 年版，第 2 页。
⑥ 同上书，第 4—5 页。

整合华夏历史，尊黄帝为各族共祖，各族皆黄帝子孙，从而把各族都纳入到以黄帝为始祖的华夏族谱系中去。① 司马迁这样做顺应了自春秋以来中国大一统的需要。顾颉刚先生对此有过详尽的分析："自从春秋以来，大国攻灭小国多了，疆界日益大，民族日益并合，种族观念渐淡而一统观念渐强，于是许多民族的始祖传说亦渐渐归到一条线上，有了先后君臣的关系。"② "有几个聪明人起来，把祖先和神灵的'横的系统'改成了'纵的系统'，把甲国的祖算做了乙国的祖的父亲，又把丙国的神算做了甲国的祖的父亲。他们起来喊道：'咱们都是黄帝的子孙，……'，这是谎话，却很可以匡济时艰，使各民族间发生了同气连枝的信仰。"③ "这样一来，任何异种族异文化的古人都联串到诸夏民族与中原文化的系统里，直把'地图'写成了'年表'。"④ 顾先生的分析很精辟，但却过多的把黄帝系统（或谓五帝系统）的形成，把民族大一统观念的形成归因于"几个聪明人"，忽视了民众意识与社会需要所产生的作用⑤。费孝通先生指出："虚构三皇五帝的系统，不是哪一个人而是各族的群众。如果我们同意中华民族统一体的不断扩大正说明了我们民族的强盛和文化的发展，那么为什么不肯认可这种认同象征的联宗呢？"⑥

我们认为，楚人究竟是不是黄帝苗裔无法确考，也不是那么重要，重要的是楚人对黄帝文化的认同。正因为有了这种认同，楚人才会不断向中原扩张，问鼎于周王室，最终亡秦建汉，混夷夏文化，融入中华民族，楚文化才会成为中华文化百花园里的一朵奇葩。

二　"炎帝乃命祝融以四神降"——荆楚地区的炎帝崇拜

楚人不仅祖述黄帝，而且崇拜炎帝。在荆楚地区，炎帝文化比黄帝文化更为流行，楚人始祖祝融与炎帝有着更为密切的关系。《山海经·海内

---

① 高强：《〈史记〉为何从黄帝开始》，《华夏文化》1999 年第 3 期。

② 顾颉刚：《答刘、胡两先生书》，《古史辨》第一册，上海古籍出版社 1982 年版。

③ 顾颉刚：《古史辨》第四册序文。

④ 顾颉刚：《战国秦汉间人的造伪与辨伪》，《古史辨》第七册上编。

⑤ 高强：《炎黄子孙称谓的源流与意蕴》，三秦出版社 2006 年版，第 101 页。

⑥ 费孝通：《顾颉刚先生百年祭》，《费孝通文集》第十三卷，群言出版社 1999 年版，第31 页。

经》："炎帝之妻，赤水之子听訞生炎居，炎居生节并，节并生戏器，戏器生祝融。"祝融是炎帝之后。《帝王世纪》：神农氏"本起烈山，或称烈山氏"。"神农氏起列山，谓列山氏，今随厉乡，是也。"《水经注·溠水》："溠水北出大义山，南至厉乡西，赐水入焉。水源出大紫山，分为二水。一水西迳厉乡南，水南有重山，即列山也。山下有一穴，父老相传云是神农所出生处也，故《礼》谓之烈山氏。"《括地志》："厉山在随州随县北百里，山东有石穴，神农生于厉乡，所谓烈山氏也。"《元和郡县志》："随县，本汉旧县，属南阳郡，即随国城也。……厉山亦名烈山，在县北一百里，神农生此。"据此，炎帝神农氏当属荆楚之人。

王献唐先生认为，"当时所谓东夷、西戎、南蛮、北狄及羌、氐诸族，泰半为炎帝之后"①。炎帝族为古羌人之后。楚人也与羌人有血缘关系。《左传·哀公九年》："炎帝为火师，姜姓其后也。"《世本·帝系篇》："陆终娶于鬼方氏之妹，谓之女嬇，是生六子。"《说文解字》："芈，羊鸣也，从羊象声。"羌、姜、芈皆从羊。蒙文通先生将黄帝划入河洛民族，将炎帝划入江汉民族，认为黄帝族起于河、洛之间，是西北民族；炎帝族起于江、汉之间，是西南民族。炎黄二族本不相干，后来炎帝族北进，与黄帝族发生关系，"是尤炎、黄二族，至夏遂和辑之验，自炎黄以迄唐虞，始则南北二族，文化各殊，及接触既久，渐以孕育新文化，及于伯禹，遂大成熟，而灿然有辉。风、姜、姬氏融和为一，统曰诸夏，以别于四夷未进化之族"②。蒙先生认为炎帝族本来就是居于江汉之间的南方民族。李学勤先生认为，"黄帝、炎帝代表了两个不同的地区，一个是中原的传统，一个是南方的传统"。"黄帝可以代表中原地区是很清楚的"，炎帝"是南方的传统"③。

有些学者不赞同炎帝神农氏原居长江流域，是南方民族的说法。张正明先生指出："神农氏的遗迹，在今江汉地区较为多见。这是因为羌人和楚人南进到江汉地区之后，把神农氏的传说扩散了。"④ 西周中期和晚期，

---

① 王献唐：《炎黄氏族文化考》，青岛出版社 2006 年版，第 8 页。
② 蒙文通：《古史甄微》，巴蜀书社 1999 年版，第 55 页。
③ 李学勤：《古史、考古学与炎黄二帝》，《当代学者自选文库·李学勤卷》，安徽教育出版社 1999 年版，第 48 页。
④ 张正明：《楚文化史》，上海人民出版社 1987 年版，第 10 页。

姜姓的周人多数迁居'南土'，有申、吕、许、厉等国，他们把祖神炎帝也搬到南方来了。战国中期以后，五行与五方、五色相配，炎帝为赤色，别称为赤帝，就被派定在南方火位了。①《孟子·滕文公上》："有为神农之言者许行，子楚之滕。"楚人许行是战国时期以神农为祖师的重农学派的代表人物，这说明战国时期神农氏已在楚地有较大影响。赵世超先生认为，"炎帝崇拜在南方广为流行，是因为阴阳五行说广布以后，炎帝被配为南方之帝而造成的。为了使大家在崇拜时有一个物化的对象和形式，所以就造了炎帝陵、炎帝庙。这是战国秦汉时，阴阳五行学说影响下产生出来的一种文化现象。这样理解，可能比较符合学术发展的规律，比较切合实际"②。李尚英先生则认为，赵先生的分析有其精彩的一面，但不够全面，"炎帝部族迁徙到南方是一个客观事实，而五行说的影响则为南方很多地方崇拜姜炎文化起了催化剂的作用"③。

祝融最重要的身份是火正、火神，正是因为此点与炎帝结下了不解之缘。《左传·昭公十七年》："炎帝氏以火纪，故为火师而火名。"《说文解字》："炎者，火光上也，从重火。"《淮南子·天文训》："南方火也，其帝炎帝。"《吕氏春秋·孟夏纪》："其帝炎帝，其神祝融。"《礼记·月令》："孟夏之月，其帝炎帝，其神祝融。"《独断》："南方之神，其帝神农，其神祝融。"《白虎通·五行》："太阳……位在南方……其帝炎帝……其神祝融"。《史记·司马相如列传》张守节正义："祝融，南方炎帝之佐也。"长沙子弹库《楚帛书》："炎帝乃命祝融以四神降。"《淮南子·泛论训》："炎帝作火，死而为灶。"《礼记·礼器》孔颖达疏："颛顼氏有子曰黎，为祝融，祀以为灶神。"《尚书大传》："南方之极，自北户南至炎风之野，帝炎帝神祝融司之。"《管子·五行》：黄帝"得祝融而辨于南方。"作为火神、灶神，祝融成了炎帝最得力的助手。于是，"楚人把自家名声很大的始祖祝融摆进名声更大的炎帝谱系中去"④，祝融与

①　张正明：《楚史》，中国人民大学出版社2010年版，第3页。
②　赵世超：《阴阳五行学说与炎帝文化的南迁》，宝鸡市社科联编《姜炎文化论》，三秦出版社2001年版，第27页。
③　李尚英：《炎帝部落迁徙中几个问题的探讨》，霍彦儒主编《炎帝与民族复兴》，陕西人民出版社2006年版，第17页。
④　张正明：《楚史》，中国人民大学出版社2010年版，第4页。

炎帝实现了从神界到人间的全面对接。

高诱在注《吕氏春秋·孟夏纪》时讲得很明白："炎帝，少典之子，姓姜氏，以火德王天下，是为炎帝，号曰神农，死讬祀于南方，为火德之帝。"炎帝是死后讬祀于南方的。尽管炎帝本与南方无涉，但炎帝族裔或有南迁者。至少我们可以确定的是，由于五行说的流行，炎帝主火主夏，位在南方的观念被人们普遍接受，故而炎帝文化在南方广为流传，深入人心。无论是在传为神农氏生地的湖北随州，还是在炎帝陵所在的湖南炎陵，都流传着许多炎帝神农氏的传说，都延续着祭祀炎帝神农氏的传统。

身为楚人的汉高祖刘邦编造了赤帝子斩白帝子的故事，为自己建立新政权制造舆论。刘秀建立东汉时再度借助"赤帝子"的故事，声称汉为火德。唐代设立三皇庙，开创了帝王庙祭。《唐会要》载："天宝六岁正月十一日，敕三皇五帝，创物垂范，永言殷祀，宜有钦崇。三皇：伏羲，以勾芒配；神农，以祝融配；黄帝，以风后、力牧配。"宋太祖赵匡胤尊奉炎帝为感生帝，派人四处寻访炎帝陵不得。后来"太祖抚运，梦感见帝，于是驰节觅求，得诸南方"①。乾德五年，宋太祖下诏建湖南酃县炎帝陵，禁止樵采，置守陵五户管理陵殿，并遣员外郎丁顾言诣潭州（长沙郡）祭告。南宋淳熙十四年，宋孝宗"诏衡州葺炎帝陵庙"②。

《元史·祭祀志》载："元贞元年初命郡县通祀三皇，如宣圣释奠礼。太皞伏羲氏以勾芒氏之神配，炎帝神农氏以祝融氏之神配，轩辕黄帝氏以风后氏、力牧氏之神配。"明洪武四年，朱元璋遣国史院编修雷燧致祭湖南炎帝陵，此后在永乐年间、宣德年间、正统年间、景泰年间、天顺年间、成化年间、弘治年间、正德年间、嘉靖年间、隆庆年间、万历年间、天启年间、崇祯年间，均派遣官员赴湖南炎帝陵致祭。清代自顺治以下十帝中除最后一位宣统帝溥仪外，皆遣官致祭过炎帝陵，次数远胜前朝。③

---

① （宋）罗泌撰：《路史·后纪》。

② 《宋史·孝宗本纪》。

③ 参见李学勤、张岂之总主编，曲英杰主编《炎黄汇典·祭祀卷》，吉林文史出版社2002年版。

三 "世之所高,莫若黄帝"——道家文化与炎黄文化

在瑰丽奇异的楚文化中,屈原及其《楚辞》无疑最为光彩,而道家文化却最具影响力。老子和庄子都是楚人,他们所开创的道家思想至今还影响着国人乃至人类,并且随着时间的推移愈发显示出其魅力。道家源于楚地,《庄子》一书所记有道家思想的人物,几乎都是楚人。相传鬻熊是道家的先驱,虽查无实据,却事出有因。道家源于楚国,兴于楚国,鬻熊的某些遗教可能与道家学说不无吻合之处,后世的楚人出于对鬻熊的尊崇,就把创立道家学说的荣誉奉献给这位先祖了。① 我们至今还能看到传为鬻熊所作的《鬻子》。

儒、墨两家广收门徒,游说诸侯,影响很大,成为显学。道、法等其它各派为了与之抗衡,便抬出了比尧舜更古老的神农、黄帝。这一点在道家身上尤其突出。老子不言炎黄,大概是没有托言炎黄的必要,因为孔子早年曾问礼于老子,况且老子所处的时代,儒学尚未成为显学。庄子好古,喜欢借寓言故事说明自己的观点,因而经常提及黄帝、神农,其中最为人们熟知并广泛征引的是《盗跖》篇中的一段话:"神农之世,卧则居居,起则于于,民知其母,不知其父,与麋鹿共处,耕而食,织而衣,无有相害之心,此至德之隆也。然而黄帝不能致德,与蚩尤战于涿鹿之野,流血百里。"显然庄子更喜欢神农之世。尽管庄子对神农之世念念不忘,对黄帝颇有微词,但却认为黄帝能听从广成子之言,修成正果,最终得道。他在《盗跖》篇中所说的"世之所高,莫若黄帝",真实地反映了战国时期黄帝的崇高地位。战国时期诸子大多喜谈神农、黄帝,个中缘由正如《淮南子·修务训》所说:"世俗之人,多尊古而贱今。故为道者必托之于神农、黄帝而后能入说。"各家在争鸣中为了宣传己说,纷纷托辞于黄帝、神农,打着圣贤们的旗号以壮声势。炎黄文化与诸子思想相结合,与各种区域文化相结合,相互渗透,相互砥砺,相互影响,促进了中国思想文化的繁荣发展。

黄帝文化与道法思想的结合,促成了黄老学的产生。黄老学形成于战

---

① 张正明:《楚文化史》,上海人民出版社 1987 年版,第 22 页。

国中后期，兴盛于西汉初期。黄老学大概先产生于南方楚地，而后发展于齐地，从而形成两个发源中心，并各以其独特的风格推动着整个黄老学的演进，使其成为当时有影响的学派。① 代表战国时期南方楚地黄老学的著作主要有长沙马王堆 3 号汉墓出土的《黄老帛书》② 以及《鹖冠子》、《庄子》外篇《天道》、《天地》、《天运》、《在宥》等。任继愈先生认为，"道教的主要源头，与古代荆楚文化、燕齐文化靠得更近一些，道家与神仙家这两大源泉主要存在于此两大文化区域中。"③《汉书·地理志》曰："楚有江汉川泽山林之饶，……信巫鬼，重淫祀。"道家及黄老学之所以诞生在楚地，与楚地崇巫术、尚鬼神、喜神仙、重淫祀有莫大关系。

　　西汉初年是黄老学的鼎盛时期，黄老学"实现了由在野的学术向在朝的学术的转变"④。臣相曹参听从盖公之言，"其治要用黄老术"⑤；继曹参为相的陈平"本好黄帝、老子之术"⑥。曾在汉文帝时做了二十三年皇后，在汉景帝时做了十六年皇太后，又在汉武帝时做了六年皇太后的窦太后，是位黄老术的忠实信徒，她曾将认为老子的话不过是老生常谈的名儒辕固生赶进猪圈与野猪搏斗，几乎使辕固生丧命。由于"窦太后好黄帝、老子言，帝及太子诸窦不得不读黄帝、老子，尊其术"⑦。汉初黄老学顺应了与民休息，安定社会的需要，满足了一部分大臣避祸保身的需要，遂兴盛起来，成为汉初政坛的主流意识形态。汉初黄老学的思想主要表现在陆贾、贾谊的言论，以及《文子》、《淮南子》、《论六家之要指》等论著中。《文子》借诠释老子言论来阐发黄老之学，陆贾、贾谊、韩婴等儒生的思想中亦吸收了道、法观点，他们站在儒家的立场上传播了黄老之学。撰写于景帝时期，成书于武帝初年的《淮南子》是对黄老学的理论总结，是"西汉道家思潮的理论结晶"⑧。《淮南子》的主编是淮南王

---

① 丁原明：《黄老学论纲》，山东大学出版社 1997 年版，第 72 页。

② 唐兰、陈鼓应、余明光等认为是《黄帝四经》。参见唐兰：《马王堆出土〈老子〉乙本卷前古佚书的研究》，马王堆汉墓帛书《经法》，文物出版社 1976 年版；余明光：《黄帝四经与黄老思想》，黑龙江人民出版社 1989 年版；陈鼓应：《黄帝四经今注今译》，商务印书馆 2007 年版。

③ 任继愈主编：《中国道教史》（增订本）上卷，中国社会科学出版社 2001 年版，第 17 页。

④ 刘蔚华：《黄老所完成的历史性过渡》，见丁原明《黄老学论纲》序。

⑤ 《史记·曹相国世家》。

⑥ 《史记·陈丞相世家》。

⑦ 《史记·外戚世家》。

⑧ 任继愈主编：《中国哲学发展史》（秦汉卷），人民出版社 1985 年版。

刘安，作者中不乏荆楚方士。《论衡·道虚》云："淮南王学道，招会天下有道之人。倾一国之尊，下道术之士，是以道术之士，并会淮南，奇方异术，莫不争出。""作道术之书，发怪奇之文。"《周易参同契》云："黄帝临炉，太乙执火；八公捣炼，淮南调和。"《淮南子》先黄老而后六经，称颂黄帝、神农是无为而无不为的明君和修身养性的楷模。

　　荆楚地区位于东西南北之间，今天湖北省首府武汉仍有"九省通衢"之称。因此楚人能够"抚有蛮夷"，"以属诸夏"，兼采华夏文化与蛮夷文化之所长。从考古发现来看，滥觞期的楚文化与华夏文化没有明显而重大的区别，这说明楚文化与华夏文化、炎黄文化同出一源。楚文化的主源可推到祝融，楚文化的干流是华夏文化，楚文化的支流是蛮夷文化，三者交汇合流，就成为楚文化了。① 楚文化"是楚人汲取中原文化精华、融冶南北文化而创造出的南方华夏文化"②。荆楚文化继承和发展了炎黄文化，充实与丰富了华夏文化，为之增添了新的光彩。

　　炎黄文化是荆楚文化的源头之一，荆楚文化是炎黄文化的一个支脉、支流，是炎黄文化在荆楚地区变异与发展的结果。炎黄文化是源，荆楚文化是流；炎黄文化是主流文化；荆楚文化是区域文化。荆楚文化是荆楚地区土著文化与炎黄文化相结合的产物，是对炎黄文化的继承与发展，丰富与变异，荆楚文化中开拓进取、兼收并蓄的特质已经成为中华民族精神的重要内核。楚人对汉文化的形成，对中华民族多元一体格局的形成作出了突出贡献。

---

① 　张正明：《楚文化史》，上海人民出版社 1987 年版，第 26 页。
② 　刘玉堂、张硕：《巴楚文化的渊源、交融与巴楚文化的形成》，《炎黄文化研究》第 10 期。

19 世纪国家权力与湘西苗疆社区宗教信仰体系的重构[①]

谭必友[②]

（中南民族大学民族学与社会学学院）

在清代湘西苗疆区域文化系统中，社区宗教信仰是最有特色的组成部分，成为当地民族认同的核心文化要素之一。自 1704 年改土归流以来，流官要实现对本地少数民族的正常管理，就必须重构社区宗教体系，使其包含国家价值从而促进底层社会的国家认同。然而要在有着上千年宗教信仰背景的社区进行宗教重构，又谈何容易！所以，在 1704—1795 年的近一个世纪中，苗疆地方政府虽然多次对苗疆原始宗教加以干预，但效果一直不理想。然而，自 1796 年清朝廷镇压苗族起义之后，特别是自 1801 年傅鼐任凤凰厅同知并"总理苗疆事务"（核心内容是屯政）之后而逐渐得到改善。也正是从苗疆屯政开始，多民族社区宗教被提升到社会治理的层面加以全面检讨，社区宗教信仰才向着包含国家价值的方向发展。对湘西各民族来说，19 世纪是一个非常关键的时期。因为这个新型宗教信仰体系的定型，也预示着湘西苗疆各民族接受了新的文化要求，实现了民族心理的重大置换，形成了新型的国家认同。

谢晓辉从苗疆开发的视角，围绕天王信仰的中心鸦溪天王庙附近天王故事的流变，对明清开发苗疆过程中，地方神祇的重塑所展示出的对国家与地方的认同做了深入探讨[③]。但以跨越数百年的明清两朝作为研究的时

---

① 基金项目：教育部人文社会科学研究项目"近三十年来湘西苗族国家认同变迁及新形势下的建构对策研究"（10YJA850035）。

② 作者谭必友，男，1968 年生，民族学博士，中南民族大学教授，中国少数民族史专业博士生导师。电话 15327190517；邮箱：tanziliao@ yahoo. com. cn。

③ 谢晓辉：《苗疆的开发与地方神祇的重塑——兼与苏堂棣讨论白帝天王传说变迁的历史情境》，《历史人类学学刊》第六卷第一二期合刊（2008 年 10 月）。

间段，很容易忽略大量的历史细节，可能导致结论存在过多的猜测成分。因而本文以 19 世纪苗疆屯政活动为考察视角，阐述了在导致苗疆宗教信仰体系发生根本性重构的诸多因素中，国家权力是最为重要的因素。

一　屯政之前湘西苗疆的宗教信仰体系回顾

讨论湘西苗疆的宗教变迁，首先遇到苗疆的历史分期问题，不得不预先解决。这是一个仁者见仁、智者见智的问题。我们认为 1795 年是民间宗教信仰发生重大重构的分水岭。因为从我们后面的研究可以知道，自苗疆屯政（历史上也称苗疆新政）之后，导致了苗疆社会重大变迁。这种划分与学术界一般以改土归流为西南土著民族历史与文化重构的分水岭稍有出入。在许多少数民族聚居地区，改土前后，社会结构出现明显分别，因而改土归流确实是一件历史大事。① 但在湘西苗疆，改土归流并没有导致社会结构出现明显的变革。不仅苗族人民大多还处于"未开化"的"生苗"状态，就是当地土家人民，也仅仅是摆脱了土司统治，社会经济结构与文化结构没有因此出现实质性的变革。当地少数民族的国家认同也没有完全实现根本性转换。但是，苗疆屯政开办之后，情形则大为不同。从乡村社区来说，无论是土家族还是苗族，由于政府开办屯政，从而为底层社会培养了大量半职业的管理阶层，社会结构（包括宗教信仰体系）都出现了明显的变革；从政府来说，屯政开办之后，苗疆形成了中国历史上较成熟的地方财政体系，产生了一系列近代性的地方公共事业。② 在苗疆新政中，发生实质性改变的还有社区宗教信仰体系。

（一）古代苗疆的宗教信仰体系

古代的湘西苗疆一直以"蛮荒"示人，因而留下的文字记录非常少，

---

① 改土归流对少数民族地区产生的重大影响，已经过许多学者的深入论证。参见段超：《试论改土归流后土家族地区的开发》（《民族研究》2001 年第 4 期）；龙先琼：《政治秩序变动与区域社会生活的变迁——对改土归流前后湘西社会生活演变的历史考察》（《吉首大学学报》2009 年第 1 期）；苏晓云：《土家族地区"改土归流"之我见》（《中央民族大学学报》1997 年第 4 期）；罗维庆：《改土归流：一场对湘西影响深远的政治变革》（《民族论坛》2008 年第 8 期）。在这些论著中，学者们指出，改土归流对少数民族地区社会发展与文化变迁都产生了重要影响，推动了当地少数民族社会结构实现了实质性转型。

② 谭必友：《19 世纪湘西苗疆屯政与新阶层的兴起》，《民族研究》2007 年第 4 期。

要还原历史还真不容易。从现代以来，有关湘西苗疆古代宗教信仰体系的研究比较多，田野调查资料也已经形成一定规模。但到目前为止，这些研究还是难以揭去苗疆宗教身上的神秘面纱。我们只好借助田野调查、辅以历史文献，做一番归纳考证工作，以期于此有些许贡献。

　　前人研究苗疆宗教信仰，大多从苗族或者土家族角度立论。仿佛苗疆各民族宗教信仰各自独立，自成体系。这是事实，但也不完全是实际情况。苗疆各族人民，虽然向来存在民族界限，但是文化相互影响、相互吸收，早成为融合之势。各民族宗教信仰体系既有个性又有苗疆共性。宗教文化常常难分你我。由于站在各个民族的立场看苗疆，有人因而断定古代苗疆的宗教信仰是巫教体系①；另一些学者则认为是傩教体系。也有人从民族角度判断，认为是苗教体系或者客教体系。② 这些不同论断，使得湘西苗疆宗教信仰体系更加神秘莫测。如果我们深入田野调查，不但各宗教信仰之间有着明确的界线，各宗教信仰的神职人员之间绝对不会混淆自己的"教法"。而且这些界线也为苗疆普通群众广泛接受。从田野调查来看，古代的苗疆信仰主要有五大体系：以巫觋所代表的巫教、以老士（司）所代表的傩教、以道士所代表的道教、以流落所代表的白帝教、以苗族巴岱熊所代表的苗教等。

　　当然，这里的"教"都是相当原始的，是我们借用苗疆神职人员的一个概括，与今天宗教学意义上的"教"并不完全等同。在苗疆各种神职人员看来，所谓"教"，即前传后教，前人传下来，后人加以信奉，也就成了所谓的"教"。同一教派的各地神职人员之间没有今天宗教所谓的组织体系，也没有共同的宗教场所等要素。

　　1. 巫教是比较古老的信仰体系

　　巫教信仰非常庞杂，主要由教、术与神职人员三者构成。同其他宗教一样，巫教的核心内容是"沟通人神"之间的关系（简称"通魂"，沟通

---

　　① 作出巫教断定的学者，大多受到沈从文的影响。沈从文在 1937 年发表《神之再现》小说，使用了巫师的概念。由于沈从文小说具有广泛的影响，导致后来许多研究者纷纷效仿。笔者在早期的研究中，也附和了"巫教"、"巫师"的说法（见笔者专著《清代湘西苗疆多民族社区的近代重构》，民族出版社 2007 年版，第 276 页），今借此文做一全面检讨修正。沈从文描述的场面，属于还傩愿场面，应该为傩教。见《沈从文全集》第 7 卷《凤子》，北岳文艺出版社 2002 年版。

　　② 凌纯声、芮逸夫：《湘西苗族调查报告》，商务印书馆 1947 年版，第 127—193 页。

"生魂"与"亡魂"两种不同性质的魂）。巫教神职人员主要是巫觋，女的为巫，男的为觋。苗疆则把巫称为仙娘、把觋称为仙公。仙公仙娘做法事时，主要是通过自己"登仙"（即进入仙的状态）来沟通人与神（鬼）的关系。方法是巫觋坐在凳子上，凳子旁边放一碗米，米中插香，助手烧纸。巫觋口中横衔一根木筷，再用布帕覆盖头面，不让外人看其面容；双手下垂，双脚掌触地，双脚跟离地。如此等待一会儿，巫觋便现出进入"仙"的状态，双脚抖动、伴以双手前后轻轻甩动，口中有词、半唱半念。以死去的人的口吻回答一切问题。这是巫术的核心内容，除此之外，巫术还有很多表现，比如捉鬼、施法、收魂等。但是核心内容就是登仙并沟通人神。巫觋主要通过"阴传"与"师承"两种方式传授。师承者多不灵，当地人人能学，常常带有娱乐性质。最让人信奉的是阴传成仙。方法很简单，一般情况是成仙者（大多为妇女）突然人事不省，然后口中漫无目的地唱仙歌，声称自己是某某仙人下凡等。之后自己设坛，便可从教。由于方法简单，所以苗疆仙娘很多。几乎村村皆有，以致一村数十仙娘者。巫教最为古老，巫术也就最为庞杂。仙娘与仙公的活动是巫教的核心内容。但除此之外，巫术还有很多表现。各行各业的人都声称自己具有一些巫术。这些巫术又与其他文化融合，变成各种教派里的法术。

2. 傩教同样是比较古老的宗教信仰

傩教的核心内容是"追魂"（追回生魂）。通过信奉傩公傩母，追回从人身上走失的生魂。最重要的仪式是还傩愿。傩教的神职人员叫老士（司）[①]。老士穿红衣，吹牛角，随带傩公傩母两个神像。在傩教看来，人们之所以生病，就是因为生魂走失了。引起生魂走失的原因较多，主要原因是被鬼神等亡（死）魂以及精怪、阎罗等勾摄走了。因此老士追魂，大多时候就是奉傩公傩母的命令，从亡（死）魂（鬼神）、精怪、阎罗那里追回人们的生魂。要追回生魂，免不了还要与鬼神、精怪、阎罗等发生战斗等，所以老士都是身怀绝技，拥有能够上刀山下火海的武功（当然是传说中的神功）高人。这样的高人必须经过师徒传授，经过较长时间

---

① 老士（司）的称呼，正与道士相对应。道士是后来的道教的神职人员，道教相对于傩教来说，是后来的教派。因此傩教神职人员把自己称为老士（司），把道教神职人员称为道士。以此区分两者之间的前后主客关系。也有学者把老士写成老师，不太确当。

的神术修炼。苗疆各个民族都信奉老士（司），汉族土家族等把用汉语方言施法的老士（司）称为老士（司），而把苗族老士（司）称为苗老士（司）。站在客老士的角度来看，客、苗老士不同之处有两点，一是苗老士（司）做法事时能用汉苗两种语言，二是苗老士除具有常规"武功"外，还有其他更神奇的近乎邪门的武功。但其实，苗老士中本身又分为两教，一为巴岱熊，一为巴岱喳。巴岱喳主要来自傩教，而巴岱熊则是在苗族本身的信仰基础上吸收傩教产生的苗教，这是正宗的苗教。

傩教是苗疆影响最大的教派。不仅源远流长，而且当其吸收道教、佛教各种所谓的"经"与"术"之后，发展得更加完善。不仅仅有着各种神秘功法，比如上刀山、下火海等，而且也有着非常成体系的"经书"系统。它在鬼神观念上涵盖了原始"巫教"的所有鬼魂观念，在经术上又吸收了道教的大多数经书，同时保持了原始的"傩公傩母"信仰及其原始的"追魂"仪式，同时演绎出一套完整的戏剧仪式，几乎是集原始图腾、武功、经术信仰、戏剧娱乐等各种仪式于一身。

3. 道教是后传入的宗教

道教传入苗疆之后（传入时间暂时无法确定），发生很大变化，变成了主要是超度亡魂的一种宗教活动。这种演变后的道教，与道观里强调修炼的道教有很大区别，我们姑且把它命名为世俗道教，以与道观里的道教相区别。世俗道教的神职人员自称道士。所以当地道观里的道士，为了把自己与这些世俗道士相区别，把自己称为道人而非道士。这种世俗道教跟傩教一样，没有专门的宗教场所。道士的主要活动就是替人超度亡魂。在苗疆人看来，人死之后，魂魄离身，即成为亡魂。这种亡魂是一种恶的魂，必须超度到天堂去，否则就会在人间祸害活人（纠缠生魂）。苗疆世俗道教最大的神是太上老君。道士奉太上老君的命令，可以将亡魂驱赶出其活着时的居住地，引导亡魂回到祖先居住的地方或者说是天堂。后来由于受到佛教的影响，苗疆道教又吸收了大量佛教的东西，比如道士念的经咒，基本上采自佛经。

世俗道教与傩教刚好形成互补，世俗道教超度亡魂，傩教追回生魂。所以，苗疆傩道两教神职人员有一句口头禅："道士怕生、老士怕死"，通过这句口头禅把两个教派区分开来。因为道士是超度亡魂的，如果在其作法的时候附近有小孩降生，说明道士法术不高，亡魂投胎转世，作法彻底失败。所以说道士怕生。反回来说，老士是追寻生魂的，如果在其作法的时候，附近有人断气死去，说明老士法术不高，生魂没有追回，被亡魂带走。所以说老士怕死。这句口头禅非常简洁明白地划分了两个教派之间的界线。

道士做法事时，主要采用念经的形式。老士做法事时主要通过自己修来的神功，在象征性表演中完成。所以，苗疆人称道士为文道士（文官），称老士为武老士（武官）。一文一武，各司其职，互不干涉，互不越界，但又形成互补之势。

4. 白帝天王教是来源于早期巴人的部族宗教

在古代湘西苗疆，无论道教、傩教还是巫教，都没有特别的权力特征。只存在水平高下以及先来后到之分。但是除此之外，苗疆还有两种具有民族特征的宗教信仰，那就是白帝天王教以及苗老士代表的苗教，其中白帝教还带有一定的权力象征。

相对于巫教与傩教来说，白帝教更加成熟。1795 年之前，白帝天王信仰在汉土民社区宗教中占据绝对优势。由于这个宗教在苗疆的特殊地位，必须在此详加介绍。

白帝信仰在苗族社区中很有影响，当代一些学者误以为白帝天王是苗族的神祇。其实不然，正像土家族也有椎牛活动，但椎牛却非其族教一样。苗族信仰白帝很虔诚，但白帝却是土家族南部支系廪嘎人的祖先神。关于这一点，凌纯声、芮逸夫在《湘西苗族调查报告》中作了明确区分①，潘光旦在《湘西北土家与古代巴人》中更是作了详细考证。笔者以田野调查经验为基础，对此也有过详细讨论。②

白帝天王敬奉白、红、黑三位神祇。据潘光旦考证，白帝天王系古代巴人的廪君崇拜。廪君是古代巴人的祖先，也就是土家族的祖先。传说廪君死后化为白虎，故天王庙所奉祀的三位大神正中的一位为白脸。又由于古代巴人源出武落钟离山赤黑二穴，因此，红、黑二神分别祭祀出自红、

---

① 凌纯声、芮逸夫：《湘西苗族调查报告》，商务印书馆 1947 年版，第 160—163 页。
② 谭必友、田级会：《田野中的文化呈现——穿越文化浸洗的廪嘎人歌舞研究》，人民出版社 2010 年版，第 60—92 页。

黑二穴的人的祖先。① 潘光旦的这个考证已被当代大量的研究所证实。由于湘西苗疆土家族的廪嘎人支系是从鄂西清江流域迁徙而来，他们因此比较完好地保存着白帝天王信仰。特别是乾州、凤凰、泸溪一带号称廪嘎人的一支土家族，不但其族史明确地记有白帝天王始祖，而且在日常生活中还有广泛的祭祀活动。廪嘎人有田、杨、苏、罗、吴、林、谭七姓，据传说，七姓人都是白帝天王的亲兵，田杨二将帅、苏罗二厨子、吴林谭三马夫。廪嘎人把祭祀白帝天王叫祭祀"老尼嘎"（老人家）。②

　　湘西苗疆在乾州厅鸦溪村建有白帝天王总庙一座，在其他各地建有拜亭。拜亭是为了方便祭祀，在各地建立的小庙。一般性的常祭与特祭都可在拜亭进行，但重大还愿还得到总庙去进行。

　　这里我们不妨设想，既然巴人出自红、黑二穴，后来又演绎出七姓证盟的故事，也就是说，巴人内部也应存在两个到三个部落。各部落对天王的态度是否会有一些出入？巴人后裔各部落在白帝天王祭祀仪式中是否就会存在一些细微差别呢？在我们发现现实证据以前，绝对不会想到这个问题竟然真的存在。从清代以来，学者们就是将白帝天王信仰当成一个单一神祇加以研究的，并形成种种猜想。或巴人说，或田强三兄弟说，或竹王三子说，或土人说，等等。2012 年 7 月中旬，我们在泸溪县调查时，意外地发现，廪嘎人中的老幺谭姓人则以老三黑帝为大居中。廪嘎谭姓人把天王庙叫着黑龙公公庙，又称黔王宫。至今，泸溪县浦市镇还存在三个黑龙庙，其中两个庙在浦市镇上，一个在浦市镇西偏南 5 公里处的新堡村（廪嘎谭姓人把这里视为自己的发源地）。在廪嘎谭姓人的黑龙庙中，黑脸天王居中为大，白帝天王居左，红脸天王居右。除了三个天王座位有别以外，有关三天王的故事与白帝天王的传说完全一样。因为，谭姓人排在廪嘎人中的最后一名，属于老幺无疑。既是老幺，很可能就是巴人中出自黑穴的一支。这样他们以黑神天王为大居中，也就顺理成章了。以此推测，世间还应该存在一个红王庙。我们应该进一步从田野中找到证据。

────────────

① 潘光旦：《湘西的"土家"与古代的巴人》，《中国民族问题研究集刊》（第四辑），1955年。

② 谭必友、田级会：《田野中的文化呈现——穿越文化浸洗的廪嘎人歌舞研究》，人民出版社 2010 年版，第 60—93 页。

在改土归流之前，白帝天王信仰是湘西苗疆发展出的最高宗教信仰形式，相对于其他原始宗教（如傩教）来说，它更完善。它有现代宗教学家对宗教所概括的一些基本因素：（1）它有固定的宗教信仰场所（白帝天王庙），（2）有标准的偶像（以白红黑三天王为核心内容的神像系列），（3）有标准的经书（《傩歌》），（4）有神职人员（叫流落、又称祖士）等①。在唐宋时期，傩嘎人是当地的管理者，因此，白帝天王信仰在苗疆具有至上的权威性。1795 年之前的湘西苗疆，白帝天王是各民族共同崇信的阴阳两管大神。与老士、道士相比，担任神职人员的流落（祖士）也相应地具有多种职能。人们逢年过节必须祭祀，有红白喜事要祭祀，有灾难疾病要祭祀，许愿还愿也会祭祀。人们不但祭祀白帝天王，而且有不平（冤忿）之事，当事各方可以到天王庙吃血酒赌咒："我若冤你，我九死九绝；你若冤我，我大发大旺。"凭此求得神判。② 所有这些祭祀活动，都是由流落出面，流落担任的是多方面的职责。

无论是老士还是道士，做法事时都是鼓锣齐鸣。唯独流落在做法事的时候，只敲鼓，不鸣锣。在超度亡魂中，流落与道士相同之处在于两者都念经。但是，苗疆只有傩嘎人在超度亡魂时，必须请流落。也就是说，流落超度亡魂的活动仅限于傩嘎人。其他各族群都请道士或者苗老士开设道场超度亡魂。

5. 苗教是最为神秘的宗教信仰

向来研究苗教的学者，大多不得要领，于苗教与客教、巫教与傩教之间不分界限，于椎牛与椎猪之间不分主次。苗教与傩教同源异流。前面我们已经指出，习惯上被称为苗教的信仰，其实本身有两个派别。苗族人把这两个派别分别称为"巴岱熊"与"巴岱喳"。前者又称为文教，后者又称为武教。其实，巴岱喳仅是能用苗客两种语言做法事的傩教③老士（司）。只有巴岱熊是以苗族古老信仰为源头，吸收傩教的相关内容，而

---

① 谭必友：《七姓证盟西迁与隐居的史诗——武陵山腹地的傩歌研究》，《中央民族大学学报》2001 年第 1 期。从"祖士"的称呼中，也可以看出，白帝教的流落是比傩教的老士、道教的道士都更加本土化的神职人员。

② 潘曙、杨盛芳：《凤凰厅志·风俗》，清道光四年刻本。据说此咒灵验无比，苗疆无论是汉土民还是苗民，只要赌了此咒，立有效验。

③ 苗疆各族群把当地语言分成两大系统，一为苗话（即苗语），一为客话（即汉语苗疆方言）。

形成今天的苗教。巴岱熊有鲜明的苗族文化特征，因此已经不能完全视为傩教，应该视为真正的苗教。无论是巴岱熊还是巴岱喳，尽管他们之间有文武两种分别，但是他们都是信奉傩神，以"追魂"为基本仪式。因此，苗疆其他族群并不清楚苗族宗教神职人员内部还存在两种区别，在提到苗族宗教信仰时，就把两种信仰统而概之地称为"苗教"与"苗老士"。凌纯声、芮逸夫两先生把它视为鬼教。由于苗老士行法事时，以苗语为演唱语言，增加了苗教的神秘性。古代苗族对疾病未形成系统的医学理论，大多时候把疾病归结为鬼神勾摄生魂的缘故，因此巴岱熊与巴岱喳都以傩神为最高信仰。苗族群众生病时大多愿意通过苗老士向傩神祈愿。椎猪、椎牛都是还愿的一种形式。①

椎牛场面隆重、仪式繁多，尤其为苗族所看重。所以，外界常常把苗教又称为"椎牛"教。1795 年之前，椎牛是最能代表苗族核心价值的宗教活动。

椎牛，苗语称为"弄业"，即"吃牛"的意思。清代文献称为"跳牯脏"。椎牛的目的有多种。从众多的椎牛记载中可以归纳为如下四种类型：

（1）庆祝性椎牛。即为了庆祝一年丰庆，并祈祷来年美景。人们于每年农历十月进行椎牛活动。乾隆本《凤凰厅志·风俗》中说：

> 苗人于农毕十月，或通寨醵钱，购牯牛之肥壮而纯白者，先其约会亲邻、戚党、男女、少长毕集，结棚于寨外，主客皆盛服从事，宾至……祭之时，缚牛于花柱，先让极尊之亲，用枪以刺，余以序以刺……

（2）还愿祭祀椎牛。苗族人有很好的草药，但多不用，遇到疾病而

---

① 椎牛原本是傩教还愿中的基本仪式。但因改土归流以后，流官对土家族的椎牛活动大加严禁，客老士（司）在从事追魂与还愿活动中，逐渐放弃了椎牛仪式。到 18 世纪末期，苗疆就只有苗老士（司）还在做法事时采用隆重的椎牛仪式。从此给后来的群众与学者造成一个映像，椎牛是苗族的特有活动。见乾隆《鹤峰州志·义馆示》卷首："查土俗旧例，凡遇疾病死丧，必杀牛祭鬼，抑或互争不明之事，亦杀牛饮血"，"今既改流，凡一应陋俗俱宜禁绝"，"杀牲饮血，宜严禁也"。

想通过祭鬼来祛除（即祭鬼而已）。一旦通过多次小祭祀尚不见效，主人家即要采取椎牛的方式。

> 椎牛……义即"水牛鬼"，为苗中最大祭奠。苗人病重，如卜得其病为牛鬼作祟；或中年以后无子，如卜得牛鬼在南天门阻止女阎王送子前来，均须请苗巫来家，烧黄蜡，打锣鼓，许椎牛大愿。……①

（3）公祭椎牛。与第一种情况有些类似。但第一种情况仅限于具体社区中，椎牛限一只两只，每年都要举行。而公祭则数年举行一次。乾隆本《永绥厅志·风俗》记载：

> 苗俗又有所谓跳鼓脏者，乃合寨之公祀，亦犹民间之清醮，数年间行之，亥子两月择日举行，每户杀牛一只，蒸米一石，届期男女早集，多者千余，少亦数百，……

公祭时，杀牛最多，达到"每户杀牛一只"的规模。这样大的活动不常见，须数年举行一次。且场面达到千余人以上，甚是壮观。

（4）盟约椎牛。为了达到整合社区内的力量以实现复仇或应对仇杀，而采取的椎牛活动。乾隆本《永绥厅志·风俗》记载：

> 苗人有深仇夙怨，即打冤家……椎牛酿酒，邀请亲朋，或数十或百余众至……

以上四种椎牛活动，目的虽然有别，但都涉及宰杀耕牛。还愿与盟约两类椎牛属特祭，其他椎牛属常祭。庆祝性椎牛每年举行，而公祭虽是数年（12年）举行一次，但其宰杀耕牛相当之多（多到每户宰杀耕牛1只），令其他椎牛活动不可比拟（当然，当时的官方记载也许有夸大之嫌。因为按照苗族当时的情况，养殖耕牛还没有这么大的规模、更没有达到如此高的效率）。

---

① 凌纯声、芮逸夫：《湘西苗族调查报告》，商务印书馆1947年版，第141页。

椎牛活动时间长，有三天、五天、七天、九天甚至十余天的。椎牛的影响很大，参加椎牛的有主人家的主要亲朋好友，以致亲朋好友的亲朋好友。因此，椎牛时参与者少则几十人，多则数百上千人，特别情况也可能达到上万人。椎牛时的活动内容特别丰富，除由苗老士主持各个祭鬼环节外，还有大量的娱乐活动。重要的娱乐环节类似于今天的篝火晚会：人们环绕篝火吃肉、喝酒、唱歌、跳舞。特别是年轻人，这还是谈情说爱的地方。由于以上原因，椎牛在民族价值认同、民族内部团结等方面具有关键性的作用。①

从乾隆年间苗疆所撰的《凤凰厅志》、《乾州厅志》、《永绥厅志》等来看，各厅县地方官对苗族椎牛活动都给予高度重视，因而都在厅志中对这个活动作专门报道。由于改土归流至 1795 年间，苗疆总体上还算是稳定的，报道者对椎牛活动多从民俗角度出发，带有猎奇的色彩，而未对这一活动作更多的研究与探讨。

所有的椎牛活动都由苗老士主持，因此苗老士在苗族中也就具有至上的权威性。苗老士并未与道士划分界线，因而也就没有与道教形成互补之势。苗老士可以还愿，也担任超度亡魂的角色，也治巫蛊（巫术与蛊毒），也担任医生的角色。② 所以，苗老士繁杂的角色扮演，给人印象是苗老士像巫师。这是许多研究者都把苗老士误认为是"巫师"的原因。正因为苗老士角色繁杂、功能庞大，使得客老士与道士，都敬苗老士三分。而且苗疆道士们还有个说法，唐三藏从西天取回的真经，苗老士独得其一半，客老士、道士与和尚三者共得另一半。③ 这个传说充分肯定了苗老士的技艺及其多重能耐。

（二）19 世纪以前苗疆宗教信仰体系的特点

在 19 世纪重构之前，苗疆的宗教信仰体系还处于原生状态。它的特点可以概括为三个方面：多民族性、地域性、国家盲点性。

从上面的剖析可以看出，苗疆宗教信仰存在融合趋势，但是在 19 世

---

① 张子伟、龙炳文：《苗族椎牛祭及其巫教特征》，《民族论坛》（长沙）1995 年第 1 期。

② 石家齐：《苗族"巴岱"初探》，《中南民族学院学报》1988 年第 6 期。

③ 笔者 2009 年正月初采访苗疆宗教信仰时，一位道士对苗老士的描述。

纪重构之前，其民族特性还是很明显的。白帝天王虽为各民族所敬奉，但是生活中采用其教者主要限于土家族的南部支系廪嘎人。而苗教则以苗族为主。由汉族传入的苗疆世俗道教则覆盖廪嘎人以外的所有族群。因此，古代苗疆的宗教信仰是一个多民族信仰格局。

这个具有多民族特性的信仰体系，表现了非常明显的地域性。巫教与傩教，具有普遍性特征，盛行于中国南方广大地区，东至苏杭、西至横断山脉。尽管在各地与各民族中传播有一些差别，但其方法与宗旨大体上是一致的。比如各地傩教，其表演的节目会有区别，但信奉傩公傩母则是一致的；而神职人员的"功夫"表演也基本上不离"上刀山下火海"的一套象征仪式。但是，苗疆的白帝教、道教、苗教等宗教信仰则表现出鲜明的地域特征。道教本来是功能齐全的宗教，但是，进入苗疆，就只具有超度亡魂的功能了。道教在苗疆演变成纯粹的地域性宗教。

此前有关巫傩信仰及其与道教的关系的研究成果很多，前人的研究，比较成功地论证了道教对西南少数民族原始信仰产生了重大影响，并导致了傩教与道教的融合。但是其中大部分研究成果却因此混淆了巫傩道等信仰之间的关系，或者把这些原本不同的"教"，混称为"巫傩信仰"①。混淆的主要原因是，大多数研究者看到了各教派之间对神话传说、使用的经书、供奉的神祇等，都有相同之处。因而断定这些教派已经完全融合，相互之间没有多少界线。可事实上，这些教派由于根本宗旨不同，尽管使用的经书、供奉的神祇、采用的仪式都存在相同的地方，但还是泾渭分明。我们把这些明显的界线通过下面的表格展示出来。

苗疆宗教信仰的地域性特征还表现在，各种信仰虽然繁复庞杂，并具有相互融合现象，但是，各种信仰之间融合而不乱，各自守护自己的界线。信仰之间采取相互区别又相互补充的态度。因而宗教信仰之间不存在冲突。相反，宗教信仰之间形成了苗疆整体。我们把这种既相互区别又相互补充的信仰列成表 1。

---

① 这些成果我们可以举出很多。比如张铭远：《滩戏与生殖信仰——傩戏与傩文化的原始功能及其演变》（《民族文学研究》1989 年第 4 期）；唐愍：《傩没有生殖信仰的原始功能——与张铭远先生商榷》（《民族文学研究》1990 年第 2 期）；王路平：《贵州佛道儒巫混杂的宗教文化现象因果论》（《贵州民族研究》2007 年第 3 期），以及前面张子伟、石家齐等人的论文。

表1　　　　　　　　　　　　苗疆各宗教信仰简况

教系	核心职能	神职人员名称	经书	场所	服务群体
巫教	沟通人神，简称通魂	仙公仙娘	无	未固定，视需要而定	各民族
傩教	追回生魂，简称追魂	老士（包括苗族巴岱喳）	借自道、佛，并演绎出戏剧	未固定，视需要而定	各民族
道教	超度亡魂，简称度魂	道士	道教经书，并大量借用佛经	未固定，大多在灵堂	各民族
白帝教（黑龙信仰）	超度亡魂，简称度魂	流落，又称祖士	廪歌	白帝庙、灵堂（黑龙庙、黔王宫）	土家族南部支系——廪嘎人
苗教（巴岱熊）	沟通人神、追魂、超度亡魂	苗老士（巴岱熊）	口承，未固定，偶尔借自佛道经	未固定	以苗族为主，但不限于苗族

　　从表1中可以看出，经过长期融合，古代苗疆各宗教信仰之间实际上已经形成有边界有合作的苗疆地域特色。他们分别担任"通魂"、"追魂"、"度魂"等不同的宗教角色。

　　就整个苗疆的宗教信仰而言，其古代体系明显缺乏国家意识、缺乏官方价值的主导。当时的佛教已经传入苗疆，但佛教的影响十分小。佛教也尚未得到地方政府的扶持，还没有担当传播国家意识形态的角色。改土归流之后，流官在县城中也有象征国家忠诚的固定的祭祀场所与仪式，但这些活动还主要是官方的象征性活动，其影响不出县城，也不出士大夫阶层。当时的白帝教包含的"忠义"元素已经被流官注意到，康熙五十二年辰沅靖道周文元在《靖疆营重修天王神庙碑》中就肯定了白帝天王有一定的价值。尽管如此，当时的流官集团还来不及全面改造这个宗教。白帝天王还没有后来的"宣威助顺灵应保安显佑护国"的"忠义"形象，白帝教的主体话语掌握在当地土著族群手中，阐述的主要内容还是表现少数民族土司与中央王朝分权的合法性。[①]总体上来说，白帝教与苗教一样，经常受到官方的打压。白帝教中有唱"廪歌"、唱"蕹露歌"等节目。改土归流之后，这些节目也同椎牛一样，曾

――――――――

　　① 谭必友、田级会：《田野中的文化呈现——穿越文化浸洗的廪嘎人歌舞研究》，人民出版社2010年版，第60—93页。

一度受到官方严禁。① 因此，整个苗疆的古代宗教信仰体系是一个缺乏国家利益作为主导意识的信仰体系。它的原生性、原始性特点非常明显。

在这种信仰中的群众，他们头脑中的"国家"、"忠诚"等抽象感情没有培养的土壤。加上苗疆一直没有培育起像样的科举教育，读书人几乎完全缺失，"国家"与"忠诚"等抽象感情缺乏必要的传播者。苗疆各少数民族难以产生明确的国家认同，也是势所必然的。1796 年之后，主持苗疆屯政的决策者们，深深认识到了这一问题的严重性。因此，他们在屯政中不仅仅要解决各项民生问题，也要解决苗疆各族群众国家认同的心理转换问题。这两项任务，都是苗疆千百年来没有解决的大问题。千头万绪、困难之重也就可想而知了。

二 国家权力纵深运作背景下的宗教信仰政策：
苗疆屯政期间的信仰改造

（一）国家利益与苗疆原始宗教信仰的审查批判

1796 年之后，政府对苗疆社区宗教进行了长期的改造工作，这项改造是按计划有步骤进行的，是与传统上的宗教传播截然不同的一次社区宗教改革运动。这项运动的起点是站在国家利益的高度上批判苗疆传统的原始宗教。

1. 站在教化的立场上发现白帝天王的政教功能

辰沅靖道的周文元在《靖疆营重修天王神庙碑》中是这样规范白帝天王信仰的价值：

> 蛮畏其威，民怀其德，遂立庙以祀之。其后灵爽在天，数显神异，宋朝嘉其忠义，赐以王爵。……自居民至苗蛮，有暧昧隐情，国

---

① 清乾隆本《凤凰厅志》卷十四《风俗》载："丧家、歌呼达旦，名曰闹丧，此风为无礼，现已严禁……。"这里所说的"歌呼达旦"、"闹丧"习俗，正是当地土家族唱"薤露歌""廪歌"等节目。薤露歌又名"丧堂歌"，由古代巴人所唱的哀叹人生短促的歌演化而来。《宋玉答楚王问》中曾提到："客有歌于郢中者，其始曰《下里》、《巴人》，国中属而和者数千人。其为《阳阿》、《薤露》，国中属而和者数百人。其为《阳春》、《白雪》，国中属而和者不过数十人。引商刻羽，杂以流徵，国中属而和者，不过数人而已。是其曲弥高，其和弥寡。"（详见谭必友、田级会：《廪嘎人丧堂歌与古代薤露歌渊源考》，《中央民族大学学报》2011 年第 2 期）

法不能得者，临之以神，取尽言无隐，备死不敢入庙。人有不信者，誓言于神，终身不敢渝，渝则必极之如其誓。……余谓生能武功世其家，为朝廷扫荡边氛；死能震动祸福其民，以庙食百世，古之奇男子也。……有一于此，是以不朽。况兼之者乎。①

周文元的评价，归纳起来有四点：一是镇蛮；二是御灾；三是伸冤；四是赐福。

周文元之后，白帝天王的"镇蛮"一说逐渐得到官方重视，其意义逐渐从所有神异功能中脱颖而出，成为最为重要的元素。而经过清代学者的努力，白帝的"镇蛮"一说又逐渐被演化成"镇苗"的说法。乾隆二十一年修《凤凰厅志》时，即在卷十《坛庙》中明确说："庙中塑神像三，……智勇过人，屡败苗众，苗人畏服，死后设庙祀之，称白帝天王。"到了1796 年之后，白帝天王被演绎出来的"镇苗"功能得到进一步的宣扬，几乎从传说变成了一种现实事实，我们列举一二以备参考：

事例一："乾隆六十年春，黔楚苗匪滋事，贵州嗅脑汛，仓猝之间，既属兵少，土筑围墙，复属低簿……一日，苗匪大至，兵民警惧……贼忽见赤面大将，带领多兵，乘阵御敌，知为神之灵显救护，遂惊退。"②

事例二："傅鼐攻克杨孟等寨，单骑冲阵，苗人遥望骑后，三天王见形，蜂拥豕突之际，莫不习服奔窜，遂以擒歼。"③

1796 年之后，有关三天王显灵镇苗的传说一时很多，至今还能在多种文献中看到，也还能在民间传说中听到（咸同之际，还传说白帝天王镇压过石达开的太平军）。为什么会有如此之多的传说呢？主要原因在于官方的宣传。1796 年之后，官方发现了白帝天王的"镇苗"价值。这对于教化苗族（也包括教化其他各民族成员）有重要意义。

第一，白帝天王传说中有"镇蛮"的痕迹，包含了"镇苗"的文化因子。而且这个宗教是当地土家族的宗教，是外在于苗族的一种神圣力量。因此，放大这个神的力量，不会成为苗族的一个凝聚力量，就是说，

---

① 清光绪本《凤凰厅志》卷一《典礼》。
② 潘曙、杨盛芳：《凤凰厅志》卷五《典礼》，清道光四年刻本。
③ 同上。

这个神不会对政府造成任何威胁。

第二，白帝天王是苗族最敬畏的神，利用这个神实施教化，效果将最明显。在某些时候，它比政府手中的军队等还有效。前面两个例子即可证明。

正是教化的需要，土家族的白帝天王在1796年之后成为官方文件中的一个重要话语。而基于上面两个因素，有意识地推崇白帝天王信仰，成为政府在实施教化过程中首选措施之一。

2. 站在经济的立场上发现椎牛祭鬼对社区生产的恶劣影响

1795年暴发的苗族起义，来势非常凶猛。苗疆苗族的总人口虽然仅二十余万，但直接卷入起义的苗族就不下十余万。这表明苗族人的高度民族认同和强大的内在维系力。但这种维系力是由什么来决定的呢？在非常重视神道设教的苗疆地方官员看来，当然是苗族的宗教。而其宗教又首推椎牛活动。

1795年之前，没有官员对苗族椎牛加以评论，更别提对这种宗教活动加以干预了。乾嘉苗民起义被平息之后，以傅鼐为首的苗疆官员对椎牛活动进行了认真研究，终于发现了它的两大特征：凝聚人心与耗费财富。

以还愿椎牛（特祭）来说，椎牛于每年十月举行，但准备期可能很长。椎牛还愿，先得买牛，而且得买那种肥壮的大水牛。水牛买回家之后就通知亲戚朋友。到了十月，就选择日子正式椎牛。届期应邀而至者，少则数十人，多则数百上千人。应该说，政府不愿意看到苗族人的这种聚会盛典，而且认为这种盛典是苗族起义得以顺利举行的一个原因。流官们对椎牛有一个基本判断："小则附近寨落，百十为群；大则聚集邻省，苗人盈千累万。巫师妄言祸福，以惑愚顽，从前癫苗滋事，皆由此起。"① 因为椎牛能将苗族人团结在一起，并能组织苗族人采取统一的行动。除了语言之外，椎牛是引导苗族人对本族高度认同的最重要活动，是民族归属感的来源之一。只有破除了它的影响，才能消灭苗族人的定期联欢会。但流官们的高明之处在于，他们这么想却不这么说。他们绝口不提民族文化，却大肆宣传椎牛活动的经济弊端。

椎牛时所椎之牛必定是头等耕牛。由于主人家无论贫富，一旦许愿如

---

① 但湘良：《湖南苗防屯政考·征服下》。

愿都得椎牛，这样一来，每年十月，椎牛活动必定进行，而且无论贫富都要按期举行。单纯从经济上来看，这是极不合算的。一条头等大水牛，少则 10 余两银子，多则数十两银子。对于富裕人家来说，遭此之变即可能将积蓄消耗殆尽，而对于一些贫民来说，则可能雪上加霜，从此一蹶不振。傅鼐说："每岁秋成，必将所畜牛只恣行宰杀，次年冬作，无以翻犁，则又称贷买牛，遂致穷困，流而为匪，是椎牛祭鬼实为苗害。"① 苗疆有二千多苗寨，假设每寨每年有一户以上人家要椎牛还愿的话，对于整个苗疆来说，每年因椎牛而宰杀的耕牛可能达到数万头（傅鼐语）。但因椎牛是最重大的宗教活动，一般人不会轻易许此大愿，故苗族村社区每年因举行椎牛活动而宰杀的耕牛并不像官方说的那么严重。官方认定椎牛活动对生产有恶劣影响，总算是找到了说服苗族停止椎牛的理由，也因此有了调整民族宗教政策的思路。

　　从上面的讨论中，我们很容易发现，清代官方对苗疆原始宗教的审查，其实存在多重标准。针对不同民族采用了不同的标准。这些标准在今天看来，很不统一，但是，在当时确实还是很有说服力的。不过，这些审查都是以国家权力为后盾，苗族人民是否真的就被说服了，还是未知数。

（二）实施激进宗教政策：扶持主流宗教、改造民族宗教

　　在对苗疆原始宗教信仰审查有了明确结论之后，苗疆政府即着手实施激进的宗教政策。

　　1. 加大社区宗教建设的财政投入

　　清代厅县的财政预算中都有祭祀开支计划。各地祭祀内容稍有出入，但开支额度则大体相近。乾隆年间凤凰厅每年实支祭礼银如表 2。表上显示，凤凰厅每年用于祭祀的财政开支为 135.142 两银。这个数目的宗教投入，看起来不多，但相对于教育投入来说，已经是天上人间了。然而这个投入对于苗疆的近代改造来说，已经远远跟不上形势需要了。1796 年之后，苗疆开始加大对社区宗教建设的全面财政支持。

---

　　①　但湘良：《湖南苗防屯政考·征服下》。

表2　　　　　　　　　乾隆二十一年（1756）凤凰厅祭祀银两

祭祀内容	开支数额（银两）
文庙二祭	40
关帝帝庙三祭	35.742
崇圣祠二祭	6
山川坛二祭	10
社稷坛二祭	10
厉坛二祭	20.62
先农坛春祭	1.78
雩祭	5
名宦乡贤	6
合计	135.142

第一，增加祭费预算。仅据道光本《凤凰厅志》来看，从嘉庆二年以后，政府即陆续增加祭费开支，道光四年时，即在原来基础上分别增加了三大祭费：文昌庙岁二祭共银23.83两，三侯祠二祭银12两，昭忠祠二祭银8两，祭费预算开支增长了43.83两，[①] 较乾隆年间增长了32.4%。除各厅县增加祭费预算外，辰沅道另在屯田经费中为凤凰、乾州、永绥三厅另列支义勇烈祠岁祭谷105.16石，为苗疆五厅县另列支岁祀龙神社令谷54石。两项合计折合银160两。[②] 财政支持力度的增大，对官方认可的宗教的开展提供了很好的条件。有了财政保障，各项宗教活动可大张旗鼓、持续稳定地举行。

第二，官方修建庙宇规模空前。古代政府在修庙问题上向来只给予象征性财政支持。一般来说，政府的支持工作表现在出面督促，而由民间"信士"出面组织募集财物修建庙宇，或由和尚道士（或其他神职人员）等自己化缘修建。1796年之后，出于佛道设教的目的，各厅县长官打破常规，由官员捐资或由政府出资修建庙宇。其中最为活跃的当数时任凤凰厅同知傅鼐。表3是对《凤凰厅志》上所载傅鼐重修新修庙宇的统计。

---

① 潘曙、杨盛芳：《凤凰厅志·卷四·坛庙》，清道光四年刻本。
② 但湘良：《湖南苗防屯政考·储备》。

表 3 　　　　　　　　　傅鼐在凤凰厅重修新修坛庙统计

庙宇名称	原修年代	傅鼐重修（扩建）年代	傅鼐新修年代
社稷坛	乾隆 19 年	嘉庆 5 年	—
风云雷雨山川城隍坛	同上	同上	—
先农坛	雍正 2 年	嘉庆 5 年	—
厉坛	不详	—	—
关帝庙	乾隆 21 年	嘉庆 5 年	—
文昌庙（奇峰寺顶）	乾隆 50 年	—	—
文昌庙（南门外）	—	—	嘉庆 6 年
龙王庙	—	嘉庆 5 年	—
火神庙	乾隆 20 年	嘉庆 5 年	—
城隍庙	雍正 13 年	嘉庆 6 年（扩修）	—
吕祖庙	—	—	嘉庆 3 年
三侯祠	—	—	嘉庆 3 年
三侯祠（乡下建 7 座）	—	—	嘉庆 3 年
昭忠祠	—	—	嘉庆 8 年
忠勇祠	—	—	嘉庆 6 年
节孝祠	—	—	嘉庆 6 年
伏波庙	—	—	嘉庆 6 年
武侯阁	—	—	嘉庆 3 年
马祖庙	乾隆 45 年	—	—
芒神庙	—	—	嘉庆 5 年
水府庙（江西客民建）	—	—	不详
玉皇阁	—	—	嘉庆 6 年
东岳殿	不详	嘉庆 5 年（扩建）	—
观音阁	—	—	嘉庆 5 年
准提庵	不详	嘉庆 13 年	—
三官阁	不详		
奇峰寺	不详		
飞山庙	—	—	嘉庆 5 年
飞山庙	不详		
镇山庙	乾隆 52 年	—	—

续表

庙宇名称	原修年代	傅鼐重修（扩建）年代	傅鼐新修年代
灵官庙	—		嘉庆 6 年
观音寺	—	—	嘉庆 6 年
公安殿（厅人重修）			嘉庆 16 年
乡下另有二十座庵寺	（年代不详）	—	—
合计	16 座	9 座	17 座
所占比例	48%	27%	52%
备注	嘉庆 16 年乡人为傅鼐所修傅公祠未统计在内		

从表中可知，嘉庆前期，傅鼐共在凤凰厅重修新修庙宇 26 座。这需要一笔不小的开支。因每一座庙宇都有数间房子，如嘉庆三年（1798）重新选址构修的三侯祠："正殿三间，前厅一间，左右厢房二间，住房二间，戏台一座，二门三间，头门三间，"[①] 这个三侯祠共有 10 余间房子，加上戏台、菩萨，按 50 两银子修一间房子计，该庙宇也得 500 两银子以上，再加上征地费等总计至少也得五六百两银子。在嘉庆前期，修 26 座庙宇共得花上一万余两银子。这对一个年税收仅 180 两银子的边陲厅县来说，得花多大力气呀。其中肯定也有民间捐输的成分，但主要资金还得政府掏。从傅鼐构修这么多的庙宇来看，我们也才能理解这位廉洁有理想的地方官在辰沅道任内为何会亏欠数万两银子。[②]

其中一些坛庙很快在苗疆的乡村社会中产生了重要影响。以准提庵为例，嘉庆十三年修成之后，很快吸引了大批乡村朝拜者，香火长盛至今。

正是地方财政的介入，苗疆社区宗教进入了一个快速重构时期。

2. 广建天王庙与重构白帝教的忠君爱国话语

白帝天王信仰虽是苗疆最具权威的宗教，但 1795 年之前，白帝天王庙却屈指可数。最有名的首推乾州厅雅溪总庙（现湖南吉首大学校园附近），其余各地天王庙仅为其拜亭。其中凤凰厅有靖疆营拜亭与厅城里的

---

① 清道光本《凤凰厅志·卷四·坛庙》。
② 清道光本《凤凰厅志·卷八·屯防一》。

天王庙，永绥厅有茶峒天王庙。① 其他地方都很少有记载。当流官们发现白帝天王的教化作用后，白帝天王的命运从此有了一次大改变。

　　嘉庆三年（1798），当时苗疆起义余波未平，各处时有战火。傅鼐为镇压苗族起义的军事考虑，决定进一步树立白帝天王的威信。该年，经傅鼐请求，皇帝敕封白帝天王"宣威助顺四字，再系以侯爵，长靖远，次镇远，又次绥远。每岁春秋致祭，其应用祭品，照祀龙神典礼"②。苗疆土家族固有的祖先神白帝天王从此成为官方的正神。虽然品秩上从天王降为侯，但在侯前面冠以"宣威助顺"四字，终于让这个一直"在野"的天王，从此获得了国家给予的正式名分。既是御封的正神，自然应该广为立庙祭祀。从嘉庆三年以后的近百年间，湘西苗疆三侯祠（由于老百姓还是愿意叫天王，故后建的各庙都保留三王庙的称呼）不断发展，其总数超过其他类型的神庙。以凤凰厅来说，至道光二年（1822）为止，全厅共建天王庙 8 处，除厅城一座外，乡下另建了 7 座，分别建在：廖家桥、新场、凤凰营、红树坡、新寨、鸭保寨、靖疆营。③ 再到光绪四年（1878）续修《凤凰厅志》时，凤凰厅天王庙已经增加到 17 座。较前又新增 9 座。较道光二年以前增加了一倍多。一个非常重要的现象是，苗族社区中出现了天王庙。新寨与鸭保寨都是重要的苗族社区。在永绥厅，天王庙的发展也很快，并大多建在苗族社区。随着天王庙的广建，天王的灵威也日渐增长。不过这种灵威已非昔日"在野"面貌了。在傅鼐的设计下，白帝教原有的表明与中央王朝分权的合法性的话语，被巧妙地改造成忠君爱国的话语了。三天王也被打扮成忠于中央王朝、替王朝镇守边疆的三侯了。据刘一友考证：从嘉庆三年到同治元年，64 年间，统治者在三天王头上曾分别御赐过多种封敕，以致最后竟成了"宣威助顺灵应保安显佑护国"的靖远王、镇远王和绥远王了。④ 到 19 世纪后半期，天王庙的祭祀活动几乎覆盖了湘西苗疆的大部

---

　　① 笔者于 2001 年到茶峒调查时，还发现茶峒码头后山顶上白帝天王庙遗址，残垣颓壁，历历在目。再者，尽管泸溪县浦市镇以及沅陵县有黑龙庙、黔王宫等庙宇，但是这些庙宇一直为学者们所忽视，祭祀这些庙宇的廪嘎谭姓人也没有进入学者的视域。学者也不知道这些神祇与白帝天王的关系，因此，白帝天王被当成单纯的神祇加以研究。笔者也是 2012 年 7 月中旬，才偶然发现了黑龙庙、黔王宫等相关庙宇。

　　② 清道光本《凤凰厅志·卷四·坛庙》。

　　③ 同上。

　　④ 刘一友：《论凤凰人》，《吉首大学学报》（社会科学版）1991 年第 1 期。

分乡村社区。但除了廪嘎人，已经很少有人知道白帝天王原本是表明土司与中央王朝分权而治的合法性的宗教了。

3. 严禁苗族人椎牛祭鬼

在重构土家族白帝天王信仰的同时，对苗族的固有宗教进行打压。嘉庆十二年（1807），傅鼐下令"禁苗人椎牛祭鬼、放蛊、赌博、渎伦诸习"①。特别是椎牛一节，傅鼐还特意向湖南巡抚汇报，由巡抚景安上奏皇上。从巡抚景安所上《附奏收缴苗人枪械并严禁椎牛祭鬼恶习篇》来看，傅鼐为严禁椎牛还做了许多准备工作。

第一，在严禁椎牛之前，做了大量的宣传工作。主要针对椎牛的经济危害，椎牛总得杀耕牛。耕牛是农业社会最重要的财富，杀一头耕牛，等于将数十年艰苦积累的财富毁于一旦，这对生产是极不利的。经过宣传教育，大多数苗族人接受了政府的开导："前据该道禀陈，饬令善为谕禁。现据详覆，于上年凯切开导，众苗均知从前之所为实属无益有损，现各悔悟，巫师亦皆改业。"②宣传教育工作是做到了家，但实际情况是否像景安说的，苗族都认为"从前之所为实属无益有损"，而已经悔改了呢？这很难判断。但大多数苗族人（特别是一批新兴的苗弁阶层）应有这种表现，另一小部分老百姓则是迫于官方的威权，不得不放弃这种信仰。

第二，将严禁椎牛列为苗弁们的日常工作。严禁椎牛不仅是地方政府的临时决定，而是请得了圣旨使其成为"例禁"（即常规行政内容）。"现在申明例禁，专责苗弁实力稽查。嗣后如有……重兴淫祀，立时拿究。该管苗弁知而不报，分别治罪。地方文武官弁失于觉察，照例议处。"③因为是"例禁"，所以地方文武官弁包括苗族社区的苗弁，都不能"知而不报"，也不能"失察"。如果"知而不报"或"失察"都会遭到严厉治罪。正因为有了这一狠招，所以各地官弁与苗官对椎牛看得极紧。不但如此，傅鼐还要各级官弁年终"具结详报"。这一办法类似于今天的基层政府与各社区负责人签订的社区治安责任书。但它是在每年年终时向上级签的保证书。这是为防止地方官弁与苗弁出现蒙混情弊而采取的一个措施。

① 但湘良：《湖南苗防屯政考·征服下》。
② 同上。
③ 同上。

经傅鼐推测，严禁椎牛之令公布后，苗疆每年可以"全活耕牛数万头，于苗人农功生计更为宽裕"①。"数万头"的推测有些夸张，但从苗疆苗族社区人口数来推测，严禁椎牛后，每年可"全活耕牛"千余头则是可能的。从生产上来说，这也是一笔非常巨大的生产资本。每头牛最低十多两银子，多则数十两。每年保护千余头耕牛等于每年节约了数十万两银子。这对苗疆恢复生产有百利而无一害。19世纪上半期，苗族社区生产的发展，生活水平的提高和社区的稳定，其中严禁椎牛是重要原因之一。

严禁椎牛除生产上的实际功效外，更重要的还在于其文化教化上的价值。椎牛活动是苗族的核心价值观的体现，与大多数原始宗教一样，充满浪漫、张扬等品性。这些品性对政府的组织管理选取相反的路径。将这一宗教限制之后，苗族不得不开始有条件地接受汉族的宗教，这对文化重组及文化心理的重塑都是好的历史机缘。所以傅鼐说："此时苗情风俗又为之一变。"②当政府严禁椎牛祭鬼后，传统的苗老士多数"亦皆改业"，神职人员阶层迅速缩小，社区精英传统的流动之路，即成为神职人员的社会流动模式被堵死。这逼着青年们走向求学之路与从军之路，以获得更好的向上流动机遇。这也不失为引导苗疆走向近代社会的有效措施之一。

但我们也得看到，一是严禁椎牛主要在湘西苗疆成为例禁，而周围的贵州、四川都依然盛行，二是椎牛毕竟是苗族的族教，要想彻底禁止是不现实也不可能的。因此，到了19世纪后期，此教又重新在苗族社区盛行起来，并在民国时期重新成为苗族宗教信仰中最重要最隆重的活动。

4. 扶持佛道教及汉族其他宗教

傅鼐在重构白帝天王信仰的忠君爱国话语的同时，也不忘将佛道教与汉族的其他宗教信仰引入苗疆。这些宗教在与中央王朝的数千年磨合中，已经顺应中央王朝的意识形态，得到王朝的认可。从傅鼐重修新修庙宇统计表可知，他所重修新修的庙宇包括佛寺、道观及汉族的民间信仰活动场所。在他眼里，只要这些庙宇能助人向善、有益教化，他基本上是不论其民族或正宗与否。在傅鼐的推动下，苗疆兴起了一股引进汉文化的热潮，

---

① 但湘良：《湖南苗防屯政考·征服下》。

② 同上。

使汉族的宗教礼仪得以在苗疆迅速兴起。苗疆民间建庙的热情也空前高涨。在乾隆二十一年（1756）修《凤凰厅志》时，全厅有名可考的庙宇廖廖无几，在厅城以外的乡下只有灵山寺、东山寺、青云寺和紫云寺四座。每座庙寺的覆盖人口在10000人以上（我们姑且取10000作为讨论标准）。到道光二年（1822）修厅志时，全厅寺庙达到52座，每座庙的覆盖人口下降到2391人。再到光绪初年（1875）时，全厅共有庙宇将近150余座（从厅志上考证约有150多座，我们取150作为参照标准）。此时全厅人口没有记载，但据厅志所载，此时汉民人口为105617人（含土家族），按这个增长速度推算，全厅人口应有175716人左右，因此，此时每座庙宇覆盖人口应为1171人左右。我们将三个时期每座庙宇覆盖人口做成如下清代凤凰厅庙宇覆盖人口变迁图，就可以更形象地看出，在政府推动之下，19世纪汉族宗教在苗疆传播的整体进程。

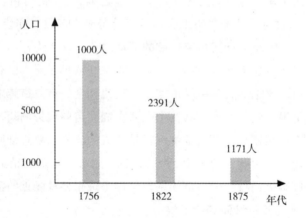

清代凤凰厅庙宇覆盖人口变迁图

从图上可以看出，嘉庆初年的社区宗教改革是湘西苗疆社区宗教史的分水岭，这是一个汉族宗教快速普及时期，而且这个宗教改革以很快的速度持续了半个多世纪，终于将汉族宗教推进到乡村社区，在绝大多数的乡村社区都可看到汉族宗教的权威性。就是天王庙也由传统的部族宗教从此烙上忠君爱国的政教色彩。汉族宗教的广泛影响，使得汉族文化的诸多方面都在湘西苗疆得到传播与巩固，诸如宗教意识的强化，三纲五常观念深入民心等。

5. 推动儒教的发展：代表儒家精神的名宦祠、乡贤祠与名人祠陆续建立

在汉族宗教快速传播的同时，社区宗教获得了一个主导性的发展方向，即代表儒家精神、倡导国家利益的宗教方向，这个方向就是名宦祠、乡贤祠与名人祠的陆续建立（可将这些活动看成是儒教的民间部分）。乾隆年间，苗疆尚无此类祠庙。嘉庆年间，傅鼐在厅城旁修建了昭忠祠、忠勇祠及节孝祠三祠，专门祭祀那些在乾嘉苗变中牺牲的将士以及民间殉节死难的妇女等。这在苗疆是一个新现象。土家族有祭祀祖先的传统，苗族有祭鬼的传统。但无论祖先还是鬼都有内外之分，祖先之鬼是只能在自家祭祀，如果属公众祭祀就是公众所认可的鬼神。一般人死后是不能被公众祭祀的。然而在昭忠祠、忠勇祠及节孝祠中所祀之人原本都是凡人，死后都建立专祠祭祀，成为正神。取舍标准就是能否为国尽忠，是否符合伦理纲常。用一句话概括，即是否能反映国家意志、代表国家利益。只要达到这些标准就能上这些专祠享受祭祀。这种观念的树立，于社会教化有明显效果。从此苗疆忠君爱国、急公好义、惠及乡里的民间精英越来越多。乾隆二十一年（1756）编撰《凤凰厅志》时，因为全厅很难找到符合儒家精神的乡贤人物，不得不将《名宦》、《乡贤》两卷虚卷以待。然而到同治年间编撰《厅志》时，无论名宦还是乡贤，都不胜枚举，特别是乡贤，《厅志》改用《人物》记之，分儒行、德品、忠烈、武功、懿行、烈女、节孝、节烈、贞烈、贞孝等类型，所载近 500 人，一部原本应包括厅境方方面面内容的《厅志》几乎成了人物传。当然，这些历史后果不能完全归功于儒家新宗教的示范作用，但是社区新宗教成为国家意志与儒家精神的最为主要的传播手段，这是清楚明白的。

三　社区宗教信仰体系的近代转型与民族心理的近代置换

社区宗教体系的近代重构，使传统的原始宗教基本上边缘化，它们在社区公共宗教生活中的地位越来越低，传统神职人员的地位逐步分化。绝大部分传统的神职人员成为社会边缘人物或仅限于家学；少部分人继续在民间红白喜事中担任祭师，如廪嘎人的流落，仅在丧葬仪式中担任"土

老士"，或在白帝天王庙偶尔担任主祭。另外，如传统上很有名的傩教老士，也仅仅能够在私人的还愿、追魂等仪式上出现。在其他主流宗教场所，包括寺庙、名宦祠、公共祭祀等场所，不可能见到他们的身影。① 在苗疆，经过地方政府的多年努力，代表国家意志、主流社会信仰的儒教与佛道教终于占领了绝大部分的信仰地盘。一个以儒教为归属、以佛道教为主体、以原始宗教为民间基础的宗教信仰体系终于建立起来了。这个新型的信仰体系奠定了苗疆近现代信仰体系的基本格局。三者相互影响、相互吸收，终于演化成现代湘西多民族地区的民间信仰格局。

在苗疆多民族社区宗教信仰体系近代化过程中，国家激进的民族宗教政策起了关键性的推动作用。但是，我们也应该清醒地认识到，国家在推进代表国家利益的宗教政策时，也没有完全忽视当地少数民族的原始宗教信仰。国家是在对少数民族的原始宗教进行了多种审查并进行了大量的宣传教育之后，才在有所取舍的前提下，实施新的宗教政策。而当时的国家原本也没有标准的国家宗教，佛道教也仅仅是各自自由发展。但是，苗疆管理者却从苗疆治理的实际需要出发，对这些宗教采取国家的立场予以支持。而儒教的发展则是在苗疆自身社会发展的基础上逐步演绎出来的，因而具有很好的社会基础。我们还应认识到，在代表国家利益的宗教得到大力发展的同时，原始宗教一直都没有退出历史舞台。尽管被边缘化，但是它们依然很有市场，时至今日还有着一定的生存空间。苗疆宗教信仰的近代化过程告诉我们：第一，国家可以采取激进的宗教政策，改变人们的信仰，但是这需要对原有宗教进行深入研究。苗疆宗教信仰体系的改造，经过了几代人的努力。第二，社区宗教体系近代重构的完成，标志着苗疆各民族精神与民族心理实现了重大置换。我们对第二点展开如下叙述。

社区宗教信仰体系重构，是 19 世纪苗疆流官群体在屯政活动中实施的两项非常重要的文化政策之一。另一项是分布广泛的义学教育。我们对其义学体系已经做了全面研究。详情可参见我们的相关论文。② 教

① 谭必友：《古村社会变迁——一个话语群的分析实验》，民族出版社 2005 年版，第138—141 页。
② 魏铭静、王颖、谭必友：《19 世纪湘西苗疆民族教育体系的构建》，《中南民族大学学报》2009 年第 1 期。

育体系对民族心理的影响，主要涉及少数民族精英及其读书人。其影响
当然深远，但对广大普通少数民族群众而言，能够影响到他们的民族心
理的文化活动，主要是宗教信仰。湘西苗疆流官群体，经过前赴后继的
长期努力，终于在 19 世纪，将一个以原始巫傩信仰为主体的社区宗教
体系，改造成以国家主流宗教信仰为主体的社区信仰体系，并使这个体
系与原始的宗教紧密结合在一起，受到广大少数民族群众的信奉。这是
苗疆历史发展的关键时期，对广大湘西苗疆普通少数民族群众来说，接
受这个新的社区宗教信仰体系，表明他们已经完成了民族心理的近代转
型。从此，苗疆各民族群众不仅仅是从制度上认同了以中央王朝为代表
的国家，而且，从信仰文化上也认同了这个国家。如果制度认同还存在
心理上的被动成分的话，那么宗教信仰的认同，则可能是发自他们内心
的想法。

　　19 世纪后期，无论外来流官还是普通学者，对苗疆各民族都不再
以"朴陋"视之。特别是对苗民，早先时代的歧视性看法与称呼，都
很少在新一代官方文本与民间语汇中出现。因为他们已成为真正意义上
的近代民众，是国家忠实民众的重要组成部分。① 这不仅是苗疆各民族
向国家缴纳税赋的原因，而且，也是因为各民族已经在心理上建立了与
国家的感情。

结　语

　　综观 19 世纪湘西苗疆宗教信仰体系的重构，我们发现，国家权力
在其中起了关键性的作用。国家权力经过巧妙设计之后，向多民族乡村
社区纵深运作，最终改变了具有数千年传统的原始宗教信仰体系，并借
此实现了少数民族心理的近代置换。这是清代流官一次非常成功的权力
运作实践。尽管在这次权力运作中，对当地各民族的传统文化产生了一
些负面影响，比如传统文化流失、带有强烈的殖民意识等，但是对构建
一个统一的多民族国家、促进各民族团结繁荣毕竟起到了不可估量的作

---

① 谭必友：《流官群体与十九世纪民族地方志描述视角的变迁——以乾隆、道光、光绪
本〈凤凰厅志〉比较研究为例》，《清史研究》2005 年第 4 期。

用。在此，我们也会发现，在引导少数民族的国家认同方面，也不必完全听命于文化自身的传播，国家权力的运作空间是非常广阔的。至于国家权力纵深运作的负面影响及其中应吸取的经验教训，我们将在另文中详加探讨。

汉文化在湘西土家族、苗族文化互动与族际关系中的作用

李 然

（中南民族大学民族学与社会学学院 南方少数民族研究中心）

湘西位于中国腹心地带，是中原和西南的通道，自古以来就与中原、华夏相邻，这里历来就是各种文化的交汇点。自秦统一后，在武陵地区建立郡县，通过政治军事等手段，汉文化不断传入湘西地区，即使在元明清土司统治时期，汉文化向湘西地区的传播也从未停止过。当代的湘西土家族、苗族文化受到汉文化前所未有的涵化。

一 汉文化的传播与土家族、苗族对汉文化的借用

（一）当代汉文化的传播

文化传播是人们社会交往活动过程中产生于社区、群体及所有人与人之间的共存关系之内的一种文化互动现象。[①] 当代湘西，汉文化的传播过程可以从文化的共享性、传播关系、传播媒介和传播方式几个角度来分析：

1. 汉文化具备土家族、苗族的共享性。文化的共享性是指人们对文化的认同与了解。自古以来，汉文化对湘西土家族、苗族文化的濡染十分明显。秦汉以来汉文化多通过战争和驻兵、移民、朝贡以及中央政府强制推行汉化政策来影响土家族、苗族文化。汉文化在湘西已经得到了普遍认同。如汉族的生产技术普遍为苗族、土家族所接受。汉语、汉字是湘西各

---

① 司马云杰：《文化社会学》，山西教育出版社 2007 年版，第 213 页。

族群学习、交流的通用语言文字。汉族的风俗习惯、宗教信仰也都不同程度地渗透到土家族、苗族文化中。如汉族的春节、清明节、端午节、中秋节、重阳节成为各族群的共同节日，汉族的佛教、道教、祖先崇拜都不同程度地为苗族、土家族所采纳。如土老司、苗巫中的客老司都采用了道教的经书和引入了道教的神灵系统。

2. 传播关系的多重性。第一，从地理区位上讲，湘西土家族、苗族文化区与中原汉文化区紧密相连，湘西东部与沅、辰、常等汉族地区相接，南部与长沙、衡阳相邻。根据文化学理论，相邻的文化区文化最容易发生流动。第二，汉文化和土家族、苗族文化是一种高势能文化与低势能文化的关系。文化虽没有优劣之分，但有高势能和低势能之分。作为一种高势能的汉文化总是流向低势能的土家族、苗族文化。在这种大环境中，汉文化是绝对的强势文化，汉语、汉字自产生以来就是官方语言、官方文字。这就使得苗、土家文化，从语言文字到民俗，都受到汉文化"润物细无声"的涵化。第三，汉文化与土家族、苗族文化是主体族群文化与少数族群文化的关系。汉文化的众多文化符号都是作为官方文化符号使用的，如汉语是官方语言，是中华各民族的通用语言，汉族的各种节日也被确定为官方节日。汉族的价值观，如儒家思想也被确立为中华民族的主流价值观。上述三种关系紧密相连，又重重叠叠，彼此间相互联系、相互作用，从而构成了汉文化向土家族、苗族传播的多重渠道。

3. 传播媒介多样化。传播媒介是文化传播的中介，也是联络传播关系的工具和手段。第一，新中国成立以来，湘西建立起报纸、杂志、广播、电视、电影、网络等体系健全的大众传播媒介，并覆盖湘西全部区域。如除国家和湖南省的各种报纸外，每个行政村都订有湘西《团结报》，各县城也都能订阅到《边城》报；所有的村寨都能收看到电视节目，各个乡镇所在地都能登录互联网。第二，湘西从小学到大学健全的民族教育体系也成为汉文化的重要传播媒介。第三，湘西本身就是汉族、土家族、苗族交错杂居，再加之中华人民共和国成立后，大批汉区知识分子和干部到湘西支援少数民族地区的建设，不仅带来了汉区的工具技术，也带入了汉文化。特别是西部大开发以来，人口流动增强，众多的汉族人口也成为流动的传播媒介。

4. 传播方式的多层次交互性。传播媒介的多样化必然会形成传播方式的多样化。汉文化向湘西土家族、苗族文化的传播既有根式传播也有波式传播。根式传播表现为土家族、苗族政治、经济、文化精英对汉文化的吸收及其再传播，以及汉族与土家族、苗族之间的人际传播。波式传播则表现为从城市向乡村，以及从汉族聚居区向土家族、苗族聚居区的边缘到中心的波浪式推进，在这个过程中，还包含了汉文化从土家族地区向苗族传播的过程。两种模式交互作用、交替发展，共同促进了汉文化对土家族、苗族中的传播和渗透。

（二）土家族、苗族对汉文化的借用

1. 苗、土家受强势的汉文化浸染，广泛接受汉文化。第一，汉族地区的生产技术在国家的推广下，迅速在土家族、苗族中推广。第二，汉语、汉字被土家族、苗族全面接受。新中国成立后，土家语、苗语无论是使用人数，还是使用频率都呈下降趋势，汉语、汉字成为湘西土家族、苗族的族际交流通用的语言文字。第三，汉族的服饰、饮食习俗被土家族、苗族借用。如今天土家族、苗族日常服饰都以汉式为主。第四，汉族的宗教信仰继续向土家族、苗族渗透，如土家族、苗族传统的巫师土老司、苗老司地位逐渐衰落，活动日益减少，而一些客老司、土老司也开始转行，学习道教，文武两教都做。不少土老司、客老司现在既是梯玛、老司，也是道士。对于强势的汉文化向土家族、苗族的传播，古丈县一位干部也深表赞同：

> 湘西不是土家族向苗族学习，也不是苗族向土家族学习，实际上是土家族、苗族向汉族学习，包括语言，苗族向汉族靠拢，土家族也向汉族靠拢，汉化。包括生产工具啊都是向汉族学习。（报道人：古丈县县政府人，土家族，男，PZK，干部，49岁）

一位凤凰吉信镇退休土家族教师也觉得他们完全被汉化了：

> 土家族汉化得太严重了。土家族根本就没什么土家族的习性出现，我长这么大我也不知道，土家族到底有什么样的生活习性我都不知道，从来没有看到过。（报道人：凤凰县吉信镇居委会人，土家族，男，ZXH，教师，30岁）

吉信土家族的大小神龛

2. 苗族、土家族采借汉文化，实现文化增值。（1）借用汉语丰富和发展本族群语言。随着社会的发展，土家族、苗族和汉族交往日益密切，特别是科学技术进步，土家族、苗族都借用了不少汉语给苗语、土家语增添新词，如土家语中的"摆手"、"毛古斯"，苗语中的"打米"、"干部"等。此外，土家族和苗族都利用汉语配合土家语、苗语开展双语教学，既加强了知识学习，又传承了本民族语言。如一位苗族干部就讲述了小学中用苗语配合学习汉语拼音的故事：

　　老师首先要学苗话，像我们野竹的，1982 年以前，特别是 70 年代的人，主要是讲苗话，汉化程度都不高。像叫那个拼音，ɑ o e、i u ü 那个 ü，按我们的谐音就是"鱼"，鱼的苗话就是"缪"，同学们读就是"ü"，老师就跟着解释"塘里'缪'的'缪'。到 70 年代末 80 年代初的时候，汉化程度还不高，80 年代以后，汉化就快了。教师队伍好了，再一个改革开放走出来的比较多，原来的教师都是当地的土教师，不然你讲不来苗话。断龙那边受教育程度要比苗族这边高些，虽然他们的传统语言没有什么改变，但他们读书的习惯好得多，所以他们的文化底蕴要深一点、要高得多，思想意识的开化土家族比苗族开化的早。断龙、茄通出去好多人，以前他读过书啊，地主私塾里读过两年书的都是知识分子，那时候你记工分都骗不到他的。（报道人：古丈县农业局，瓦乡人，男，WYF，干部，47 岁）

（2）利用汉文化促进民族文艺发展。第一，傩堂戏与阳戏的改造与新生。在湘西，还傩愿是土家族、苗族、汉族共生的祭祀仪式。其核心法事是请桃源洞傩坛弟子降临傩厅为户主勾销良愿，同时演出赐福、扫邪、驱魔的戏目。在凤凰、吉首一带指巫师行法事、演傩堂正戏娱神为"阴戏"，庭前搭台唱戏娱人叫"阳戏"。新中国成立后，还傩愿的法事逐渐减少，但其伴生的傩堂戏和阳戏却不断吸收汉文化并发展出一批新剧目，演绎本族群神话和英雄人物，为这一传统戏曲赢得新生。

湘西傩堂戏包含两部分，即正戏和本戏。正戏剧目有《搬先锋》、《搬开山》、《搬算匠》、《搬铁匠》、《搬师娘》、《搬八郎》、《送子》、《搬笑和尚》、《搬土地》、《搬判官》等多出。[①] 本戏（或折子戏）统称花朝。本戏剧目最著名的是"三女戏"，即《孟姜女》、《庞氏女》、《龙王女》，其中《孟姜女》为各派傩堂戏必演剧目。新中国成立后，傩堂戏曾一度销声匿迹。随着国家宗教文化政策和文艺政策的制定，傩堂戏艺人开始编唱新内容，少数艺人改唱阳戏、花灯。1955 年，湘西苗族自治区举行春节民间艺术观摩会演大会，凤凰县代表队演出的傩愿戏《雷交锤》被评为优秀节目。1956 年，湘西苗族自治州举行第三届民族民间歌舞戏曲观摩表演大会，大庸县代表队演出的傩堂戏《观花》被评为优秀节目奖。各地业余剧团还利用傩堂戏移植或编演了一些现代小戏，如凤凰的《骆四爹买牛》、《补锅》等。[②]

阳戏在发展过程中，也向辰河戏、荆河戏、汉戏等大剧种学习，借鉴了京剧出场的"打引"、"念诗"，采用了某些过场音乐曲牌，移植了如《蜜蜂头》、《攀丹桂》等传统剧目，学用了做功、武功等表演程式，从而成为湘西自治州富有特色、颇具影响的地方小戏。1953 年，凤凰县举办首届阳戏会演，吉信业余剧团创作演出了第一个阳戏现代戏《翻身竖新房》，受到观众赞扬，曾两次被湘西自治区人民政府调演。1957 年，大庸、凤凰相继成立阳戏专业剧团，其中有不少土家族、苗族、白族等少数民族文艺骨干。在国家文艺政策指引下，挖掘整理传统剧目，积极创演现

---

① 湘西土家族苗族自治州地方志编纂委员会编：《湘西土家族苗族自治州·文化志》，湖南出版社 1996 年版，第 84 页。

② 同上书，第 86—97 页。

代戏，借鉴兄弟剧种的表演技艺，充实伴奏乐器和舞台演出设备，使阳戏艺术得到较大提高。1959 年，湘西州代表演出的反映土家族神话传说的阳戏《春哥与锦鸡》，在湖南省戏剧会演中获奖。1978 年以后，各县阳戏剧团得以陆续恢复，传统剧目《桃花装疯》、《雷交锤》、《孟姜女》、《绣楼记》等重放光彩。新创作的剧目《边城雾》、《金鞭岩》、《爱扯谎的婆娘》等先后获奖。尤其是大庸阳戏剧团演出的新编历史剧《罗大将军》，描写土家族民族英雄罗荣光在天津大沽口抗击八国联军壮烈殉国的故事，在 1984 年湖南省第三届戏剧节中获多项奖励，剧本亦于次年获得中央有关部门奖励。[1] 1959 年，湘西州歌舞（剧）团古今、彭正鹤根据长诗《锦鸡》编创歌剧《锦鸡姑娘》，第一次将土家族历史题材搬上舞台，其后又编创出《卡洛与锦鸡》[2]。

　　第二，利用汉语对土家族、苗族民族史诗的整理、改造，促进民族文化的传播。土家族、苗族各有丰富的民族史诗和神话。一般都只被土老司、苗老司等少数人掌握，而且多用苗语、土家语传唱。为了保护抢救、弘扬民族文化，他们的族群精英近年来纷纷将这些神话、史诗翻译成汉语。如保靖县土家族人龙泽瑞、龙利农父子历时五年，寻访湘西各地梯玛，整理出《牛角里吹出的古歌——梯玛神歌》一书，类似的作品还有《梯玛歌》。苗族的苗族古老话、婚姻礼词，也因苗族无文字，故未成书，均由历代艺人口传至今，新中国成立后也被整理出版，如《苗族婚姻礼词》、《古老话》、《板塘苗歌选》等。

　　第三，利用苗语给汉语电影配音，促进文化交流。新中国成立初期，苗族人民看电影听不懂对白，只是看热闹。1954 年，湖南省电影 2 队巡映到凤凰县廖家桥乡，放映前请当地歌郎、歌娘将《草原上的人们》影片编成苗歌演唱，帮助苗族观众看懂电影。1957 年，吉首县电影 1 队在已略乡放映《天仙配》出现七仙女回天庭的镜头时，请一位小学教师用苗语唱道："七姐床木黄大叭，秀大董永义够雪。"（汉语意为：七仙女回天上去，心挂董永在人间）。同年七月，古丈县电影放映第 1 队在该县老

　　[1]　湘西土家族苗族自治州地方志编纂委员会编：《湘西土家族苗族自治州·文化志》，湖南出版社 1996 年版，第 82—83 页。
　　[2]　同上书，第 104 页。

寨放映时，请苗族教师把《智取华山》影片编成苗歌，在映前演唱道："亚做大雨吹大风，呕炭得屋哈吹谣，人民军队重情义，苟被出瓦盖七巧"（汉语意为：常母和媳妇正遇匪兵，我们人民解放军赶来消灭了匪军，并冒雨盖屋），群众反映很好。龙光全母亲说："你们电影队用苗歌一唱，我们就看明白了。"1964 年 7 月，凤凰县电影 2 队放映员吴文杰到吉林省学习用朝鲜语给朝鲜族放映电影的经验，掌握配音技术。他在放映时现场对口型用苗语配音，一人扮演多个角色，模仿男女老少各类语气，苗族人民反映说："扑雄（苗语）的电影太好看了，很合我们的口味。"苗族社员吴志文激动地说："毛主席和共产党为我们苗家想得太周到了。"1965 年 5 月 25 日晚，凤凰县电影放映 2 队在吉首放映故事片《夺印》，作了苗语对白放映表演，受到中共湖南省委书记处书记万达、省民委主任谷子元、州委书记齐寿良、州长石邦智等领导的赞赏。此后，湘西自治州电影公司成立涂磁配音小组，有配音演员、翻译员共 5 人。选择故事片 6 部、纪录片 7 部，经涂磁后再用苗语配音。同年 10 月，将已配苗语的故事片《雷锋》、科教片《保护青蛙》在凤凰、吉首、花垣等县苗族聚居区试映，收效良好。1977 年 4 月，凤凰县电影公司孙万元等人试验用副磁带录音取得成功，用苗语录制了美术片《画廊一夜》和幻灯节目《鸳鸯袋》的配音解说。[①] 20 世纪 80 年代后，农村经济文化不断发展，懂汉语的人越来越多，苗语录音遂告停止。

（3）汉文化对宗教信仰领域的渗透。苗族、土家族的民间信仰大量借用了道教、佛教的文化因子。自改土归流后，道教、佛教对土家族、苗族的民间信仰就开始渗透。在当代这种趋势依然存在，突出表现为：

第一，苗老司、土老司的自觉调整：文武兼备。随着汉文化的大规模传入，传统的土家族、苗族的法事如还傩愿、椎牛祭鬼等法事的舞蹈形式虽然被开发成文艺节目登上大雅之堂，但其宗教活动在民间却逐渐衰微。一些苗老司、土老司的生存受到威胁，于是他们开始自觉进行调整。他们往往集道士、老司多重身份于一身，其法事巫、道、佛相互杂糅。吉信镇一位 80 多岁的回族老人，就说现在的法事完全搞混了，他都看不懂了：

---

① 　湘西土家族苗族自治州地方志编纂委员会编：《湘西土家族苗族自治州·文化志》，湖南出版社 1996 年版，第 273—274 页。

　　一般的话，土家族到二十八，现在的白事也还搞那个溜罗，溜罗有两餐的，打绕棺的也有，现在的形式，因为解放以后呢，二十多年消失了，现在又搞，用我们的眼光来看，他们是不规则的，有好多是这里问的一点，那里搞的一点，他连佛教的有好多东西，法事，经文他也拿来念，旧社会他就道士是道士，但是你要念经呢，念佛教高头呢，专有一个人在做道教的法事，这一堂做完了，归那个人，佛教的那个书呀，劝世书呀，在那里念，他两个是分开的，他不是由道士来搞的。现在混淆了，他做的对不对，现在年轻人不晓得。（报道人：凤凰县吉信镇联欢村人，回族，男，ZHDT，草医，72岁）

　　这种杂糅，是苗族、土家族宗教信仰对汉文化传播的一种调适，将佛教和道教与本族群信仰进行整合，为自身赢得了继续生存的空间。凤凰县吉信镇联欢村 WZHB 老人，既是一位苗老司，也是一位道士，文武兼备。他有两套法具，一套是做老司的法具：司刀、笭、绺巾，也有一套佛教的行头：锡杖、袈裟、木鱼。这些变化说明土家族、苗族开始对自身族群信仰的摒弃与对汉族宗教信仰的主动采纳。新中国成立后，土家族、苗族的一些民间信仰被蒙上了"封建迷信"的外衣，改革开放后虽然有所复兴，但是随着教育的发展、科学的昌明，人们开始以现代科学、文明的眼光衡量他们那些神秘的民间信仰与巫术，认为佛教和道教有经书、有庙宇、有庵堂，更容易让人感知。一位苗医就认为这是一种"进化"：

　　老人呢，原本呢就不一样，原来苗族就不用道士，他就用苗老司。但是解放以后，因为生活提高了，道士的开支要大，他那也不是一个人，最少的有六七个，多的话有十来个人。苗老司就是一个人，他这一个做一下就成了，你像我道士就不是一下的，他那个生活，一解放，慢慢地用两样，有用道士的也有用苗老司的，有的呢他又改了，他用道士以后他就不用苗老司了，如果用苗老司就不用道士了，反正进化了。（报道人：凤凰县吉信镇联欢村新良子人，苗族，男，WZHB，苗医、老司，63岁）

二　汉文化在两族文化认同中的作用

西方人类学家认为，"在多族群社会，支配族群的文化霸权体现在主要的规范和社会价值观里，而并非表现在社会的各个文化元素中。在任何一个异质社会，少数族群的某些文化特征必将渗入主流文化"①。在我国多元一体的族群格局中，汉文化作为国家主体族群的文化，在促进土家族、苗族文化互动中的相互认同方面起到重要作用。

（一）汉文化成为两族文化互动的中介

汉文化在湘西已经成为土家族、苗族等各族群共享的文化。这种共享的文化使得土家族、苗族文化交流与互动有了一个中介。如在语言交流中，土家语与苗语分属不同的语支、语系，几乎没有沟通的可能性。但是，土家族、苗族都会讲汉语——客话（西南官话），在交流中双方都采用汉语。同样，在宗教信仰领域，土老司、苗老司各有自己的神灵系统，但引入道教后，双方就有了一个对话的渠道。如苗族客老司（巴代咱），也称红衣老司，其法事活动主要以道教为主，就很容易被土家族接受。同样一些汉族宗教信仰为土家族、苗族共同信仰，还为他们提供了交流的机会和空间，如前文所述的，在吉信镇莲花庵和土地堂，土家族、苗族共同做土地会和香会，这就为他们提供了交流的机会和空间。此外，双方还借用汉文化诠释自身文化，这也有利于双方的沟通和对对方文化的认知，如在古丈县河篷乡苗族《七月七谢双星》的传说借用了汉族的牛郎织女故事来解释民族节日"七月七"的来历。②

（二）汉文化缩小了两族的文化差异，消解了两族的族群特征，减少了文化隔阂

汉文化的传播与土家族、苗族的主动借用，使土家族、苗族文化部分

---

① 马丁·N. 麦格著，祖力亚提·司马义译：《族群社会学：美国及全球视角下的种族和族群关系》，华夏出版社 2007 年版，第 41 页。
② 刘黎光：《传说中的湘西》，湘西吉首卫校印刷厂 1999 年版，第 199 页。

文化要素趋同。特别是在一些物质文化领域、社会组织结构以及语言等方面，土家族、苗族不断被汉族同化，土家族、苗族的族群特征被逐渐消解。双方的文化差异开始缩小。如在一些土家族、苗族的一些独特的禁忌逐渐消失，或者不再被严格遵守，就大大减少了交流中发生矛盾的可能性。另外，土家族、苗族的节日体系逐渐开始与汉族节日同步，节日风俗也逐渐趋同。土家族、苗族文化的趋同，使得双方的文化差异逐步缩小，共同性逐步扩大，无疑会促进彼此的认同感。如在吉信镇，一位苗老司就认为苗族的风俗受汉族影响很大，苗家和客家、土家都"搞成一锅粥了"，很难区分：

> 清明节上坟这个是从汉族学来的，一般的像往回呀，他都是过年才挂，现在清明节也挂。苗家、客家好像搞成一锅粥了，一样的了，也没有哪样特殊的了。解放以后呢，社会比较平安，走上走下，往来往去，像往回结亲，一般汉区和苗区都没开亲，各是各的。现在呢，这家女要来，就讲成了，都开亲了。你像往回结亲呀，唱苗歌呀，苗礼节话呀，现在都没讲了，因为他和汉区一开亲以后，汉区没讲，他也没讲。（报道人：凤凰县吉信镇联欢村新良子人，苗族，男，WZHB，苗医、老司，63岁）

（三）汉文化加速了土家族、苗族文化的传播，使其价值得到彰显

在土家族、苗族文化互动中，双方仍保留许多独特的传统文化。一些土家族、苗族文化精英便利用汉文化来挖掘、整理、推介族群文化，如用汉语整理神话、传说、民间歌谣，借鉴汉文化的各种因子，改造传统民族音乐、舞蹈、戏曲或创制新的文化形式，这些活动都加速了土家族、苗族文化向对方族群传播的速度，其蕴含的独特价值更易于为对方理解和接受。

（四）以汉文化作为族群文化边界的标志

在湘西，土家族与苗族吸收、借鉴汉文化的程度不一。因此，汉文化也会成为土家族、苗族区分我群与他群的参照物。如土家族、苗族同样过

年，但是在梳头溪，土家族是大年三十晚上吃年夜饭，而在官坝苗族却是在初一早上。对此，官坝人解释说，过新年就是要初一新年的第一天过，三十过的是旧年。在这里，吃年夜饭的时间就成了土家、苗家区分的标志。另外，家先及神龛位置也成为土家、苗家区分的标志。在苗家的家先摆在火坑边的中柱上，一些受汉文化影响的苗族人也开始在中堂设"天地君亲师位"神龛，摆这种神龛在一些苗老司和苗医家中非常普遍。在湘西，苗族人经常把大量吸收汉文化的土家族和汉族一起称为客家，并根据自己族群内部"汉化"程度的深浅，分为"真苗"与"假苗"。

【民族文化互动研究】

从"北魏律"至"唐律疏议"
看诸族间法律文化互动

杜荣坤　　白翠琴

（中国社会科学院　民族学与人类学研究所）

隋唐，尤其是唐代，是我国历史上诗歌、书法、绘画、雕塑、史学、法学、医学及科技发展的鼎盛时期，也是汉夷文化交融的黄金时代。由于隋唐的统一是从鲜卑等族建立的北朝演进而来的，无论是隋代的杨氏抑或唐代李氏家族及皇室，与北方民族又存在密切的渊源关系和千丝万缕的联系①，再加上很多出身于少数民族的文臣武将参与朝政，对唐朝典章制度的修订也产生了各种影响。因此，其典章制度呈现了"华戎兼采"的特点，在不少方面留有北朝的各种痕迹，而法律文化方面尤为明显。

一

唐朝是我国历史上著名的强盛朝代，也是在封建法制发展过程中，影响极为巨大的一个朝代。唐高祖李渊在建国第二年，即武德二年（619），就下诏制定53条新格。继之，又于武德七年（624）颁行《武德律》12篇，500条。对此，《唐会要》有简扼的论述，其云："武德元年六月十一日诏刘文静与当朝通识之士因隋开皇律令而损益之，遂制为五十三条，务从宽简，取便于时。其年十一月四日颁下，仍令尚书令左仆射裴寂……等

---

① 从李唐而言，主要表现在三个方面：第一，李唐皇室长期生活在民族大融合的北方，世代在鲜卑统治者建立的政权中为官，成为西魏、北周的贵族和重臣；第二，连续数代与鲜卑贵族或和鲜卑有密切关系的匈奴独孤氏通婚，深受鲜卑文化影响；第三，其兴起又与突厥等密切相关，李世民曾与东西突厥可汗分别结为兄弟。

更撰定律令……至七年三月二十九日成，诏颁于天下。大略以开皇为准，正五十三条，凡律五百条，格入于新律，他无所改正。"① 此外，还编纂了武德令、格、式等。唐太宗李世民命长孙无忌（拓跋鲜卑拔拔氏）、房玄龄等修改《武德律》，历经十年，即自贞观元年至十一年（627—637），完成了《贞观律》12 篇，500 条。此外，"定令一千五百四十六条，以为令；又删武德以来敕三千余条为七百条，以为格；又取尚书省列曹及诸寺、监、十六卫计帐以为式"，② 是为贞观令、格、式。唐高宗李治时，以武德、贞观两律为基础，由太尉长孙无忌等人，编纂《永徽律》12 篇，502 条，于永徽二年（651）颁行全国。后又对《永徽律》逐条逐句进行注解，称为"律疏"，律疏附于律文之后，是官修的法律解释，与律文具有同等效力。如《旧唐书·刑法志》所云："参撰《律疏》，成三十卷，四年十月奏之，颁于天下。自是断狱者皆引疏分析之。"律文与疏议，统称《永徽律疏》，即元以后所称的《唐律疏议》。其照录《永徽律》原文，逐条进行注解，集中唐以前的法律思想，加以发挥，并大量引用《永徽律》以外的律典，剖析疑义，对律文规定不够完备之处加以补充，既是唐律的重要组成部分，又是中国古代杰出的法学著作。此外，唐玄宗李隆基时，曾三次修订法律，有开元律、令、格、式，并且制定了我国历史上最早的一部具有行政法典性质的《唐六典》30 卷。中唐以后，共有九次重大的立法活动，即德宗贞元元年（785），尚书省进《贞元定格后敕》；宪宗元和十年（815），刑部许孟容等奉敕删定的《开元格后敕》；元和十三年（818），郑余庆等详定《元和格后敕》；文宗太和七年（833），刑部进《太和格后敕》；开成四年（839），刑部狄兼谟等删定《开成详定格》；文宗太和七年（833），刑部进《太和格后敕》；开成四年（839），刑部狄兼谟等删定《开成详定格》；宣宗大中五年（851），刘琢等奉敕编纂《大中刑法总要格后敕》；大中七年（853），张戣进《大中刑律统类》。这九次立法活动，并没有修订律、令、式本身，而是删修"格后敕"。敕是唐后期最具有权威的法律形式。唐朝的法律形式主要是

① （北宋）王溥：《唐会要》卷39，《定格令门》。《旧唐书》卷50，《刑法志》所记略同。
② 《新唐书》卷56，《刑法志》。《旧唐书》卷50，《刑法志》为"定令一千五百九十条，为三十卷"。

律、令、格、式。① 据《唐六典》解释，"凡律以正刑定罪，令以设范立制，格以禁违止邪，式以轨物程式"。也即律是统治阶级定罪科刑的尺度，刑事镇压方面的法律（其中包括有关民事诉讼法律的规范），令是国家组织制度方面的规定，格是皇帝临时颁布的国家机关必须遵行的各种单行敕令、指示的汇集，式是国家机关的公文程式和活动细则，具有行政法规性质。

二

以《唐律疏议》为代表的唐朝法律，在中国法律发展史上占有十分重要的地位。《唐律疏议》是我国迄今为止保存下来的最早、最完整的封建法典。它产生于封建经济、政治、文化高度发展的唐代，又综合了唐代以前各王朝法律建设的经验。尤其是北朝鲜卑及鲜卑化汉人统治者制定的法律，对唐朝影响颇大。

公元 386 年，鲜卑拓跋氏建立北魏，是为北朝之始。源于北方游牧民族的北魏统治者为适应统治中原广大地区的需要，除了保留一些部落习惯法对本部落成员进行管辖外，还大量吸收汉族较为先进的法律文化。北魏律主要是承用汉律并参酌魏晋南朝法律而制成的，从太祖拓跋珪开始，历太宗、世祖、高宗、显祖、高祖，经过九次编纂。至世宗元恪时，于正始元年十二月己卯"诏群臣议定律令"。根据"循变协时，永作通制"的原则②，制定《北魏律》（《后魏律》）20 篇，规定了八议、官当等，刑名分死、流、徒、鞭、杖五种。其律文唐时已佚，现仅存篇目可考者 15 篇：刑名、法例、官卫、违制、户、厩牧、擅兴、贼、盗、斗、系讯、诈伪、杂、捕亡、断狱。除律外，据《太平御览》所记，还有《太和职员令》21 卷。北魏律集中原、河西、江左三大法律文化因素于一炉而冶炼之，并能综合比较，取精用宏，广收博取。正如陈寅恪先生所说："元魏刑律

---

① 《新唐书》卷 56，《刑法志》云："唐之刑书有四，曰：律、令、格、式。令者，尊卑贵贱之等数，国家之制度也；格者，百官有司之所常行之事也；式者，其所常守之法也。凡邦国之政，必从事于此三者。其有所违及人之为恶而入予罪戾者，一断以律。"《唐六典》卷 6，《刑部郎中员外郎》条云："凡律以正刑定罪，令以设范立制，格以禁违止邪，式以轨物程事。"

② 《魏书》卷 8，《世宗纪》；卷 111，《刑罚志》。

实综汇中原士族仅传之汉学及永嘉之乱后河西流寓儒者所保持或发展之汉魏晋文化，并加以江左所承西晋以来之律学，此诚可谓集当日之大成者。"①

公元 534 年，北魏分裂为东魏、西魏。东魏于兴和三年（541）颁行《麟趾格》。② 以格代科，③ 是汉代以来法律形式的一大变化。西魏大统十年（544），"魏帝以太祖（宇文泰）前后所上二十四条及十二条新制，方为中兴永式，乃命尚书苏绰更损益之，总为五卷，班于天下"。④ 也就是通常所称的"大统式"。以式为法典形式，是封建法制发展中又一变化。北周宇文氏制定《大律》25 篇，1537 条。

公元 550 年，东魏鲜卑化汉人高洋执政，自称为帝，改东魏为齐，史称北齐。武成帝河清三年（564），始在北魏律的基础上制定《北齐律》12 篇，949 条。⑤ 北齐律是由擅长律学的渤海封氏及儒生崔暹、李洋、魏收等人经过长达 15 年精心研讨，并在总结历代统治者经验的基础上完成的。《北齐律》的篇目为名例、禁卫、户婚、擅兴、违制、诈伪、斗讼、贼盗、捕断、毁损、厩牧、杂律，是较成熟的律典，成为隋、唐律的蓝本。原文在南宋时已失传。由于《北齐律》"校正今古，所增损十有七八"，⑥ 吸收了这一时期立法和司法的成功经验，故以"法令明审，科条简要"为显著特点，⑦ 并首创"重罪十条"，后称"十恶"，为后世封建法典最重要内容之一。

三

北朝拓跋鲜卑及鲜卑化汉人统治者所制定北魏、北齐律等对隋唐法律

---

① 陈寅恪：《隋唐制度渊源略论稿》，生活·读书·新知三联书店 2001 年版，第 123 页。

② 《魏书·孝静帝纪》曰："诏文襄王与群臣于麟趾阁议定新制，甲寅班于天下。"

③ 据《唐六典》注："后魏以格代科，于麟趾殿删定，名为《麟趾格》。"

④ 《周书》卷 2，《文帝纪下》。

⑤ 北齐除律外，据《唐六典》注：还有"令五十卷，取尚书二十八曹为篇名，又撰权令两卷，两令并行，大抵采魏晋故事也"。

⑥ 《北齐书》卷 30，《崔昂传》。

⑦ 《隋书》卷 25，《刑法志》。其中还提到："河清三年，尚书令赵郡王叡等奏上齐律十二篇，又上新令四十卷，大抵采魏晋故事。"而隋朝则"多采后齐之制，而颇有损益"。

的制定有直接的渊源关系，北魏、北齐、隋、唐律可谓为一系相承之嫡统。"唐律因于隋开皇旧本，隋开皇定律又多因北齐，而北齐更承北魏太和正始之旧。"①近人程树德在《九朝律考》中曾指出："南北朝诸律，北优于南，而北朝尤以齐律为最。""隋唐二代之律，均以此为蓝本，……盖唐律与齐律，篇目虽有分合，而沿其十二篇之旧；刑名虽有增损，而沿其五等之旧；十恶名称，虽有歧出，而沿其重罪十条之旧；故读唐律者，即可因之推见齐律。"②综上所述，北朝法律对唐朝法制的影响，概其要者有以下几点。

第一，唐律"十恶"，源于北齐律"重罪十条"。始见于北齐律："一曰反逆，二曰大逆，三曰叛，四曰降，五曰恶逆，六曰不道，七曰不敬，八曰不孝，九曰不义，十曰内乱。其犯此十者，不在八议论赎之限。"③重罪十条是把危及封建国家根本利益的十条最严重的罪名集中置于律首，以示国家打击的重点。这是与北朝时期阶级压迫及民族压迫惨重，社会矛盾相当尖锐，鲜卑及鲜卑化汉人统治者深感必须采用严刑峻法来维护中央集权统治、镇压各族反抗分不开的。重罪十条是后世封建法典十恶的前身，从隋唐直至明清封建法典所规定的十恶，即是在此基础上稍加损益而成。隋始以"十恶"名称，定入法典，采用北齐刑制，略有增删。《唐律疏议》称："五刑之中，十恶尤切，亏损名教，毁裂冠冕，特称篇首，以为明诫。"唐朝规定不可赦免的十恶为：谋反、谋大逆、谋叛、恶逆、不道、大不敬、不孝、不睦、不义、内乱。十恶大罪之所以被列为最严重的犯罪，就在于它直接危及了封建国家的统治基础和政治制度，触犯了被推崇为统治思想的纲常名教，颠倒了贵贱尊卑的关系。唐律沿袭北齐律重罪十条的原则，作出关于十恶的规定，说明唐朝统治者更注意运用法律的手段，从各个侧面来维护封建专制国家的统治。

---

① 陈寅恪：《隋唐制度渊源略论稿》，第 125 页。

② 程树德：《九朝律考》，1927 年初版，20 卷。书中曾将律系的发展沿革列表如下：

《法经》—《秦律》—《汉律》 ⎡ 《魏律》—《晋律》—《梁律》—《陈律》
　　　　　　　　　　　　　　⎣ 《后魏律》 ⎡ 《后周律》
　　　　　　　　　　　　　　　　　　　　 ⎣ 《北齐律》 ⎡ 《开皇律》—唐律—《宋刑统》—《明律》—《清律》
　　　　　　　　　　　　　　　　　　　　　　　　　　 ⎣ 《大业律》

③ 《隋书》卷 25，《刑法志》。"八议"，源自周之"八辟"。至汉末已盛行八议说，但至三国曹魏新律，始将"八议"载入律文，即议亲、议故、议贤、议能、议功、议贵、议勤、议宾。

第二，唐朝律、令、格、式等主要法律形式，深受北朝法律的影响。魏晋南北朝时期法律形式，于律、令之外有科、比、故事、格、式等，隋唐以后，律令格式并行，即导源于此，这些法律形式互相补充，形成严密法网。例如，律令之间，"律以正罪名，令以存事制"，① 凡不宜入律者，"悉以为令"，"违令有罪则入律"。② "格"源于汉代的科，东魏制定《麟趾格》，始为独立法典。北齐时重行判定，称为《北齐麟趾格》。"式"的名称，一说源于战国时期秦国的《封诊式》③；一说源于汉代的品式章程，西魏苏绰编定《大统式》，是最早以"式"为形式的法典。南北朝时期格、式与律、令并行，是秦汉以来封建法律的重要发展，并影响到后世，唐宋法律均以律令格式为主要形式，至明清，格、式才失去了独立地位。

第三，唐律继承北魏律，皇帝直接掌握生杀大权。北朝皇帝为了加强最高审判权的控制，有时亲自审判大案。例如，北周武帝，"听治于正武殿，自旦及夜，继之以烛。"④ 北魏对于死刑的处决权，由皇帝亲自掌握。《魏书·刑罚志》提到："论刑者，部主具状，公车鞫辞，而三都决之。当死者，部案奏闻。以死不可复生，惧监官不能平，狱成皆呈，帝亲临问，无异辞怨言乃绝之。"并规定："诸州国之大辟，皆先谳报，乃施行。"⑤ 这不仅有助于加强专制主义集权制度的发展，而且对准确地进行司法镇压也有所裨益，因而为后世沿行。唐朝为了加强皇帝对于司法权的控制，法律规定：对于应该"言上"或"待报"的案件，擅自判决者，"各减故、失三等"论罪。遇有重大特殊案狱，皇帝经常以"制"、"敕"权断。唐朝大理寺是最高司法机关，负责审理朝廷百官犯罪及京师徒刑以上案件。对徒流刑罪的判决，须送刑部复核，死罪的判决须直接奏请皇帝批准。

第四，唐律沿袭北朝礼律并举之风，法律教育逐渐步入正轨。北朝修

---

① 《太平御览》卷638引杜预《律序》。

② 《晋书》卷30，《刑法志》。

③ 据1975年云梦出土的秦简得知，这种形式的法律早在战国时秦国就已出现，秦律有《封诊式》，其内容是关于治理狱案侦查勘验的具体规定。

④ 《太平御览》卷339引《后周书》。

⑤ 《魏书》卷111，《刑罚志》。

律除保留若干习惯法外，①皆以汉律为楷模，又兼取古文经《周官》与《尚书》，甚至在形式上也仿效周礼与大诰。参加主持修订法律的又是名儒和汉律学家，诸如崔浩、高允、熊安生等人，使北朝律礼法糅合，互相渗透，儒家思想法律化，刑律儒家化。例如，吸收"八议"、"不孝"、"不敬"等内容；严"不道"之诛，重"诬罔之辟，疑狱依经义断决；废除辕（车裂）、腰斩等酷刑，只用枭首、斩、绞；并罢门房之诛，凡谋反大逆、干纪外奔，罪止其身（但不时也有腰斩及夷族等现象）"等等。北朝统治者进入中原后，重视研习法律。北魏沿袭魏晋设立律学博士的做法，②列律学博士于廷尉官属，北齐转属大理寺。其职责是参与司法，解答咨询，培训司法人员和教育官吏子弟。北齐"法令明审，科条简要，又敕仕门之子弟，常讲习之。齐人之晓法律盖由此也"。③

唐太宗李世民等推行以德礼为本，刑罚为用的政策，《贞观律》中，许多原属礼的规范，被赋予法的形式。唐高宗李治在其执政以后制订的《永徽律疏》中便明确宣布："德礼为政教之本，刑罚为政教之用，犹昏晓阳秋相须而成者也。"

唐代法律教育逐渐步入正轨。贞观年间，朝廷在国子监管理之下，分设国子学、太学、四门学、书学、算学、律学六馆。律学馆设律学博士一人，助教一人，主掌教习。④学生名额是 50 名，学习内容为当时的律令和格式，学制不得超过 6 年。每年进行考试，及格的则参加尚书省礼部的考试，再合格的得以任官；不及格仍留律学馆学习，连续三年不及格的，以及不从师教、逾假不归者均免除学籍。唐代法律教育还与科举考试、官吏选拔结合起来。科举考试，由中央礼部主持，分秀才、明经、进士、明法、明书、明算六科。明法考试分 10 题，其中律 7 条，令 3 条。全答对者为甲等，答对 8 题为乙等。另外吏部取人以身（体貌丰伟）、言（言词辩正）、书（楷法遒美）、判（文理优长、逻辑严谨）四项。唐代不仅沿

---

　　①　如据《魏书·刑罚志》所载："昭成建国二年：当死者，听其家献金马以赎；犯大逆者，亲族男女无少长皆斩；男女不以礼交皆死；民相杀者，听与死家马牛四十九头，及送葬器物以平之；无系讯连逮之坐；盗官物，一备五，私则备十。"在鲜卑统治者所制定的北朝律中，或多或少能找到这些规定的影子。

　　②　据《三国志·魏志·卫凯传》所说，明帝即位，凯奏曰："请置律博士，转相教授。"

　　③　《隋书》卷 25，《刑法志》。

　　④　此据《唐六典》。按《新唐书·百官志》所载：律学博士三人，助教一人。

袭魏晋南北朝之制，设置律学博士，而且将法律教育与科举考试及官吏选拔相结合，这既有利于法律的普及，也有利于提升司法人员的执法水准。

　　总而言之，魏晋南北朝时期是中华民族在法律文化上的大融合时期。以汉律为代表的相对先进的法律文化，对于进入中原地区的少数民族统治者有着重要影响。北魏律和北齐律就是以汉律为宗、结合本民族的某些习惯法，并糅合南朝各律而成的。而唐朝的法律，无论体系结构和基本内容都与北朝律有渊源和承袭关系。这一方面表现了少数民族对中华法系作出的重大贡献，另一方面也说明高度发展及相对完备的唐律是南北法律文化融合的结晶。

从客家文化看南方少数民族文化
对汉文化的影响

吴永章

（中南民族大学）

　　客家人是南方居民的迟到者。自东晋永嘉之乱始，历经南北朝、唐五代、宋高宗诸历史时期，客家先人因中原动乱，逐步从黄河流域经淮河流域、长江流域分段迁入武夷山脉和闽粤赣边区，至宋代始形成客家民系。

　　畲、瑶先民，原于传说中的"盘瓠蛮"，汉代的"武陵、长沙蛮"。由于历代统治者的残酷压迫，加之"吃尽一山，复徙一山"的刀耕火种的生产方式需要，早在唐宋以前，闽粤赣地区已是畲民聚居区。对此，史籍多有记载。如：

> 瑶本盘瓠种，地界湖蜀间，即长沙黔中五溪蛮。后滋蔓亘数千里，南粤在在有之，至宋始称蛮。瑶在其邑者，俱来自别境……粤人以山林中结竹木障复居息为畲，故称。①
>
> 唐时初置汀州，徙内地民居之，而本土之苗，仍杂处其间，今汀人呼曰畲客。②
>
> （赣南）当五岭最东，为交广襟喉，地多瘴，与畲人杂居。③

　　由此可证，客家人未来之前，"来自别境"的畲瑶之人已居于闽粤赣

---

① （清）顾炎武《天下郡国利病书·广东》。
② （清）杨澜《临汀汇考·风俗考》。
③ 光绪《江西通志·舆地略》"南安府风俗"条。

边区，被视作"本土之苗"了。

长期以来，客家人和畲瑶族人共居一地，形成互相影响、互相渗透的互动关系。由于客家人的文化相对发达，大批畲瑶族人融入客家族群之中。但是，与此同时，客家文化也受到畲瑶文化广泛而深刻的影响。正如客家学的奠基人罗香林先生所指出："客家初到闽粤赣的时候，不能不与畲民互相接触，接触已多，就想不与他们互相混化，亦事势所不许。"换言之，畲瑶文化是构成以汉文化为主体的客家多元文化的重要来源之一。

客家民俗受畲瑶民俗的影响，主要有如下论述：

一　物质生产民俗

客家人从黄河流域平原地区迁入山区后，面临着经济转型的严重挑战。为了在新迁地能够生存和发展，客家人就必须重新学习。因此，早于客家人定居当地的山居民族——畲瑶族人，对客家山区经济产生了重要影响。主要可以归纳为两大类。

一是农作物方面，主要为旱稻、旱作物。客家人南来后，因新居地山多田少，稻粮不足，故辟山种旱作物为补充，名曰"种畲"。如乾隆《汀州府志·风俗上》卷六：贫者栽山种畲。

道光《永安县志·地理·风俗》卷一：

西南鸟禽嶂、罗坑诸处人尤作苦，锄蒔谷及薯蓣菽苴姜茶油，以补不足，名曰种畲。

光绪《丰顺县志·风俗》卷七：

邑多官山，无恒产者多居山麓，种植薯芋等物，名曰种畲。

可见，闽粤赣三省的客家山区贫民，均在山麓之地种旱作物即种畲。客家人种畲之俗，是受畲瑶居民的生产方式影响所致。种畲本是指原始的刀耕火种法，人们在砍伐和焚烧草木后，辟土以种植旱作物。而且，畲族即因"种畲"而得名。

总之，客家人"种畲"，在生产工具、耕作方法方面虽较为先进，但其基本方法则是一致的。换言之，是在吸收畲族的"种畲"法基础上加以改进的，故屈大均称之为"与白衣山子（指畲瑶）同风"。

在"种畲"所包含的旱作物中，尤以"畲禾"为重要品种。而畲禾即旱稻的种植者也应归功于畲瑶等南方诸族。如，明代王济《君子堂日询手镜》：

又有畲禾，乃旱地可种者。彼人无田之家，并瑶僮人皆从山岭上种此禾。

清代屈大均《广东新语·食语》卷十四：

东粤之稻多种……其生畲田者曰山禾，亦曰山旱，曰旱秔，藉火之养，雨露之滋，粒大而甘滑，所谓云子，亦曰山米也。

从中可见，广西及广东东部的畲瑶之人，利用畲田，即刀耕火种法，种植耐旱山禾等作物。其所获山米，粒大而饱满，口感甘滑。在历史上为培育我国优良旱稻品种作出了自己的贡献。山禾，在粤东客家地区又叫做"菱禾"。据宋代王象之《舆地纪胜·广南东路·梅州》卷一百二十，"景物上"条载：

菱禾，不知种之所自出，自植于旱山，不假耒耜，不事灌溉：逮秋自熟，粒粒粗粝，间有糯，亦可酿，但风味差不醇。此本山客畲所种，今居民往往取种而莳之。

可证，早在宋代梅州客家人已效法"山客畲"，即畲人种植旱稻"菱米"。

物产方面，主要是"山货"。因畲瑶多住山区，故以"山货"为其重要副业，所谓靠山吃山之谓也。这是畲瑶山区经济的一大特点。畲瑶"山货"对客家山区经济影响较大者有纺织原料蓝靛、竹木及其制品、茶叶诸类。

蓝靛，学名马蓝，俗叫青，是旧时主要家用染料。闽粤赣边区畲民素重蓝靛生产。史载：

唯汀之菁民，刀耕火耨，艺蓝为生，编至各邑结寮为居。[1]

可见，畲民的种菁技术传入客家地区，造成汀州属上杭、永定以及梅县、兴宁等地靛青业的发达。故史称：嘉庆、道光以前，邑人外出经商，以靛青业为著。[2]

可见，闽粤赣边区蓝靛以及蓝靛印染技术，源自畲族。畲民生产蓝靛

① （明）熊人霖《南荣集》卷二十，《防菁上》。
② 民国《上杭县志》卷十。

可溯源至汉代盘瓠"衣斑斓"① 之载。正是"盘瓠蛮"地区盛产蓝靛，为其人穿鲜艳衣裳提供了条件。可见，"盘瓠蛮"及其传人生产蓝靛的历史已有两千年之久。盘瓠传人以蓝布为斑之法，宋代已闻名全国，故有"夫染斑法，莫瑶人若也"②。

竹木及其制品。畲瑶地区森林资源丰富，尤以松、杉积蓄量最多，故史有"山伐"③、"伐木"④ 之载。可证林业之发达。

处于同样自然环境的客家人，也袭用畲瑶伐木业。史称："旧时，杉木运售潮汕、佛山等处，年达十数万"⑤，"输出品以杉木为大"⑥。

畲瑶除以木材直接输出外，还以木材制成木品或烧成炭赴市墟交易。调查报告证明："烧木炭，解放前各地畲民家家都从事这种副业"，"畲民烧炭技术一般比外地高些，加上原木材较好，所以生产的木炭，价值虽稍高但易售出"⑦。可见烧炭业在畲民经济中占有重要地位及畲民烧炭技术之高超。

山居贫苦客家人也颇多从事烧炭业。太平天国金田起义的参与者，不少即是客家烧炭人，其著名领袖杨秀清即系烧炭工人出身。客家人的烧炭之法，当与畲瑶存在渊源因袭关系。

畲茶，粤东客、畲居住区后，因畲人较客家人所居山岭更为高深，更适宜茶树生长，畲茶久负盛名，其中最著者，有"今最贵洪畲茶"之誉的紫金所产"畲物"⑧；有"劳香勃发"之称的"罗浮茶"⑨ 以及闻名于世的清膈消暑的凤凰山茶。

可见，清代粤东著名产茶区均在畲地。我们虽不能由此断言粤东客家茶是从畲区传入，但是有两点是可以下结论的：一是清代粤.东畲人种茶、制茶技艺均较客家人高出一筹。客家人从畲人中吸取了高超的培茶和焙茶

---

① 《后汉书·南蛮列传》。

② （宋）周去非《岭外代答·瑶斑布》。

③ （明）田汝成《炎徼纪闻·蛮夷》卷四。

④ （明）区大相《罗旁水诗》引自民国《西宁县志》。

⑤ 民国《上杭县志·实业志》卷十。

⑥ 民国《始兴县志·风俗》卷四。

⑦ 1955 年《广东畲民调查报告》，载《畲族社会历史调查》，福建人民出版社 1986 年版。

⑧ （清）屈大均《广东新语》卷十四《食语》"畲物"条。

⑨ （清）屈大均《广东新语》卷十四《食语》"茶"条。

技术与方法；二是粤东有名的茶产区的畲人，后来不少都与客家人融合而成了客家人，所以后世有的客家著名茶区，历史上是畲人栽培的。

二　物质生活

服饰。客家人南来后，为适应当地自然、地理、气候、人文环境的需要，并不完全固守中原服饰，受到了畲瑶等南方诸族的影响。其中有：

头帕，俗称"东头帕"，即包头巾之意。方巾，前面折成三角尖锐形，用布质宽带系紧，既可遮阳挡光，又可作装饰物，其女性帽子之作用，与畲族妇女头帕颇为相似。

女服注重装饰。客家女装的特点在于讲究装饰，如领口、边脚均加滚饰，袖口、裤脚口缀花边。"领缘尚绣。"①"裤以五色绒横绣之。"②

至于畲族妇女服饰更与客家妇女服饰无异。据朱洪等《广东畲族研究》第121页叙述："广东畲族妇女，在衫的襟边和袖口、裤脚管边缀以数条不同颜色的花边，作为装饰"，可见畲瑶女服装饰对客家妇女服饰有着采借作用。

颜色偏重蓝色。客家妇女服色，重鲜艳蓝色。这与当地生产靛青有关。客地靛青曾广销各地，并获厚利。笔者记得民国时期客家服饰喜欢以漳州花制衣被，此为蓝底白花的纺织品，系蜡染制品，而蜡染以苗瑶诸族所产最负盛名。畲民所制蓝靛染料与蓝布，量多质佳。明代以来，福建菁已为国人所重。故史称：福建蓝靛染色"为天下最"③。

无疑客俗重蓝与畲地产蓝靛、畲民重蓝布、苗瑶语族重蓝底白花蜡染有着不可分割的联系。喜好饰物。旧时客家妇女的首饰，颇为讲究。有簪子、簪花、毛铕、耳环、颈环等饰物，镂花错采。除头饰外，也有首饰。手镯有钮丝手镯、龙头手镯、蒜弓手镯。饰物多以银为之，间有用金玉者。

畲族妇女也喜欢在髻上插银簪，戴上各式头帕，佩戴银耳环、手镯。

---

① （清）道光《广东通志》卷三二〇"连州瑶人"条。
② （清）李来章《连阳八排风土记》卷三。
③ （清）弘治《八闽通志》卷四。

时至今日，广东龙川、潮州等地畲族老妇人仍保存此类装饰。富有者所戴则有银冠。

绣花船形鞋。在鞋面上绣图案或花草虫鱼，或用五光十色的小珠子编织而成。鞋形，端部稍往上翘如船，这是旧时客家妇女喜爱的较为精致的鞋样，只有在年节或回娘家时才穿。此鞋当是袭自畲族妇女的船形绣花鞋。

总体而言，畲族妇女装饰与客家妇女装饰极为接近，客家妇女喜饰物之习，与南方苗瑶语族有着密切关系。

饮食。突出表现为特异食品与饮品："竹筒饭"、"乌饭"、"擂茶"。

"竹筒饭"。瑶畲南方民族中有"竹釜"之习。据宋代范成大《桂海虞衡去·志器》条载：瑶人所用。截大竹筒以为铛鼎，食物熟而不熠，盖物理自尔，非异也。此俗至清代仍盛行，据清代毛奇龄《蛮司合志·两广一》载：瑶人，种芋菽为粮，截筒而炊。此乃今日所谓竹筒饭的由来。其制，将竹筒当炊具，将粮食与水加入筒中，使之在火中烧熟，再破竹取食。因烧煮时食物处于封闭状态，再加上竹筒本身具有纯天然滋味，故其味甚香美。

旧时客家人也有竹筒饭。在今日广州客家传统食物中，也将此物列入餐单中。可以证明，客家人的竹筒饭与竹釜有渊源因袭关系，来自畲瑶或百越民族。

"乌饭"。乌饭是畲瑶族的节日食品，用于祭祀与亲友馈送。据民国《建德县志》卷三《风俗志》载：畲客亦有乌饭。乃于三月三日取柴汁和米蒸之，相传其祖盘瓠喜吃此饭也。此俗相传至今。据调查，畲族乌米饭系用野生乌稔树叶煮汤，然后将糯米泡在汤里，经数小时后捞出蒸熟。

据明代邝露《赤雅》卷下《青精饭》载：瑶人社日，以南天烛染饭，竞相遗送，名曰青精。杜诗曰："岂无青精饭，今我颜色好。"

可见，客家地区的乌饭，与畲瑶南方民族习俗有着密切关系。

"擂茶"。有的客家地区，流行别具一格的饮茶习俗——"擂茶"。擂茶，尤盛于赣南地区。据同治《兴国县志·风俗》卷十一载：平时宾客偶至，把盏之后，继以擂茶，捣茶叶为末，加芝麻、油、盐及姜，瀹而羹之。

擂茶的具体做法是：先将花生、大豆、芝麻炒熟，将茶叶、蒜、芝麻擂成茶泥，将猪油炸豆腐，香菇丁、豇豆、黄糍酥等佐料煮熟成香料，再将开水冲入兑成茶汤。食用时，先将香料放入碗内，注入茶汤，再将花生仁、豆片、炒米花撒在上面即可。

瑶苗诸族则保存传统的"打油茶"习俗，这是款待客人的特殊食品。其制作方法：将茶叶、生姜、蒜头拌匀，用茶油和盐炒熟冲水煮开。待客时则加上香菇、炒花生、炒黄豆、炒米花等物，其味香、脆、辣、甜兼备，极为爽口，既可解渴又可充饥。位于高寒山区的瑶、苗诸族，吃油茶更有驱寒、祛湿、消食功效。故长期流行不衰。

客家人的"擂茶"与南方瑶苗诸族的"打油茶"，原料与制作方法大致相同而微有变异。其来源应相同，当系客家人南来后，受瑶苗等民族影响所致。

居住地域。在客家地区，存在着许多以"畲"、"瑶"二字作为地名的地方。如：广东梅县，以畲、瑶名镇的就有"畲坑"、"瑶上"二处。据平远县方志统计，在全县 516 个乡村地名中，以畲命名的有 26 处之多。王增能《客家与畲族的关系》① 一文讲到，在福建，仅武平、连城、长汀、上杭、永定六县《地名录》的记载，带"畲"字或"斜"字的地名竟达 138 处。

以上述材料表明：畲、瑶祖先曾寓居此地；畲、瑶与客民的和睦共处，虽然畲、瑶居民在当地消失了，但是客家人并未废去其名不用，在名前也没有侮称字样，倒是作为历史的印记保留了下来，可见彼此关系之融洽与密切，是畲、瑶与客家人交融的印记，畲、瑶成了客家地名与客家文化的组成部分。

三　人生仪礼

讳名制。人的称谓，贯穿于一个人从出生、成长以至死亡的全过程，可见其在人生仪礼中的重要地位。其中包含了婴儿诞生礼的命名，成年礼的"冠而字"，死后的"讳名制"与谥号。客家人的"讳名制"系从畲族传入。

---

① 载吴泽主编《客家史与客家人研究》，华东师范大学出版社 1989 年版，第 1 页。

畲人，死后有讳名，讳名按排行而定。排行是畲族内部为了统一辈分，辨别是否为本族或本姓人及血缘的亲疏，以祠堂为单位每二十年排行一次。排行时，先将这一时期出生的男女的年、月、日、时登记，然后按辈分和出生前后进行排行。排行的目的在于序尊卑长幼，死后载入族谱。男的排行称郎，女的称娘。蓝姓以"大、小、百、千、万、念"六个字排辈分，但向来有雷姓无"念"、钟姓无"千"的说法，即只按五个字周而复始，循环不止。在排行时，如同辈的男子有二百人，则从一郎排至二百郎。如蓝念二百郎，蓝为姓，念为辈分，二百为同辈男子的排行次序，郎即为男性。排行需保守秘密，因此，畲人生前并不知道自己的行次，只有死后其家属才能知道。

客家人的族谱，在叙及远祖讳名时，与畲族如出一辙。作者所宗的吴姓先人千一郎公至千九郎公。千一郎公生三子：念一，念二，念三。千五郎公生三子，长子为百二郎。千八郎公生四子，长子为万一郎，四子为万三郎。[①] 客家人男子排行也称"郎"。排辈则有"百"、"千"、"万"、"念"之分，但不像畲族整齐划一，"千"后既可排"万"，也可排"念"，甚有排"百"者，而且，未见有"大"、"小"排辈者。可见，在讳名排行方面客家人与畲族人有惊人相似之处。不同处在于：客家讳名制主要行于明代以前；而畲族则保留至今，且更为规范。

丧礼——"吊丧用鼓乐"。客家的习俗是在祭奠、做斋、送葬时，多用鼓乐。奏乐的喧闹场面，与哀痛悼念的情绪，形成强烈反差。故苏东坡对惠州民俗有"钟鼓不分哀乐事"之讥。受儒家思想熏陶较深的客家士大夫，也自觉脸上无光，抨击此为"不经"、"失礼"之举，简直有违体统。如乾隆《归善县志》卷二十五：在宋多用鼓乐，或作佛事，故苏子有"钟鼓不分哀乐事"之句，婚丧皆用乐也。归善之俗，沿革不变。

总之，广东、福建等客家民间，从宋代以来，一直沿袭着在整个办丧事过程中奏鼓乐的习俗。

这一习俗，显然是受到了南方民族风俗的影响。比如，瑶、苗、畲诸族有"暖丧"、"闹尸"、歌舞纳尸之俗。据清代顾炎武《天下郡国利病书·广东下》记明代瑶俗，丧葬，则作乐歌唱，谓之暖丧。

---

① 见广东梅县岗子上村《吴姓族谱》1998 年版。

清人贝青乔《苗俗记》：初殡，集亲戚男妇笑歌跳舞，是为闹尸。

畲俗也相类，据万历《永春县志·风俗》卷三：畲民，人死刳木纳尸，少年群集而歌，擘木相击为节，主者一人盘旋四舞，乃焚木拾骨而葬之。

其实，把丧仪当作喜事加以作乐示庆，也并非顾炎武斥为"其情乖戾"所致，而是人死后是进入另一个极乐世界的原始观念形成的。客家习俗把婚丧并称为"红白好事"，表明客家人也有把丧事当好事的传统。在这种思想支配下，接受"暖丧"、"闹尸"的影响，就不足为奇了。

葬式——火葬。客家人遵守"入土为安"的祖训，实行中原汉族传统土葬之法。但早期，不免入乡随俗，局部曾实行火葬法。如民国《上杭县志·礼俗志》卷二十：明代以上，间有火葬者。民国《增城县志·礼俗》卷十七：曩时风俗，每用火化。又如，嘉庆《龙川县志·风俗》也记载：将父母之骨而焚之。

可见，旧时闽、粤客家地区，均有实行火葬的例外，与传统伦理相悖，这应该是客家人南来后受当地畲瑶民族影响所形成的，瑶族便是长期流行火葬俗。据嘉庆《广西通志》卷二七八，记广西容县瑶：人死则焚其骸，收烬置瓮中瘗之，谓之火葬。

畲族，明代，福建永春畲族盛行焚木浮葬之习。[①] 清代，江西贵溪畲遭亲丧，舁棺至山麓火化之[②]。

结论是：与客家人共处的畲、瑶族人长期行火葬俗，且此俗有省事、节俭诸利。客家人曾接受此影响，是不足为奇的。

四　民间信仰

盘古崇拜。客家地区有盘古崇拜的流传，这是一种颇为奇特的现象。如光绪《嘉应州志·祠祀》卷十七：盘古圣王宫在（梅县西阳）樟坑口。又如江西则有"盘古庙"、"盘古山"。可见，粤、赣客家地区有设宫、庙祀盘古和名山的崇拜盘古之俗。

---

① 光绪《崇义县志·寺观》卷三。
② （宋）王象之《舆地纪胜·赣州》卷三二"风俗形势"条。

汉族的"盘古"传说,是从"南蛮"的图腾崇拜—盘瓠演化而来的。它们之间的对比,学术界已取得共识,此处不赘述。最早记载盘瓠传说的,可追溯至东汉时人应劭,至南朝宋人范晔载入《后汉书·南蛮列传》后,开始广为传播。"南蛮"的后裔——畲瑶诸族就是奉行盘瓠崇拜的。在汉区。则把盘瓠讹化为"盘古",并把其改造为首出御世之人。

客家地区,本为畲瑶聚居区,因此当地广为流传盘瓠崇拜,随着畲瑶与客家人的日益融合,"盘古庙"也就应运而生。可以说,客家地区盘古庙的存在,是我国南方诸族文化互动的一种表征。

占卜方法——竹卜。客家地区流行"珓卜"。其法是:将竹、木分为阴阳两块,外名阳、内名阴。卜者将其合拢置于胸前,在神位前诉说求卜的事实与愿望,请神明示。其后,将其抛掷于地。两片为阴,名"怒珓";两片为阳,名"笑珓";一阴一阳为"圣(胜)珓",即吉珓。通常三次投掷而定吉凶行止。

对此,志书多有记载。如清·黄钊《石窟一征·礼俗》卷四:俗神坛社庙,皆有珓。(按:珓图,阳珓俱仰,阴珓俱俯,胜珓一仰一俯,此羲画所传两仪四象占三之则成卦,而六十四具于其中。胜珓,今讹为圣珓。笔者儿时在梅州乡间,见乡人占卜广泛采用此法。)

竹卜,源于楚人"筳篿"(见《楚辞·离骚》)即竹卜之法。

楚亡后,竹卜之法在两湖荆楚之地广为流布,南朝宋人宗懔《荆楚岁时记》:社日,掷教于社神,以占来岁丰俭,或折竹以卜。(按:教为筊的通假,掷教即以竹块两枚,掷地视其向背以定吉凶。)源于故楚地的苗瑶语族,也承袭此法。据清代严如煜《苗防备览·风俗上》记载:苗中其水旱疾疫,亦知卜筮,曰抛木卦,剖木为二,掷之于地,视其仰伏向背。可见,苗人之卜与客俗相同,其微异处只是"教",是木制而已。

上古时,中原地区流行的为"龟卜"法。可见,客俗"珓卜"是受南方苗瑶诸族甚至是楚风影响的结果。

五　结论

综上所述,可归结为如下结论:

1. 中国民族关系史中,人们所熟知的、所论述的大多是作为主体民族的汉族对境内少数民族的重大影响，此即通常史称的"渐染华夏之风"，或俗称的"汉化"。人们往往忽略了少数民族对汉族所起的反作用。本文则侧重阐明畲、瑶诸族文化对汉族的一个支系——客家文化，曾起过的广泛的、深远的、重要的作用。换言之，客家文化中包含有来自畲瑶文化的内容。从中可证：南方诸族文化曾对汉文化乃至中华民族文化的形成与发展，作出过不可磨灭的贡献。

2. 在中华民族发展史上，境内诸族文化总是互相影响、互相渗透，即存在一种互动互融的关系。本文通过客家文化说明，客家南来后，与周边和杂居的南方民族间存在着斩不断的千丝万缕的联系，客家文化与畲瑶文化存在一种你中有我、我中有你的密不可分的一体关系。

3. "有容乃大"。客家先民来自中原移民。一般认为客家人和客家文化至宋代开始正式形成。生活在众多民族与民系环境的客家人，接受他族他文化的影响是顺理成章之事。客家民系之所以能发展壮大并从山区走向世界，客家文化之所以异彩纷呈，正由于对他族他系的文化采取开放而非排斥的科学态度。历史事实证明：世界上任何富有生命力的民族，任何能自立于世界民族之林的民族，就在于其能对其他民族的文化持兼收并蓄的态度。

4. 本文主张客家文化是以汉文化为主体的吸收南方民族文化的多元一体文化。这是我国多民族国家的历史与文化发展的缩影。这是著名前辈学者费孝通先生提出的"中华民族多元一体格局"著名论断的有力例证。

从人口性比例再论汉魏时期鲜卑
与汉族的融合问题

高　凯[①]

（郑州大学历史学院）

　　鲜卑是秦汉乃至魏晋南北朝时期、古代中国北方地区继匈奴而起的、另一地位至为重要的游牧民族，它也是曾经在魏晋南北朝时期的中国北方地区上建立过诸如代、前燕、后燕、南燕、西秦、南凉、北魏、东魏、西魏等多个王朝或政权的民族。而正如我们所知的，魏晋南北朝时期是中华民族大融合当中一个非常重要的时期，有鉴于此，本文拟在地理环境下土壤微量元素的变化与拓跋鲜卑人口的关系问题上，进一步探讨拓跋鲜卑性比例失调产生的原因和特点，并就其与北魏时期拓跋鲜卑与汉族的融合途径提出自己的观点，以求教于方家。

　　关于拓跋鲜卑的人口性比例失调问题和其与北魏民族融合的关系，学界仅有一篇文章论及，即拙文《从性比例失调看北魏时期拓跋鲜卑与汉族的融合》。数年之前，拙文试图从人口学角度中的性比例失调问题入手去研究北魏拓跋鲜卑与汉族的融合途径。然今仔细考量拙文，仅从文献记载的角度分析北魏文成帝、孝文帝关于禁止"与非类婚偶"的三条诏令及诏令中所涉及的"皇族、师傅、王公侯伯及士民之家"和"百工、伎巧、卑姓"的民族构成与阶级构成，进而分析北魏中期以前皇后出身的卑贱化和族属情况和北魏多次放免宫女以及掠夺他族妻女班赏将士等史实，只能说是单纯从理论上推导出了北魏拓跋鲜卑在入主中

───────────

　　① 高凯，湖南益阳人，1965 年生，历史学博士，郑州大学历史学院教授，河南省特聘教授；主要从事历史疾病地理、社会史和简牍学的研究。

原的过程中存在着男多女少的性比例失调问题①。以我个人目前生态社会史学多学科交叉研究的理念看，当年拙文在具体写作与论证过程中，既没有考虑到地理环境对人类再生产活动的制约与影响，也没有很好地利用现代考古学研究的成果，这无疑是存在着致命缺陷的。有鉴于此，拙意以为有必要进一步探讨这一问题。同时，为了更好地论证我的观点，拙文拟从汉魏时期鲜卑所处不同时代、不同地域条件下土壤微量元素中有效锌、碘的变化规律入手，来进一步探讨地理环境与鲜卑人口性比例问题的关系。故此，下文拟从汉魏时期鲜卑所处的时代、渊源及活动区域的概况、汉魏时期鲜卑主要活动区域的历史气候变化概况、汉魏时期土壤微量元素的状况及其变化规律、土壤微量元素所造成的鲜卑人口的性比例失调和其对北魏时期拓跋鲜卑与汉族的融合途径关系等几个方面来分别论述之。

一　汉魏时期鲜卑的渊源、世系及其主要活动的地理区域

众所周知，北魏时期的"拓跋鲜卑"是由两汉"鲜卑"发展而来的；然而，从传世文献的记载看，《史记》、《汉书》中均无有关"鲜卑"的直接记载。有关"鲜卑"的史实，首见于《后汉书·光武帝纪》下光武帝建武二十一年"秋，鲜卑寇辽东，辽东太守祭肜大破之"的记载。然而从成书较早的角度着眼，关于"鲜卑"的详细记载，实是《三国志·魏志·乌丸鲜卑传》下所引曹魏·王沈的《魏书》。其文曰："鲜卑亦东胡之余也，别保鲜卑山，因号焉。其言语习俗与乌丸同。其地东接辽水，西当西城……鲜卑自为冒顿所破，远窜辽东塞外，不与余国争衡，未有名通于汉，而由自与乌丸相接。至光武时，南北单于更相攻伐，匈奴损耗，而鲜卑遂盛……匈奴及北单于遁逃后，余种十余万落，诣辽东杂处，皆自号鲜卑兵……檀石槐既立，乃为庭于高柳北三百余里弹汗山啜仇水上，东西部大人皆归焉。兵马甚盛，南钞汉边，北拒丁令，东却夫余，西击乌孙，尽据匈奴故地，东西万二千余里，南北七千余里，网罗山川、水泽、

---

① 高凯：《从性比例失调看北魏时期拓跋鲜卑与汉族的融合》，《史学理论研究》2000 年第 2 期。

盐池甚广……"由王沈《魏书》看，自匈奴冒顿灭东胡之后，鲜卑"远窜辽东塞外，不与余国争衡"，直至东汉初年，趁"匈奴损耗"，北匈奴灭亡，鲜卑尽占其故地后，屡屡为害于东汉边防的过程甚为清晰。

同时，从王沈《魏书》亦可看出，鲜卑作为东胡的一支，早在秦汉时期便活动在匈奴之东的广大地区；而从先秦史的实况看，先秦典籍中经常提及的"山戎"就是东胡的祖先。以《史记·匈奴传》记载看，"山戎越燕而伐齐。齐厘公与战于齐郊。其后四十四年，而山戎伐燕。燕告急于齐，齐桓公北伐山戎，山戎走"。故其下注文《史记索隐》引服虔曰："山戎盖今鲜卑。"胡广亦云："鲜卑，东胡别种。"而春秋时期的山戎尚仅处在"各分散居溪谷，自有君长，往往而聚者百有余戎，然莫能相一"的阶段。《史记·赵世家》在"今中山在我腹心，北有燕，东有胡"条下注引《史记正义》称："赵东有瀛州。瀛州之境即东胡、乌丸之地。服虔云：'东胡，乌丸之先，后为鲜卑也。'"《史记·冯唐传》下注引《史记索隐》称崔浩云："东胡，乌丸之先也。国在匈奴之东，故云东胡。"又如《史记·匈奴传》记载：到战国时期，"燕有贤将秦开，为质于胡，胡甚信之。归而袭破走东胡，东胡却千余里"。此后，"燕亦筑长城，自造阳（在上谷）至襄平。置上谷、渔阳、右北平、辽西、辽东五郡以拒胡"。可见，先秦时期的东胡或山戎，即东汉时期以后的乌桓、鲜卑，其活动的区域在匈奴以东和燕、赵之北，即包括今河北东北部及其以北的辽宁、内蒙古等地区。

关于汉魏时期鲜卑的渊源、世系和主要活动区域，前辈学者也多有精辟的考证：如吕思勉先生早在20世纪30年代即已认为：《史记》记载战国时期"燕筑长城，自造阳至襄平。置上谷、渔阳、右北平、辽西、辽东五郡以拒胡"，则此五郡必是东胡所弃；至于"乌桓"之名，他认为是"彼族大人健者之名姓。乃分部之专称，非全族之通号。惟鲜卑实其本名，故乌桓后来，亦以自号也。希腊罗马古史载里海之西，黑海之北，古代即有鲜卑尔族居之。又拓跋先世，出于西伯利亚，而史亦云'国有大鲜卑山'，足知鲜卑种人，占地甚广，不仅匈奴之东，山岭崎岖之地矣"。另在《中国民族史·附录一·鲜卑》中，吕先生更认为："东胡者，吾国人她匈奴之名以名之，而加一方位以为别。……彼族本名，舍鲜卑莫属矣。"而且，他认为从婚俗、姓氏制度和对待族人战死为吉的习惯看，鲜卑与河曲羌属于同族之人①。马长寿先生在 20 世纪 60 年代则提出：乌桓、鲜卑与北狄、匈奴一样，都是我国北方的阿尔泰语系中的民族；"乌桓和鲜卑二族最初起源于蒙古高原的东南部和东北角，正巧都在今日中国内蒙古自治区的境内"；具体而言，乌桓所在乌桓山以及鲜卑所在的鲜卑山，都在"今蒙古草原的东南部西辽河上游西拉木伦河以北的丘陵地带"；鲜卑可分为东部鲜卑和拓跋鲜卑，且"拓跋鲜卑的最初起源地在今蒙古草原的东北角，即今额尔古纳河的东南"。乌桓和鲜卑在公元前 200 年匈奴灭东胡之前都是东胡的组成部分，东胡和匈奴一样，是一个大的部落联盟等一系列观点。② 1980 年 7 月 30 日，米文平等人在内蒙古鄂伦春自治旗大兴安岭中发现了鲜卑祖先的"旧墟石室"——嘎仙洞，从而证实了马长寿先生所认为的大鲜卑山应在今额尔古纳河东南的大兴安岭的观点③。另外，童书业先生 20 世纪 40 年代作《中国疆域沿革略》一书时，亦论及鲜卑渊源和活动区域问题，且观点与吕思勉先生有相近之处。他认为："盖自里海一带至西伯利亚及辽水流域皆鲜卑族居处（西伯利亚之名即由鲜卑而得，西方之辛卑尔亦即鲜卑异译），故《后汉书》所云非是，盖鲜卑乃其大名，非种族以山名，实以种族名山也。"但他又认为："鲜卑之名已见《国语》、《楚辞》，曾为周人守燎"，他们应是"春秋时今山东省北部河北省，有一种族，自称鲜卑，中国人初称之山戎，继称之东胡（即屠何），盖为齐桓所破后，北迁居后来燕所辟五郡（上谷、渔阳、右北平、辽东、辽西）之地，后有姓名乌桓者，故其族之一部别号乌桓"。④其后亦有不少学者论及鲜卑历史，如日本学者白鸟库吉认为东胡即通古斯族：胡为后夒之后，匈奴为夏桀之后⑤。金岳认为东胡远祖是夏商时代的土方，土方为屠何，后为东胡⑥。傅朗云、杨旸认为：胡族原意是以动物狐狸为图腾的氏族，后来胡族分别向东、向西迁徙，故分为东胡和西

---

① 吕思勉：《中国民族史》，中国大百科全书出版社 1987 年版，第 62—80 页。

② 马长寿：《乌桓与鲜卑》，上海人民出版社 1962 年版，第 1—115 页。

③ 米文平：《鲜卑石室寻访记》，山东画报出版社 1997 年版，第 39—40 页。

④ 童书业：《童书业历史地理论集》，中华书局 2004 年版，第 106—107 页。

⑤ 白鸟库吉：《东胡民族考》，方壮猷译，商务印书馆 1934 年版；原载日本国《史学杂志》第 21 编 4 号。

⑥ 金岳：《东胡源于土方考》，《民族研究》1987 年第 3 期。

胡①。其他还有林干《东胡史》②、刘学铫《鲜卑史论》③、张博泉等《东北历史疆域史》④、何光岳《东胡源流考》⑤ 等研究东胡或乌桓、鲜卑史者，但他们的基本观点无出上述吕思勉、马长寿等先生者。

进入东汉以后，随着匈奴政权的衰亡以及北匈奴的西迁，原来游牧于东北的鲜卑族大批向西和向西南方向迁徙，并与留在匈奴故地的旧部逐渐融合。据《后汉书·鲜卑传》记载蔡邕之言称："自匈奴遁逃，鲜卑强盛，据其故地，称兵十万，才力劲健，意智益生。加以关塞不严，禁网多漏，精金良铁，皆为贼有；汉人逋逃，为之谋主，兵利马疾，过于匈奴。"到东汉桓帝时，鲜卑大人檀石槐"南抄缘边，北拒丁零，东却夫余，西击乌孙，尽据匈奴故地，东西万二千余里，南北七千余里，网罗山川水泽盐池"的军事大联盟，以与汉朝分庭抗礼。据上引王沈《魏书》记载，其实檀石槐不仅拒绝了东汉王朝的分封和和亲要求，而且还分"其地为中东西三部。从右北平以东至辽，辽接夫余、貊为东部，二十余邑，其大人曰弥加、阙机、素利、槐头。从右北平以西至上谷为中部，十余邑，其大人曰柯最、阙居、慕容等，为大帅。从上谷以西至敦煌，西接乌孙为西部，二十余邑，其大人曰置鞬落罗、曰律推演、宴荔游等，皆为大帅而制属檀石槐"。由此说明，东汉桓帝时，鲜卑族已广泛分布在西从河西走廊，东至辽东，北达漠北，南与东汉王朝缘边的广大区域里。关于拓跋鲜卑迁居时间和迁居地，近年有不少学者频繁关注：如近年有李志敏撰文认为推寅所迁之"大泽"在今河套地区，而诘汾所之"匈奴故地即鄂尔多斯高原"⑥，故此，他以为鄂尔多斯是为拓跋鲜卑的发祥地。姚大力认为，魏收《魏书·序纪》是北魏之后拓跋族在追述其先世历史时所受到的中原传统政治文化的影响，以致其史料中包含诸多难解之处。经考证后姚大力认为："序纪"所谓拓跋部远古"六十七世"，系据中原古史

① 傅朗云、杨旸：《东北民族史略》，吉林人民出版社1983年版，第25页。
② 林干：《东胡史》，内蒙古人民出版社1990年版。
③ 刘学铫：《鲜卑史论》，（台北）南天书局有限公司1994年版。
④ 张博泉：《东北历史疆域史》，见孙进已《东北民族源流》，黑龙江人民出版社1987年版，第29—30页。
⑤ 何光岳：《东胡源流考》，江西教育出版社2004年版，第1—10页。
⑥ 李志敏：《关于〈魏书〉两个重要地名地望的考实》，《中国历史地理论丛》2002年第2期。

传说推算而来，拓跋部没有加入过檀石槐的军事部落联盟，拓跋部是在第一推演引领下走出大鲜卑山，约在二世纪中迁至今呼伦池的，第二推演带领拓跋部南越阴山至匈奴故地，应在230年代等等①。又如李逸友、魏坚结合数十年内蒙古自治区考古发掘材料，认为：鲜卑族从"年代不应早于东汉初年"时，即已自大兴安岭迁出，应是沿根河向西到根河下游，然后沿额尔古纳河继续向西南，到达呼伦河和呼伦贝尔草原的。②而田余庆从对文献记载的考证角度，却推定宣帝率领拓跋南迁发生应在东汉桓帝时期（147—167）。③

　　进入西晋初期，由于晋武帝对北方各少数民族实行"慕义归化"和"广辟塞垣，更招种落"政策，加之大漠南北遭遇到严重的水灾，以致出现了北方各民族大量内徙的热潮。据《晋书·四夷传》记载：当时大量内徙的"北狄以部落为类，其入居塞者有屠各种、鲜支种、寇头种、乌谭种、赤勤种、捍蛭种、黑狼种、赤沙种、郁鞞种、萎莎种、秃童种、勃蔑种、羌渠种、贺赖种、钟跂种、大楼种、雍屈种、真对种、力羯种，凡十九种，皆有部落，不相杂错"。又据《晋书·世祖武帝纪》记载，咸宁三年"西北杂虏及鲜卑、匈奴、五溪蛮夷、东夷三国前后十余辈，各帅种人部落内附"等。据周伟洲考证，遍布于大漠南北及今东北地区的鲜卑各部，从东汉时期到十六国时期大量迁入西北地区：如鲜卑秃发部，作为拓跋鲜卑的一支，有数万人于曹魏末年迁入雍、凉二州；到西晋末年至十六国初期，这批内徙鲜卑大都居于河西一带，故被称为"河西鲜卑"；在河西东部的陇西地区，魏晋时期鲜卑也多有迁入，其中是以乞伏鲜卑和吐谷浑为主：乞伏鲜卑从漠北南出阴山后，继而迁至高平川（今宁夏苦水河一带），后又迁至苑川（今甘肃兰州东苑川），到十六国时期在陇西建立政权，史称"西秦"；吐谷浑，原是今东北辽宁一带东部慕容鲜卑的一支，因争夺牧场、牲畜的矛盾激化，吐谷浑部愤而西迁至阴山；十六国初期，吐谷浑继续向西南迁徙，征服了今青海及甘南地区，并最终建立"吐谷浑"政权。此外，魏晋

　　①　姚大力：《论拓跋鲜卑部的早期历史》，《复旦学报》2005年第2期，第19—27页。
　　②　内蒙古文物考古研究所等：《额尔古纳旗拉布达林鲜卑墓群发掘简报》，见李逸友、魏坚《内蒙古文物考古文集·第一辑》，中国大百科全书出版社1994年版，第396页。
　　③　田余庆：《北魏后宫子贵母死之制的形成和演变》，见《拓跋史探》，生活·读书·新知三联书店2003年版。

时期还有鲜卑乙弗部、折掘部、思盘部、河南鲜卑十二部、北山鲜卑和意云鲜卑等，相继迁入西北的关中地区和河套以南朔方等地。①

　　进入东晋十六国时期，鲜卑各大部落相继建立政权。代国：先是西晋怀帝永嘉二年（308），鲜卑拓跋部首领猗卢以盛乐为中心，将原来划分的三部统一起来。以后受晋室封号为代公、代王，以盛乐为北都，以平城为南都，于公元312年正式建立代国，直至公元376年苻坚灭代国。燕国：东晋咸康二年（337）慕容皝向西消灭段部鲜卑，向北兼并宇文鲜卑后，开地三千里，并以"龙城"（今辽宁朝阳市）为都，建立起当时在东北地区唯一强大的政权，史称前燕，至东晋太和五年（370）为苻坚所灭。后燕：为慕容皝第五王子慕容垂所建，建都中山（今河北定县），至东晋安帝义熙四年（409）被灭。西燕：为慕容冲所建，建都长安（今陕西西安），后为慕容冲所杀；他的尚书慕容永又据长子（今山西长子县）为都，直至东晋孝武帝太元十九年（394）灭亡。南凉：后凉龙飞二年（东晋安帝隆安元年，即公元397年），秃发鲜卑首领乌孤，以姑臧为都，建立南凉政权，直至公元414年为西秦所灭。西秦：东晋孝武帝太元十年（385）乞伏鲜卑首领国仁趁前秦"淝水之战"大败之机，以陇西地区秦、河二州为中心，建立西秦政权，直至公元431年为北魏所灭。②

　　进入北朝时期，鲜卑族相继建立了以下政权。北魏：东晋孝武帝太元十一年（北魏登国元年，即公元386年）拓跋鲜卑首领拓跋珪建立北魏政权，公元398年迁都平城，称帝，正式建立起后来统一中国北方地区的强盛的北魏王朝。王位经道武帝七传至孝文帝时，于太和十七年（493）迁都洛阳，不久实行汉化改年，拓跋改姓元氏，故此北魏亦称元魏；北魏孝武帝永熙三年（413）北魏灭亡，形成东、西两魏对峙局面；至此，北魏王朝（386—534）共存在148年。东魏：以元善见为帝（534—550）由洛阳迁都至邺（今河北临漳），史称东魏。西魏：以元宝炬为始皇（535），三传至元廓（557）灭亡。吐谷浑：东晋成帝咸和四年（329）由吐谷浑的孙子叶延在今青海省建立的政权，至隋炀帝大业五年（609）为隋朝所灭。③

①　周伟洲：《中国中世纪西北民族关系研究》，西北大学出版社1992年版，第22—30页。
②　同上书，第98—112页。
③　林干：《东胡史》，内蒙古人民出版社1989年版，第161—165页。

二 地理环境下土壤微量元素的变化与汉魏 时期鲜卑人口性比例问题

众所周知，人体是由 40 多种元素组成的，这些元素可根据其在体内的含量多少大致分成常量与微量两大类。其中常量元素，占人体体重的 99.5%，它们包括碳、氢、氧、磷、硫、钙、钾、镁、钠、氯等十余种，主要构成机体组织，并在体内起电解质作用；微量元素，只占人体体重的 0.5%，它们包括铁、铜、锌、铬、钴、锰、镍、锡、硅、硒、钼、碘、氟、钒 14 种。虽然这些所谓的人体微量元素在体内的含量微乎其微，但却能够起到非常重要的生理作用①。众所周知，人体内微量元素与土壤微量元素是两个不同的概念范畴，但由于人类生活在生物圈中，就必定要与周围环境的所有成分发生关系，即人类与生物圈、水圈、大气圈和岩石圈中的无机物会产生频繁的交换关系；而且，在生物圈中，人类最基本的生存条件都来自于土壤，所以，作为与人类生活有着最密切关系的土壤以及土壤中的微量元素水平必定要决定着生长、生活于此的人类本身和其周围赖以生存的动植物体内的微量元素水平，也必定会影响到人类自身的再生产和人类社会、精神生活的许多方面。同时，自然科学的研究成果证明：土壤微量元素的变化与成土母质、河水、大气、有机质含量、土壤酸碱度以及人类不合理开发与利用密切相关。同时，借上部分所述内容，我们已基本上了解了汉魏时期鲜卑所处的时代、渊源、活动区域的概况，所以，要进一步探讨在不同时代、不同地域条件下土壤微量元素变化的规律和其对鲜卑人口性比例问题的影响，就需要先了解汉魏时期这些地区的历史气候状况。故此，下文拟从汉魏时期鲜卑主要活动区域的历史气候变化、汉魏时期土壤微量元素的状况及其变化规律、土壤微量元素所造成的鲜卑人口的性比例失调和其对北魏时期拓跋鲜卑与汉族融合的关系等四个方面来论述。

（一）汉魏时期鲜卑主要活动区域的历史气候变化

根据《后汉书》、《三国志》、《晋书》、《宋书》、《南齐书》、《魏书》

---

① 王夔：《生命科学中的微量元素》，中国计量出版社 1996 年版。

等典籍的相关记载，鲜卑的历史也大致可分为三个阶段：1. 春秋战国时期鲜卑兴起至公元前 3 世纪为匈奴冒顿所破和公元 1 世纪为鲜卑部落联盟时期：在这一时期里，鲜卑作为东胡的一支，先与乌桓一起居住在原燕国所置的上谷、渔阳、右北平、辽西、辽东五郡之地，即今燕山南北，包括河北北部、内蒙古东部和辽宁西部及中部地区。战国时期为燕国秦开所破后，鲜卑退居"东接辽水，西当西城"之地；汉初为匈奴冒顿所破后，鲜卑"远窜辽东塞外"，居"鲜卑山"，即今内蒙古大兴安岭地区。以后随着匈奴的衰亡，鲜卑逐渐西迁，至东汉桓帝时期尽据北匈奴故地，建立起以鲜卑大人檀石槐为首的"东却夫余，西击乌孙……东西万二千余里，南北七千余里"的军事大同盟①。2. 从公元 2 世纪东汉时期到 5 世纪的十六国时期，是鲜卑各部建立各自政权时期。这一时期，鲜卑逐渐南迁至黄土高原和关中地区，并在西晋末年至十六国时期，在西起今青海、甘肃，东至辽东的中国北方地区建立起吐谷浑、代国、前燕、后燕、南凉、西秦等割据政权。3. 南北朝时期，是鲜卑建立统一北方地区的封建王朝时期。在这一时期，拓跋鲜卑从最初的"代"政权逐渐发展起来，于公元 386 年建立起北魏政权，并逐步统一北方，前后统治了 148 年时间。北魏灭亡后，东魏、西魏、北齐、北周政权相继，直至隋朝建立。

关于历史上气候的变化，《考古学报》杂志 1972 年发表的竺可桢《中国近五千年来气候变迁的初步研究》一文作了详细的研究。该文认为：公元前 3000—前 1100 年，黄河流域的年均温度较今约高 2℃，冬季温度则高 3—5℃；西周初期还温暖，但至周孝王时（发生在公元前 903 和公元前 897 年）有两次汉江结冰，表明公元前 10 世纪处于寒冷期。但近年学者王鹏飞认为，竺可桢当年所引《竹书纪年》是伪造本，而《古本竹书纪年》却无此记载，从而说明公元前 10 世纪并非寒冷期②。到春秋、战国时期气候再次温暖。直到公元之初，历史气候"有趋于寒冷的趋势。……但东汉的寒冷期时间不长"，三国时期气候比西汉武帝时代寒冷。公元 225 年第一次记载淮河有结冰。南北朝时期，南朝都城建业

---

① 陈寿：《三国志·魏书·乌丸鲜卑传》注引魏·王沈《魏书》。
② 王鹏飞：《史料的选择、引用和诠释》，见牟重行《中国五千年气候变迁的再考证》，气象出版社 1996 年版，第 2 页。

（今南京）冬天比现在要冷 2℃，年平均温度比现在低 1℃。竺可桢先生据北朝《齐民要术》所记"十月中以蒲藁裹而缠之，不裹则冻死也"的物候表明，6 世上半叶河南、山东一带的气候比现在冷。① 但近年也有学者认为竺先生在运用贾思勰《齐民要术》时没有注意到中国农历多闰月、以阴历对应阳历无严格规律的事实，以致竺先生所列举的《齐民要术》的两个物候证据，均不足以说明公元 6 世纪中国大陆存在寒冷期，且"看不出有表明当时气候特别寒冷的有力证据，而根据农史研究者的意见，则以为农业气候的特点亦大抵如今日情况"②。

1972 年发表的竺可桢《中国近五千年来气候变迁的初步研究》一文早有论及历史气候在"东汉时期即公元之初，我国天气有趋于寒冷的趋势"③。然而，台湾学者刘昭民认为：从西汉末至隋初（即汉成帝建始四年至隋文帝开皇二十年，公元前 29 年—公元 600 年）"气候转寒旱，为中国历史上第二个小冰河期"，反映在"史书记载中只有大寒大雪及大旱之记录，而无'冬无雪'、'夏大燠'，或'冬暖无冰'等之记载，可见当时气候寒旱之甚"。④ 另有中国大陆学者提出："公元前 2 世纪中叶至 2 世纪末（西汉中叶到东汉末时期）为温暖气候；3 世纪初至 6 世纪中叶（魏晋南北朝）为寒冷气候，随后转至隋至盛唐的温暖气候"的观点。此说与竺可桢先生及刘昭民的观点差距甚大⑤。但根据《汉书》及《后汉书》的记载看，从汉"文景之治"后，恶劣气候变化之现象屡见于史籍。如《汉书》卷 27《五行志》中记载："文帝四年六月，大雨雪……武帝元光四年四月，陨霜杀草木……武帝元狩元年十二月，大雨雪，民多冻死……元鼎二年三月，雪，平地厚五尺……元鼎三年三月水冰，四月雨雪，关东十余郡人相食……元帝建昭二年十一月，齐、楚地大雪，深五尺……建昭四年三月，雨雪，燕多死……阳朔四年四月，雨雪，燕雀死……元帝永光元年三月，陨霜杀桑；九月二日，陨霜杀稼，天下大饥"等反常气候的出现和对当时社会造成的影响即是明证。又如《后汉书》

---

① 竺可桢：《竺可桢全集》第四卷，上海科技教育出版社 2004 年版，第 444—453 页。
② 牟重行：《中国五千年气候变迁的再考证》，气象出版社 1996 年版，第 37—38 页。
③ 竺可桢：《中国近五千年来气候变迁的初步研究》，《考古学报》1972 年版，第 15—38 页。
④ 刘昭民：《中国历史上气候之变迁》，台北商务印书馆 1982 年版，第 69—70 页。
⑤ 张丕远：《中国历史气候变化》，山东科学技术出版社 1996 年版，第 430—431 页。

卷 30《襄楷传》亦记载：桓帝延熹九年"其冬大寒，杀鸟兽，害鱼鳖，城傍竹柏之叶，有伤枯者"。又如《后汉书》卷 105《五行志·大寒》三记载："灵帝光和六年冬，大寒，北海、东莱、琅琊井中冰厚尺余……献帝初平四年六月，寒风如冬时。"这说明西汉中期以后至东汉时期的气候确实处于经常性的波动当中，确有渐趋寒冷的过程。

以上所述，主要是汉魏时期中原地区的气候变化，而具体到鲜卑主要活动区域的气候，肯定也会随中原地区气候恶化的趋势而有所变化。

鲜卑在秦末汉初被匈奴冒顿击溃，离开了气候相对温暖而湿润的今内蒙古自治区东南部，而远徙"大鲜卑山"，即今呼伦贝尔草原以东的大兴安岭北部以后，所处区域的气候和生存环境大大恶化。关于鲜卑故地，《三国志·魏书·乌丸鲜卑传》注引王沈《魏书》记载："鲜卑自为冒顿所破，远窜辽东塞外，不与余国争衡"，而从目前已发现的鲜卑石室——"嘎仙洞"所处位置看，鲜卑故地的中心区域大抵在今北纬 51°，东经 125°附近。这里在地貌上以山地为主，大兴安岭北段主脊——中山带的海拔高度在 1000—2300 米之间，且有南高而北低的特点；岭西三河一带属丘陵地貌，相对高度一般不超过 200 米，海拔 800—900 米，黑山头以西三河冲积平原海拔仅 500 多米。岭东地区，即鄂伦春族自治旗的中部和南部地区为低山地带，海拔 500—1000 米的鄂伦春族自治旗东半部为宽广的低缓丘陵，海拔 300—500 米，相对高度仅为 50—100 米。整个山地、丘陵区的河谷大多比较宽浅，形成宽展的河谷冲积平原。同时，由于在地面 1—2 米以下存在着多年冻土层，以致河谷中地下水位很高，有大片沼泽湿地存在。以现代在气候方面的条件看，这里大多数山区属于寒温型气候，年平均气温在零度以下（0— -6℃），冬季严寒而漫长，1 月平均气温在 -24— -31℃之间，极端最低气温都在 -40℃以下。除岭东丘陵区外，大部山区每年有 6 至 7 个月平均气温在 0℃以下，日最低气温低于 -30℃的严寒日数年平均达 50 至 100 天，并且持续期达 3 到 4 个月。夏季温凉而短暂，7 月平均气温除岭东丘陵达 20℃外，其余地区在 16—18℃之间。本区气候寒冷，只有岭东丘陵地区、岭西三河地区以及山区海拉尔河、甘河等河谷平原热量略高，气温大于 10℃，积温 1650—2000℃，无霜期 90 至 100 天，可以种植喜凉耐寒的麦类、马铃薯等作物。广大山区积温仅有 1300—1600℃，平均无霜期 40 至 80 天。山区河谷除可种植甘蓝一类蔬菜外，其他农作物均难以成熟。年降水量都在 400mm 以下，多数地区 6 至 8 月降水占全年降水的 65%—70%，高温期与降水期吻合，有利于林木生长①。所以，由此可以推测，活动在今呼伦贝尔草原以东的大兴安岭中部的鲜卑人，虽处在年均温度较今约高 2℃、冬季温度则高 3—5℃ 的比较温暖的秦汉时期，但因其地处高寒地带，气候极度严寒，所以，鲜卑族应以狩猎经济和畜牧经济为主。而且，也正因为此地生活十分艰苦，才有西汉后期在北半球气候转凉以后，鲜卑族逐步向西向南迁徙的过程。关于鲜卑第一次迁徙，魏收《魏书》卷一《序纪》记载：时鲜卑在推寅的带领下"南迁大泽，方千余里，厥土昏冥沮洳。谋更南迁，未行而崩"。这里的大泽，即指呼伦湖，当时有大面积的沼泽存在，以致于将西迁的鲜卑阻挡下来。以后鲜卑人在此生活了一百年左右。20 世纪 60 年代，考古工作者相继在呼伦湖北岸发现的札赉诺尔墓葬和完工墓葬，据学者研究，应是鲜卑人西迁过程中所留下来的遗迹②。自鲜卑部落首领推寅之后隔六代，到献帝邻和其子诘汾时，再次带领鲜卑南迁。据魏收《魏书·帝纪一》记载："献帝命南移，山谷高深，九难八阻，于是欲止。有神兽，其形似马，其声类牛，先行导引，历年乃出，始居匈奴之故地。"此时正值东汉桓灵之际，也正是檀石槐建立如王沈《魏书》所记"东西万二千余里，南北七千余里"的军事大联盟的时期。所谓"匈奴之故地"，当指匈奴冒顿发迹的阴山一带。而且，鲜卑在迁移至"匈奴之故地"过程中，频繁与北匈奴残留在草原之上的部族接触、联姻，以致于形成了以"鲜卑父匈奴母"为内涵的"拓跋"族族名。③

然而，鲜卑从大兴安岭向西向南迁徙到"匈奴故地"之时，正逢北半球的气候自西汉末年、经东汉至三国以来自北向南日趋寒冷之际，据《晋书》卷 29《五行志下》记载"武帝泰始六年冬，大雪；七年十二月，又大雪……九年四月辛未，阴霜……咸宁三年八月，平原、安平、上党、泰山四郡霜，害三豆。是月，河间暴风寒冰，郡国五阴霜伤谷……太康元年三月，河东、高平霜雹，伤桑麦……二年二月辛酉，阴霜于济南、琅

---

① 内蒙古农业地理编辑委员会：《内蒙古农业地理》，内蒙古人民出版社 1982 年版，第 282—285 页。

② 宿白：《内蒙古陈巴尔旗完工古墓清理简报》，《考古》1965 年第 6 期。

③ 马长寿：《乌桓与鲜卑》，上海人民出版社 1962 年版，第 247—248 页。

琊，伤麦。三月甲午，河东陨霜，害桑……六年三月戊辰，齐郡、临淄、长广、不其等四县，乐安、梁邹等八县，琅琊、临沂等八县，河间易城等六县，高阳北阳新城等四县陨霜，伤桑麦……八年四月，齐国、天水二郡陨霜。四月，陇西陨霜。十年四月，郡国八陨霜……惠帝元康……六年三月，东海陨雪，伤桑麦……七月，秦、雍二州陨霜，杀稼也。九年三月旬有八日，河南、荥阳、颍川陨霜，伤禾……光熙元年闰八月甲申朔，霰雪……孝怀帝永嘉元年十二月冬，雪，平地三尺。七年十月庚午，大雪"等，所以，与鲜卑南迁以求生的愿望相同的是，北方原匈奴、羯、氐、羌等各北方少数民族也纷纷内迁。由于缺乏相关的论据，我不便揣测自三国至西晋及十六国时期具体的气候条件，但以《晋书》等典籍的记载看，足见当时恶劣天气之频繁程度和全国整体气候严寒与危害之烈。

（二）汉魏时期鲜卑主要活动区域土壤微量元素的变化及其规律

汉魏时期鲜卑主要活动区域可分为"匈奴故地"和"黄土高原、关中平原及河洛地区"两大区域。

首先，我们涉及的是汉魏时期鲜卑迁入"匈奴故地"的土壤微量元素有效锌的变化及其规律。而要了解汉魏时期上述地区土壤微量元素的变化，现代土壤学研究和调查的成果可以为我们提供有力的帮助。

通过 20 世纪八九十年代国家权威部门对内蒙古地区土壤微量元素的调查情况看[①]：在原"匈奴故地"上的阴山南北、阿拉善高原和鄂尔多斯地区分布的灰褐土、黑钙土、栗钙土、栗褐土、棕钙土、灰钙土、灰漠土、灰棕漠土、新积土、龟裂土、风沙土、石质土、草甸土、林灌草甸土、潮土等土壤大类及亚类的诸多情况看，有几个显著的特点是值得关注的：1. 许多的土壤大类呈带状分布，如黑钙土、栗褐土、棕钙土、潮土等，在内蒙古自治区内都有连续分布的特点；2. 同一土壤大类因纬度、经度、局部水文条件、成土母质等差异，造成同一土壤大类在南北或东西方面产生了诸如土壤有机质含量、pH 值高低和微量元素锌、锰含量的差异；3. 与大兴安岭南北及赤峰市、哲里木盟的大部分土壤类别相比较，

---

① 内蒙古自治区土壤普查办公室，内蒙古自治区土壤肥料工作站：《内蒙古土壤》，科学出版社 1994 年版。

阴山南北、阿拉善高原及鄂尔多斯高原的土壤，pH值较高，多在7.0到9.5之间，盐渍化程度较高；4. 与大兴安岭地区的棕色针叶林土和暗灰色森林土有效锌含量超过1.0mg/kg标准值相比较，阴山南北、阿拉善高原及鄂尔多斯高原的十五种土壤大类及亚类，无一达到标准值者；且只有栗褐土、草甸土、林灌草甸土三类土壤有效锌值超过0.6mg/kg，黑钙土、新积土和潮土在有效锌0.5mg/kg临界极缺值以上，其余九种土壤均在极缺之列；5. 内蒙古自治区中的栗钙土、棕钙土、灰棕漠土三大类土壤及其亚类，是与今蒙古人民共和国相连续分布的，但以三大类土壤微量元素有效锌含量看，均在0.5mg/kg的临界值下，其中灰棕漠土的有效锌值甚至只有0.16mg/kg，可见，蒙古国与内蒙古连界地区的土壤是极为贫瘠的。据《汉书·匈奴传下》记载侯应言秦汉之际，今内蒙古阴山南北"东西千余里，草木茂盛，多禽兽，本冒顿单于依阻其中，治作弓矢，来出为寇，是其苑囿也"；但是，在西汉武帝发动对匈战争，"斥夺此地，攘之于幕北。建塞徼，起亭隧，筑外城，设屯戍，以守之然后边境得用少安。幕北地平，少草木，多大沙，匈奴来寇，少所蔽隐，从塞以南，径深山谷，往来差难。边长老言匈奴失阴山之后，过之未尝不哭也"。由此看秦汉时期"幕北"地区亦如现代一样，是"少草木，多大沙"的贫瘠之地，但阴山之南及鄂尔多斯高原气候、植被条件却要远较现代温暖、湿润。同时，通过检阅两汉时期的传世文献，不难发现当时沙漠皆在"幕北"，即阴山以北地区。而河套平原与鄂尔多斯高原地区，则因土地肥饶，多水草，成为秦汉王朝与匈奴往来争夺的地带，不仅秦、西汉两朝曾多次向上述地区及黄土高原丘陵山原地区移民，大兴屯垦，而且匈奴骑兵也不时南下骚乱，往来驰驱，从未见到有沙漠存在的记载。所以，朱士光认为：直至唐代后期，黄土高原北部边缘与鄂尔多斯高原才开始出现强烈的风沙侵蚀，并形成流动沙丘，北宋时形成较大面积的沙漠[1]。同时，按照竺可桢先生所认为的西汉武帝中期以前中原地区气候年均温度较今约高2℃、冬季温度则高3—5℃的变化规律看[2]，阴山南北及鄂尔多斯高原年平均气温和降水量较今要高。考古发掘的资料表明，如杭爱旗东南的桃红

---

[1]　朱士光：《黄土高原地区环境变迁及其治理》，黄河水利出版社1994年版，第10—40页。

[2]　竺可桢：《中国近五千年来气候变迁的初步研究》，《考古学报》1972年，第15—38页。

拉巴、准格尔旗南瓦尔吐沟等地发掘的匈奴墓葬证明当时当地有相当面积的森林分布着①，所以，汉魏时期相应地区的植被条件比今天要好，土壤有机质较多，pH 值较今要低，而土壤有效锌、锰值也会相应提高。但就其土壤的成土母质多为冲积物、洪积物和风积物的特点看，秦汉时期这里的土壤有效锌、锰值应在标准值 1mg/kg 至临界值 0.5mg/kg 之间波动。从秦始皇收复今乌加河以南的"河南地"到汉武帝时期再次从匈奴手中"斥夺此地"后，便在阴山之南及鄂尔多斯高原大力发展农业生产，但直到十六国时期大夏国在今毛乌素沙地南缘建都统万城（413）时，这里具有如《元和郡县志》卷 4 夏州朔方县条所记载的"临广泽而带清流"的优美生存环境②。相关学者对十六国时期统万城城墙中所保存的原木和城墙筑土中的所含孢粉样品进行科学分析的结果亦表明："统万城营建之时，其周围地区的植被组成丰富，以草本和灌木为主……同时还有松、桦、桤、胡桃、椴树、榆等乔木。"同时，通过"对城墙土中 22 个种子植物科属的花粉进行共存分析的结果表明，当时统万城年均温 7.8—9.3℃……年降水量 403.4—550mm……这些气候特征与现在统万城地区……相比，表明当时统万城年均温比今天高出 0.2—0.7℃，年降水量比今天高出 50—100mm，气候较为温暖温润"③，从而说明虽有秦汉以来几百年的开垦种植、放牧、砍伐和战争破坏，又有西汉至东汉三国两晋时期气候转凉、转干的大环境，但同样是沙地草原的鄂尔多斯高原地区④，其自然条件仍远较今天优越，故土壤微量元素有效锌、锰值存在较今要高的必需外部环境。

其次，关于汉魏时期在今天黄土高原、关中平原及河洛地区所属的土壤微量元素状况及其变化规律，现代土壤学研究和调查的成果也同样可以为我们提供有力的帮助。

① 史念海：《两千三百年来鄂尔多斯高原和河套平原农林牧地区的分布及其变迁》，《北京师范大学学报》1980 年第 6 期。

② 侯仁之：《从红柳河上的古城废墟看毛乌素沙地之变迁》，《文物》1973 年第 1 期。该文认为：统万城营建之时的自然环境是植物繁盛，水草肥美。

③ 孙同兴、侯甬坚等：《统万城历史自然景观重建及毛乌素沙漠迁移速率的探讨》，见陕西师范大学西北环发中心《统万城遗址综合研究》，三秦出版社 2004 年版，第 252—256 页。

④ 侯甬坚：《统万城遗址：环境变迁实例研究》，见陕西师范大学西北环发中心《统万城遗址综合研究》，三秦出版社 2004 年版，第 211—222 页。

　　与内蒙古自治区鄂尔多斯高原紧紧相连是今陕西省和山西省黄土高原地区。如前所述,这些地区是东汉乃至魏晋以后匈奴、鲜卑等胡族大量迁入和集中居住的地区,所以,汉魏时期位于今陕西、山西北部的黄土高原的土壤微量元素状况及其变化规律也是我们需要了解的内容。从以上陕西、山西两省各类土壤微量元素有效值含量的情况,不难发现:首先,陕西省土壤微量元素有效锌的含量变化幅度在 0.2—0.89mg/kg 之间,含量最低的是分布在陕北明长城内外地区的风沙土 0.207mg/kg、灰钙土 0.305mg/kg 和栗钙土 0.306mg/kg。全省土壤有效锌含量分布规律是由北向南和由东向西递增,依次是风沙土、栗钙土、黑垆土、黄绵土、黄褐土、黄棕壤、棕壤、水稻土、暗棕壤。全省土壤有效锌平均含量为 0.61mg/kg,按全国土壤微量元素分级标准统计,有效锌小于 1mg/kg 的土壤占总面积的 87.6%;小于极缺临界值 0.5mg/kg 的土壤占总面积的 61%;各地市土壤有效锌含量状况是汉中地区最高,平均为 1.256mg/kg,其次是安康地区的 0.84mg/kg,西安市的 0.639mg/kg,渭南地区的 0.615mg/kg,榆林地区的 0.36mg/kg;在分级面积中小于 0.5mg/kg 的土壤榆林地区占 86.6%,延安地区占 79%,咸阳地区占 74.1%,比例最小的是汉中地区,占 14.1%[①]。其次,山西高原土壤有效锌、锰分布规律也有由北向南递增的特点。与此相关,山西高原土壤中有效锌值由少到多的土壤次序分别是石灰性褐土、盐化潮土、粗骨土、潮土、褐土性土、棕壤、淋溶褐土[②]。

　　据研究:土壤中的锌以不同形态存在,根据组成结构,大致可分为矿物态锌、吸附态锌、水溶性锌和有机螯合性锌。土壤中能为作物吸收和利用的锌称有效锌,它只占全锌量的极少部分。有效锌一般指水溶性锌以及部分有机螯合态和部分吸附态锌。土壤中锌的有效性受多种环境因素的共同影响。[③] (一) 土壤有效锌含量与成土母质密切相关:如陕西省基性岩发育的土壤比酸性岩含锌量高,基性岩的玄武岩、辉长岩的全锌含量在 70—130mg/kg 之间,而酸性岩的花岗岩、流纹岩全锌量为 50—60mg/kg,石灰岩为 3—15mg/kg;又如山西省成土母质为花岗岩的淋溶褐土有效锌

---

　　① 郭兆元:《陕西土壤》,科学出版社 1992 年版,第 475—477 页。

　　② 卫春智:《太原市土壤中微量元素状况》,《土壤》1994 年第 4 期,第 216—219 页。

　　③ 孙桂芳:《土壤—植物系统中锌的研究进展》,《华南热带农业大学学报》2002 年第 8 期,第 2 页。

值高达 3.01mg/kg，而成土母质为黄土状石灰性褐土有效锌值仅 0.143mg/kg，两者相差 20 倍。（二）有机质含量影响有效锌含量：资料表明土壤有效锌 60%—80% 来自有机物的分解；同时，土壤中 60% 的可溶性锌被有机质络合和吸附，所以，土壤有效锌随土壤有机质含量增高而增多。（三）气候和水热条件影响有效锌含量：低温影响有机质分解和矿化，有机质含量下降，引起土壤缺锌；多雨可造成土壤有效锌淋失；淹水条件下，土壤处于还原状态，锌的固定性增强；旱地在适当水量和热度的配合下，可促进有机质和矿物质分解，从而提高土壤有效锌含量。[①]（四）土壤酸碱度高低水平会影响有效锌发挥效用：实验表明，植物缺锌症状，多在 pH 值大于 6.5 的土壤中出现。[②] 其影响机理为降低 pH 值会减弱土壤对锌的吸附能力，使吸附态锌的解吸量增加，从而增加有效锌的含量。在农业生产中，作物缺锌多发生在 pH 值大于 6.5 的中性和石灰性土壤中；尤其是 pH 值较高的石灰性土壤因含有较多的碳酸钙，锌易生成不溶解的沉淀化合物，同时碳酸钙有强烈的吸附和固定作用，从而大大降低了锌的有效性[③]。西北地区特别是陕西的主要农业土壤中的黄绵土、黑垆土和垆土，都发育于黄土母质，土壤中有机质含量在 3.6—10g/kg 之间，pH 值在 7.8—8.2 之间，都严重影响到有效锌发挥作用。[④]

根据文献记载和后世专家的考证，证明在先秦及汉魏时期，今陕西、山西的黄土高原上有着大量森林的分布：如《后汉书·杨震传》记载董卓言秦汉以来"关中肥饶，故秦得并吞六国；且陇右材木自出，致之甚易……"；史念海先生认为战国时期生活在山西高原北部的"林胡"，应解释为"林中的胡人"，其生活环境中应分布着森林；而与之同时代的、活动在今山西西北各处的"楼烦"，其附近的吕梁山现今仍有森林分布；[⑤]

---

① 郭兆元：《陕西土壤》，科学出版社 1992 年版，第 479—481 页。

② 刘铮等：《土壤的微量元素——微量元素土壤化学》，见中国科学院微量元素学术交流会汇刊，科技出版社 1980 年版，第 23—55 页。

③ 孙桂芳：《土壤—植物系统中锌的研究进展》，《华南热带农业大学学报》2002 年第 8 期，第 2 页。

④ 李文祥：《几种黄土母质土壤磷吸附特性及缓冲性能的初步研究》，《土壤肥料》2002 年第 1 期。

⑤ 史念海：《两千三百年来鄂尔多斯高原和河套平原农林牧地区的分布及其变迁》，《北京师范大学学报》1980 年第 6 期，第 1—14 页。

又如邹逸麟先生证明黄土高原上陇东及吕梁山等地存在森林资源，虽然在魏晋南北朝营建长安、洛阳及邺都时多取材于此，但到北宋一代，陇东地区仍如南宋·僧玉莹《玉壶野史》所记"产巨林，森郁绵亘，不知其极"①。这一地区在东汉末年以来，农田废弃，随之而来的是畜牧业经济占据相对优势。据《魏书·道武帝纪》记载：代国时期鄂尔多斯高原及黄土高原北部是畜牧业发达地区，曾出现"自河以南，诸部悉平。簿其珍宝畜产，名马30余万匹，牛羊400余万头"的盛况。而畜牧业的发展，在某种程度上反映出自秦汉时期在上述地区大行垦荒和东汉以来北半球气候转凉转干所带来的后果。所以，与之相关的是汉魏时期今陕西、山西的黄土高原地区，由于先秦时期以前气候适宜、农业活动较少，有着大量森林植被的分布；秦汉以后，大批农业人口进入阴山以南的河套平原、鄂尔多斯高原和黄土高原，大规模、持续性的农业开发破坏了鄂尔多斯和黄土高原以森林草原为景观的脆弱的生态环境，加之北半球气候转干转凉的大环境，以致黄土高原局部环境发生改变，气温与降水下降，森林减少，水土流失现象加重；东汉至魏晋南北朝时期，黄土高原因大批游牧民族的迁入而使得畜牧业经济的成分有所恢复，因大量农业开发所造成的环境破坏应得到遏制，但由于北半球气候转向干冷在四世纪时达到极限，所以，黄土高原的环境应与秦汉时期差别不大。即便如此，汉魏时期黄土草原的植被环境较今仍要优越一些：有机质含量较高，pH值较低，有效锌、锰值也比今天要高。

综上所述，汉魏时期鲜卑主要活动区域的土壤微量元素水平，因所处经纬度的不同、气温与降水的不同、成土母质和植被类型的不同、海拔高低和离海远近的不同、河湖密度和地下水深浅的不同、人口密度和生产方式的不同等众多因素的影响而具有强烈的地域性差异。由于鲜卑族活动的主要区域大多集中在欧亚大陆纬度较高、离海较远、成土母质多第四纪风成黄土、生态环境相对脆弱、气温和降水条件相对于同纬度的沿海地区较低、河湖密度低的区域，以致汉魏时期上述区域的土壤微量元素有效锌、锰值水平比今天要高，但其绝大部分地区的土壤仍处于有效锌缺乏状态。

---

① 邹逸麟：《中国历史地理概述》，上海教育出版社2005年版，第26页。

（三）地理环境下土壤微量元素与鲜卑的人口性比例失调问题

如上所述，虽然地理环境下土壤微量元素与人体微量元素分属两个不同的概念范畴，但由于土壤与人类之间的密切关系，决定了土壤微量元素水平必定要影响到生长、生活于此的人类本身和其周围赖以生存的动植物体内的微量元素水平。同时，如前所述，我们已大致了解了先秦时期鲜卑的祖先以及汉魏时期鲜卑族本身主要活动区域大都处在高纬度、远离大海的内陆非季风区，在气温低、干旱、少雨、多风、高蒸发量的气候条件下和植被稀少、成土母质多为风积物、河湖密度低、盐碱度高的土壤环境下，土壤微量元素有效锌、锰的水平绝大多数都处在缺乏或极缺的临界值下。加之这些区域的土壤中大都是微量元素有效铜含量丰富，而有效铜丰富会拮抗有效锌的吸收，所以，必然会影响到动植物和人类自身体内微量元素有效锌、锰的水平。而从当代所发现的先秦及汉魏时期大量墓葬中人骨材料反映的情况看，汉魏时期鲜卑族应存在人体微量元素有效锌严重缺乏的问题，而正是由于这一问题的存在，使得鲜卑族育龄妇女大量死亡，以致在育龄人口中造成严重的女少男多的性比例失调问题。而为了说明汉魏时期鲜卑族出现的因大量育龄妇女死亡所造成的男多女少的性比例失调问题，本文拟从先秦及汉魏时期鲜卑墓葬反映的性比例问题、微量元素与鲜卑人口性比例失调的关系两个方面来具体阐述。

其一，先秦及汉魏时期鲜卑墓葬所反映的性比例问题。

与国内匈奴墓葬凋零现象相对照的是鲜卑墓葬的大量发现。从时间先后的次序上看，目前国内既有鲜卑先祖墓葬的发现，又有拓跋鲜卑南迁"匈奴故地"过程中所留下来的种种遗迹的大量发现。

首先，可以确定与鲜卑先祖有密切关系的墓葬遗存很多，而具代表性的有：1. 内蒙古昭乌达盟敖汉旗大甸子——夏家店下层文化遗址与墓地：1974年至1983年，考古工作者在内蒙古昭乌达盟敖汉旗发掘了大甸子遗址的804座墓葬。其中经观察鉴定过的墓葬有652座：当中的643座为单人葬，有9座系多人葬。另外，在大甸子遗址中至少发现了3例女性青壮年与临产或初生婴儿同穴埋葬的墓葬，墓主人明显系难产而死；同时，分析有婴幼儿随葬的女性死者的年龄，发现因难产而死亡女性的年龄最小者为20岁，最大的年龄为40至45岁，尤其以25至35岁这一年龄阶段的女性最多①。以现代妇女绝经期为45岁左右的标准计，当时死亡女性多在育龄期范围内；加之3例合葬中有临产儿和初生婴儿，从而说明女性墓主人的死亡应与难产或产后染疾有密切的关系。从下表（表1）人骨性别统计的情况看，大甸子遗址男女性比例为100∶96，虽符合正常水平，但从具体死亡年龄看，15—23岁育龄女性的死亡率远远高于同年龄段的男性，从而说明造成当时该年龄段女性死亡的原因很可能与生育行为有关。②

表1　　　　　　　大甸子—夏家店文化遗址人骨性别统计表

年龄	男	女	不详者	合计
未成年（0—14岁）	52	39	72	163
青年（15—23岁）	59	67	2	128
青年（24—35岁）	74	65		139
壮年（36—55岁）	85	74	4	163
老年（56岁以上）	21	35		56
成年（15岁以上）	6	6		12
合计	297	286	78	661

注：采自中国社会科学院考古所编《大甸子》附录一中表一的内容。

　　关于鲜卑大迁徙问题，近年亦有不少鲜卑墓葬提供了许多珍贵的不见于正史记载的材料，如额尔古纳右旗拉布达林鲜卑墓群等。

　　2. 额尔古纳右旗拉布达林鲜卑墓群：1992年内蒙古呼盟文物站发掘了额尔古纳右旗拉布达林鲜卑墓24座，其中单人葬15座，双人葬1座，小孩墓6座，母子或父子合葬墓2座。根据墓葬形制、出土器物等特征，有关专家认为："拉布达林墓群无论从埋葬制度和出土遗物的文化面貌上，都与札赉诺尔古墓群有很大的一致性，应属于相同的文化遗存。"从殉葬动物种类以牛多羊少论，说明鲜卑"原始畜牧业中养羊的数量较少，

---

　　① 潘其风：《大甸子墓葬出土人骨的研究》（A），见中国社会科学考古所《大甸子——夏家店下层文化遗址与墓地发掘报告》（C），科学出版社1998年版，第224—229页。
　　② 中国社会科学院考古研究所：《大甸子——夏家店下层文化遗址与墓地发掘报告》，科学出版社1998年版，第339—361页。

只有更多地依赖野生动物"，故此，李逸友认为拉布达林墓地应略早于札赉诺尔墓地，而且，由此可以推断"拓跋鲜卑自大兴安岭北部迁出之后，可能首先是沿根河向西，来到根河下游，然后沿额尔古纳河继续向西南，到达呼伦河畔和呼伦贝尔草原腹地"的。同时，对墓葬人骨性别进行的鉴别材料（表2）反映出墓地中男女人骨的性比例为100：70，显示了女性人骨明显少于男性人骨，这实际意味着当时女性人口也应远少于男性人口。而且，人骨材料亦反映出当时儿童死亡率高达34.6%[①]。可见，当时鲜卑妇女和儿童人群健康状况堪忧。

表2　　　　　　　　　额尔古纳右旗拉布达林鲜卑墓群人骨性别统计表

年龄	男	女	不详者	合计
未成年	2		7	9
青年	1	1		2
成年	4	3		7
老年	3	3	2	8
合计	10	7	9	26

3. 内蒙古自治区满洲里札赉诺尔古墓群：1986年，考古工作者在1959年发现31座鲜卑墓葬的地区，再次发掘到属于东汉初期的鲜卑墓15座。这些墓葬皆为土坑竖穴墓，有葬具，保存不善，仅存残木，可供鉴定的人骨共计有12例（表3），有3例性别及年龄均不详。在13例已鉴定的人骨中，有15—40岁男性9例，有17—35岁女性3例（17—18岁1例，35岁左右2例），12—14岁未成年1例。由此看当时男女性比例高达100：23，说明当时妇女多死在能够生育的青壮年时期[②]。另从1959年内蒙古呼盟札赉诺尔墓葬群第一次发掘的31座鲜卑墓葬看，有单人墓26座，双人墓2座，小孩墓2座，母子合葬墓1座。当时对出土的人骨材料

---

① 内蒙古文物考古研究所、呼伦贝尔盟文物管理站、额尔古纳右旗文物管理所：《额尔古纳右旗拉布达林鲜卑墓群发掘简报》，李逸友、魏坚《内蒙古文物考古文集》，中国大百科全书出版社1994年版，第384—396页。

② 内蒙古文物考古所：《朴赉诺尔古墓群1986年清理发掘报告》，李逸友、魏坚《内蒙古文物考古集》，中国大百科全书出版社1994年版，第369—383页。

只进行了简单的鉴别，从鉴定的情况看，大致是成年女性 6 例，成年男性 23 例，儿童 3 例；以成年男女的性比例看是 100∶26。可见当时男多女少的性比例失调问题十分严重。[①]

表 3　　　　　　内蒙古札赉诺尔 1986 年发掘墓葬人骨性别统计表

年龄	男	女	不详者	合计
未成年（0—14 岁）	1		3	4
青年（15—35 岁）	8	3		11
壮年（36—45 岁）	1			1
老年（46 岁以上）				
合计	10	3	3	16

　　4. 内蒙古中南部察右后旗三道湾鲜卑墓葬：1983—1984 年，考古工作者在内蒙古自治区中南部的察右后旗发掘了三道湾鲜卑墓葬 50 座。三道湾墓地位于阴山山脉以北的一小支脉中，周围均为开阔的草原，而山中林木丛生，多野兽出没。据当地人介绍，新中国成立初期，此地仍灌木丛生。《汉书·匈奴传》记载 "阴山，东西千余里，草木茂盛，多禽兽，本冒顿单于依阻其中，治作弓矢，来出为寇，是其苑囿也"，这里也是汉代匈奴设立漠南王庭的处所。到东汉后期，这里还是檀石槐建立军事部落大同盟的根据地。所以，考古学界认为三道湾墓地就是属于今察右后旗境内的拓跋鲜卑墓地，而且也是拓跋鲜卑迁居 "匈奴故地" 后最早的鲜卑墓地[②]。从对下表三道湾墓葬人骨性别的统计看（表 4），50 座墓葬中人骨的男女性比例为 100∶46，男多女少现象明显。墓地反映了当时人群寿命较短，尤其是在具体的墓葬人骨统计资料中有所反映：9 例女性人骨中竟有 7 例死于 17—25 岁间，说明当时育龄妇女的死亡现象是十分严重的[③]。

---

　　① 内蒙古文物工作队．《内蒙古札赉诺乐古墓群发掘简报》，《考古》1961 年第 12 期，第 673—680 页。

　　② 魏坚：《内蒙古地区鲜卑墓葬的发现与研究》，科学出版社 2004 年版，第 45—46 页。

　　③ 同上书，第 38—54 页。

表4　　　　　内蒙古察右后旗三道湾墓地鲜卑墓葬人骨性别统计表

年龄	男	女	不详者	合计
未成年（0—14 岁）	2		2	4
青年（15—35 岁）	6	9		15
壮年（36—45 岁）	6	2		8
老年（46 岁以上）	1	1		2
成年（15 岁以上）				
合计	15	12	2	29

注：采自魏坚主编《内蒙古地区鲜卑墓葬的发现与研究》一书中第48—54页的内容。

5. 乌兰察布盟商都县东大井村鲜卑墓葬：商都县地处阴山北麓，西接察右后旗，北与锡林郭勒盟苏尼特右旗、镶黄旗接壤。1998 年考古工作者在商都县东大井村西约 1 公里处，发掘、清理了属于鲜卑迁居匈奴故地后的 18 墓葬，其中有 12 座墓葬盗扰严重，有 7 座墓葬保存完好。经人骨鉴定的墓葬有 16 座（表5），其中男性墓 2 座，女性墓 6 座，双人合葬墓 4 座，儿童墓 1 座，性别不详者墓 3 座。出土遗物中有大量的铁制兵器，在全部 18 座墓葬中，有 11 座出土有刀、剑、镞、弓弭等兵器以及护身用的铁甲胄等。在只有女性的 7 座墓葬中，也有 5 座墓中出土有兵器，从而反映出该墓地的出土物具有浓厚的武备特征。从下表人骨资料所反映的男女性比例为 50∶100 的情况看，虽然是女多男少的问题，但仍可看出育龄期妇女的死亡的绝对值超过男性[1]。

表5　　　　　　内蒙古商都县东大井墓地人骨性别统计表

年龄	男	女	不详者	合计
未成年（0—14 岁）			1	1
青年（15—35 岁）	5	7		12
壮年（36—45 岁）				
老年（46 岁以上）	1			1
成年（15 岁以上）	1	6	1	8
合计	7	13	2	22

注：采自魏坚《内蒙古地区鲜卑墓葬的发现与研究》一书中第101—102页的内容。

---

[1]　魏坚：《内蒙古地区鲜卑墓葬的发现与研究》，科学出版社 2004 年版，第55—102 页。

　　6. 内蒙古乌兰察布盟察右中旗七郎山鲜卑墓葬：七郎山墓地位于阴山之北的内蒙古乌兰察布盟察右中旗，1995 年内蒙古文保部门在此发掘拓跋鲜卑墓葬 20 座。距七郎山墓地北约 22.5 公里处有断断续续、呈东西走向的北魏长城；墓地东去 40 公里的察右后旗克里孟村附近，有一座十六国至北朝时期的城址——克里孟城。有鉴于此，考古学界认为七郎山墓地应属于代至北魏时期以盛乐、平城为中心的北方地区拓跋鲜卑时期的墓葬，即其时代约相当于公元四世纪末至五世纪初①。从下表墓葬人骨性别统计的资料看（表 6），男女人骨材料反映的男女性比例是 100∶200，说明当时女性人口应多于男性人口。结合北魏建国的历史看，从公元 312 年代国建立到公元 386 年北魏正式建立，其间正是拓跋鲜卑在军事上极度扩张时期。所以，这一时期的墓葬中人骨材料可能反映当地女性多于男性，但实际上鲜卑人口中的男女性比例并非像墓葬中所反映的女多男少的性比例失调一样。同时，从墓葬中男女两性主要死亡的年龄看，可以确定当时有明确骨龄的女性中，无一例活到 36 岁以上者，从而说明：虽然商都县东大井鲜卑墓地男女人骨材料反映当时墓地中有女多男少的性比例失调问题，但仍然改变不了当时妇女多死亡于青壮年时期的事实。

表 6　　　　内蒙古察右中旗七郎山拓跋鲜卑墓葬人骨性别统计表

年龄	男	女	不详者	合计
未成年（0—14 岁）			1	1
青年（15—35 岁）	3	5		8
壮年（36—45 岁）		1		1
老年（46 岁以上）	1	1		2
成年（15 岁以上）	1	3	6	10
合计	5	10	7	22

　　注：采自魏坚《内蒙古地区鲜卑墓葬的发现与研究》一书中第 178—183 页的内容。

　　综上所述，无论是在先秦时期，还是在汉魏时期，也无论是鲜卑的先祖，还是鲜卑族自身，几乎所有的墓葬人骨材料都反映出各个时期的鲜卑

---

　　① 魏坚：《内蒙古地区鲜卑墓葬的发现与研究》，科学出版社 2004 年版，第 123—177 页。

族存在着十分严重的育龄妇女的大量死亡现象。而这一现象的存在，无疑造成了鲜卑育龄人口中的十分严重的男多女少的性比例失调问题。

其二，微量元素与鲜卑人口性比例失调的关系。

关于微量元素与汉魏时期鲜卑人口性比例失调的关系问题，从当代医学高度发展以及医学仍然不能很好地解决孕妇妊娠时期高死亡率的事实出发，就不难看出汉魏时期健康的育龄妇女确实是鲜卑民族的宝贵财富。

以国内外医学研究的大量成果看，人体锌在妇女妊娠中的确有着巨大的作用，具体表现以下几个方面：

1. 孕妇缺锌，易造成胎儿畸形、弱智或成长缓慢，从而增加孕妇流产等妊高征的几率。科学证明人类从最初的精子与卵子结合起，就开始与锌有关系了。受精卵之所以能够一天天长大，有赖于细胞的不断增殖，而细胞有效分裂的先决条件是遗传物质 DNA 能够得到复制。但是，DNA 的复制需要 DNA 聚合酶，RNA 的转录也需要 RNA 聚合酶，而这两种酶以及细胞内 80 多种重要的酶都是含锌酶，所以整个胚胎及胎儿发育过程中都需要锌的存在，才能保证这些含锌酶的馏化活性。如果妊娠母亲缺少锌，这些酶的活性就会下降，从而使胚胎和胎儿的发育过程受到严重的损害，所以，锌对胚胎和胎儿的发育起到关键性的作用，影响极为深远。事实上，锌是生命从受精卵演变到一个成人的重要因素。足月分娩的正常婴儿共含锌 60mg 左右，约为成人含锌总量的 1/4 至 1/2，这与胚胎及胎儿细胞分裂及分化迅速有密切关系①。动物实验和人体观察均发现妊娠期缺锌可导致下一代先天畸形。动物实验发现，孕期第 6 天至 14 天缺锌的母鼠中，约有 50% 的仔鼠出现畸形，若整个孕期缺锌，则所有胎鼠或被吸收或出现畸形。畸形可发生在各个器官，如唇裂、脑裂、无脑、露脑、脑积水、脊柱裂、并趾以及缺肺叶等。其中神经系统的畸形最引人注意②。同样，对人类的缺锌研究结果表明，孕期锌缺乏与新生儿先天畸形有关。流行病学研究资料发现，在一些锌缺乏较严重的地区如埃及、伊朗等国，新生儿先天脊柱裂和无脑畸形发生率高，而生产畸形儿的孕妇其血锌水平较正常孕妇低。据同行学者观察 234 名孕妇，其中生产畸形儿的 8 名孕妇中

---

① 付立杰等：《畸胎学》，上海科技教育出版社 1995 年版，第 267—268 页。

② ［日］松田一郎：《生殖发育与锌》，《日本医学介绍》1991 年第 12 期，第 165 页。

有 5 名血锌水平低。同时观察到血锌低的孕妇常伴有产程异常、新生儿出生体重低、早产或过期妊娠等并发症[①]。与国内外相关医学调查相对照，作为原鲜卑主要活动区域的今内蒙古自治区的政府在 1984 年至 1990 年期间，以 30 万人次为对象，也进行了人类群体优生学和遗传学的详细调查。按国际上通行的标准，新生儿中患有各种遗传病者约占当地总人口的 3% 到 10.5% 之间。据北京市区某一街道的典型调查，痴呆人数占总人口的 1.96%，上海市区占 1.26%，青海省大通县朔北公社占 12.8%；[②] 据沙人在内蒙古自治区呼和浩特市回民区 147632 人中调查，患严重遗传病和先天畸形的有 1282 人，患者占调查人数的 8.2%。其中痴呆者 318 人，占总人口的 2.4%，这个数字比北京、上海市区都明显偏高。另外，沙人调查的结果表明：在呼和浩特市土默特左旗宾州亥乡 12464 人中调查，患严重遗传病和先天畸形者为 20.78‰；痴呆者 64 人，占总人口的 5.13‰；同时，内蒙古自治区遗传病和先天畸形的情况，还可从内蒙古医学院附属医院住院病人中看出。据统计，内蒙古医学院附属医院从 1958 年 10 月至 1983 年 12 月的 25 年零 3 个月中共收住院病人 220372 人，除产科、计划生育和中医科住院病人 46295 人外，沙人对其余 174077 例病人进行了调查（根据首次住院及出院诊断者进行统计），其中男性 107529 人，女性 66548 人，共发现各种遗传性疾病和先天畸形 20341 人，其中男性 13783 人，女性 6558 人，占调查总人数的 116.90‰，发现遗传病和先天畸形 143 种[③]。沙人在 1986—1989 年调查边远地区蒙古族、达翰尔族、鄂温克族、鄂伦春族和俄罗斯族的智力低下的患病率结果中，发现以锡林郭勒盟苏尼特右旗脑干诺如苏木的蒙古族牧民最高，为当地总人口的 48.87‰，其次为临江村华俄后裔人 39.31‰，最低为达翰尔族的 3.12‰ 和鄂伦春族的 3.68‰[④]。以往的解释，多认为其是近亲结婚率高导致的，但现在以土壤微量元素有效锌缺乏所造成的影响看，似乎从土壤微量元素有效锌缺乏

---

① 安笑生、符绍莲主编：《环境优生学》，北京医科大学中国协和医科大学联合出版社 1995 年版，第 68—69 页。钟梅等：《妊娠分娩期母血清锌与异常分娩的关系》，《中国优生与遗传杂志》1994 年第 2 期，第 11—12 页。

② 沙人：《内蒙古优生学研究》，内蒙古人民出版社 1990 年版，第 7 页。

③ 同上书，第 8 页。

④ 同上书，第 21 页。

的角度进行解释更加合理。如前所述,内蒙古自治区东北部分布着棕色针叶林土和暗灰色森林土,其土壤微量元素有效锌值均超过标准值 1.0mg/kg,而达斡尔族和鄂伦春族所居住地区,正好在这两种土壤的分布区内,这与达斡尔族和鄂伦春族儿童弱智率远远低于锡林郭勒盟的蒙古族和临江村的华俄后裔不无关系。不仅如此,据沙人调查,内蒙古边远地区的少数民族中遗传病的患病率最高者是脑干诺如苏木蒙古族牧民的 82.78%,边远地区少数民族妇女患病率平均为 65%,但是,同样作为地处边远地区的鄂伦春族猎民仅为 37.50%,可见,土壤微量元素有效锌的作用之大。

2. 孕妇缺锌,易提高孕妇早产、过期妊娠等几率。1992 年 3 月至 7 月第一军医大学妇产科随机选择进行产前检查的孕妇 207 例,将其中妊娠期无服食锌制剂的,年龄为 22—32 岁,孕龄为 33—41 周单胎初产妇作为调查对象。通过血清锌的检测后发现,被调查对象明显分为高锌组与低锌组,这两组孕妇在分娩时,出现异常分娩并发症(如子宫收缩乏力、产程异常、产后出血等)的情况也有明显的差别:其中高锌组 91 例中出现异常分娩者 32 例,剖宫产者 5 例;高锌组中出现异常分娩的比例为 35.16%。低锌组 106 例中有 59 例属异常分娩者,16 例剖宫产者;异常分娩者占低锌者的 55.66%。分娩正常与否取决于三大因素,除产道和胎儿外,以子宫收缩力为主的产力是主要因素,分娩的正常进展和母婴的状况主要取决子宫肌的功能。本调查发现,妊娠后期及分娩期低血锌孕产妇易发生异常分娩,其剖宫发生率也高于对照组,说明母体血锌水平对维持正常分娩起着重要的作用。Lazebnik 等对人体的研究观察表明,锌影响整个分娩过程,低锌与第二产程延长、滞产的发生率、最后的分娩方式和产后的出血率均有密切的关系。缺锌可引起子宫肌肉反应性低下,子宫收缩失调,从而导致分娩异常。① 西安医科大学以 32 例妊娠晚期妊高征患者(平均年龄为 25—29 岁,平均孕周为 35—40 周)与 34 例妊娠晚期正常分娩的孕妇为对照,发现妊高征患者血清锌明显低于对照组,而且血清锌水平越低,妊高征越重,胎儿宫内生长迟缓的发病率也越高;而血清铜与对

---

① Lazebink N. Zinc status, pregnancy complications, and labor abnormalities. Am Jobstet Gynecol 1983;158:161.

照组无显著性差异①。

3. 孕妇缺锌，可造成孕妇和婴幼儿免疫力下降，易感染病毒，死亡率上升。在延续几千年的中国社会里，妇女分娩多由无任何医学知识的妇女接生，直到 20 世纪初仍处在相当落后的状态，"产妇常因难产、出血而死亡，……因破伤风导致的新生儿死亡率高达 50%—70%"②；"1920—1930 年间，全国共有 20 万旧式接生员分布全国，当时产妇死亡率高达 14.9‰，……婴儿死亡率为 250—300‰，其中近半数死亡，为破伤风感染。……早在 1897 年，我国已有妊高征的病例报道，当时的发病率为 1/71，死亡率为 12.1%，多数无产前检查"。新中国成立以后，妇女保健取得显著的成就，"孕产妇死亡率由建国前的 1500/10 万下降到 1996 年的 61.9/10 万，婴儿死亡率由 200‰降至 1996 年的 17.5‰"。由于我国地域辽阔，各地经济、地理条件，文化、医疗水平差异较大，"仅以 1991 年为例，经济较发达的地区如京、津、沪等地，孕产妇死亡率为 39.9/10 万，而西北却多达 169.9/10 万；城市孕产妇死亡率为 47.2/10 万，而农村为 109.3/10 万"。③与全国妇幼儿死亡水平相比，"解放前内蒙古自治区蒙古族人口平均寿命是 19.6 岁，1990 年已提高到 65.6 岁……婴儿死亡率从解放前的 430‰，降到八十年代的 37.8‰。过去妇女患各种疾病的也很多，据锡林郭勒盟原西联旗统计，孕妇流产的占 80%，而 1953 年后，随着妇幼保健事业的发展，很快就降到 2.2%"④。又以陈巴尔虎旗为例，据 1950 年该旗完工苏木的回顾性调查显示，当时新生儿成活率仅为 40.6%，新生儿破伤风死亡率高达 50% 以上，严重影响了民族人口素质的提高。新中国成立后，新式接生法代替了旧式接生法，我国新生儿成活率达到 94% 以上，牧区新生儿成活率也达到 84%，但同时据 1985—1990 年的调查结果显示：内蒙古胎位性难产，八九十年代平均发病率为 3.25%，孕产妇死亡率平均为 7.21/10 万，牧区为 32.73/10 万，新生儿的死亡率平均 28.72‰，牧区为 32.73‰。解放前，中国孕产妇的死亡率高达

---

① 高峻等：《妊高征患者血清钙、镁、铜、锌和铁含量的测定》，《西安医科大学学报》1996 年第 17 期，第 121—122 页。

② 曹泽毅：《中华妇产科学》绪论，人民卫生出版社 1999 年版，第 5 页。

③ 同上书，第 212 页。

④ 沙人：《内蒙古优生学研究》，内蒙古人民出版社 1990 年版，第 5 页。

150/10万，1985 年下降到 4.5/10 万；但 1985 年内蒙古孕产妇死亡率仍达
7.5/10 万，远远高于全国的水平。① 关于孕产妇的死亡原因，有大量医学
调查可资证明，如陕西省通过对 5 年平均孕产妇死亡率的监测发现：城市
孕产妇死亡率为 45.41/10 万，农村为 67.49/10 万。孕产妇死亡原因构成
依次为产科出血症占 52%，妊高征占 16%，内科合并症占 13% 等②。子
痫作为妊高征的严重阶段，在城市很少见，但在少数民族地区及偏远地区
其仍是引起母婴死亡的重要疾病。内蒙古翁牛特旗人民医院在 1987—
1994 年共接诊了 52 例，其中产前子痫 22 例，产时子痫 25 例，产后子痫
5 例；发病的平均年龄为 22.3 岁，最大 29 岁，最小 20 岁；初产妇 50 例，
经产妇 2 例。在发病过程中发生抽搐次数少于 3 次的有 15 例，在 3—5 次
的 14 例，超过 5 次的 23 例；孕妇脑出血的 1 例，贫血的 2 例，低蛋白症
的 6 例，酸中毒的 27 例；所有病例中剖宫产的 8 例，自然分娩的 44 例。③
而在缺乏医疗保障的古代社会，像今天这样需要剖宫产的孕妇基本上是不
能存活的。另外通过测定，孕妇缺锌还会使孕妇免疫防御机能下降、羊水
抑菌能力降低、羊膜易受感染，易造成成胎膜早破和流产等问题④。

4. 饮食单调，易致肥胖，同时造成微量元素锌的缺乏，以致妊高征发
病率提高。以蒙古族等内陆少数民族的饮食习惯看，他们肉食较多，少食
蔬菜，尤其是绿叶蔬菜和豆类，佐以奶茶，含盐度高。长期食品品种单一，
除了影响膳食结构和微量元素营养水平外，必然造成高血压、高血脂、糖
尿病的多发，从而为妊高征的发病提供了诱因。据海外学者研究：已知肥
胖与内科（糖尿病、高血压、高脂血症和心脑病患）、妇产科（月经异常、
妊娠、分娩异常等）有明确的关系。尤其是妇科病，通过 Mansan 等对
115196 名 30—55 岁女性护士群体进行的长达 16 年的追踪调查和 1992—
1996 年对华盛顿地区近 10 万初产母亲分娩资料的分析后发现：随着体重的
增加，妊娠性糖尿病和先兆子痫病发病率随之增加。肥胖妇女出现妊娠性

---

① 沙人：《内蒙古优生学研究》，内蒙古人民出版社 1990 年版，第 21 页。
② 夏翠芳等：《陕西省 1996—2000 年孕产妇死亡监测结果分析》，《陕西医学杂志》2003
年第 32 期，第 1018—1020 页。
③ 祁晓琴：《少数民族地区子痫防活 52 例分析》，《内蒙古医学杂志》1997 年第 221 期，
第 44—45 页。
④ 岑汉群、凌梅秀：《微量元素与妊娠并发症的关系》，《广东微量元素科学》2005 年第 12
期，第 43—45 页。

糖尿病的危险率是消瘦女性的 5 倍，出现先兆子痫的危险率是消瘦女性的 3 倍，随之而来的是孕妇和婴幼儿死亡率的提高[①]。妊高征的危险因素分为两种：一为孕前已有因素，如孕前已有母辈既往妊高病史、慢性高血压、糖尿病史等；一为与妊娠有关的因素，如频繁更换性伴侣、吸烟史及与妊娠有关的多胎、染色体异常、葡萄胎等。如妊高征具有家族倾向：Chesley 等发现患妊高征的母亲，其女妊高征的发生率为 26%，儿媳为 8%；Clincotta 等也研究发现，有妊高征家族史的孕妇，妊娠过程中妊高征发生率增加 3 倍，先兆子痫发生率增加 4 倍。Sibai 将初产妇妊高征发生的危险因素依次列为：收缩压、肥胖、流产次数及吸烟。血压越高或越肥胖，妊高征发生率就越高[②]。1991 年 1—6 月包头市第七医院对不同地区蒙汉族孕妇发锌含量以及新生儿身高、体重、胎龄间的关系进行了调查，并与正常非孕妇进行了对比，发现：蒙汉族城镇及乡村正常孕妇的平均发锌值差异无显著意义；在低于 120ppm 低锌组段中，蒙古族孕妇低锌率占 3.1%；在高于 220ppm 的高锌组段中，蒙古族孕妇占 4.5%。对 37 例已做发锌值测定的孕妇分娩新生儿的身高、体重、胎龄进行测定，发现低锌组正常分娩的占 37.8%，早产儿占 13.5%，足月小样儿占 48.7%；其中有 1 例低体重畸多肢无脑儿，占 2.7%，其母发锌值为 103.27ppm。正常发锌组 253 例，正常足月儿 246 例，占 97.2%；早产儿 4 例，占 1.6%；足月小样儿 3 例，占 1.2%；高锌组 8 例，正常足月新生儿 8 例。报告显示：蒙古族虽以高蛋白动物肉食为多，但发锌值超过 220ppm 的仅 4.5%。[③] 而医学研究的成果显示，肥胖、糖尿病、高血压、高血脂、染色体异常等，均与人体血锌值低于正常人有直接关系[④]。与原匈奴、鲜卑主要活动区域相关的今陕西、甘肃、青海也有不少证据可资辅助说明：新中国建立前，孕产妇死亡的四大原因为产褥感染、产后出血、妊高征和妊娠合并心脏病。

---

　　① ［日］桥本佳明：《肥胖度与死亡率的关系》，《国外医学内科学分册》1996 年第 24 期，第 505—506 页。

　　② 李春芳：《妊高征危险因素的研究进展》，《国外医学妇幼保健分册》2000 年第 11 期，第 147—149 页。

　　③ 包美荣、崔桂勤：《饮食发锌与胎儿发育》，《包头医学》1994 年第 18 期，第 15—16 页。

　　④ 徐国平：《妊娠与锌营养》，《国外医学卫生学分册》1988 年第 1 期；王巍：《生命科学中的微量元素》，中国计量出版社 1996 年版；朱莲珍译校：《人和动物的微量元素营养》，青岛出版社 1994 年版；刘勤、张新、曹志洪：《土壤植物营养与农产品品质及人畜健康关系》，《微量元素与健康研究》2001 年第 18 期。

1961—1993 年，在兰州军区后勤部医院分娩的孕产妇有 32673 人，其中死亡 11 人，死亡率 3.37/万人。① 1990—1992 年调查陕西周至及青海乐都两县孕产妇死亡病例为 74 例，死亡孕产妇年龄在 15—39 岁之间，平均为 25 岁，无民族、家庭差异；死亡时间多在妊娠后期及产褥期：其中妊娠晚期死亡率为 19%，分娩期为 33%，产褥期为 44%；74 例死亡孕产妇胎次构成为：初产妇死亡率为 26%，二胎产妇死亡率为 32%，三胎产妇死亡率为 41%。② 1988 年对银川孕产妇妊高征进行调查发现：回族妊高征的发病率是 6.9%，而汉族是 3.9%。相关分析认为：高龄、初产、肥胖以及合并原发性高血压、贫血等妊高征发病率高于对照组，以致于孕产妇死亡率、难产率及剖宫产率、产后出血率增高；同时造成围产期胎儿死亡率、宫内生长迟缓率、胎儿宫内窘迫率及低体重出生儿发生率增高。③ 而据前所引，宫缩乏力的主因是血锌值过低，所以，孕妇补锌可以明显改善诸如早产、自然流产、难产、过期妊娠等不良妊娠结局，同时还可以提高新生儿的发育指标。④

　　总而言之，通过对地理环境下土壤微量元素有效锌含量变化规律与大量的鲜卑考古资料的综合考察来看，鲜卑因其所居住地区地处高纬度、干旱、干燥的内陆寒冷地带，土壤微量元素有效锌含量低，造成了鲜卑族育龄妇女在妊娠过程中的大量死亡，以致产生了鲜卑族中育龄男女中的男多女少的人口性比例失调问题；而为了保证鲜卑自身的种的繁衍，不仅鲜卑族自身有着特殊的"收继婚"俗来保证确有生育能力的妇女能够去继续生育后代；而且在鲜卑西迁"匈奴故地"以及入主中原的过程中，其也逐步地完成了与匈奴旧部和北方汉族的融合。

三　人口性比例问题与北魏时期拓跋鲜卑与汉族大融合的关系

　　如前所述，由于鲜卑在北魏时期之前和北魏政权建立之后，都存在着

① 赵汝珠：《我院 33 年孕产妇死亡原因分析》，《兰后卫生》1995 年第 16 期，第 191—192 页。
② 郑全庆等：《西北地区孕产妇死亡的危监因素及死因分析》，《中国初级卫生保健》1994 年第 8 期，第 21—24 页。
③ 马振侠、柏学民：《银川市 2015 例孕产妇妊高征调查分析》，《宁夏医学杂志》1996 年第 18 期，第 10—13 页。
④ 黄建辉：《补锌与妊娠结局及新生儿发育指标的关系》，《职业与健康》2001 年第 17 期，第 108—109 页。

成年男女中女少男多的性比例失调问题，促使鲜卑为了解决种的繁衍问题，而自觉的完成了从单一民族向与匈奴融合后形成"拓跋鲜卑"的转化和北魏政权建立后与北方汉族的融合过程。同时，从这一过程完成的成效看，鲜卑人口性比例问题无疑为这种民族大融合提供了良好的契机。

（一）北魏时期拓跋鲜卑与汉族大融合的阶段性特征

关于北魏时期拓跋鲜卑与汉族的融合问题，史学界传统的观点认为有三大途径或过程：其一是孝文帝迁都洛阳以后，鲜卑贵族与汉族门阀士族间的政治婚姻；其二是在鲜卑族由草原游牧经济向农业经济转变的过程中，由于胡汉杂居而促进的交流与融合；其三是在北魏末期的农民起义中，鲜卑族、汉族及其他北方少数民族被压迫人民，共同反抗北魏统治者的压迫，从而在斗争中增进了友谊、了解和融合。近年来，随着史学研究的不断深入，又涌现出许多新观点，如牟发松先生认为北魏的民族融合，"可以说主要体现为北方少数民族逐步接受汉族文化的过程"①。又如钱国旗先生把鲜卑族与汉族的融合划分为两个阶段，并认为北魏鲜卑与汉族的融合主要体现在共同心理素质的形成上②。王万盈《拓跋鲜卑在汉化过程中的文化转变》认为：鲜卑在南迁过程中逐步接受汉文化，在宗教信仰、婚俗、生活习惯、政治礼仪等方面与汉族日益趋同；同时，鲜卑文化在汉化过程中的二元化特征，直接影响了北魏早期国家的政治结构，使其呈现出部落联盟大酋长制与封建皇权制并存的二元架构③。管彦波《中国古代史上的民族融合问题》认为历史上的民族融合有两种方式，一种是通过政治上的强制手段来实现的，又称同化；一种是自然而然实现的，又称融合④。何德章《鲜卑代国的成长与拓跋鲜卑初期汉化》认为：最早对拓跋鲜卑贵族产生汉化影响的是幽、并士人，他们的活动不仅影响了鲜卑政权的成长过程，而且也促进了鲜卑人的汉化⑤。王万盈《论拓跋鲜卑民族的

---

① 牟发松：《南北朝交聘中所见南北文化关系略论》，见武汉大学3—9世纪研究所《魏晋南北朝隋唐史资料》，武汉大学出版社1996年版，第6页。

② 钱国旗：《论南迁拓跋鲜卑与汉族融合过程中共同心理素质的形成》，《南京大学学报》1991年第2期。

③ 王万盈：《拓跋鲜卑在汉化过程中的文化转变》，《西北师范大学学报》1997年第5期。

④ 管彦波：《中国古代史上的民族融合问题》，《历史教学》2001年第2期。

⑤ 何德章：《鲜卑代国的成长与拓跋鲜卑初期汉化》，《武汉大学学报》2001年第1期。

融合》认为:"文化上的转变是完成民族融合的重要一步,这种转变促使了拓跋鲜卑民族成员社会心理与社会行为的变化;是汉文化进一步'内化'的结果,使鲜卑人原初的民族意识逐渐消失,新的民族意识日益形成",而当入主中原的拓跋鲜卑形成了与汉族相同的民族意识后,二者的融合即告完成①。这些论断和探索,无疑是正确的和富有建设性意义的。但同时,我认为以上论断似乎都忽视了一个重要的方面,那就是忽视了民族的发展和民族的融合都会受到地理环境与人类自身再生产规律的制约。而这种制约主要体现在两性必须有一个相对均衡的比例上。换句话讲:在生产力水平极为低下的古代社会里,一个要发展、要前进的民族,其先决条件是必须保证正常的种的繁衍。如果该民族内部缺乏这种机制,就需要这个民族勇敢地面对现实,去积极地寻找完成种的繁衍的必备条件,即去促进男女两性均衡的结合。而在这个方面,鲜卑在逐步西迁"匈奴故地"和由"匈奴故地"逐步入主中原的两大过程中就十分成功地实现了与匈奴和北方汉族的融合。

　　关于存在人口性比例问题的鲜卑族与其他民族的大融合问题,有着两个不可忽视的重要方面。

　　首先,我们必须注意到北匈奴灭亡后,在鲜卑迁入"匈奴故地"的过程中,与北匈奴所遗"余种十余万落"之间的融合问题。事实上,正史系统关于此事有着不同的记载。如范晔《后汉书·鲜卑传》记载:"和帝永元中,大将军窦宪遣右校尉耿夔击破匈奴,北单于逃走,鲜卑因此转徙据其地。匈奴余种留者尚有十余万落,皆自号鲜卑,鲜卑由此渐盛。"陈寿《三国志·魏书·鲜卑传下》裴注引王沈《魏书》却记载:"匈奴及北单于遁逃后,余种十余万落,诣辽东杂处,皆自号鲜卑兵。"而《资治通鉴》卷四十八东汉和帝永元五年条下记载:"耿夔之破北匈奴也,鲜卑因此转徙据其地。匈奴余种留者尚有十余万落,皆自号鲜卑;鲜卑由此渐盛",实为沿袭范晔《后汉书》之说。范晔、裴松之均为刘宋时期人,应该说当时对此事各有所本,故此二人才会有不同的表述内容。我们暂且不论以上两书记载孰对孰错的问题,单以鲜卑迁往"匈奴故地"后,融合了匈奴余部而力量大增一事来看,确实是促进了鲜卑走上中国历史大舞台

---

　　①　王万盈:《论拓跋鲜卑民族的融合》,《西北师大学报》2001 年第 11 期。

的进程。同时，由《后汉书》与王沈《魏书》分别记载的抵牾之处，也让我们看到当时匈奴、鲜卑的迁徙和融合是处在互动状态中的。即既有匈奴投奔东部鲜卑的问题，又有北部鲜卑迁往"匈奴故地"、与匈奴旧部融合的问题。与之相关的就是，我们对于南北朝时期南朝正史系统中所记载的有关北朝诸民族史实不能轻易持否定态度。如沈约《宋书·索虏传》有云："索头虏姓托跋氏，其先汉将李陵后也。陵降匈奴，有数百千种，各立名号，索头亦其一也。晋初，索头种有部落数万家在云中。"又萧子显《南齐书·魏虏传》记载："魏虏，匈奴种也，姓托跋氏。晋永嘉六年，并州刺史刘琨为屠各胡刘聪所攻，索头猗卢遣子曰利孙将兵救琨于太原，猗卢入居代郡，亦谓鲜卑。被发左衽，故呼为索头。猗卢孙什翼犍，字郁律旃，后还阴山为单于，领匈奴诸部。太元元年，苻坚遣伪并州刺史苻洛伐犍，破龙庭，禽犍还长安，为立宅，教犍书学。分其部党居云中等四郡，诸部主帅岁终入朝，并得见犍，差税诸部以给之。……初，匈奴女名托跋，妻李陵，胡俗以母名为姓，故虏为李陵之后，虏甚讳之，有言其是陵后者，辄见杀，至是乃改姓焉。"而《宋书》、《南齐书》所记"托跋"鲜卑的说法，对于我们理解"拓跋鲜卑"的由来大有裨益。以《宋书》、《南齐书》所记，均以"拓跋"为"托跋"，那么，"托跋"应是鲜卑语或匈奴语的发音。而此说远比魏收《魏书·序纪》之说"北俗谓土为托，谓后为跋，故以为氏"合理。因为"匈奴女名托跋"和"胡俗以母名为姓"之说，自然而然让后人联想到《史记·匈奴传》中冒顿爱阏氏，听其言而放刘邦出平城之旧事，此"阏氏"如《史记索隐》所云："匈奴名妻作阏氏"，可见匈奴妻及女子在匈奴族中地位之重。同时，由前文所述，亦可看出匈奴妇女地位重要的原因。由此看马长寿先生所论"拓跋鲜卑"乃是"匈奴母鲜卑父"之高论[1]，确实是真知灼见！

其次，拓跋鲜卑在入主中原的过程中，积极主动地与汉族百姓交往、融合，不仅建立起融拓跋鲜卑和汉族地主为主体的北魏政权，而且开始了逐步把拓跋鲜卑族自身完全融入中原汉族的历程。

从拓跋鲜卑与汉族融合的过程看，实际上可在北魏孝文帝汉化改革之前就可以大致分为四个阶段：（一）早在东汉末年，拓跋鲜卑族与汉族便

---

① 马长寿：《乌桓与鲜卑》，上海人民出版社 1962 年版，第 1—115 页。

有了"汉人遁逃，为之谋主"的交往阶段，但是，真正地与汉族友善交往应开始于拓跋力微统治时期。魏黄初元年（220），曹丕正式代汉。正是此时，拓跋诘汾之子力微也继位做了首领，他总结前人得失，制定了通好南夏的邦交政策。据《魏书·序纪》记载：力微"告诸部大人曰：'我历观前世匈奴、蹋顿之徒，苟贪财利，抄掠边民，虽有所得，而其殆伤不足相补，更招寇仇，百姓涂炭，非长计也'"。在力微的既定方针指导下，不仅中原先进的技术和文化得以源源不断地输往拓跋鲜卑族，而且拓跋鲜卑的部落结合体也不断膨胀，形成了以"帝室十姓"、"内入诸姓"、"四方诸姓"为中心的部落联盟圈，为以后拓跋魏的建立奠定了初步的基础。

（二）拓跋鲜卑与汉族友善交往的第二时期是西晋末年。此时正是力微的孙子猗卢统率拓跋各部的时期。西晋并州刺史刘琨借用拓跋鲜卑的力量与刘渊、石勒对抗，猗卢因此被西晋王朝封为代公，后进为代王，并割马邑、楼烦等五县之地给猗卢，从而使拓跋鲜卑扩张到并州北部地区。同时，由于中原内乱外扰不断，致使大批晋人避祸并效力于拓跋鲜卑，卫操、卫雄、姬澹、莫含便是其代表。他们为猗卢出谋划策，使拓跋鲜卑在国家政权的确立、法律的制定和官吏的设置等方面获得了经验，从而为郁律次子什翼犍正式确立国家规模奠定了较为坚实的基础。（三）拓跋鲜卑与汉族友善交往的第三时期是什翼犍即代王位，拓跋代国从混乱中摆脱出来、走上复兴道路的时期。什翼犍的母亲是身份低下的汉族女姓，对什翼犍的兴复大业起过决定性作用①。同时，什翼犍曾在后赵多年接受汉文化的影响，所以，他继位以后，便立即组建新的国家机构。据《魏书·官氏志》载："昭成之即王位，已命燕凤为右长使，许谦为郎中令矣。余官杂号，多同于晋朝。建国二年，初置左右近侍之职，无常员，或至百数，侍直禁中，传宣诏命；皆取诸部大人及家族良家子弟仪貌端严，机辨才干者应选……。"总之，从上面的记载看什翼犍作为《魏书》中记载的第一个拓跋父、汉族母拓跋鲜卑族首领，他所建立的权力机构完全是融拓跋鲜卑贵族与汉族地主知识分子的政权形式，同时，结合北魏文成帝诏令中"然中代以来，贵族之门多不率法"，常有"令贵贱不分"、"与百工、伎

---

① 《魏书·官氏志》载："平文皇后王氏，广宁人也。年十三，因事入宫，得幸于平文，生昭帝。"广宁，今河北涿鹿。

巧卑姓为婚"的记载看，我们就不难判断：作为猗卢建代国首任代王、什翼犍复兴代国、再到拓跋珪即代王位的代国兴亡三大时期看，什翼犍时期是一个重要的转折点，因为这一时期已有"皇族、师傅、王公侯伯及士民之家"与"百工、伎巧、卑姓"结婚现象存在了。所以，什翼犍时期，又是拓跋鲜卑与汉族开始血缘交融的时期。（四）我们尤其要注意代国建立后，特别是拓跋魏建立后直至孝文帝迁都洛阳之前的一百多年时间，这应是鲜卑与汉族之间血缘交融的最重要、最关键的时期。在这一个多世纪的时期里，拓跋鲜卑从上到下，勇敢而广泛地同北方的汉族百姓结为婚姻，不仅解决了拓跋鲜卑正常的种的繁衍，而且也使得拓跋鲜卑在与汉族百姓融合的过程中提高了自身的汉化程度，提高了北魏社会的文明程度。事实上，公元4世纪末拓跋魏建立时，中国的北方正处在十六国割据的动荡中，北魏不过是一支力量较小的国家。但从道武帝拓跋珪在政治上广泛吸收汉族地主知识分子参政和在经济上"离散诸部、分土定居"[1]，走上封建化道路之后，北魏政权各种国家机器和国力获得了突飞猛进的发展。然而，进入北魏中期以后，作为北魏统治基础的等级婚姻制，仍没有顺利实施的迹象。其具体的根据就是《魏书·高宗纪》和《魏书·高祖纪》中三条与婚姻制度有关的诏令：《魏书·高宗纪》载文成帝和平三年（463）诏："夫婚姻者，人道之始。是以夫妇之义，三纲之首，礼之重者，莫过于斯，尊卑高下，宜令区别。然中代以来，贵族之门多不率法，或贪利财贿，或因缘私好，在于苟合，无所选择，令贵贱不分，巨细同贯，尘秽清化，亏损人伦，将何以宣示典谟，垂之来裔。今制皇族、师傅、王公侯伯及士民之家，不得与百工、伎巧、卑族为婚，犯者加罪。"另据《魏书·高祖纪上》载孝文帝太和二年（476）夏五月诏："皇族、贵戚及士民之家，不惟氏族，下与非类婚偶。先帝亲发明诏，为之科禁，而百姓习常，仍不肃改。朕今宪章旧典，只案先制，著之律令，永为定准。犯者双违制论。"再据《魏书·高祖纪》载太和十七年（493）孝文帝"又诏厮养之户不得与士民婚"。从上述引文中成帝拓跋濬、孝文帝拓跋宏的三条诏令看，与北魏政权贵族化相对应的是"皇族、师傅、王公侯伯及士民之家"、"与非类婚偶"现象大量存在，而且是达到了屡禁不

---

[1]　魏收：《魏书·外戚传·贺纳传》，中华书局1974年版。

止的程度。我认为：北魏政权中的"皇族、师傅、王公侯伯及士民之家"，应是鲜卑族血统的、具有自由身份和高贵地位的统治阶层；至于"百工、伎巧、卑姓"，实际上应是魏晋南北朝以来，多为汉族血统的城市手工业者、乐户、鼓吹户、商人等身份卑微之人。而北魏社会中"皇族、师傅、王公侯伯及士民之家"之所以屡禁不止地要与"百工、伎巧、卑姓之人"为婚，其原因就在于北魏鲜卑族中存在严重的男多女少的性比例失调问题①。十年之前，我是这样认为的。现在，通过对鲜卑所处地理环境下土壤微量元素变化的考察、对土壤微量元素作用的重新认识和对鲜卑墓葬中人骨材料的统计，我更加坚持拙文的观点。

关于这一点，我们还可从北魏中期迁都洛阳之前皇后出身的卑贱化、北魏多次放免宫女"以配鳏民"、北魏前期掠夺他族妻女班赉将士以及前已述及的鲜卑墓葬人骨材料所反映的内容等史实来补说明之：（一）关于北魏中期以前皇后出身的卑贱化问题，《魏书·皇后列传》记载得很详尽。如道武帝的皇后慕容氏、太武帝的皇后赫国连氏等均是以战俘的身份而入主北魏皇帝后宫的；又如太武帝拓跋焘的皇太后窦氏，文成帝拓跋浚的皇太后常氏、文明皇后冯氏、元皇后李氏，孝文帝拓跋焘的贞皇后林氏、幽皇后冯氏、昭皇后高氏等，不是出身微贱，就是作为社会罪犯的家属被籍没入宫而后成为皇后的。据统计，从北魏之初到孝文帝统治的一百多年里，共有皇后、皇太后16人，出身微贱的皇后就有9人之多，所占比率高达50%以上；而且，从这一时期皇后、皇太后的姓氏角度看，窦、常、冯、李、林、高等姓也多的是北方地区汉族居民经常使用的姓氏。（二）关于北魏政权多次放宫女问题，《魏书》诸帝纪有详细的记载：如《魏书·太宗纪》载拓跋嗣永兴三年（411）二月戊戌诏："其简宫人非所当御及执作伎巧，自余悉出以配鳏民。"《魏书·世祖纪》载拓跋焘太延元年（435）春正月癸未，"出太祖、太宗宫人，令得嫁"。《魏书·高祖纪》载孝文帝的跋宏太和三年（479）"二月辛巳……幸代郡温泉，问民疾苦，鳏贫者以宫女妻之。"太和十三年（489）八月，"出宫人赐北镇人贫鳏无妻者"。以及太和二十三年（499）拓跋恪在"秋八月戊戌中，遵

① 高凯：《从性比例失调看北魏时期拓跋鲜卑与汉族的民族融合》，《史学理论研究》2000年第2期，第51—61页。

（拓跋宏）遗诏，高祖三夫人已下悉归家"。从上面拓跋嗣、拓跋焘、拓跋宏到拓跋恪即位的不到90年的时间里，北魏皇帝曾先后至少七次放宫女的史实看，其中有四次可以让我们清楚地看出北魏政权放免宫女的目的是"以配鳏民"，而且这四次放免宫女全部都在北魏孝文帝迁都洛阳之前。同时，从孝文帝太和三年（479年）及太和十三年（489年）的诏令看，均有放免宫女"以配鳏民"的确切地区：一为"代郡"，二为"北镇"。代郡，治所在平城，一直是北魏前期和孝文帝迁都洛阳之前的政治中心，也是鲜卑族各部集中居住的地区；北镇，又称六镇，是道武帝拓跋珪至太武拓跋焘时期，北魏为了有效防止柔然的入侵而特设的六个重要的边镇，戍镇的将士多是地位很高的拓跋鲜卑族人。据《北史·广阳王建附深传》记载：北镇初设时，"以移防为重，盛简亲贤，拥麾作镇，配以高门子弟，以死防遏，不但不废仕宦，至乃偏得复除"，以至"当时人物，忻慕为之"。由以上北魏多次放免宫女看，代郡和平城的拓跋鲜卑族贫民多无妻子。而通过上文论证，应与代郡、平城的土壤严重缺乏微量元素有效锌密切相关。（三）关于北魏前期掠夺他族妻女以班赉将士为妻问题，《魏书·世祖纪》记载甚详：始光四年（427），北魏军队击败赫连昌，俘虏"昌群弟及其诸母、姊妹、妻妾、宫人万数"。拓跋焘在自取赫连昌的三个妹妹作为贵人之后，便"以昌宫人及生口、金银、布帛班赉将士各有差"。同书同传又载拓跋焘于延和三年（437）"破白龙余党于五原"，并"虏其妻子班赉将士各有差"。又如沈约《宋书·索虏传》记载：宋少帝刘义符景平元年（423），即北魏明元帝拓跋嗣泰常八年，"虏，（北魏）悦勃大肥率三千骑，破高平郡所统高平、方、任城、金乡、父等五县，杀略二千余家，其男子，驱虏女弱"。此后不久，"虏又破邵陵县，残害二千余家，尽杀其男丁，驱略妇女一万二千口"。另据《宋书·序传》中记载当时刘宋盱眙太守沈璞的评论称：被北魏军队所驱略的高平、任城、金乡、邵陵等六县汉族女子，"不过得驱还北国作奴婢耳"。由以上记载看，北魏前期在统一北方的战争中，外族女子均是被驱略的主要对象，其目的不过是保证鲜卑士卒的婚配权而已。（四）关于鲜卑先祖及北部鲜卑在迁徙过程中的墓葬所反映的性比例失调等问题，如前所述，从内蒙古敖汉族大甸子夏家店文化遗址、额尔古纳右旗拉布达林鲜卑墓、内蒙古札赉诺尔鲜卑墓、察右后旗三道湾鲜卑墓葬中的人骨鉴别材料，均反映鲜卑族中存在着严重的男多女少的性比例失调问题。这种问题大致表现在两个方面：其一为男性人骨绝对数多于女性；其二为育龄女性人口的死亡数远远超过同年龄段的男性。而内蒙古商都县东大井鲜卑墓地、乌兰察布盟察右中旗七郎山鲜卑墓葬人骨材料反映的则是在代及北魏政权建立和巩固过程中，大量青壮男性的死亡没有葬在部落或家族墓地中，而有可能直接战死于外；另一事实，则是人骨材料仍然反映育龄妇女多死在育龄期的问题。

（二）北魏时期拓跋鲜卑与汉族融合的意义

根据前文所述，我认为在北魏孝文帝实行政治联姻和汉化改革之前存在的一个最重要、最广泛和最持久的民族融合过程，这种融合带有一定强迫性和血腥性的色彩，但却为北魏皇室成员及王公侯伯的汉化提供了条件，同时也为北魏在政治、经济、文化等方面的汉化改革创造了和谐的气氛。

关于这一点，我们可以从以下两大方面看出：首先，拓跋鲜卑皇族及贵戚与汉族的联姻，其直接的后果是拓跋鲜卑父、汉族母的拓跋皇帝及拓跋贵族子弟的增多。纵观北魏社会民族融合的历史，我们不难发现：北魏孝文帝迁都洛阳之前，有三位皇帝是汉族女子所生，即拓跋焘、拓跋弘、拓跋宏。而拓跋焘时期和拓跋宏时期都是北魏汉化改革突飞猛进的重要时期。在太武帝拓跋焘时期，北魏不仅基本上统一了北方，确立了以崔浩为代表的北方汉族知识分子群体在北魏军政事务中参政、议政的地位，而且更为重要的是拓跋焘通过他的一系列诏令，在北魏国家及社会坚决地确立了汉字使用的机制，并确保了儒学在皇族、贵族子弟教育中的中心地位。拓跋焘时期这一系列汉化措施的重大意义，在某种程度上和孝文帝时期改汉姓、穿汉服、说汉话、迁都洛阳等汉化改革是毫不逊色的。而这两个北魏历史上大力推行汉化改革的均是拓跋鲜卑父、汉族母的北魏皇帝，这难道仅仅是历史的巧合性问题吗?! 北魏宫廷中汉族儒学师傅、汉族母亲、汉族保姆及汉族宫人在点滴生活中潜移默化的影响，必然使得北魏皇帝自小到大对汉族先进文化都抱有崇敬和亲近的心理，这使得北魏皇帝有机会提高自己的汉化水平。事实上，拓跋皇帝的汉化水平确实是随着北魏政权的成长而不断提高的。从《魏书》诸帝纪的记载看，北魏的皇帝，在他们的诏书中常引用《诗》、《易》、《礼》、《春秋》等儒家经典，史称明元帝拓跋嗣"礼爱儒生，好览史传，以刘向所撰《新集》三十篇，采诸经史，该洽古义，兼资文武焉"。又据《魏书·高祖纪》载拓跋宏"雅好读书，手不释卷。五经之义，览之便讲……史传百家，无不该涉。善谈老庄，尤精释义。才藻富赡，好为文字，诗赋铭颂，任兴而作。有大文章，马上口授，乃其成也，不改一字。自太和十年以后诏册，皆帝之文也。"试想，如果不是拓跋皇帝自小经历严格的汉文化影响和教育，能有这么高的汉化程度吗?!

与此同时，这些从小经历严格、正规的汉文化教育的皇帝们正式继位后，也十分重视对他们的皇子们进行汉文化教育。根据《魏书》诸帝纪记载的情况看，在道武帝拓跋珪初定中原时，"便以经术为先，立太学，置五经博士生员千余人"。天兴二年（399），又"增国子太学生员至三千"。《魏书·世祖纪》称，拓跋焘太平真君五年（444）诏曰："今制自王公已下至于卿士，其子息皆诣太学。"到孝文帝统治时期，对儒学和皇家汉化教育尤为重视，并特开"皇子之学"，以提高其汉文化程度。孝文帝太和九年（485）令曰："皇子皇孙，训教不立，温故求新，盖有阙矣！可于闲静之所，别置学馆，选忠信博联之士，以匠成之。"[①] 由于孝文帝以前的历代拓跋皇帝非常重视对当时皇室及贵族子弟的汉文化教育，使得拓跋魏的皇室成员和贵族阶层的汉文化水平逐步提高，从而为拓跋鲜卑与汉族的融合和孝文帝迁都洛阳后实行彻底地汉化改革奠定了坚实的思想基础和政治基础。

其次，拓跋鲜卑与汉族百姓的联姻，使得作为统治民族的拓跋鲜卑与作为被统治民族的北方汉族百姓之间的民族仇恨情绪处在逐步淡化的过程中。正是在这种民族融合的氛围里，一方面促使越来越多的北方汉族士人得以服务于北魏政权，另一方面也促使位于社会底层的"百工、伎巧、卑姓"之人有了改善社会地位的可能性，从而最终促进北魏社会文明程度的提高。

关于汉族士人服务于北魏政权的情况，我们仅从《魏书》诸帝纪的记载便可知其大概：北魏建立之初，拓跋珪除了"以经学为先，立太学，

---

① 魏收：《魏书·咸阳王传》，中华书局1974年版。

置五经博士"，笼络北方汉族士人外，还对投靠北魏的汉族士人"留心慰纳"，史称"诸士大夫诣军门者，无少长，皆引入赐见，存问周悉，人得自尽，苟有微能，咸蒙叙用"。汉族士人投靠和加盟，使拓跋珪在元光元年（398）得以"诏尚书吏郎中邓渊典官制，立爵品，定律吕，协音乐。仪曹郎中董谧撰社庙、社稷、朝、飨宴之仪。三公郎中令王德定律令，申科禁。太史令晁崇造浑仪、考天象"。而"尚书崔玄伯奏从土德，服色尚黄，数用五，未祖辰腊，牺牲用白，五郊立气，宣赞时令，敬授民时，行夏之正"。使北魏政权在建立之初便得以走上了树立正统的轨道。拓跋嗣也十分重视招纳汉族士人参政，史称：永元五年（413）拓跋嗣"诏分遣使巡求俊逸，其豪门强族为州阊所推者，乃有文武才干，临疑能决，或有先贤世胄、德行清美、学优义博，可为人师者，各令诣京师，当随才叙用"①。太武帝拓跋焘在位期间，更是注意网罗北方汉族士人。神麚四年（431），他一次就征用"范阳卢玄、博陵崔绰、赵郡孝灵、河间邢颖、渤海高允、广平游雅、太原张伟等……及州郡所遣数百人，皆差次叙用"。大批汉族士人加盟北魏政权统治，不仅加重了北魏政权中汉族官吏的比重，而且也使得北魏国家和社会越来越依赖汉民族政治、经济和文化统治的丰富经验。这样的结果，必然促进北魏社会文明程度的提高。

同时，由于北魏"皇族、贵戚及士民之家"多与"百工、伎巧、卑姓"之人结为婚姻，使得统治者不得不面对"舅氏轻微"的现实，切实改善和调整对待"百工、伎巧、卑姓"之人的态度，从而使得北魏中期以后，"百工、伎巧"的社会地位有了逐步的改善。

北魏前期，"百工、伎巧"作为被政府严格控制下的卑贱户籍，是被压迫的社会底层百姓。尤其是太武帝拓跋焘统治时期，"百工、伎巧"的子弟甚至被剥夺了读书、写字的权利。据《魏书·世祖纪》记载：太平真君五年（444），太武帝下令："百工伎巧、驺卒子息，当习其父兄所业，不听私立学校。违者师身死，主人门诛。"足见当时"百工、伎巧"身份之低。但是随着北魏拓跋鲜卑贵族日益与"百工、伎巧"联姻，使得"百工、伎巧"的身份有所变化，且这种变化在孝文帝继位后的北魏社会里尤为明显。据《魏书·高祖纪》记载：延兴二年（472），"夏二月

---

① 魏收：《魏书·太宗纪》，中华书局 1974 年版。

庚子，诏工商杂伎巧，尽听赴农"。太和十一年，"诏罢尚方锦绣绫罗之工，四民欲造，任之无禁"。另据《魏书·肃宗纪》载：神龟元年（518），"诏从杂役之户或冒人清流，所在职人皆五人相保，无人任保者夺官还役"。再据《魏书·孝庄纪》载：普泰元年（531）"百杂之户，贷赐民名，官任出身，皆授实官，私马者优一大阶。"从以上孝文帝至前废帝时期的四条诏令看，"百工、伎巧"等杂户的地位身份变化的轨迹十分明显。这些诏令说明，孝文帝统治早期"百工、伎巧"已可"尽听赴农"，恢复编户齐民的自由之身；太和中期，"百工、伎巧"有了自己生产、经营的权力；孝明帝时期，"百工、伎巧"等"杂户"已有脱籍现象，且有了人仕为官者；而前废帝元恭普泰元年（531）诏令，显然是一次大规模放免包括"百工、伎巧"在内的各类杂户的诏令，并且证明杂户还有同一般平民一样当兵和为官的权力①。"百工、伎巧"身份和社会地位在孝文帝统治和其后时期里的变化，不仅意味着北魏政权封建化进程的逐步完成，而且也意味着北魏社会文明程度的逐步提高。

值得注意的是，北魏拓跋鲜卑与北方汉族百姓的融合在孝文帝统治中期出现了片面化倾向。那就是拓跋鲜卑贵族与北方汉族高门士族间的婚姻关系比重大大加强。关于这一点，中外学者也有研究。如日本学者长部悦弘在他的《北朝隋唐时代胡族的通婚关系》一文中认为：孝文帝迁都洛阳之后，"汉族士大夫之女进入后宫的倾向增强了"，而此前的胡汉婚姻中，"不偏重于特定之家，在崔、卢、李、郑、王汉族士大夫中，看不到这五姓耀门第最高"。②

再如，国内学者施光明先生在他们的《〈魏书〉所见拓跋鲜卑婚姻关系研究》一文中，详细统计了《魏书》记载的147起涉及拓跋鲜卑的婚姻关系。通过研究，他认定这147起婚姻关系，有86%以上发生在北魏，且多属于拓跋鲜卑的上层贵族。同时，他还认定"拓跋鲜卑与汉族建立的婚姻关系主要发生在孝文帝统治之后"，"几乎无一不带有政治色彩"③。这些观点和研究是有益的和富有启迪的。但同时，我们又注意到他们文章

---

① 高敏：《魏晋南北朝社会经济史探讨》，人民出版社1987年版。

② ［日］长部悦弘，冯继钦译：《北朝随唐时代胡族的通婚关系》，《北朝研究》1992年第1期。

③ 施光明：《〈魏书〉所见拓跋鲜卑婚姻关系研究》，《北朝研究》1992年第3期。

中的某些观点，很容易给人造成误解。如日本学者长部悦弘在文中说："胡族中（鲜卑族），积极、大量与汉族通婚则是由北魏的宗室元氏开创了先河"，"元氏正式与汉族缔结的缘戚关系是开始于 5 世纪末从平城迁都洛阳的孝文帝时代吧！"而施光明先后也在文中表达了相似的观点。如果我们把两篇文章的所有结论结合起来看，就不能不形成这样一种错觉，那就是北魏时期拓跋鲜卑与汉族的融合仅仅限于拓跋鲜卑的上层贵族和北方高门汉族之间的政治婚姻。这不能不说是个误区。事实上，正如前文列举的文成帝和孝文帝的三条诏令所表明的情况，北魏时期拓跋鲜卑与北方汉族的融合，最重要、最广泛和最持久的应该是拓跋鲜卑中"皇族、贵戚及士民之家"与汉族血统的"百工、伎巧、卑姓"之人中的婚姻。这种婚姻，绝不是一个"政治婚姻"的概念可以涵盖的。它应当是人类自身再生产过程中两性均衡结合规律的具体表现。至于孝文帝时代拓跋鲜卑贵族与北方高门汉族地主间的婚姻大大增加，则反映了孝文帝在民族融合政策上的一种偏见。其具体标志是太和二十年咸阳王禧娶任城王隶户之女为妻，"深为高祖所责"后孝文帝所下的诏令。孝文帝的诏令称："皇子茂年，宜简令正，前者所纳，可为妾媵。"接着，孝文帝在诏书称其弟子咸阳王禧、河南王幹、广陵王羽、颖川王雍、始平王勰、北海王详应聘当时北方汉族高门士族李氏、卢氏、郑氏、王氏和胡族穆氏女为妻。同时，孝文帝在诏令中不得不承认以前的皇子迎娶了身份卑贱的女子，他的态度是这些身份卑贱的女子只能作为"妾媵"。这和孝文帝对拓跋鲜卑皇族择偶对象中"族非百两，拟匹卑滥，舅氏轻微"现象的深恶痛绝的狭隘婚姻观是相吻合的。正是在孝文帝狭隘婚姻观的影响下，自此之后拓跋鲜卑贵族在北方汉族高门士族中择偶的倾向得以持续了下来，从而使得孝文帝迁都洛阳以后拓跋鲜卑与汉族的融合打上了深深的阶级烙印。

至于拓跋鲜卑族在游牧经济向农业经济转变过程中，与北方汉族人民增进的融合，以及北魏末年拓跋鲜卑族及其他北方少数民族与北方汉族贫苦百姓在共同反抗北魏拓跋鲜卑贵族和高门汉族地主联合统治中增进的友谊、了解和融合问题，史学界前辈已作过充分、细致的论述，我在这里就不再赘述了。

综上所述，我认为：通过对地理环境下土壤微量元素有效锌含量变化规律与大量的鲜卑考古资料的综合考察来看，鲜卑之所以产生人口性比例失调问题，是因其所居住地区地处高纬度、干旱、干燥的内陆寒冷地带，土壤微量元素有效锌含量低，造成了鲜卑族育龄妇女在妊娠过程中的大量死亡。而鲜卑这种人口性比例失调问题的产生，也为汉魏时期鲜卑西迁"匈奴故地"与入主中原的过程中，与匈奴和汉族的大融合提供了契机。

关于北魏时期拓跋鲜卑与汉族的融合问题，史学界传统的观点认为有三大途径或过程：其一是孝文帝迁都洛阳以后，鲜卑贵族与汉族门阀士族间的政治婚姻；其二是在鲜卑族由草原游牧经济向农业经济转变的过程中，由于胡汉杂居而促进的交流与融合；其三是在北魏末期的农民起义中，鲜卑族、汉族及其他北方少数民族被压迫人民，共同反抗北魏统治者的压迫，从而在斗争中增进了友谊、了解和融合。但根据前文所述，我认为：北魏时期拓跋鲜卑与汉族的融合应分为四个时期，即应在孝文帝实行政治联姻和汉化改革之前，还存在着一个拓跋鲜卑族自觉与汉族融合的过程。虽然，这种融合带有一定强迫性和血腥性的色彩，但却是北魏中期以前存在的一个最重要、最广泛和最持久的民族融合过程。而且，正是由于存在着这么一个最广泛和最持久的打破阶级隔离的大融合，才使得孝文帝迁都洛阳和实行汉化改革有了坚实的基础。

吐蕃统治时期敦煌吐蕃、汉族文化互动探讨

李吉和

（中南民族大学　学报编辑部）

民族文化互动是指不同民族文化在相处过程中的相互作用与相互推动，包括不同民族文化之间的交流、相互渗透、融合以及冲突。吐蕃和汉族交往关系历史悠久而密切，到了唐朝时期，这种交往深度和广度达到了一个新的高度。而安史之乱的爆发为吐蕃及其文化进入内地提供了机遇。吐蕃经 11 年攻战，于唐贞元二年（786）占领了敦煌，开始了对包括敦煌地区在内的河西、陇右和关内道西部 60 多年的统治。吐蕃统治敦煌地区期间，吐蕃文化与当地的汉文化持续地接触，在文化的各个层面产生互动。在互动过程中，尽管有冲突与不和谐之处，但总的看来属于良性互动。本文主要从文化互动的基础、语言、服饰、宗教信仰等方面探讨吐蕃和汉族文化互动的情况，难免挂一漏万，请方家指正。

一　吐蕃与汉文化互动的基础

（一）有良好的文化互动历史底蕴

敦煌地区自古就是一个多民族、多文化的地区，各民族你来我往，迁徙频繁，被称作各民族经济、文化交融的大都会，不同民族文化相互接触较多，这是汉蕃文化互动的历史基础。早在战国之前，这里就先后定居过火烧沟人（羌）、塞种、允戎等多个民族。战国秦汉之际，这里又有月氏（大月氏、小月氏）、乌孙和匈奴等入居。汉代以后，相继又有汉、鲜卑、退浑（吐浑、吐谷浑、阿柴）、粟特（昭武九姓）、吐蕃、嗢末、苏毗（孙波）等繁衍生息于

这里。特别是汉朝以来，中西交通畅通，中原文化不断传播到敦煌，在这里深深扎了根。同时，发源于印度的佛教文化以及随着印度佛教文化东传的西亚、中亚文化也不断传到了敦煌。中西不同的文化在这里汇聚、碰撞、交融。季羡林先生曾指出："我们知道，世界上历史悠久、地域广阔、自成体系、影响深远的文化体系只有四个：中国、印度、希腊、伊斯兰，再没有第五个；而这四个文化体系汇流的地方只有一个，就是中国的敦煌和新疆地区，再没有第二个。"① 民族文化的多样性，增强了对异民族文化的包容性，有利于民族文化的互动与融合。

（二）吐蕃统治者采取的政策，有利于文化互动

文化良性互动的前提是彼此文化的平等，否则只能是恶性互动和冲突。汉蕃文化互动是双方政治妥协、力量均衡的表现。从文化的角度看，敦煌地区是汉文化和吐蕃文化的边缘区。吐蕃挟其政治、军事威力推行、传播其文化，但由于吐蕃在敦煌势力远离其统治中心，因此其力量受到一定程度的限制；而虽然汉文化在敦煌积淀深厚，影响巨大，但汉人丧失了政治力量的有力支持，在政治上沦为被统治民族，因而其地位明显下降。各民族只有和平共处，才能发展。

吐蕃统治者在敦煌采取的一系列政治、经济等措施，有利于缓和敦煌地区民族矛盾，有利于文化的互动。当然这种文化互动的氛围也是各族人民经过长期的抗争，以及为满足吐蕃和当地汉族统治者稳定统治的需要而逐渐形成的。在吐蕃攻占敦煌之前，当地的汉族军民就进行了 10 年守城抗战，给吐蕃统治者以强大的震撼。吐蕃统治敦煌初期，以军事力量为后盾，对敦煌各民族横加劫掠，造成了当时社会上的混乱和动荡不安，激起敦煌地区汉人等民族数次起义、反抗。吐蕃统治者不得不在统治政策上有所调整。如吐蕃统治者尝试任用唐朝的破落官、汉族世家豪族参与政权管理，封他们作守使、部落使等，以达到巩固政权、社会稳定和长期统治的目的。吐蕃统治者按照自己固有的制度和习惯来改造新占领区，以部落制来管理汉人，有利于吐蕃、汉人寻求暂时的稳定，"吐蕃占有了敦煌以后，以部落

---

① 季羡林：《敦煌学、吐鲁番学在中国文化史上的地位和作用》，季羡林：《季羡林学术精粹》第一卷，山东友谊出版社 2006 年版，第 110 页。

制来范围当地汉族和其他民族居民。属于这些部落的'百姓',生产与生活用粮照旧是自己去筹办,看不出'部落'在生产管理和生活安排上起什么作用。可见,吐蕃人只求在行政上采取分部而居的统一旗号形式,其他事务一概不闻不问,各按老传统办事,也就是'吐蕃的旗号,唐人的制度'。"①

吐蕃在敦煌推行的民族和解政策,使得汉人社区得以比较完整的保留了下来,汉文化在社会中仍然有一定的地位和影响力,这是汉蕃文化互动交融的重要基础。唐贞元二十年(804),唐人吕温随侍御使张焉出使吐蕃,在回来的路上,只见鄯城(今西宁)"城外千家作汉村"、"耕耘犹就破羌屯",所以"伏腊华风亦暗存"②。说明当地汉人仍旧聚集而居,社区保存完好,汉文化风俗依存,与以前的生产、生活状况没有多少区别。

(三)吐蕃移民增加,居住杂居化,使汉蕃文化互动成为可能

民族居住格局可以反映一个民族所有成员在居住地与其他民族相互接触的机会。人是文化的载体,文化的互动必须以一定的人口规模为前提。随着吐蕃军事力量进入敦煌,吐蕃移民迁移到敦煌的越来越多。根据敦煌文献资料记载,迁移敦煌的吐蕃移民主要有蕃僧、高级官吏及其随行家属、驻军及其随行家属。这些移居敦煌的吐蕃移民,构成了敦煌吐蕃移民的主要来源③。为了便于吐蕃统治,许多汉人也被安置在吐蕃部落中。如敦煌卷子《P. T. 12922 为牧放羊群入田之诉状及判词》④中涉及案件中的原告和被告、法官、证人等,从姓名分析看原告和被告、法官都是出自吐蕃部落甚至同一个家族,但是证人中却有汉人,让汉人作为证人在案件中出现说明其地位提高了,也说明汉族与吐蕃混杂而居,否则不会作为证人而出庭。一些唐诗词也反映了民族杂居的局面,如"(吐蕃)驱我边人胡中

---

① 王尧、陈践:《从一张借契看宗教的社会作用——P. T. 1297 号敦煌吐蕃文书译释》,王尧、陈践:《敦煌吐蕃文书论文集》,四川人民出版社 1988 年版,第 15 页。

② 吕温:《经河源汉屯作》,孙军、陈彦田《全唐诗选注》第 10 册,线装书局 2002 年版,第 2866 页。

③ 郑炳林:《晚唐五代敦煌地区的吐蕃居民初探》,《中国藏学》2005 年第 2 期。

④ 王尧、陈践:《P. T. 12922 为牧放羊群入田之诉状及判词》,王尧、陈践《敦煌吐蕃文书论文集》,四川人民出版社 1988 年版,第 172—173 页。

去，散放牛羊食禾黍。去年中国养子孙，今著毡裘学胡语"① 就是民族杂居的具体写照。

（四）民族通婚增多

民族通婚既是文化互动的结果，也是文化互动的条件。族际之间的通婚从深层次上反映出民族关系的状况。因为"只有两个民族群体的大多数成员在政治、经济、文化、语言、宗教和风俗习惯等各个方面达到一致或者高度和谐，两族之间存在着广泛的社会交往，他们之间才有可能出现较大数量的通婚现象。从这个角度来看，族际通婚是民族关系融洽和谐所带来的结果。但同时，族际通婚又可通过结婚之后双方家庭之间的相互往来，反过来增进民族间的交往和友谊，因而成为今后促进民族关系进一步融洽的原因。所以民族间的通婚情况是测量不同民族相互关系层次融合程度的一个非常重要的方面"。② 吐蕃统治敦煌期间，民族间通婚现象很多。当然，最初的通婚是不平等的，主要表现为吐蕃人往往掠夺汉族妇女，强迫其嫁与吐蕃人为妻，或做奴婢。敦煌 P. T. 1038 卷子③、P. T. 1077 卷子也可见吐蕃人与其属下的唐人、退浑人之间可以自由婚配④。吐蕃攻常乐时，因数日不陷，"有分得汉口为妻者，其妻弟在常乐城中，悉诺逻使夜就城下诈为私见"⑤，说明蕃汉有结为婚姻的情况。王建的"多来中国收妇女，一半生男为汉语"⑥，都是汉蕃通婚的反映。因此，"吐蕃人娶唐人女子为妻已成为社会认可的事实"。⑦

---

① 张籍：《陇头行》［A］//唐诗百家全集：张籍・王建诗全集，海南出版社 1992 年版；马戎：《民族与社会发展》，民族出版社 2001 年版，第 73 页。

② 马戎：《民族与社会发展》，民族出版社 2001 年版，第 182 页。

③ 王尧、陈践：《吐蕃占有敦煌时期的民族关系探索——敦煌藏文写卷 P. T. 1083、2085 号研究》，王尧、陈践：《敦煌吐蕃文书论文集》，四川人民出版社 1988 年版，第 45 页。

④ 王尧、陈践：《P. T. 1077 都督为女奴事诉状》，王尧、陈践：《敦煌吐蕃文书论文集》，四川人民出版社 1988 年版，第 55 页。

⑤ 刘昫等：《旧唐书》列传第五十三，中华书局 1975 年版，第 3192 页。

⑥ 王建：《凉州行》，孙军、陈彦田：《全唐诗选注》第 10 册，线装书局 2002 年版，第 2866 页。

⑦ 王尧、陈践：《P. T. 1077 都督为女奴事诉状》，王尧、陈践：《敦煌吐蕃文书论文集》，四川人民出版社 1988 年版，第 55 页。

二 吐蕃、汉族文化互动内容

（一）语言的交流

语言是一个民族发展所必须依赖的工具，是民族历史与文化的载体，也是民族交往的主要媒介。在民族诸特征中，语言是民族最外显的特征。从当时汉蕃民族文化的结构层次来看，语言作为民族文化的外显层面处于互动的前沿，突出地表现在语言使用上兼用或转用其他民族语言的现象增多，掌握吐蕃语、汉语的人越来越多，语言文字交融的发展态势日益增强。

1. 汉人社会比较广泛地学习、使用吐蕃语言

吐蕃统治者为了加强对汉族的控制，最初必然要在敦煌强制汉人和其他民族学习、使用吐蕃语。吐蕃语在官方机构和上层中使用是毫无疑问的，汉族民间社会也开始使用吐蕃语。"敦煌的一部分汉人不仅仅通汉语，而且能流利地听、说、写吐蕃语。尽管不明其动机是使用藏语或为方便他们中的大多数使用藏语，这些'吐蕃化的汉人'形成了组织或社。不管何种动机，都反映出藏语已深入社会的基层——社。"目前发现两件用吐蕃文记载社条的文书，其中一件列有社长和 10 名社人，他们基本上是汉人①。说明吐蕃语在吐蕃统治下的汉族社会十分盛行。

从大量汉人用吐蕃文翻译汉文佛经、文书看，至少有相当一部分汉人达到了熟练掌握吐蕃文、吐蕃语的程度，越到吐蕃统治后期，汉人对吐蕃文掌握运用的越多越熟练。据学者考证，现藏于伦敦印度事务部图书馆由斯坦因汇集得来的吐蕃文转写阿弥陀经文书末有一篇较长的吐蕃文跋文和佛经都是用吐蕃文写成的。"这样看来无疑他会使用汉、藏两种语言，而且似乎对藏语更为精通。另外在实际使用中优先用藏语的做法，看来也像是吐蕃统治时期的人物之所作所为。而且还不可能是吐蕃统治初期之人，必定是在吐蕃统治确立之后成长起来的那一代人。"② 从 10 世纪一份关于"五姓"算命法的吐蕃语写本可以看出来，其中姓按五音度归类。这一以"五姓"为基础的占卜表对非汉族或没有一定汉化程度的人是没有用的，

---

① ［日］高田时雄：《敦煌·民族·语言》，钟翀等译，中华书局 2005 年版，第 10 页。
② 同上书，第 70 页。

它是被那些受过吐蕃语很大影响的汉人使用的①。吐蕃语成为社会上主导语言之一，至少与历史上在敦煌占主导语言地位的汉语并驾齐驱，"藏文、汉文两种文字都作为正式的、官方的文字被普遍使用"②。

吐蕃人掌握汉语的人数不在少数，并且程度也不低。敦煌曲子词中，有一篇题为《赞普子一首》（S.12607）的作品："本是蕃家将，年年在草头。夏日披毡帐，冬天挂皮裘。语即令人难会，朝朝牧马在荒丘，若不为抛沙塞，无因拜玉楼。"③ 这篇或出自吐蕃统治河、陇结束后，一名留居当地的吐蕃人的作品，反映出其有较深的汉族文化素养。

吐蕃语的学习和使用必然有相应的教育机构来执行，但是否有专门的吐蕃语教育学校，目前还缺乏文献记载来证明，但由一些附设机构来承担吐蕃语教育则是有可能的。有学者推测，当时社会影响很大的寺院很可能是这一责任的履行者，"像敦煌这样的佛教社会，初等教育往往在寺院中开展，因此可以考虑吐蕃文字也会常常拿来供童蒙之用"④。

2. 吐蕃、汉语词汇的相互借用

吐蕃语名词出现在汉语文书中一般认为始于吐蕃统治时期。不仅仅那些难译的像乞利本、节儿这样的官名和诸如悉董萨、曷骨萨的部落名称，而且像"洛易"对应吐蕃语 lag yig（指印）都在汉语文献中出现过。同时，在吐蕃语文献中也有更多的汉语专有名词出现。敦煌文献中有几件吐蕃—汉词汇表的残片，这为汉—吐蕃语对译提供了必要的工具⑤。

正是由于吐蕃语的影响，学习吐蕃语的汉人、学习汉语的吐蕃人越来越多，所以出现了汉—吐蕃语言翻译的工具书。敦煌发现的各种汉—吐蕃对照字书，就是提供给吐蕃人学习汉族语言、文字用的。其中，S.12736 和 S.11000 号卷子，就是有名的《藏汉对照语汇》。

3. 吐蕃、汉族姓名的借用

姓名相互借用是汉蕃互动的结果。如在吐蕃文社邑文书 Ch.73.

---

① ［日］高田时雄：《敦煌·民族·语言》，钟翀等译，中华书局 2005 年版，第 10 页。
② 王尧、陈践：《从一张借契看宗教的社会作用 ——P.T.1297 号敦煌吐蕃文书译释》，王尧、陈践：《敦煌吐蕃文书论文集》，四川人民出版社 1988 年版，第 14 页。
③ 汪泛舟：《敦煌曲子词中民族、爱国词篇考析》，《敦煌研究》1985 年第 2 期。
④ ［日］高田时雄：《敦煌·民族·语言》，钟翀等译，中华书局 2005 年版，第 82 页。
⑤ 同上书，第 8 页。

Xⅲ.18 中出现了汉姓吐蕃名的人名，一般可以判断为汉人或者早已汉化的周边民族。他们在长期的吐蕃占领下，甚至于采用吐蕃的名字①。P. 4989《唐年代未详沙州安善进等户口田地状》记载羌王悉都口、郭悉殉忠、梁悉达等，从姓名比勘得知，他们都是吐蕃人的后裔，特别是王悉都口名前加羌，表明他们是居住在敦煌的吐蕃移民后裔。可见，敦煌地区的吐蕃移民后裔一般都改用汉姓，但是所用名字仍明显带有吐蕃色彩。吐蕃移民采用的汉姓有杨、张、邓、窦、郝、朱、杜、王、卢、樊、李、索、阴等②。并且从大量文书分析看，有些吐蕃人既有汉人姓名，也有吐蕃名，且在大多数情况下是混合使用的。如 P. T. 12922 为牧放羊群入田之诉状及判词③，其中的被告张噓律奴斯兄弟，其汉姓名分别为张登子、张父子，这些不同的姓名称呼出现在同一份诉状中，说明当时民族文化隔阂在逐渐缩小，文化互动有了一定的深度。

（二）服饰的相互影响

吐蕃占领敦煌初期，尚乞心儿便强硬推行了蕃化政策，让敦煌人民改易穿着、学说蕃语、纹身、赭面。据《张淮深碑》载："河洛沸腾，……并南蕃之化，……抚纳降和，远通盟誓，析离财产，自定桑田。赐部落之名，占行军之额。由是形遵辫发，体美织（纹）皮，左衽束身，垂肱跪膝。祖宗衔怨含恨，百年未遇高风，申屈无路。"④ 当然，由于敦煌地区长期是汉文化占主导地位，吐蕃人同样难以避免受到汉人服饰的影响。到了五代时期，据《新五代史·四夷附录第三》所载高居诲使于阗：甘州"西北五百里至肃州，渡金河，西百里出天门关，又西百里出玉门关，经吐蕃界。吐蕃男子皆冠中国帽，妇人辫发，戴瑟瑟珠，云珠之好者，一珠易一良马"。⑤ 由此可以看出，这里的一部分吐蕃移民的男子皆冠中国帽，表明服饰受汉族影响较深。另外，敦煌莫高窟第 159 窟东壁南侧吐蕃赞普

---

① ［日］高田时雄：《敦煌·民族·语言》，钟翀等译，中华书局 2005 年版，第 89 页。
② 郑炳林：《晚唐五代敦煌地区的吐蕃居民初探》，《中国藏学》2005 年第 2 期。
③ 王尧、陈践：《P. T. 12922 为牧放羊群入田之诉状及判词》，王尧、陈践：《敦煌吐蕃文书论文集》，四川人民出版社 1988 年版，第 172—173 页。
④ 唐耕耦、陆宏基：《敦煌社会经济文献真迹释录》第五辑，全国图书馆文献缩微复制中心 1990 年版，第 198 页。
⑤ 欧阳修：《新五代史》，中华书局 1974 年版，第 917 页。

听法图中赞普着左衽长袖缺胯衫，头戴红毡帽，手执熏香，足踏长垫，作礼佛状。赞普身后，还有身着左袄长袍、头束双童髻的奴婢，这应是一种蕃汉混合装。属于晚唐的第 125 窟东壁下，画有一幅张议潮统军出行图。其中舞伎分列两行，有一行束双髻、采络额、着花衫的，正挥舞长袖、踏歌而行，这些能歌善舞的女子即是吐蕃人①。

（三）宗教信仰的融合

汉族和吐蕃民族共同对佛教的信仰成为双方互动的文化基础。"两个在文化上截然不同的群体并不能产生族群划分，他们各自的成员之间必须最少要发生接触，因此，我们才能得出结论说，不同族群的成员之间具有某些共同之处——这是互动的基础——除了具有差异之外。"② 如果不同的族群共享着相同或相似的宗教信仰，那么，他们的族群互动可能会更具有潜在的动力，"借用的范围与速度受到相互接触的民族拥有的共同文化意义和文化内容的程度大小之影响，这在逻辑上是基于这样的前提的，即具有相似文化特质和丛体的民族较可能'适应'，以及某些因素是另一些因素的先决条件"。③

佛教文化是最初吐蕃和汉族文化互动的桥梁和纽带。吐蕃诸赞普信奉佛教，尤其是可黎可足赞普在敦煌大兴佛事，广度僧尼，当时仅 3 万人的沙州便有上千僧尼。在吐蕃统治者的扶持下，寺院经济也空前繁荣，当时有 16 大寺、17 大寺之称。这些寺院和吐蕃本土一样，都有寺户和土地，不受官府管辖，享有种种特权。赞普把僧侣的地位抬得很高，甚至让一些高僧直接参与政事，使宗教界上层成为汉蕃文化互动的重要载体。

吐蕃统治敦煌时期，佛教仍保留有中原和当地佛教的特点，具体表现在寺院建造风格仍以当地原汉族窟寺程式营造、寺院的僧人以汉族占绝对多数、译经多采用汉式、译经制度也多承袭当地旧制等④。同时吐蕃佛教的因素也在当地有所体现，形成了汉蕃僧人共建敦煌佛教文化的特点：汉

① 杨铭：《吐蕃经略西北的历史作用》，《民族研究》1997 年第 1 期。
② ［挪威］托马斯·许兰德·埃里克森：《小地方，大论题——社会文化人类学导论》，董薇译，周大鸣校，商务印书馆 2008 年版，第 346 页。
③ ［美］克莱德·M. 伍兹：《文化变迁》，何瑞福译，河北人民出版社 1989 年版，第 36 页。
④ 黄颢：《敦煌吐蕃佛教的特点》，《藏族史论文集》编辑组：《藏族史论文集》，四川民族出版社 1988 年版，第 202 页。

蕃混合型文化，即汉蕃僧人用两种语言文字研讨佛经，译写两种佛经文本，而佛经文本内容又相互渗透汉蕃佛经典故的特点。吐蕃文佛经写本外形多是汉地形式，而内部佛经写法又是吐蕃的梵箧式写法。至于讲经、译经程式也多保留了汉藏的传统及风格，并进而融为相互可以接受的新程序①。

当时每所寺院都设有抄写经书的"经坊"，是根据赞普之命成立的官营事业。经坊人数不等，有的寺院仅数人，有的十几人，多者达数十人。参与写经的人员，包括各个民族和各个阶层的。黄文焕先生在其《河西吐蕃经卷目录跋》中说："从吐蕃经卷上的文字来看，吐蕃经卷的实际缮写者有吐蕃奴隶，也有其他民族的抄经手，成分仍然是多民族的。"② 从抄本之末所附的写经生与校勘者的名字分析，绝大部分为汉族。

一批吐蕃僧人前往当时已成为佛教文化中心之一的敦煌，开展佛经的翻译和讲学活动，推动了吐蕃和汉族的文化互动。其中最为著名的是吐蕃僧人管·法成。管·法成精通梵、藏、汉三种文字，是 8 世纪至 9 世纪之间活跃于敦煌的最有影响的一位吐蕃翻译家和佛教学者。法成利用吐蕃、汉两种文字进行翻译、著述、讲授等实践活动，加速了吐蕃佛教与汉地佛教的融合，使他本人成为这一时期佛教文化的代表人物③。

三　结语

吐蕃统治敦煌时期，汉族和吐蕃之间文化随政治形势的变化，经历了由文化排拒、适应到相互尊重彼此文化、某些文化方面相融的过程。美国社会学芝加哥学派帕克等人认为，在社会与文化的互动中，冲突在少数情况下会以一方消灭另一方而结束互动，但大多数情况下，冲突的一方或双方改变其部分思想、态度和习惯来适应对方，以避免、减少或消除冲突。

---

① 黄颢：《敦煌吐蕃佛教的特点》，《藏族史论文集》编辑组：《藏族史论文集》，四川民族出版社 1988 年版，第 208 页。
② 黄文焕：《河西吐蕃经卷目录跋》，《世界宗教研究》1980 年第 2 期。
③ 扎西卓玛：《吐蕃统治敦煌时期汉藏佛教文化交流及意义》，《中央民族大学学报》2009 年第 2 期。

后一种情况称指为顺应①。如汉蕃两种语言文字、契约与度量衡互存等，就是双方对彼此文化包容、适应的明证。文化的某些方面融合主要表现在汉蕃佛教信仰的相互影响、蕃人汉姓、汉人吐蕃名的出现。吐蕃统治敦煌时期石窟供养人画像出现了吐蕃装以及吐蕃装与唐装供养人同时并存于洞窟的现象，一般是男供养人为吐蕃装，女供养人为唐装，如莫高窟第240、359、361、220等窟②。两种服饰在吐蕃统治时期的同一个洞窟中出现，表明在吐蕃统治后期汉族地位的不断上升与吐蕃民族政策的渐驰，也反映出民族融合的进一步加强③。但更是双方民族文化地位平等的体现。

当然，由于历史时代的局限性，吐蕃和汉族文化互动的广度和深度不足，文化表层的东西，如语言、衣着、生活习惯等通过互动容易改变或融合，而不容易改变的，也就是不容易融合的是文化中深层的部分，如价值观念、情感定式等。但是，在当时的历史条件下，吐蕃统治敦煌时期的汉蕃文化属良性互动。

---

① 郑杭生：《社会学概论新编》，中国人民大学出版社2003年版，第133页。
② 党燕妮：《吐蕃统治时期敦煌的民间佛教信仰》，《丝绸之路古文字与文化学术讨论会会议论文集》，三秦出版社2007年版，第262页。
③ 沙武田：《吐蕃统治时期敦煌石窟供养人画像考察》，《中国藏学》2003年第2期。

谭三孝由汉族人士转变为毛南族始祖

孟凡云

（中南民族大学　民族学与社会学学院）

毛南族大姓谭姓一直以谭三孝为家族始祖，但谭三孝本人却非毛南族人，他应该是汉族，至少他是汉文化的继承者或传承者。因其是谭姓始祖，谭姓又在毛南族中占据较大比例，达到80%多，故谭三孝也被当作毛南族的始祖，供后人祭祀和景仰。[①] 那么，谭三孝是怎样从一个汉族人士转变为毛南族始祖的呢？

一

一方面，谭三孝不是迁入毛南族地区的汉族的孤立个体，而是当时大批迁入毛南族地区的汉族人士的代表。明代大批汉族迁入毛南族地区。《思恩县志》中记载了大量外来移民，大都是明清两代迁移来思恩的。"姓氏：思邑人民参考民国十九年户口调查表所得各姓氏如左：覃，原籍山东，明末迁来。谭，原籍河南，明末迁来。玉，原籍江西，清初迁来。罗，原籍江西。蓝，原籍福建。方，原籍河南，明末迁来。欧，原籍广东，明末迁来……李，原籍江西，明末迁来。黄，原籍山东……葛，原籍江西……明末移居县城。曾，原籍江西，明末迁来。"[②] "思恩民籍，其先皆由外方迁来，多有数百年之久，

---

① 当地毛南族群众，尤其是毛南族大姓谭姓、卢姓、覃姓群众以家谱记载和口耳相传的家族材料为依据，坚持始祖外来说，认为毛南族的祖先是在元末明初的时候分别从湖南、山东、福建等地，因作官、避难或经商而来到广西毛南的。

② （民国）《思恩县志》第二编《社会》。

生殖于斯，聚族而居。"① "思恩古代概为蛮人、猺人盘踞之地，自入中原版图，汉人源源而来，迄今千余年，汉人日以增加……至唐时，思恩置为州县，沿宋迄明，屡有兵役，汉人之居留此地者，日见其多。"② 其中1930年户口调查所知，各姓氏由外地迁来思恩的时间，大部分是明清时期，但韦姓和莫姓都是"原籍山东，宋时迁来"；吴姓，"原籍河南彰德府安阳县，明初迁来"。他们迁来时间比较早。定居于此的汉人如此之多，以至于作者说："思恩人民除县之西北边境毗连黔省之山峒中尚留少数苗族外，可谓全系汉族。"③"全系汉族"自然不符合事实，但也证明汉人影响之大。相邻宜州汉人进入更早，莫、卢、覃、韦、蒙姓氏都是原籍山东，汉朝时迁来；黄、梁姓氏是明朝由湖北、广东迁来。④ 这些人未必完全融于毛南族，但肯定有一部分人是这样的。与此相应，毛南族中谭姓、卢姓和覃姓在他们各自的家谱中记载的他们始祖的到来时间大多是在明代。这些家谱虽然不一定完全真实，但肯定在一定程度上反映了历史真实情况。

　　另一方面，谭三孝个人也应该是汉族，至少是汉文化的传习者，这在《谭家世谱》中有清楚的记载。谭姓祖谱、碑铭共有三个世谱、碑文，所记谭三孝经历的细节略有差异，但主要情节相同。最早是清朝乾隆年间毛南人谭灿元追忆撰写了《谭家世谱》（简称"乾隆本"）；其次是道光十六年（1836）的《谭家世谱》（以下简称"道光本"），毛南族群众自称此本系伪作；还有《仪凤乡谭氏碑文》，错误颇多，直接把谭三孝当作谭家始祖（下简称"碑文本"）。只有"乾隆本"大部分内容为毛南族群众信服。⑤ 我们就以该世谱为

---

① （民国）《思恩县志》第二编《社会》。

② 同上。

③ 同上。

④ 民国覃玉成纂：《宜北县志》第二编《社会》，第36页。环江毛南族自治县党史办公室据1937年铅印本翻印1997年。

⑤ 杨绍猷、莫俊卿：《明代民族史》，四川民族出版社1996年版，第334页。"乾隆本"也存在漏洞，不是所有内容都可信。例如：其一，既然谭氏后裔称谭三孝为始祖，而《自序》是谭三孝写的，谭三孝何以自称为"始祖"？怪乎也哉！由此可知《自序》绝非出于谭三孝之手口，应是谭灿元追述的。其二，谭三孝于嘉靖二年（1524）考取进士，假设次年（1525）为河池州知州，在任三年，到嘉靖七年（1528）罢职归农。然后又经过多次迁徙，才定居'毛难生苗'地方，与方氏结婚，生男育女，而且子女都婚嫁了，至少也要经过二十年后（约1548年左右）才能撰写此文。何以《自序》落款为'嘉靖甲午年（即嘉靖十三年，1536年）五月下浣'撰？归农仅六年时间，恐怕刚结婚不久，子女何以都婚嫁了呢？笔者认为这当是谭三孝后人在写作过程中的失误。再者，《世谱》中的这些矛盾之处，尚不影响大局。

重点，分析谭三孝其人。

谭三孝的祖籍地是湖南常德府，这在世谱"始祖谭三孝的自序"中有介绍：

"始祖是湖南籍常德府武陵县东关外城太平里通长街古灵社，"常德自秦汉以来一直是朝廷直辖的郡县，证明这一代很早就被视为华夏之区，而非夷狄之地。这大致说明谭三孝的族属应该是汉族。假定谭三孝的祖籍地并不能说明他是汉族人士的话，他所受的教育及中举、中进士的经历完全能够证明他是汉族文化的传习者。"特授河池州事，加三级，记录二次，号谭三孝，字超群，讳泽深，奶名僚。幼习诗书，十五进步，二十补廪。嘉靖元年（1522）取中八名举人。二年会试，复中五十名进士。主考童起凤书升东粤肇庆高要知县，粤东督抚梁大栋拔提广西庆远府河池知州。莅任三年，厂务水灾，归贡（空）厂税银八千，无由填足，罢职归农，逃散异乡。"嘉靖甲午十三年（1534）五月下浣自序。[1]

他迁徙过程中生活方式的选择也可以作为旁证。他在"孤波里喇桥"时是以渔樵生理度日的，因为不习惯，又到了"三百峒塘口"过游猎生活，仍然难以习惯，最后移居"毛难土苗地方"，以经商为生。他本来也不习惯这里的生活，后得到风水先生的指点，方定居于此。"移居如来木锅山躲避，上司追逼，复移孤波里喇桥安住，以鱼樵生理度活，无奈山僻云深，鱼梁水险，难以糊口，又逃移三百峒塘口游猎数载，无何，鸟兽逼人，虫蝗凶恶，又移居毛难土苗地方，卖货生理，苗语难通，生疏礼貌，百味用酸，妇女穿衣无裙。忽闻康节地理先生寻龙点穴，点得草木一山，后来湾弓龙脉，前面凤舞三台，礼葬严亲，龙降虎伏。"[2]

除世谱外，笔者认为谭三孝是汉族人还有一个证据。即他的后人在毛南族地区建立起来的打着血缘宗族组织旗号的地缘性社会组织"轻"，实际上应该就是汉族"亲"字在不同地区的不同读音。这说明，谭三孝及其后人深谙汉族宗族文化，利用了汉族的宗族血缘关系的"亲属"名号，扩张了自己的势力。

---

① 广西壮族自治区编辑组：《广西仫佬族毛难族社会历史调查》，广西民族出版社1987年版，第105页。

② 同上。

二

　　谭三孝定居毛南族地区及其活动。

　　谭三孝在《谭姓世谱》的自序中谈到他的移居顺序是：常德府武陵县东关外城太平里通长街古灵社——嘉靖二年中进士——东粤肇庆高要知县——广西庆远府河池知州——数年后罢职归农——移居如来木锅山——复移孤波里喇桥——逃移三百峒塘口——又移居毛难土苗地方，经过一番周折后，终于定居下来。"多蒙益友方刚振，始而结盟，继而姻婚，生育男女，玲珑智慧，庶几苗瑶散于四方，由是出作入息，耕食凿饮，土苗互语，了然明白，田产器皿，绰然有余，将见交朋结友，情义和稔，男婚女嫁了□配，风光人杰地灵，本支不替，偶录世系，万古常新，授笔志识，手泽尤存，俾……之增玄，熏沐恩波，是以为序。"①

　　谭三孝定居后，便开始了与当地人的一系列结交活动。他与当地人方刚振结盟，后来又与其家庭通婚。《谭家世谱》记载，谭三孝在毛南族地区站稳脚跟后，首先是他们与毛南族通婚，至生男育女之后，"出作入息"，耕食凿饮，经营农业为主。随之，"土苗互语，了然明白"。如《史诗》所称："生子个个皆聪敏，随母学讲毛难话。"自然地与当地民族融合。②"三孝公所娶方家女子，据说是水家苗（一说是讲毛南话的苗家女），三贵公在仪凤乡所娶又是当地农家女（壮族），而与谭姓争夺田园的是白裤瑶。"③

　　经济生产也由商业活动，逐渐转而兼营农耕。

　　在共同的生产和生活中，与当地人语言渐通，交流顺畅。《谭家世谱》还说谭三孝刚到"'毛难生苗'的地方时，与方家结为姻亲，子女在母家生活，并讲母方语言……以后，急转直下，方氏衰落，甚至消失，子

---

　　① 广西壮族自治区编辑组：《广西仫佬族毛难族社会历史调查》，广西民族出版社 1987 年版，第 105 页。

　　② 《环江县毛难族社会历史调查》，广西壮族自治区编辑组：《广西仫佬族毛难族社会历史调查》，广西民族出版社 1987 年版，第 6 页。

　　③ 广西壮族自治区编辑组：《广西仫佬族毛难族社会历史调查》，广西民族出版社 1987 年版，第 103 页。

女皆从谭姓。"① 《毛南族史诗》说，谭三孝来到毛南族居住地后，开始受到了当地方姓人家的排斥，不许他进门，只有方刚振（方康针）接纳他，还把自己的女儿嫁给了他，"生的儿子都聪明，跟母讲话变成蛮"。②

多多置办家产，开展更广泛的结交和通婚，逐渐融入当地人。

因为材料的缺乏，笔者只能将谭三孝的一系列活动进行以上简单概括，实际是，谭三孝融入当地人绝不是如此简单，更不可能一帆风顺。很可惜，我们没有更多的材料去充实、去挖掘展示。

三

谭三孝后人在毛南族地区势力的扩张。谭三孝及其后人融于毛南族后，又强迫其他民族也融合进来，"庶几苗瑶（猺）散于四方"，这些人有的被迫迁走，有的向谭姓妥协，改姓谭，和谭姓一起融入毛南族。谭三孝也因此被毛南族人民所崇拜祭祀。

在谭三孝来到毛南族地区之前，苗族、瑶族等已经居住在此地了。毛南人曾和苗、瑶人为争夺地方而发生过激烈的斗争。如今在毛南族中流传的所谓"喊山山应"的故事，就是这种斗争的反映。在这种争地的斗争中，谭三孝的后人领导了机智勇敢的毛南族人民，取得了斗争的胜利，扩大了自己的势力和控制范围，获得了毛南族群众的拥戴和景仰。

明清之际，苗族、水族、瑶族的南下，进入到毛南族人民生活的领地，与原有居民间的民族融合增强。③ "颜姓被公认为是毛难山区最早和最大的族姓之一。一说他们是瑶族的白裤瑶支系，原居于贵州与广西交界的古州，因避乱而迁来毛难山区，建立了下旦、任柳、闹百峒、南昌、牛角诸屯。"④ 当地居民中不仅有瑶族，还有其他民族。"按谭三孝《自序》中所说的'苗语难通，生疏礼貌，百味用酸，妇女穿衣无裙'的'生

①　杨绍猷、莫俊卿著：《明代民族史》，四川民族出版社 1996 年版，第 334 页。

②　广西壮族自治区编辑组：《广西仫佬族毛难族社会历史调查》，广西民族出版社 1987 年版，第 109、111 页。

③　广西少数民族社会历史调查组撰：《环江县下南区中南乡毛难族社会历史调查报告》，第 1、2 页谈到：谭三孝来广西之前，毛南族聚居区内居住了瑶族和水族人。

④　《环江县毛难族社会历史调查》，广西壮族自治区编辑组：《广西仫佬族毛难族社会历史调查》，广西民族出版社 1987 年版，第 3 页。

苗',如今本地毛难族认为,他们是附近的水族、白裤瑶或壮族、苗族等,谭三孝等出来时是'卖货生理',后娶了水族方家的妇女,谭三贵也娶了壮族韦姓之女。史籍记载也大致反映了这一事实。"(思恩)驯驻、都亮、仪凤、茅滩,皆为僮种;五十二峒,悉属瑶居;兼之古州、八万黑苗,介逼邻近。""思恩有五十二峒及仪凤、茅滩、上中下瞳等里,皆瑶僮所居。"① 这里把毛南族归入壮族或瑶族,是古时没有经过精确的民族识别导致的,是不科学的。但反过来也证明,大量壮族和瑶族人口进入"茅滩"、"茅滩上中下瞳等里",与毛南族杂居,最后被同化于当地民族。

"相传谭姓始祖谭三孝……娶当地方姓(一说是瑶族,一说是水族)之女为妻,因语言不同,以致毛难语中,融汇了汉、壮、苗、水等族语言。此后,原来居住此地的水、苗、瑶等族居民遭到排斥,陆续外移。至今在毛难族的民间故事中,都流传着这种说法。在毛难族中,谭姓势力最大,历史上曾利用宗族关系,对当地的各族居民或不同姓的毛难族人民,进行强迫同化。据说原有的颜姓本是瑶族,有的在接受了谭姓强加的贡纳义务之后,被迫改为谭姓才留下,至今中南村已有一户申请,要求恢复颜姓。原属壮族的韦姓,居住于上瞳、下瞳一带。下瞳的韦姓,清代时划归毛难甲地区的范围,逐渐采用毛难语而变为毛难族。但上瞳居民至今仍操壮语,属于壮族。同样,迁移到附近各区各县的毛难族,也与当地的壮、汉、水等族日趋一致,发生了自然的民族融合。"② "还有一些因故无法外迁的颜姓,只得屈从而改为姓谭(谭姓)依附。但是留下的历史宿怨并未泯灭,中南村古苗屯、牛角屯、灵山屯等村的颜姓后代,直至解放前仍然没有忘怀。至解放后,中南太平村有的人已恢复颜姓。在下塘村姿洞的谭姓,声明自己本姓蔡,原是瑶族。由此可见,谭姓中也包括了原来为数不少的瑶族和其他民族的人,他们已被毛南族融合了。"③ 所以,毛南族的形成和发展都是多民族融合后的结果。这已为学界和毛南族群众所认

① (清)谢启昆修、胡虔纂,广西师范大学历史系中国历史文献研究室点校:《广西通志》卷122《关隘略》,广西人民出版社1988年版,第3537页。

② 《环江县毛难族社会历史调查》,广西壮族自治区编辑组:《广西仫佬族毛难族社会历史调查》,广西民族出版社1987年版,第76页。

③ 广西壮族自治区编辑组:《广西仫佬族毛难族社会历史调查》,广西民族出版社1987年版,第7页。

同。"就此来说，族姓已不是原有单一的族姓，乃是若干族姓和民族的结合。她继承了原有的毛难族的语言，文化和优秀的民族传说，并吸取了周围汉、壮族先进的文化知识和科学技术，使处于落后的原始状态的毛难族，发生迅速的变化和历史性的发展。"①

　　此后，谭姓人继续侵占其他姓氏和民族人口居住的地区，并且取得了胜利，这些新占领的地区就是毛南族生活区域拓展的区域。谭姓到来之后，原方、蒙、颜姓氏居住的地方，甚至包括覃、卢姓氏居住的地方被后来的、但发展较快的谭姓侵占，双方发生了多次争夺平坝田园的矛盾和斗争，许多他姓人员被迫改成谭姓，也和谭姓一样融于毛南族了。"在谭姓先祖迁来三南之前，三南一带已有覃、卢、蒙、颜等姓人家居住，特别是颜姓来得最早。传说谭姓先祖分别迁居三南各村落后，与原住的覃、蒙、颜等姓争夺平坝田园，建议用'喊山山应'的办法来解决，山神答应归谁姓就归谁姓。谭姓早已派人潜伏山头，伪作山神，结果谭姓喊山山应，谭姓人家则住于平坝田园地区，其他各姓被迫迁移到别的地方去了。又据堂八乡东信村贫农谭王四说，三南原是瑶族聚居的地区，谭姓先祖迁来后，子孙日多，与瑶族争夺山场，也用'喊山山应'的办法，谭姓一人抱着一头羊在山顶用力抱羊，谭姓山羊叫应起来，瑶族也信以为真。在谭姓人家的欺迫底下，瑶家害怕起来，有的改姓谭……有的就逃走到别的地方去。"② 毛南人曾和苗、瑶人为争夺地方而发生过激烈的斗争，这种斗争的直接结果，就是这些地区被谭姓侵占后，成为毛南族生活生产居住的区域。

　　《谭家世谱》和毛南族史诗中记述了谭姓三代人生活居住地域的拓展。"谭三孝生四子，一池结、二定值、三半官、四部金。池结也生四子，一兴伯、二老果、三老姓、四龙犯。而兴伯生有八子，后即分为八个宗支称为'八轻'，亦尊为'八金'、'八羌'、'八强'……"八个宗支不断繁衍，其分布《排见》作了明确的阐述：

---

　　① 《环江县毛难族社会历史调查》，广西壮族自治区编辑组：《广西仫佬族毛难族社会历史调查》，广西民族出版社 1987 年版，第 8 页。
　　② 广西壮族自治区编辑组：《广西仫佬族毛难族社会历史调查》，广西民族出版社 1987 年版，第 102 页。

"龙轻"在"高川"、"下谈"，一公子孙住"松银"，

"七政"、"板诣"各成屯，"新村"、"塘龙"两村有，

"木别"一村也同脉。"虎轻"分出去"堂八"，

一公安身住"上纲"，一公定居于"上里"，

同脉还有委峨屯。"马轻"主要住"南昌"，

"南木"、"三塘"连"东信"，"直壮"也是同脉亲，

联结"松马"和"干孟"，还有"木国"也同脉。

"唐轻"于"上塘"、"上义"，一公又搬"上任"屯，

"干强"真正同脉亲。"松崖"屯要属离轻。

赵轻"堂下"人丁少，"高隆"、"建平"属"汉轻"，

"下相"也与相同脉。"上崖"应属于"豹经"，

其村人丁更稀少，谭义公搬迁都安，

"安定"也有不少人，全是三孝先祖孙。①

　　谭姓八"轻"所占据的村屯，很多是从其他姓氏和民族人口手中强抢过来的。"有些未迁的瑶民，谭三孝对他们说：'你们只要改姓谭，就可算为我的同族留下，可以到我指定的地方去落户'。姓颜的瑶民们无可奈何，为首的颜楼，在改姓后，带着谭三孝交给的一只公鸡，率领族众，向指定的西方走去，走到什么地方鸡鸣，就在什么地方落户。当他们走至下塘时，鸡喔喔打鸣，他们就停下居住，建立了下塘屯。也有不愿改姓的颜姓族人，无法继续在中南村立足，后迁至今楼岩屯的峒厂种地。"② 有的谭姓宗亲也直接迁往其他地方，扩展领土。"据说当年谭三孝向最笨的儿子谭开说：'你从夜里四更向西走去，走到何处天亮，那里就是你的住处。'谭开带着家小上路，就在天亮时走到的地方住下，这个峒场的小村，被称为'成开峒'，生产条件很差。"③ "通过族姓的兼并，原在本地居住的方、颜、蔡、杜等姓，凡不改姓的都被赶走……有些无法摆脱谭姓

　　① 广西壮族自治区编辑组：《广西仫佬族毛难族社会历史调查》，广西民族出版社 1987 年版，第 6 页。以上村屯名字很多在今天还使用着。

　　② 同上书，第 56 页。

　　③ 同上书，第 57 页。

的侵扰，终于陆续改为谭姓依附。"① 通过这样的手段，谭姓"集中了力量，驱逐了其他民族和族姓，占有了他们的好田好地和村屯，强制他们依附，进行强迫民族同化，终于形成了谭姓占毛南族总人口 80％ 的特殊局面。"②

明清之际如此扩张，使得毛南族大部分集中居住于今环江县西部的三南一带，另外，在附近的河池、南丹等地都有少量的毛南族。在河池的毛南族，主要在该县西北的拔贡、长老、塘甫、北香等地，在南丹县的多分布在与毛难山区隔打狗河相望的七圩、下坪、砂厂等村。其中，南丹七圩的谭姓迁至此地已有十代，推测应是清中前期迁移去的。

以上既是谭姓势力扩张过程的见证，也是毛南族扩张过程的证据。通过对其他姓氏生活区域的侵占，通过驱赶其他姓氏离圩，已经实现了谭姓子孙自己对周围地区的占领，毛南族生活生产区域扩大了。

四

谭三孝从谭姓始祖演变为毛南族的始祖。

谭三孝等外来的汉族代表人物来到毛南族生存发展的地区后，因对毛南族或毛南族某些大姓家族、宗族的发展、壮大，起到了极为重要的作用而被人崇祀。这种现象在宗族史上屡见不鲜，在民族史上也颇为常见。

但是，民族史上，这些宗族始祖进而成为民族始祖的惯例是，宗族始祖必须是本民族的代表人物，而不是外来的。谭三孝之所以被谭姓宗族视为始祖，并进而被视作是毛南族的始祖，主要是因为他对毛南族发展的贡献无人可比。他在毛南族聚居区站稳脚跟后首先扩大了地盘，强夺了颜姓的山林耕地，并且连续用计，令颜姓主动离开居地，迁徙到了南丹县大瑶寨。覃姓家族宗支也遭遇到同样的经历。此后，颜姓、覃姓后人都曾组织力量想夺回土地，谭三孝再次使用计谋或武力使之知难而退。③ 然后，他又强迫许多他姓改姓谭姓，壮大了宗支的民众力量，发展了毛南族人口。

---

① 广西壮族自治区编辑组：《广西仫佬族毛难族社会历史调查》，广西民族出版社 1987 年版，第 56、57 页。

② 同上书，第 8 页。

③ 同上书，第 6、7 页。

"人多势众的谭姓，以谭三孝为共同的始祖，利用血缘的亲属关系，集中了力量，驱逐了其他民族和族姓，占有了他们的好田好地和村屯，强制他们依附，进行强迫民族同化，终于形成了谭姓占毛南族总人口80%的特殊局面。就此来说，谭姓已不是原有单一的族姓，乃是若干族姓和民族的结合。它继承了原有的毛南族的语言，文化和优秀的民族传说，并吸取了周围汉、壮族先进的文化知识和科学技术，使处于落后的原始状态的毛南族发生了迅速的变化和历史性的发展。"① 这样一个对本宗支发展和毛南族发展都起到重要作用的人物受到崇祀是理所应当的，尤其是谭姓宗支在毛南族中的比例高达80%的情况下，这种舆论在毛南族中更有市场。

通过谭三孝的经历，尤其是在毛南族地区人口增长和谭姓生活区域扩展等事件中谭姓发挥的作用，我们可以看出，谭三孝到达毛南族地区之时，虽然毛南族早已形成，并具备了稳定的民族特征，但毛南族没有强有力的中心人物作为领导，自身凝聚力并不很强。反而是在谭三孝融入毛南族后，经过他及其后代的种种强制手段，发展了毛南族人口，扩展了毛南族的生活区域，将当地大部分人口吸收、控制在谭姓势力之下，壮大了毛南族的实力后，毛南族的民族凝聚力和向心力得到了增强。谭三孝作为一个外来移民，其被谭姓宗族视为始祖是正常的，而其被视作是毛南族的始祖，肯定有其不可替代的作用。

确切地说，正是谭三孝及其后人的高压和强制手段，一方面压迫了毛南族其他姓氏和其他民族群众，同时也加强了毛南族的凝聚力。另一方面，谭三孝及其后人的活动直接在毛南族地区传播了汉文化，例如，宗亲文化以及"轻"社会组织的建立；再如，毛南族中谭姓世谱和碑文的传世。

不过，应该特别加以说明的是，谭三孝是毛南族谭姓宗族的始祖，是促进毛南族发展的重要人物，是外来的汉族，但绝对不是毛南族的始祖。毛南族人意识中谭三孝从汉族人士向毛南族始祖的转化正是汉文化与少数民族文化互动的必然结果。

---

① 《环江县毛难族社会历史调查》，《广西仫佬族毛南族社会历史调查》，广西民族出版社1987年版，第8页。

【民族关系史研究】

20 世纪 50—80 年代云南边境
地区的汉族移民

苍　铭

（中央民族大学　历史文化学院）

从 20 世纪 50 年代开始，有组织的汉族移民不断迁入云南边疆地区。汉族人口迁入对云南边境地区的发展和经济繁荣发挥了积极的作用。但是，人口增长对生态环境的压力在 80 年代也开始显现。

一　20 世纪 50—70 年代的移民①

从明代开始，内地汉族人口就不断向西南边境地区迁移，迁移的方式有的是有组织的，有的是自发的。汉族人口的迁移一直没有间断，但数量比较少，西南边疆总体上是少数民族人口多，汉族人口少的人口结构。大多数汉族人迁到边疆地区后都融入了少数民族之中。20 世纪 50—70 年代因政策原因，汉族人口向边疆的自由迁移中断了。这是因为 1958 年 1 月 9 日，全国人民代表大会常务委员会第 91 次会议通过了《中华人民共和国户口登记条例》，中国开始推行户籍管理制度。该条例规定"由农村迁往城市，必须持有城市劳动部门的录用证明、学校的录取证明，或者城市户口登记机关的准予迁入的证明。"但在计划经济体制和人民公社管理体制之下，户籍制实际上限制的是所有形式的自由迁移。有组织的迁移是这一时期内地汉族向云南边疆地区迁移的主要方式。

---

① 数据除单独注释外，均来源于云南省农垦总局编纂：《云南省志》卷 39《农垦志》，云南人民出版社 1998 年版。

　　1949 年中华人民共和国成立后，西方国家对中国实行了全面的经济封锁，橡胶是一种重要的战略物资，西方国家将其对中国实行禁运。为打破西方列强的经济封锁，解决国内战略物资生产和人民生活的需要，中国政府决定在云南西双版纳等地发展橡胶产业。橡胶种植业是劳动密集型的产业，而 20 世纪 50—60 年代，西南边疆地区人口稀少，劳动力十分匮乏。以西双版纳勐腊县为例：1951 年，全县总人口 46220 人，人口密度每平方公里只有 6.74 人①。解决劳动力缺乏的最便捷方法就是从内地迁来汉族人口。部队复员转业军人、昆明市自愿垦荒队的青年、省市机关下放干部成为 20 世纪 50 年代第一批迁入西双版纳的汉族移民。根据云南省农垦总局编纂：《云南省志》卷 39《农垦志》的记载，移民的具体数据如下：

　　转业军人。20 世纪 50 年代，昆明军区、13 军、14 军、49 师、华南林一师、林二师、昆明军区直属队等 3.14 万官兵转业到云南边疆，创办了许多农场。例如：1955 年，14 军 41 师、42 师转业复员官兵 698 人组建了盈江、陇川、芒市军垦农场（4 月）；建水县公安大队、13 军 38 师404 名转业官兵组建了金平农场（5 月）；1958 年，13 军 37 师、39 师转业军官 526 人到达大勐龙东风农场，昆明军区机关、直属单位转业军人402 人组建孟定农场，14 军机关、40 师转业军官 522 人组建勐省农场，云南省军区直属队 432 名转业干部到陇川组建章凤农场。

　　垦荒青年。1955 年 12 月，昆明青年志愿垦荒队 3552 人分赴边疆各军垦农场或组建青年农庄。其中 550 名来到黎明军垦农场，2230 名来到双江、勐撒、镇康等军垦农场，389 名来到潞江组建新城青年农场，97 名到遮放，89 名到陇川，99 名到盈江，98 名到莲山分别组建青年集体农庄。1958 年 4 至 5 月，北京华侨补习学校 350 名归侨学生到达勐养农场。

　　下放干部、居民。1958 年 1 月，省级机关干部 600 余人下放到勐阿农场，708 人下放到德宏和西双版纳；思茅地区机关下放干部 278 人到勐龙建立前哨农场；昆明下放居民 18 人到达勐养农场，56 人到达大渡岗农场。

　　到 1959 年年底，云南已有橡胶农场 41 个，职工 3 万人，定植橡胶五

————————
① 云南省勐腊县志编纂委员会编纂：《勐腊县志》，云南人民出版社 1994 年版，第 67 页。

万亩。

二　20世纪60年代的移民[①]

　　1959年2月23日，农垦部、化工部党组在一份名为"关于大力发展天然橡胶"的报告中，请求党中央和毛主席解决云南橡胶种植中的劳动力问题，建议将云南当年复员的军人全部留下，并需要从外省移民30万人。劳动力的需求是按每20亩橡胶需要1名工人及其他加工人员来计算的。按照当时橡胶和其他热带作物发展的规划，到1962年，海南和云南就至少需要100万以上的劳动力。

　　湖南移民。为实现第二个五年计划结束时（1962）云南全省橡胶发展达到200万亩的计划，1960年6月25日，云南省委给中央政府的报告中请求中央政府支持2.2亿元钱及劳动力和设备，第二个五年计划内需要橡胶工人17万。针对云南橡胶基地建设需要劳动力的情况，中央决定从湖南支援新疆的60万人中抽调5万人到云南。从1959年年底到1960年，湖南省向云南西双版纳州、红河地区、德宏州、临沧地区共移民36695人，其中青壮年22037人，家属14658人。移民主要是来自湖南的醴陵、祁东、祁阳三个县的农民，祁东县移民最多达16271人，醴陵县其次，移民11203人，祁阳县为5068人。其中西双版纳州安置22236人，红河地区安置5708人，德宏州安置4351人，临沧地区安置4186人。此次政府移民后，由于亲朋好友的引导，1965年至1966年，湖南省有18个县的1.15万人口自发地迁移到西双版纳等地州而被各农场收纳。

　　内地支边移民。50年代云南边疆一些农场由于发展橡胶急需劳动力和土地，曾采取将周边乡村并入农场的办法来满足发展需要。如1958年8月23日，河口县委将农场附近的25个高级社、875户3500人、1.6万亩土地与河口的6个国营农场合并为红河人民公社。1958年到1961年，全省有5749户农民经云南省委正式批准，由集体制转为全民所有制。1961年，国务院农林办公室、农垦部特急电传达周恩来总理的指示：国

---

　　① 移民人口数，除单独注释外，均来源于云南省农垦总局编纂《云南省志》卷39《农垦志》，云南人民出版社1998年版。

营农场必须安置一部分家在城市的精简职工和学生，过去并入农场的人民公社、队，凡能退出的都可以退出，留出空额来安置精简下来的职工。1961 年 7 月，边疆各农场接受了下放的 1.05 万名职工和学生。1965 年，内地的重庆、天津、武汉、上海等大城市，先后有数千名高初中尚未毕业的知识青年、社会青年自愿到云南参加边疆建设。这其中，来自重庆的社会青年先后有 1606 人，大部分安置在西双版纳各农场。

三　70 年代的移民[①]

"文化大革命"中，知识青年的上山下乡是 20 世纪下半叶边疆地区规模最大的一次有组织的人口迁移。1968 年 2 月 8 日，北京首批下乡的 55 名知青从北京出发，2 月 21 日到达西双版纳的东风农场。10 月，西双版纳组建的 5 个水利工程团先后接受了知青 1 万多人，在勐遮、勐润、橄榄坝等地兴修水利工程。1968 年到 1971 年，共有 57099 名上海知识青年、8394 名北京知识青年、41068 名四川知识青年来到云南边疆地区。北京知识青年多是 1969 年到达云南，安置在滇南红河州、西双版纳的生产建设兵团各农场；四川知识青年集中在 1971 年到达云南，主要安置在滇西的瑞丽、陇川、芒市、盈江、宾川、沧源等地的生产建设兵团各农场；重庆知青共约 24422 人，安置在滇南勐腊、景洪、河口、文山、金平、勐海等地的生产建设兵团农场。内地迁入边疆的知识青年到 1979 年时，大多返回了原籍。

除上述几批较大的移民外，每年都有大量的汉族干部、工人、教师、大学毕业生、医务人员和工程技术人员，陆续来到云南边疆地区支援橡胶业的发展。到 70 年代后期，大规模、有组织的橡胶移民停止了。各橡胶农场主要采取招收当地少数民族农民入场的办法来解决劳动力问题。

有组织的移民开发活动，推动了边疆地区社会和经济的发展。西双版纳从 1956 年建立第一个橡胶农场开始，到 1982 年，全州共建立了景洪、东风、橄榄坝、勐养、大渡岗、勐腊、猛醒、勐捧、黎明等 10 个县一级

---

① 移民人口数，除单独注释外，均来源于云南省农垦总局编纂《云南省志》卷 39《农垦志》，云南人民出版社 1998 年版。

的国营农场，分场64个，生产队596个，总人口11.7万多人，成为云南第一大橡胶产区，中国第二大橡胶基地。① 红河州是云南第二大橡胶产区，有河口坝洒、蚂蝗堡、南溪、金平勐拉四个橡胶农场。德宏州有瑞丽、畹町、遮放、盈江、陇川、试验站六个橡胶农场。文山州有麻栗坡天宝农场和马关国营康健两个橡胶农场。临沧地区有孟定、勐撒两个橡胶农场。截至1995年，各橡胶农场累计为国家生产天然橡胶89.45万吨，云南橡胶的发展为国防事业和人民生活的需要作出了巨大的贡献。

四　20世纪80年代的移民

1978年12月，中国共产党召开了十一届三中全会，会议通过了《中共中央关于加快农业发展若干问题的决定（草案）》。此后，农业生产责任制在中国广大农村推广开来。不久，城镇的经济体制改革也席卷全国。中国社会以市场为导向，开始了一场较大的社会变革。农村生产责任制的实施，使农民摆脱了人民公社制度下准军事化的生产组织和时间安排，有了时间和行动的自由。随着经济的发展，城镇粮食、肉类等配给制逐步取消，身份证的使用为人口的流动创造了有利的条件。当时农村非农业生产，如养殖业、手工业、运输业、商业的劳动效益要高出农业劳动数倍，在利益推动力的作用下，人地矛盾比较突出的地区，过剩的劳动力开始离开本乡，在县内、省内、省外流动，寻求就业和赚钱的机会。

这一时期，农民流动总体上是流向大城市和沿海经济发达地区。不过，由于边疆地区社会经济发展缓慢，人口数量相对较少，群众商品意识和竞争相对较弱，而且许多项目亟待建设，这对一些有技能和有商品意识的外来人员产生了吸引力，大量的内地建筑队、商贩、有技术专长的手工业者不断流入边疆地区，停滞30多年的内地与边疆的人口自发流动又开始恢复，很快成为边疆移民的主要形式。如西双版纳勐海县1980年以后，随着改革、开放、搞活经济方针的贯彻，县境内流动人口迅速增长，1982年迁入勐海的人口有5202人，1985年迁入人口6468人，1990年第四次

---

① 数据来源：《西双版纳傣族自治州概况》，云南民族出版社1986年版，第125页。

人口普查登记，常住勐海一年以上、户口在外县的外来移民 6594 人。[1]
进入 20 世纪 90 年代以后，除工商移民外，还增加了大批到边疆承包土地
耕种的内地各族农民。

从边疆各地州的情况看，1979 年到 1990 年迁入人口的情况是：怒江
16139 人、保山 24985 人、德宏 34974 人、临沧 30706 人、西双版纳 7500
人、红河 72446 人、文山 87929 人。思茅地区人口的变动是迁出 25626
人，[2] 而这部分迁出人口大多进入了西双版纳。

五　移民带来的生态压力

由于移民和人口的自然增长，到 20 世纪 80 年代初，边疆地区的人口
有了较大增长，民族构成也发生了历史性的变化。根据 1953 年全国第一
次人口普查统计，云南沿边八个地州的人口分别为：怒江州 21.7 万、保
山地区 110.66 万、德宏州 40.2 万、临沧地区 91.91 万、思茅地区 110.96
万、西双版纳州 22.61 万、红河州 170 万、文山州 131.14 万。到 1982 年
第三次人口普查时，怒江州人口增加到 36.65 万人，增加了 14.95 万人；
保山地区人口增加到 188.9 万人，增加了 78.23 万人；德宏州人口增加到
74.99 万人，增加了 34.79 万人；临沧地区人口增加到 172.1 万人，增加
了 81.10 万人；思茅地区人口增加到 198.65 万人，增加了 87.69 万人；
西双版纳人口增加到 64.64 万人，增加了 40.03 万人；红河州人口增加到
322.05 万人，增加了 151.59 万人；文山州人口增加到 261.26 万人，增加
了 130.12 万人。[3] 30 年中，沿边八个地州共增加人口 618.5 万人。在民
族构成上，许多传统的民族自治地方，汉族人口比例有了较大的提高。如
西双版纳州，解放初，傣族人口较多，约占总人口的 52%，哈尼、布朗、
瑶、佤、基诺等民族以及汉族的人口约占 48%；到 1983 年，西双版纳的
汉族人口由 1955 年建立自治州时的 1.7 万人，上升到 19.17 万人[4]。西双

---

① 勐海县地方志编纂委员会编纂：《勐海县志·人口》，云南人民出版社 1997 年版。
② 《跨世纪的中国人口》编委会：《跨世纪的中国人口·云南卷》，中国统计出版社 1994 年版，第 32 页。
③ 人口资料来源：《中国人口·云南分册》，中国财政经济出版社 1989 年版，第 118—120 页。
④ 西双版纳有关数据来源于《西双版纳傣族自治州概况》，云南民族出版社 1986 年版。

版纳的民族构成发生了巨大的变化，形成了傣族、汉族和其他少数民族各占三分之一的格局。人口的增长给边疆地区的生态环境带来了巨大的压力。

西双版纳州 20 世纪 50 年代初时，森林覆盖率高达 60% 以上，从1960 年到 1981 年的 21 年间，全州共毁林开荒 402 多万亩，平均每年 19多万亩。其中山地刀耕火种毁林 260 多万亩，外来盲流人口毁林，以及建筑采伐毁林 142 万亩。由于大量的毁林开荒，造成旱地大量增加，水田减少和水田变成雷响田，如勐海的大黑山，因森林茂密、郁郁葱葱而得名，山涧溪流纵横，源源不断地流入勐遮坝，灌溉坝区 20 多万亩良田，但到90 年代时大黑山的森林已被砍光，大黑山变成了"大红山"，20 多万亩良田全部变成了雷响田。①

德宏州到 20 世纪 90 年代时，水土流失面积达到 2712.72 平方公里。其中，水土流失严重的达 413.62 平方公里。全州有效灌溉面积 1980 年为66.09 万亩，1987 年减少到 58.76 万亩，减少了 11.9%，同期内旱涝保收面积由 26.04 万亩下降到 21.77 万亩，旱涝保收面积只占全部耕地的 1/4。

在人口激增的重压下，为了解决粮食、住房、薪柴等需要，在生产力水平和生产方式没有明显提高和变革的情况下，怒江地区的外来人口和当地百姓只有通过开垦荒地、砍伐森林来维持生计，对生态环境造成了极大的破坏。怒江峡谷内的耕地绝大多数都是 25 度以上的坡地，甚至 45 度以上的山坡上都被开垦了。为了解决基本温饱问题，人们不断扩大耕地面积，结果越开垦生态环境越恶劣，生存条件越差。

小　结

20 世纪下半叶云南边疆地区的移民，以有组织的人口迁移为主要形式。内地有组织的汉族移民大量迁入边疆，使国家在短期内实现了橡胶基地的建设目标，橡胶基地的建设，对少数民族社会经济的发展和边疆的稳

---

①　西双版纳、德宏、思茅三地州环境资料来源：1.1990—1995 年云南省环境公报（云南省环保委编印）；2.《思茅地区志》，云南民族出版社 1996 年版；3.《跨世纪的中国人口·云南卷》，中国统计出版社 1994 年版；4.《西双版纳州林业志》，云南民族出版社 1998 年版；5.《新编云南省情》，云南人民出版社 1996 年版。

定发挥了重要的作用。改革开放以后，边疆与内地的经济交往日益频繁，人口的自发性迁移活动也不断增多。由于人口的自然增长和人口迁移，边疆地区的民族构成比例有了显著的变化，汉族人口的比例在总体上有了很大的提高，一些地区汉族人口还超过了少数民族。人口密度的不断增大，给边疆地区的生态环境带来了巨大的压力，人口相对过剩的问题成为制约边疆地区社会经济发展的严重障碍。

清代驻防八旗的"方言岛"现象

潘洪钢

（湖北省社会科学院文史研究所）

清代驻防八旗是一支地位特殊的军队，也是"聚族而居"的人民共同体。清入关后，"八旗劲旅，以强半翊卫京师，以少半驻防天下，而山海要隘，往往布满"①。驻防兵丁少则数十、数百，多则数千人，布防于所有内地和边防的军事要地。虽然在人数上，他们较之以汉族为主体的绿营兵要少得多，但在相当长的时期内，他们的重要性却远超过后者，是清王朝最倚信的军事力量。他们携眷而来，聚族而居，亦兵亦民，担负着对内、对外的军事任务。从另一角度来看，他们是人口中绝对的少数，驻防地如同汉族汪洋大海中的一座"孤岛"。在长期与汉族等各族人民的紧密接触与文化互动中，驻防旗人的语言文化也产生了巨大变化，其中一个引人注目的现象是，在各驻防地区，形成了一座座以北京官话为基本特征的"方言岛"。历史学、民族学界对此鲜有关注与研究，本文仅对此作初步讨论。

一

所谓"方言岛"，是指"历史上操相同或相近方言的一部分人迁入操另一种方言的人的地盘，他们所带来的方言在本地方言的包围下，就如大海上的岛屿，即是通常所说的'方言岛'"②。现存中国境内的"方言

---

① 《清史稿》卷131，《兵志二》，中华书局1977年版，第3901页。
② 庄初升：《试论汉语方言岛》，《学术研究》1996年第3期。

岛",多为明清时代由于各种原因移民而产生的,清代八旗驻防携眷而来,即为军事移民性质,由于其成员全部为八旗人口,所形成的"方言岛"也具有独特性。语言学家曾对山东青州八旗驻防所长期沿用的"北城话"进行过讨论,将其视为青州驻防八旗的独特语言现象:"清代派旗兵驻防各地,不独青州,但将其原籍汉语方言保留至今的却未见报道。如山东德州也有旗兵驻扎,但其后代早已改说德州话了。"[1] 而事实上,除了一些规模较小的八旗驻防区以外,直到今天,由清代驻防旗人形成"方言岛",仍是一个较为普遍的现象。

清代各地驻防八旗逐步设立后,即开始出现了一种"方言岛"现象,即驻防八旗城内既不同于北方方言,也有别于当地语言的一种特殊语言,成为语言方面的一个奇特现象。辛亥革命后,在驻防旗人深受民族歧视与压迫的情况下,不少地方此种"方言岛"现象仍旧得以保存,直到改革开放后的当代,这种特殊语言现象仍然顽强地存在着。笔者于 20 世纪八九十年代及近年,数次赴清代八旗驻防地区进行实地调查,每每为这种语言的坚韧生命力所打动。2004 年笔者赴荆州考察,居住在当地最后一幢旗兵营房中的关大娘仍然在使用此种特殊语言:她的口音主要为当地荆沙一带的方言,但其中明显夹杂着北方口音。看到我们对这一点感兴趣,她干脆用北方话与人交谈。她自己似乎对此也感到满意、高兴。其实,她的语音中,说北方话时带有浓重的荆州口音,说荆州话时又带有很多北方的儿化音。不独笔者,到驻防地区进行调查访问的学者和记者对此类现象也有很多生动记录:如在福州,"满族虽已完全放弃了满语满文,但在家里以及他们互相交往时,使用的仍是类似北京方言的语言,今天听起来大体是标准的普通话,虽然他们也会讲福州方言。而闽江口水师旗营兵丁的后代,所说的是一种既非满语亦非当地方言的语言,这一现象已引起一些专家的注意"。[2]在山东青州,"此前,我们在潍坊等地参观,颇为山东话的难懂犯愁,有时不得不请求对方把话重复一遍。在北城村,却犹如在跟北京老乡谈话,如此相近的乡音,实在令人兴奋。令人难以置信的是,在长

---

　　① 张树铮:《山东青州北城满族所保留的北京官话方言岛记略》,《中国语文》1995 年第 1期。

　　② 定宜庄、胡鸿保:《浅论福建满族的民族意识》,《中央民族学院学报》1993 年第 1 期。

达 300 年的时间里，北城满族生活在被汉文化长期熏陶的过程中，一个不足一平方公里的城池内，竟然还能保留下如此纯正的'京腔'"。"据村委会干部介绍，只要一出北城村，你听到的就是地道的山东话，北城村人无论老幼都兼通山东话和'北城话'，村外交际用山东话，村内交际用'北城话'。"①在呼和浩特，"生活在这里的八旗官兵直到今天还保留着许多当年从京城带去的习惯，特别是语言。我访问的两个老人都操一口地道的京腔，对我说话时也都称，'咱们'、'咱们的人'、'咱们满洲人'，表现出强烈的民族认同感"②。在福州长乐市琴江，"村党支部张书记的普通话中掺杂了一点东北口音，先是让我吃了一惊，同时也让我这个来自满族发祥地的北方人倍感亲切。原来，在琴江，人们都会说三种语言：普通话、福州话和满族'旗下话'。张书记一句'家乡来人了'，立刻拉近了我和琴江的距离"③。在西北的宁夏地区，"宁夏满营也形成了'旗人语言'，亦即掺以宁夏土音的所谓'宁夏化了的北京口音汉语'"④。

　　毫无疑问，我们今天所见的各地驻防旗人留下的"方言岛"，已经与清代驻防旗城内部使用的北京官话有了相当的不同。笔者于 20 世纪 80 年代末赴荆州等地考察时，深切的体验到此种方言的特殊性，并由衷地感慨："在蛮音㖒舌的楚乡，不时见到操京腔的人们，成为当地语言方面一大特色和有趣现象"⑤，但 21 世纪初，笔者再赴荆州考察时，未能在大街小巷中遇到操北方口音者，显示出在当今社会发展急速加快的背景下，"方言岛"正处在变迁中的状况。但可以肯定，清代驻防八旗族群所形成的特殊"方言岛"，是一个较为普遍的现象。至于一些驻防地何以未能形成同类的"方言岛"，当与其驻防规模较小、人口相对较少及是否建有独立的"旗城"或"满城"等因素有关。以德州而言，其为清代较早设立的八旗驻防，后屡经变迁，乾隆初裁撤青州将军后，设青州副都统一员，兼辖德州城守尉及其所部驻防八旗兵，德州旗兵各兵种合计仅 400 余名，

---

① 刘小萌、王禹浪：《山东青州北城满族村的考察报告——关于青州八旗驻防城的今昔》，《黑龙江民族丛刊》2001 年第 4 期。

② 胡鸿保、定宜庄：《口述与文献的融通——满族史研究新体验》，《黑龙江民族丛刊》1999 年第 3 期。

③ 英未未：《福建奇异地保留着一个满族村》，《南方周末》2004 年 9 月 9 日。

④ 腾绍箴：《论宁夏八旗驻防解体与民族文化融合》，《宁夏社会科学》1997 年第 1 期。

⑤ 潘洪钢：《辛亥革命与荆州驻防八旗》，《满族研究》1992 年第 2 期。

官兵总计约 500 余人，人口较少，僻处于德州城东北一隅。尽管如此，德州驻防旗人后裔的语言状况，也显示出与当地居民的差异。"德州解放前，居住在老城东北角的满族人，亲属称谓和汉族人不尽相同。……解放后，满汉两族的方言渐趋一致了。"①从辛亥革命到新中国成立的时期内，在民族歧视普遍存在和人口流徙的情况下，人口本来较少的驻防区，其"方言岛"的消失，其后裔与当地方言渐趋一致，也是"方言岛"变迁一种状况。

以笔者近年数次走访荆州、成都、广州等地八旗驻防故地，以及学术界的调研、新闻媒体的报道来看，可以肯定，清代八旗驻防地区曾普遍出现过"方言岛"现象，在一些驻防规模较大，旗人人口较多以及与当地民人隔离（如单独的旗城）的驻防区，"方言岛"一直存在到今天。对清代驻防八旗地区的"方言岛"现象的研究，还远远没有展开，这种情况不仅应该受到语言学界的关注，也应当引起历史学和民族学界同仁的重视。对清代驻防八旗"方言岛"现象的研究，对于了解清代民族关系、民族尤其是旗人语言的变迁及社会变迁史的具体情况，实有裨益。

二

清代八旗驻防，大体上可分为四类："曰畿辅驻防兵，其藩部内附之众，及在京内务府、理藩院所辖悉附焉。曰东三省驻防兵。曰各省直驻防兵，新疆驻防兵附焉。曰藩部兵。"②如果从各省直驻防的角度观察，荆州、福州、成都等地的"方言岛"，在分类上应属孤岛型"方言岛"；而以京师禁旅八旗为中心向外辐射，沿京畿一线布防的畿辅驻防，形同被各个当地汉语方言隔离的群岛，应属群岛型"方言岛"；如果将驻防逐步形成的若干条防线联系起来观察，则盛京至北京一线以及沿山海关至长城各口隘一线，山西右卫、绥远至内蒙两翼蒙旗、外蒙古的乌里雅苏台一线，汉中、凉州至西安、宁夏到新疆一线，长江沿线的荆州、镇江、杭州至江宁一线，沿海的金州、营口、杭州、福州、广州一线，则又构成了列岛型

① 曹延杰：《德州方言志》语文出版社 1991 年版，第 3 页。
② 《清史稿》卷 130，《兵志一》中华书局 1977 年版，第 3864 页。

"方言岛"。①

根据笔者目前所了解的各驻防区"方言岛"的情况，各驻防区"方言岛"的旗人及其后裔，所操口音均为北方口音，被称为"旗下话"、"京腔"、"地道的京腔"、"东北口音"等。如："福州的旗人下也是一口的京韵京白。他们中的不少人虽然没有受过多少教育，但在'旗下街'这样一个满人社区中自幼习成，也显得口音纯正，与杭世骏所听到的正宗福州人之'鸟音禽呼'迥别。"②简言之，驻防旗人方言岛的居民语言，既非满族语言，也不是驻防地汉族方言，而是一种语言学上称为北京官话的北方方言，形成了一种独特的汉语方言岛。延至今日，"方言岛"的居民，多能根据通话对象和语言环境，在岛方言和当地方言之间进行转换，如在自己人内部用岛方言，对当地人或外来人口则用当地方言，年轻一代甚至会在岛方言、当地方言和普通话之间进行转换。

驻防旗人"方言岛"的形成，有其特有的历史背景与原因。

首先，关外时期满汉双语制是此种"方言岛"形成的远因，入关初期北京内城的"满式汉语"，则是"方言岛"形成的近因。根据语言学和史学界的研究，从努尔哈赤统一女真各部，到皇太极统一关外东北地区，是八旗制度打下根基、发展的时期，同时也是满族形成统一民族的时期。这一时期中，后金和清政权统治下的东北汉族人口成倍增长，其间既有辽金时代以来世居东北的汉族后裔，也有大批投降旗下的明朝军队即后来八旗汉军的基础，也有大量投旗的汉人和军事活动中掳掠而来的汉族百姓。如入关前清军三次进兵，掳掠和胁迫北归的汉族人口即达百万之众。入关初，八旗男丁总数中，满洲男丁五万五千余，仅占 16%，而汉族占了76% ③，这种情形，也使得满族形成过程中的语言状态产生了极大变化。入关前"满族统治者管辖地区的汉族人口骤增，当时满族人和人数众多的汉族人接触，不得不使用这种汉语方言；新加入满族的汉人原来就不会说满语，使用的也是这种方言。满语在满族中退居次要的地位，到清

---

① 关于方言岛的分类，参阅庄初升《试论汉语方言岛》，《学术研究》1996 年第 3 期。

② 王振忠：《旗下街》，《读书》1996 年第 2 期。

③ 林焘：《北京官话溯源》，《林焘语言学论文集》，商务印书馆 2001 年版，第 184 页。原载《中国语文》1987 年第 3 期。参阅安双成《顺康雍三朝八旗丁额浅析》，《历史档案》1983 年第 2 期。

入关前，满族人之间一般也都以汉语对话，连地名和官名等用语也都用
汉语名称了"。①语言学家们认为，入关前，在与汉族人口的密切接触中，
汉语已成为旗下的通用语言，"至少到入关前，由于外部汉文化氛围和
内部东北汉语的强烈渗透，满族人也逐渐用旗人汉语代替了旗人满语，
而旗人满语又不断丰富着旗人汉语，使之成为北京官话特有的京腔的直
接雏形"。②

　　关外时期八旗人口是否已经以汉语代替满语，形成以满式汉语为主的
语言形式，尚有进一步论证的必要。因为，关外汉族人口增加当然是不争
的事实，但各族人口的地位却大不相同，旗下投充汉人、掳掠而来的关内
人口等虽然人数众多，但身份却十分卑微，作为高人一等的满洲旗人，交
往中虽不免要学习和使用汉语，但地位卑微者的语言却不一定会成为主流
语言。事实上，满洲旗人在正式场合和旗人交往中，逐渐放弃满语的使用
是经过了一个较长的历史时期的。但可以肯定的是，入关前到清政权进入
北京的最初一段时期，满族已经形成了一个双语制的语言状况，在官方正
式场合及满洲旗人交往中，满语仍然是常用语言之一，但在与汉族包括旗
下大量的汉军旗人交往时，旗下的满式汉语则越来越多地被作为主要语言
来使用了。这种双语制的情况，正是后来形成各地驻防旗人"方言岛"
现象的远因。

　　清入关后，以关外旗人汉语或称满式汉语为基础，很快在八旗居住的
北京内城形成一个新的北京官话区，这种新的"京腔"明显有别于外城
汉族所使用的明朝官话，其影响日渐增长，并与关外旗人汉语连成一体，
成为北京官话区（如图，图片引自林焘：《北京官话区的划分》）。"北京
官话区以北京市为起点，从西向东，范围逐步扩大，形成西南狭窄、东北
宽阔的喇叭形区域，包括河北省东北部、内蒙古东部和东北三省的绝大部
分。在这个人口达一亿以上的广大区域内，不但声韵系统基本相同，调类
完全相同，而且调值完全相同或极近似，这在汉语方言中是绝无仅有的。
这个方言区如果按惯用的地理位置来命名，似乎应该被称为'东北官

---

　　①　林焘：《北京官话溯源》，《林焘语言学论文集》，商务印书馆 2001 年版，第 182 页。原
载《中国语文》1987 年第 3 期。
　　②　赵杰：《满族话与北京话》，辽宁民族出版社 1996 年版，第 70—71 页。

北京官话分布图

话'，但由于北京话的重要地位，仍以称'北京官话'为宜。"①这种新式
京腔，虽然仍未能完全取代满语在正式场合的使用，但其凭借王朝统治的
力量，影响广泛而深远。"北京话从辽、金、元、明历时五百余年，其北
方语言特点已趋于稳固；清初融入满语又持续将三百年，因而具有满族话
特点的北京话，确实年深日久，趋于稳定，不易动摇，其影响不只于全国

---

① 林焘：《北京官话区的划分》，《林焘语言学论文集》，商务印书馆 2001 年版，第 192 页。
原载《方言》1987 年第 3 期。

以至于扩大到全世界。"①清入关后，陆续在全国形成星罗棋布的八旗驻防，其队伍基本来自于新京腔的北京官话区，驻防旗人调赴或留守驻防地时，已经是掌握满语和北京官话的人群，这就是清代驻防八旗"方言岛"形成的近因。

其次，八旗驻防区"方言岛"的形成，与满语满文被逐步放弃的状况同步进行。清王朝以少数民族统治全国，深恐占人口少数的满人被淹没于汉族及其文化的汪洋之中，因而清王朝长期保持高度的民族警觉性，一贯强调以"国语骑射"为基本国策。行政上和正式场合，均要求旗人使用满语满文，也称清语。旗员奏对引见，均须使用满语，旗人参加科举考试，均应先行考试清语和骑射。对于居于内地省分的直省驻防八旗，不仅满、蒙旗人被严格要求保持使用满语，汉军旗人也须掌握满语文。清代历朝皇帝一再"严加行文与西安等处凡有汉军兵丁驻札之省分"，"旗人学习清话，谨遵圣旨，务收实效"。②但驻防旗人在长期与当地人民的交往中，学习和使用汉语无可避免。康熙三十八年（1699），康熙帝南巡至杭州，还看到"杭州满洲、汉军官兵皆善骑射，娴熟满话"。③而乾隆四十八年（1783），乾隆帝南巡杭州，则已感到"今各省驻防旗兵，其清语率皆生涩，然音律尚不致大错。设令其汉语，则与本地汉人无异，风土所习染，亦无可如何，然必不可令忘清语也"。④在长期与当地人民的接触中，其清语"生涩"是必然趋势，风习所染，乾隆帝也感到"无可如何"。史学界一般认为，满语文在社会生活中真正退出，大约在乾隆中期以后，这一时期"是汉族语言文字占绝对优势、对满族语言文字取而代之的年代"⑤。驻防八旗社会变迁的历史也显示，在清嘉庆、道光以后，各地驻防旗中能够阅读和使用满语文的，已经非常罕见了。如嘉庆初荆州驻防旗人噶勒柱，即因其"善清语"而被当朝皇帝记住 ⑥。"及至道光年间，福州将军到洋屿八旗水师营中阅操，有人能用满语与之对答，竟被当作一桩

①　金启孮：《满族话与北京话〈序〉》，赵杰：《满族话与北京话》，辽宁民族出版社 1996年版，第 5 页。

②　《世宗宪皇帝朱批谕旨》卷 165，文渊阁四库全书本。

③　（清）张大昌：《杭州驻防八旗营志略》卷 7，浙江书局，光绪十九年刊本。

④　《钦定八旗通志》卷首之 5，文渊阁四库全书本。

⑤　张杰：《清代满族语言文字废弃的历史考察》，《辽宁大学学报》1986 年第 1 期。

⑥　（清）希元等：《荆州驻防八旗志》，辽宁大学出版社 1990 年版，第 162 页。

稀罕事被大书特书。"① 满语文的放弃，是驻防地"方言岛"形成的一个大背景，驻防旗人在逐步放弃满语文的同时，选择了既能与当地人民交流，又与之区别的关外旗人汉语，即语言学家们所说的"北京官话"。这也是旗人"方言岛"语言与北京官话具有高度一致性的主要原因。

此外，清代驻防旗的隔离制度及相关社会政治与民族因素，也是八旗驻防区"方言岛"形成的原因。清代驻防八旗的国家军队性质决定了它与当地居民的隔离，事实上历朝历代也鲜有军队与普通百姓混居的情况，而这支军队完全由八旗男丁组成并携带家属长期驻守，更突显了它与当地居民隔离的状态。星罗棋布地布防于全国山海要隘，规模稍大的驻防八旗区，多半专门建筑了旗城，规模较小或因历史原因没有单独筑城而居的驻防旗（如广州等）也都划分了相对间隔的驻防地。在制度上，驻防旗人被严格限制在旗城的狭小范围内，平时不得出城二十里（关外为四十里）。外出需要请假，限时返回，未办理请假手续或私自出城不归，将会被作为"逃人"受到法律的严惩，人身自由受到极大限制。在"旗汉分治"的政策下，旗城作为一个军事社区，其成员均为旗下官兵及家属，所有成员都过着军事化或准军事化的生活。所有成丁都是国家的兵丁或预备兵，理论上须接受严格的军事训练和管理，每年春秋两季进行两三个月的实兵操练，接受检阅。旗兵的日常事务主要是对旗城及汉城各城门进行守备，在各"堆拨"站岗值守。国家发生重大军事行动时，旗兵随时准备奉命出征。兵丁的身份在法定意义上是世袭的，由于兵额的限制，其子孙虽然不能保证人人都能"挑补"当兵，但理论上却只有当兵吃粮一条出路。日常守备、军事训练之外还要讲求"骑射"的文化精神，听讲"圣谕"，接受忠君教育。兵丁及家属均不从事农、工、商各业以谋生计，其生活来源唯有国家发放的粮饷。驻防旗城作为一个独立的社区存在，为"方言岛"的产生创造了条件。同时，制度上，旗人与当地人民不交产、不通婚、不同刑，虽然在民族关系不断发展的情况下，旗人逐渐土著化，但其特殊的法律地位，也为"方言岛"的形成和长期保持创造了条件。

---

① 王振忠：《旗下街》，《读书》1996 年第 2 期。

三

　　学术界常将直省八旗驻防比喻为汉族汪洋大海中的一座座"孤岛"。孤岛中的居民，在"我满洲人等，因居汉地，不得已与本习日以相远"①的情况下，基于生活和交往的需要，逐渐放弃了满语。但对于从京旗故地带来的北方口音，这种既能满足交往的需要，又能显示出区别，也便于自己内部交流的状态，他们世代保留了下来。"方言岛"现象的产生，是基于驻防旗人的民族自我认同，而清代将驻防旗人与当地人民隔离的政策，为此种语言现象的产生提供了条件。这就是山东青州驻防旗人后裔会有"村外交际用山东话，村内交际用'北城话'"现象的原因。

　　驻防旗人的方言岛得以长期延续，首先是基于一般意义上的语言心理。"岛方言是岛民们世世代代口耳相传的母语，是方言岛作为一个相对独立的语言社团的最重要标志。每个语言社团，都有维护母语、忠诚母语的语言感情和语言态度，即语言心理。这种语言心理，是在长期的语言生活中自发产生的，是维系某个语言社团团结合作，相互认同的纽带，具有稳固性和持久性。"②

　　其次，这种延续也来自于旗人旗群的自我认同。较之"宁卖祖宗田，不忘祖宗言"的汉族客家人来说，驻防旗人为统一的旗人族群，不仅具有一般意义上的语言心理，同时还具备高度的族群自我认同，使得此种岛方言更具顽强的生命力。共同的"社区"生活形成了他们族群认同的基础。清代驻防旗人生活在与其他人民相对隔离的"满城"、"满营"之中，如同"社区"的同质人口，共同的利益与共同的需求，使之形成了共生共存关系的小社会。与当地及周边地区人民的不同法律地位，强化了此种认同。

　　再次，清代旗人法律地位不同于普通民人，一般犯罪多可用鞭责等形式抵罪，在旗、民不交产、不通婚、不同刑的政策下，较易形成某种"优越感"，久而久之就助长了他们对自身地位的认同。清廷宣称的所谓

---

① 《世宗宪皇帝圣训》卷11，文渊阁四库全书本。
② 庄初升：《试论汉语方言岛》，《学术研究》1996年第3期。

"恩养"政策，也使他们对本民族的统治者产生认同。战争与生活的贫困化，并未打破这种认同。

在"方言岛"与包围方言的互动中，岛方言受到包围方言的影响较为明显，虽然各个驻防"方言岛"受到当地方言影响的程度有差异。驻防旗人在与当地居民的长期接触中，受到当地方言的影响是很自然的事情，康熙年间"何天培，前广州将军拜音达礼子也。幼在广十一年，能操广州土音"。① 广州驻防起初均为汉军八旗，而其与当人民隔离之策亦同于满洲驻防旗人，康熙时这个广州将军之子，因为幼时曾在广州住过十一年，即能说当地粤语，是驻防旗人在长期与当地接触中，语言变化的典型事例。长期接触交往，无论汉军还是满、蒙旗人，成年人也多学用当地语言，这也是今天驻防旗人方言岛中居民口音中多有当地方言口音的原因之一。语言学家对青州驻防旗人后裔"北城话"的调查表明，北城话的声母、韵母和单字声调调类多与北京话相同而与青州当地方言不同，"北城话的词汇和语法基本上与北京话相同而与当地青州方言不同，只不过随着他们与外界接触的增加而在少数词语上也采用了当地方言的说法。……北城话有第二人称敬称'您'，第一人称单数或复数不说'俺'，这也与当地汉语方言不同。再如当地方言称额头为'页（额）髅盖'，而北城称为'脑门子'"。" 在当地优势方言青州话的包围和浸润之中，尽管北城满族还保持着自己独特的方言，但也受到了青州话的影响。据我们了解，这种影响主要表现在两个方面，一是青州方言的某些特点已经渗入北城话中，二是在谈话时常常混杂着两种方言的说法。"②

另一方面，驻防旗人所形成的特殊"方言岛"，也对包围方言即当地方言产生了影响，虽然这种影响是相对较弱的，却也是一种不可忽视的文化互动的存在。如同北京内城旗人汉语影响了北京方言，从而形成受到满语影响明显的北京官话，并成为今天普通话的底层语音一样，驻防旗人"方言岛"，也对当地方言构成影响，不过这种影响较之京师八旗语言对北京官话的影响要小得多。这种影响直到今天仍然隐约可见，在荆州驻防

---

① （清）长善等：《驻粤八旗志》，辽宁大学出版社1992年版，第443页。

② 张树铮：《山东青州北城满族所保留的北京官话方言岛记略》，《中国语文》1995年第1期。

八旗所在荆州府江陵县，新编《江陵县志》的作者对当地方言曾做过较为深入的考察，"江陵话的阴平与普通话的阴平大部分是相同的"，"阳平接近普通话的上升，只是回升略低于普通话"，"上声与普通话的去声一样"。当地方言词汇中，称乌鸦为"老哇"，批评自以为了不起的人为"逞能"，把受到刺激的感觉称为"格（gè）人"，等等，都具有北方语言的特征。作者认为："清代，满族、蒙古族八旗兵及其家属两万余人来驻江陵 240 多年，南北语言交融，对县境近代方言产生了重大影响。"①

这种岛方言对包围方言产生"重大"影响的主要原因有三个。一是交往：驻防旗人的特殊方言本身就是在与当人民的交往中产生的，在交往中使用，在这一过程中，当然也会与当地居民互相影响。荆州驻防旗人后裔关大娘至今还记得，当年她与当地人在口音方面互相嘲笑的情景：当地人对她说的什么饽饽感到好笑，而她也对别人把豆面饽饽叫做什么芽子（即一般所称锅盔）感到好笑。在语言差异较明显的情况下，互相嘲笑其实也是互相靠拢和学习的过程。二是人口及这个少数民族人口在总人口中所居的重要地位：从总人口比例来说，驻防八旗在当地当然是绝对的少数，"宣统末，荆州八旗共 6029 户，24466 人"②。与宣统时荆州府附廓县江陵县 12 万余户，59 万余口的总人口数相比，旗人还是绝对少数。但是这个少数人口却集中居住于府城及县城中，在城市人口中所占比例却有一定优势。语言学的研究表明："如果方言岛就在城镇当中，则不一定兼通周边乡村的包围方言。"③ 而且，他们是国家军队，法律地位特殊，此种情况也导致了他们的特殊方言对当地产生影响。三是人口的交融：以直省驻防而言，携眷居于当地二三百年，其间与当地人口发生交融的情况较为普遍，有驻防旗人买当地人为旗下奴仆；当地或外来居民投入旗下，成为旗下民人；有驻防旗人抱养民人子女为子嗣；也有旗人娶当地女子为妻、妾的情况。这种人口交融当然会对旗内语言产生重大影响。

辛亥革命后，一些地方的旗营解散，旗民流散四方，"方言岛"逐渐消亡；一些地方，仍有留居当地的旗人后裔操北方口音，旗人"方言岛"

---

① 湖北省江陵县县志编纂委员会：《江陵县志》，湖北人民出版社 1990 年版，第 622、686、687、623 页。

② 同上书，第 105 页。

③ 庄初升：《试论汉语方言岛》，《学术研究》1996 年第 3 期。

的影像依稀可见；另一些地方，驻防旗人后裔仍然聚居一处，"方言岛"现象得以长期保存。随着时间的推移，现存的旗人"方言岛"愈加受到当地方言的影响。今后，这样一种"方言岛"或许会渐次消失，或许会依靠其与普通话的相似性，在普通话的推广与应用中得到新生。

　　无论怎样，这种历史上曾长期存在的方言岛现象都是值得历史学、民族学和语言学界进行深入研究的一个课题。如有些地区的旗人"方言岛"何以长期延续，有些地区何以未形成此种现象；在"方言岛"形成的地方，其与当地各族人民语言之间的互动情况；各"方言岛"之间的语言差别，其受到外围方言的影响；"方言岛"与汉族方言间的交互影响以及现存的旗人"方言岛"未来的走向，等等。笔者仅根据自己的实地考察，结合历史文献与语言学界的相关研究，对此进行初步探讨，为迎接此次汉民族学会年会，仓促成文，意在抛砖引玉，期待这一问题引起相关领域研究者的关注，并得到深入讨论。

清代及民国时期祁连山区的
多民族移垦过程

闫天灵

（中南民族大学民族学与社会学学院教授）

祁连山横亘于甘肃河西走廊和青海湟水谷地及柴达木盆地之间，是由多组平行山脉组成的巨大山系。这里地势高拔，气候寒凉，历史上长期是游牧民族繁衍生息的理想家园。清代已降，祁连山南北的纯牧业格局渐次发生变化，农区日趋发育并扩大，到民末已辟出面积大小不等的许多纯农区和半农半牧区。参与祁连山开垦的都是来自各地的移民。多民族共同参与是祁连山移垦的显著特点，随着移垦时间的延长和垦区日益向山内深入，这一特点愈发明显。最初是回汉两族开垦，继之演变为回汉土三族开垦，再后来藏族、撒拉族垦民也加入进来，形成"五族并垦"的局面。这一景象是同时期内蒙古、新疆等移垦区所没有或未充分表现的，这显示了祁连山移垦特有的地域背景和地缘环境，很值得探讨。

一 回汉土三族并垦期

清代以来，祁连山垦区演变的基本特点是从河西走廊和湟水谷地两个方向南北并进，自外而内，渐次推进。祁连山最早的移垦区出现在祁连山南麓的北川河流域和大通河中游盆地①，是由青海和硕特蒙古首领主导

---

① 祁连山作为一巨大山系，南北跨地极广，北起河西走廊南缘，南到湟水北路来水上游、青海湖及柴达木盆地的整个地区都属于祁连山系的范围。今天青海大通县大部和门源县全部都在这一范围以内。

的，开垦者主要由回、汉两族构成。清初和硕特蒙古首领麦力干称霸祁连山东部时，采取对外结好强邻，对内修明政治和发展经济的政策，积极招徕移民开垦。麦力干部初居北川口外时，正值明清易代之时，明朝遗民或出于对新政权的敌视，或因反清斗争失败，纷纷向外寻求避难之所。麦力干抓住这一有利时机，大力予以招收安置。北川河流域的白塔尔垦区就是借汉回流民之力开辟出来的。"因开白塔尔地于北川口，中国之亡命、回回叛败者，尽招致而馆谷之。分四民使各衣税食租，察其可用者，分任之，或以自随，其不愿者听。于是归附滋益多，其强盛为青海祁连诸部最。"① 这里所谓的"回回叛败者"就是指顺治八年（1648）米喇印、丁国栋领导的回民起义被镇压后，避入麦力干辖境的起义军余部。这些回汉反清者正是祁连山区的第一批垦民。他们在白塔儿筑高堡，兴庄田，建水磨、斗车，种麦、豆、青稞，"凡牛种皆系麦力干所给，若种屯田法也"，开辟的农区横亘百数十里，出现"村堡相望"的兴旺景象。顺治十六年（1659），麦力干移驻位于今门源县的大通河谷后，继续借助回汉之力发展农业，《秦边记略》所描绘的麦力干在大通河源"伐木陶瓦，大营宫室"及其长子南力木在"河源之间，招纳流亡，牧羊挈马，溉种深耕，为根本地"，即是对此景象的描述②。今门源旱台红山三角城是回族垦民的重要居住点。"顺治八年（1651），甘、凉叛回既败，其余党四百余人降于麦力干，使居三角城，为其部落。"③ "筑室耕稼，亦如内地。"年羹尧平定罗布藏丹津之变后，这批回汉垦民归附清朝，汇入新的回汉移民大军中④。

雍正、乾隆时期，北川河谷和大通河谷的移垦进入兴盛期。雍正二年平定罗布藏丹津之变后，为了彻底解除对河西走廊和河湟谷地的威胁，川陕总督年羹尧奏准大幅压缩祁连山蒙古族活动区。祁连山东段被完全清

---

① 《秦边纪略》，第403页。

② 同上书，第80页。

③ 《秦边纪略》，《凉州卫》，第153—154页。另参见闫天灵《清初青海蒙古麦力干部牧地及所居三角城地望考》，《中南民族大学学报》2007年第3期。

④ 参见杜常顺《关于〈秦边纪略〉对清初青海蒙古的若干记载》，《青海师范大学学报》1993年第3期，第124页。雍正三年白塔儿等地初归清朝时编5862丁，反映出这部分垦民数量较大。

空，中西段压至分水岭以南①。在地当甘州、西宁交通要道的大通河谷地和北川河谷地设大通卫（属西宁府，乾隆26年改县），招民开垦，直接纳入府县行政管辖之下②。大通卫的设立和官方招垦，推动了回汉土等各族移民的持续快速增长。汉民"历代视此地（北川河谷）为异域，或籍居或流寓，原籍贯于此者为数无几。自有清收入版图，由是有以军入者，有以商入者，亦有由内地各县分移迁入者。加之改县以后，加拨西宁所属十堡。除石山一堡皆回族外，其余均系汉民，此汉族之所以日见其多也"③。北川河谷的回族垦民也大量移入。"该民（回民）于大通原籍无多，清雍正间或由河州，或由甘凉，或由西宁府属各邑渐次迁入，日增月盛。"④土族也于此时从互助等地大量移入⑤。乾隆十二年，今大通县境北川河谷地已开凿出河东、祁家、河西、东硖四大干渠，11条支渠，共灌地5747段，合下籽1516.034石⑥。这些农地是由汉、回、土共同开垦出来的（表1）。

表1　　　　　　　　　　乾隆十二年北川河各堡民族分布

区域	堡名	民族分布情况	堡名	民族分布情况
临城	百胜堡	土汉民各半，间有回民		
河西	逊让堡	尽属土人，汉人间有	良教堡	回民居六，汉人居四
	扬化堡	俱系土人	雪沟堡	俱系汉人，间有一二番回
	多洛堡	系土人	樵渔堡	汉人土人各半
	极乐堡	多系回民，汉人间有		

① 祁连山扁都口以东为东段，疏勒河源以西为西段，其间为中段。冯绳武主编：《甘肃地理概论》，甘肃教育出版社1989年版，第87页。
② 《条陈西海善后事宜十三条折》，雍正二年五月十一日，中国第二历史档案馆编：《雍正朝汉文硃批奏折汇编》，江苏古籍出版社1991年版，第37页。
③ 廖徯苏纂修：《大通县志》第二部《种族·汉民》，民国八年甘肃政报局铅印本。
④ 廖徯苏纂修：《大通县志》第二部《种族·回民》。
⑤ 参见《大通回族土族自治县概况》（修订本），第25页。今大通县土族的最早来源目前不很清楚。《秦边纪略》与北川河相关的内容未见对"土民"或"土人"的记载，《西宁府新志》在关于乾隆十二年大通卫诸堡的介绍中出现许多土人聚落。两相比较，可推出大通卫的土族居民应当是从互助等土民聚居区迁移来的。
⑥ 此时尚不见红山堡，反映出红山堡垦区的形成在乾隆十二年以后。

续表

区域	堡名	民族分布情况	堡名	民族分布情况
河东	古娄堡	多系土人，汉人不过什之一	旧庄堡	回民什之六，汉土各什之二
	祁家堡	皆土人	凉州堡	俱属回民，汉人间有之
	碱门堡	汉土什之三，回民什之四	河州堡	回民汉人间有
	新庄堡	土人什之六，回民什之三，汉人什之一	向阳堡	汉人什之六，番民什之地
东碱	李家堡	俱汉人	多隆堡	俱番人
	阿家堡	俱汉人	燕麦川庄	汉回各半
	元墩堡	俱番人	滥泥沟堡	汉回各半

资料来源：《西宁府新志》卷 12《建置堡寨》。

由表 1 可看出，回民聚居于良教、极乐、新庄、旧庄、凉州、河州诸堡，土族聚居于逊让、扬化、多洛、古娄诸堡，汉、藏两族分聚其他诸堡。大通多民族居住格局由此奠定。从人口总量变化看，雍正三年白塔儿等地初归清朝时编 5862 丁。乾隆十一年大通卫有 11803 丁，20 年间丁人扩大一倍，反映出该卫的移民呈和缓增长态势，且移民周期不长，人口增长很快转入以自然增长为主。1929 年大通县分出门源县后，总人口计71508 人，其中汉族最多，38800 多人；其次是回族，23000 多人；再次是土族和藏族（时称"家西番"），分别为 5000 多人和 4700 多人①。此时各族居住格局与乾隆时期变化不大。土族聚居于西区的多洛、阳化、逊让三堡，占该三堡总人口的 5/7。西区的极乐、良教二堡，东区的河州、凉州、新庄、旧庄四堡，南区的石山堡，"纯粹是回民住地"，雪沟、樵渔、古娄、碱门、柴家、伯胜、元墩各堡，回族人口也占有较大比例②。

清朝在大通河谷地组织的移垦仍限于今浩门镇至克图口之间，但开展较晚，至乾隆八年黄廷桂任甘肃巡抚期间才力行实施。"土著回民在大通城东试垦旱地，历岁有获。"③黄廷贵任甘肃巡抚期间，鉴于"回民所种

① 参见《青海风土概况调查集》，第 82 页。
② 《青海风土概况调查集》，第 82 页。
③ 《甘肃巡抚黄廷桂为报大通卫等地方招民垦种事奏折》（乾隆八年五月初二日），中国第一历史档案馆：《乾隆朝甘肃屯垦史料》，《历史档案》2002 年第 3 期，第 29 页。大通卫雍正三年设于大通城，乾隆九年迁至白塔城，大通设协。黄廷桂上奏时，卫城仍在大通。

荒田既已成熟，则此外旷土同在一方，岂有不宜种获之理。若任其废弃，致地有遗力，殊属可怜。随令西宁道杨应琚、西宁府知府申梦玺等逐一查勘，广为招垦。嗣据该道、府节次禀称，大通驻兵日久，地气非复昔比。今岁以来，渐转融合，霜雹亦少。查明先垦回民三十八户已种籽粒一百九十石五斗。今于附郭四围左边及卫城东南十数里内地，名红山嘴、多陇沟、皇田庄、细台水、直沟台、金吉兔、通化滩等处，又经查出可开水旱田地，约下籽种六百八十余石，陆续安插过卫属土著居民二十七户、外来久住客民十七户，已经垦指种水地布粮四十八石六斗，旱地布种一百八十石九斗。所需籽种除力能自备外，其缺乏者计至七十石，为数无几，已公同捐发。又有兵丁子弟垦种地五百七十余石，禾苗俱已生发，目前滋长畅茂，询据老农，金云秋成有望。其余可耕旱地尚有四百五十余石，现在招民续垦"。①回族是移垦主力军。移自甘肃的甘州（张掖）、凉州（武威）、河州（临夏）、肃州（酒泉）、永昌、永登、兰州、黄羊川等地人数最多。浩门镇上有临夏巷命名的回族聚居区即为明证。其次是从陕西的郃阳、富平、西安等地迁入的，还有些是从河南、南京、宁夏的中卫、青海的西宁等地迁来的②。光绪年间，今门源县城附近已形成"十大回庄"，其中河北八庄，即下沙沟庄，大沙沟庄、牙豁庄、大庄、旱台庄、黄田庄、全沟台庄、俄博庄；河南二庄，即瓜喇庄、阴田庄。1929年门源县立时，全县汉、回、藏共有2000余户，约计9000余口③。1932年，门源县汉、回、藏、蒙四族共计23300人，其中回族人口最多，占34%，汉族次之，占27%，两族合计超过总人口的60%④。今门源县境克图口以东大通河谷，不论平地山区，概属仙密、朱固两大寺院所有。至迟在清同治年间，仙密、朱固二寺的土地已有客民租垦。同治九年，回民马良佐因带河州人杨木匠在玉龙滩饮酒打架生事，受到仙米寺的惩罚⑤。马良佐就是移居仙密寺地区的一个承租人。

---

① 《西宁府新志》卷5《地理山川》。
② 《门源回族自治县社会历史调查报告》，《青海回族调查资料汇集》（内部资料），1964年，第15页。
③ 《门源风土调查记》，《青海省风土概况调查集》（内部资料），第168页。
④ 参见《门源县志》，第104—105页。
⑤ 《同治九年马良佐与仙密寺所立甘结》，青海省档案馆档案，39—永久—19。

　　雍正、乾隆时期，祁连山北麓移垦也开展起来。最早开垦的是西营河上游的五沟湾垦区。五沟湾属车轮沟藏族牧地。雍正年间已完全开辟为农区。垦种五沟湾寺院土地的主要武威汉民移民。清代祁连山北麓最大的一片移垦区是哈溪滩。哈溪滩位于黄羊河上游，属天祝三十六族之扎提、插冈、纳述三族牧地。乾隆八年（1743）以前，张义堡一带的汉民就向这里伐木开垦。道光、咸丰年间，垦区已从大红沟延伸到古城滩、人头坝滩、坡心沟脑和哈溪滩各地，最终发生了与黄渠民众的严重冲突，酿成命案。同治西北回民起义期间，哈溪滩遭战火破坏，人逃地荒。战乱甫停，武威汉民便结伙前来。南冲寺（哈溪滩原属南冲寺管辖）僧人赵佛僧也趁该地空旷之机，从西宁、大通等地招徕垦民，移垦呈南北并进之势。第三片是马蹄寺垦区。马蹄寺藏区地处洪水河、大小都麻河等河的上源。乾隆八年官方查勘定界前，马蹄藏区的小都麻口一带即有民乐南古城等地的移垦者错居。乾隆八年（1743）勘定汉藏地界后，双方并未遵守，情形与哈溪如出一辙。直至清末，民乐汉民在马蹄寺藏区的移垦活动一直在时断时续地进行着①。

　　北川河、浩门河中游、五沟湾、哈溪滩、马蹄寺诸垦区，因直接毗连湟水谷地和河西走廊的旧垦区，因而最先得到开发，早在乾隆年间就达到移垦高潮。而远离南北两个旧垦区的祁连山腹地，移垦则要晚得多，清朝光绪年间才起步，移垦人数的较大增加是在民国时期。

二　回汉土藏撒拉五族并垦期

　　1929 年甘青分省时，上揭垦区中北川河谷、大通河谷地今门源县城段已达到移民饱和，由移入区变为移出区。这之后，祁连山区的移垦除门源县克图口以东地区、哈溪滩、马蹄寺三地的移垦过程仍在继续外，在深山区增辟了两片引人注目的新垦区。一是今祁连县城附近的黑河上游河谷，可称为八宝垦区（因祁连县城所在地旧称八宝二寺滩）。一是今肃南裕固族自治县县城附近的梨园河谷地，可称该垦区为红湾寺垦区（因肃

　　①　参见闫天灵《清代及民国时期祁连山北麓的汉族移民与族别改易》，《中南民族大学学报》2008 年第 4 期。

南县城旧地名叫红湾寺)。

20 世纪 30 年代，承租的门源仙密、珠固二寺开垦面积已达 13600 余亩，租户超过 500 户。"该处住户五百九十余户，皆为寺院佃农与二十余人的雇农。"[1] 雪龙香卡、美龙香卡、玉龙香卡、多龙香卡、达龙香卡，就是仙米寺的五个庄园。香卡就是收集粮食的地方。租种者以汉族居多，也有回、土等族，主要来自大通、互助两县[2]。1947 年 2 月门源县第三区（即仙密、朱固地区）国民兵共计 268 人中，客籍 61 人，占 22.76%[3]。其中来自互助、大通两县的最多，分别有 43 人和 13 人。互助的迁出地包括东义、智进、仁进、五福、东和、连让、马圈、光化、汽瘩等十多个乡堡，大通的迁出地包括松浪、祁家、樵鱼、兴隆、峡门、伯胜、多隆等 7 个乡，来源地非常广泛。以上各乡属于多民族地区，从中不难看出仙密、朱固租垦的多民族特点。

在祁连山北麓地区，1927 年以后河西走廊天灾人祸不断，迫使人口持续外迁，除主要向新疆、内蒙逃跑外，附近的祁连山也成了避难的场所。"民十六年河西大地动，（武威）张义堡最重，家破人亡，多开耕于番区。"[4] 哈溪滩仍是张义堡人的主要移入区。据 1942 年调查，人头坝滩已全部开种，大红沟"开垦约数千亩而林棵所存者独山腰一带耳"，哈溪滩"开垦约二万余亩，佃户凡一百余家"[5]，足见开垦规模之大。这时，连同沙马、旦马等族在内，黄羊河、金塔河上游汉族移民已达五六百户之多，其中在哈溪滩本地（即狭义的哈溪滩）的就有 100 余家，而该滩"真正番民此时不过三十余户"[6]。这表明哈溪滩已差不多变成了纯农业区。五沟湾垦区向深山延伸，辟出钱串子滩、铧尖滩、车轴沟滩和康路沟滩等新垦区。据 1947 年调查，开垦亩数达 2400 余亩[7]。

---

① 丘咸初:《青海农村经济》。
② 2007 年 8 月 2 日笔者在西宁采访魏寿、郭建华笔记。1934 年仙密、朱固地区汉族 1310 余人，藏族 2690 人，反映了汉族租户居多的特点。参见顾执中、陆诒《到青海去》，商务印书馆，第 408 页。
③ 1947 年 2 月门源县第三区国民兵籍贯表，青海省档案馆，39—永久—102。
④ 1942 年 11 月 2 日第六区专署呈省府文，甘档:15—9—34。
⑤ 同上。
⑥ 同上。
⑦ 1947 年 5 月武威县西营、丰乐、永昌、双城四乡农民请愿书，甘档:14—1—288。

这些土地也主要由武威等地汉民耕种①。马蹄寺垦区在民国时期继续扩大。据1943年调查，马蹄寺十四族除黑罗汉族无耕地外，其余各部落都有，开垦亩数共计1831.5石。其中以东五族开垦数量最大，共计1036.5石，租户400家②。这三个垦区的垦民主要来自河西各县，因此形成汉民占绝对多数的局面。回、土、蒙、藏等族也有，但数量不多。民国时期，天祝藏区除哈溪滩外，其他地方的移垦也发展起来。今天祝县朱岔乡的朱岔、大科什旦、天堂乡的业土、那威、科拉等地多土族居民，其来源就在于民国时期互助土民向天祝的移垦③。抗日战争结束后，马步芳大规模扩军，互助、大通等地的一部分土族不愿当兵而避居天祝，加入了当地藏族部落，给天堂寺和其他部落头人当牛户④。天祝天堂寺正北的土地，20世纪30年代还是一片纯牧区。此后青海互助、大同、乐都及永登、临夏等地的汉民、土民及个别回民、蒙民，因受不了马步芳与旧政府的苛捐杂税，抓兵要粮，而来此地逃难者逐年增加，"尤以解放前三年（1947）为最厉害，其中以互助县的汉民、土民为最多"。他们移入后有的入了族份，有的招了女婿，由本族分划给一定数量的土地，或自己买一部分土地开垦，大多从藏民手中租土地耕种，使业土脑变成半农半牧区⑤。

红湾寺垦区　红湾寺谷地本属裕固族西八个家、五个家和罗儿家三个部落。这里由于深居山内，与河西农区有重山相隔，移民开始较迟。在清代光绪末年，只有一两户高台人在此开垦⑥。民国时期，特别是20世纪30年代以后，红湾寺谷地出现移民高潮。根据笔者的走访调查并参酌文献记载，到1949年，红湾寺谷地的汉族移民达80户左右，他们主要来自高台县的红崖子和新坝，共计占到移民总数的80%以上，来自张掖、临泽的不到10%，反映出高台县移民是主体。除汉族移民外，回族、土族移民也有一定数量。据1953年调查（表2），祁连山区除曼台部落（住古佛寺）外的裕固族地区，共住有回族49户（包括牧业户），土族12户。

① 皇城区永久档《黄志英同志在肃南、武威县草原边界谈判会上的发言》（1979年8月15日）。甘肃省武威县户籍登记簿（西把截编甲1948年），青档。
② 1943年6月第六区快邮代电，甘档：15—9—1。
③ 《土族简史》，青海人民出版社1982年版，第5页。
④ 《天祝藏族自治县志》，甘肃民族出版社1994年版，第137页。
⑤ 《天祝第六区三乡四村典型调查》，1954年12月6日，113—2—131。
⑥ 罗儿家裴家台子就是此时由高台新坝河西坝裴姓汉民开种的。裴家台子即以其姓得名。

回、土两族的农业户或农牧兼营户主要分布在红湾寺地区。回族居住在白庄子（属五个家）、青龙、墩台子、桦树湾（属罗尔家）等地，有鲁、孙、王、马等姓。鲁家一系来自大通，一系来自西宁，孙家来自大通水磨沟，王家来自化隆县。这些人最初都是商人或金客，后来逐渐落户。土族聚居于桦树湾和墩台子，有李、白、赵、刘等姓，白家来自互助，其余全迁自大通。土族都是有钱人，大地主、放高利贷者，很有势力①。在裕固族地区，汉族移民比较多的还有牙拉格家的大河、羊马坪和贺朗格家的西岔河。据 1947 年调查，分别有 30 家和 10 家汉族租户②。

经过各族移垦，到 1944 年，行人眼中的红湾寺谷地已是一片麦田蓬蓬、田舍俨然的农村景象。罗儿家至红湾寺，沿梨园河行，两岸农田相望，麦豆已登场。"询之多汉人代耕，而回民淘金者亦至伙，鸡犬相闻，不类深山畜牧状况"③。

来自河西走廊的移民以汉族为主体，但值得注意的是祁连山南麓的青海垦民也向北挺进，使祁连山北麓也有了多族移垦特征。天堂寺的土地全部出租于佃农耕种，他们多数为外区的汉民，也有少数的土民、藏民和个别回民、蒙民④。

八宝垦区 黑河有东西二源，东源叫八宝河，也叫俄博河，所在河谷俗称野马川。西源叫八字墩河，也叫野牛沟河或甘州河，是黑河主源，所在河谷叫八字墩川。东西二源基本形成一条直线，夹在走廊南山和托赖山之间，形成一条很长的东西向宽谷。雍正二年，年羹尧平定罗布藏丹津之变后，把东起扁都口，西到色尔腾的祁连山分水岭以北地区划为国家空地，由甘肃提督、肃州镇总兵分区实行军事管辖⑤。乾隆年间在这里办过国家马场，后因战乱而废弃，这片国家空地最后变成各地牧民自由放牧之区。最先移垦八宝的是门源、大通等地的回民。约光绪二十三年（1897）从红山堡所属鸾沟迁来一户回民，叫马染染，人叫

---

① 2006 年 8 月在肃南县采访柯正福（裕固族）、王伏泰笔记。
② 1942 年祁连山国有林区初查报告，甘档：15—10—22。
③ 《康隆寺视察报告》（1944 年 10 月），民国张掖县档案，四 33。
④ 1953 年天祝工作组的调查材料，113—2—114。
⑤ 《条陈西海善后事宜十三条折》，中国第二历史档案馆编：《雍正朝汉文硃批奏折汇编》，第 37 页。

染染阿爷。他是个皮匠，给周围藏民熟羊皮、缝皮袄，人员熟悉后定居下来。由他领路，到 1908 年年底，又陆续迁来 7 户，均聚居于八宝二寺滩上庄的河滩，在一个倒塌的喇嘛寺内借以安身，这就是八宝回族垦民的先行者①。1921 年以前，扁都口外素有"羊毛城"、"小北京"之称的俄博城开始衰落，住户纷纷外迁，其中一些大商人迁居二寺滩定居，刺激该地移民增加②。民国时期八宝地区最大的地主聂起凤就是此时迁居二寺滩的。聂起凤是湟中人（一说大通人），回族。他以商人兼地主、牧主，势力最大时在二寺滩、古佛寺、八字墩开地 2000 余亩，占有草场约 521 万亩。最多时拥有 14 万只羊，800 余匹马，8600 头牛。聂起凤的这些土地都是各地移民开垦出来的。他手中土地面积的扩大，反映了八宝垦区规模的不断扩大。

　　1917 年，二寺滩移民已增至 37 户。移来的回民集体筹资，在上庄建成一座清真寺，之后陆续在卡力岗、鸽子洞、黄藏寺等地修建清真寺③。1930 年至 1931 年，马步芳的军队进驻河西走廊，地处甘青交通要地的八宝地位日趋重要。1933 年前后，"青马"向八宝派驻一骑兵营，直属甘州旅部，人马约三百，营长叫马有良，化隆加合尔人（故称'加合尔营长'，外面误称为贾虎营长）④。1936 年至 1937 年马步芳堵剿西路军期间，八宝地区成立过一个民团，担任团长的是聂起凤，副团长马得礼，人马 200 有余⑤。反映出当时八宝地区的移民数量已很可观。1938 年 5 月 3 日八宝设治局挂牌成立⑥。1938 年年底，青海省府派来农垦局长马六虎专门

---

①　聂成文：《民国时期的祁连设治局》，《祁连文史资料选辑》第 1 辑，1994 年，第 23—24 页。《祁连县志》的说法是，1912 年，聂、冶等姓回族 18 户徙居上庄，至 1919 年，上庄已有回族 37 户 150 余人，以狩猎、采集、垦荒种田为业。1949 年，祁连全县回族达到 360 余户 1455 人，占总人口的 15.3％。（第 506 页）

②　聂成文：《民国时期的祁连设治局》，《祁连文史资料选辑》第 1 辑，1994 年，第 24 页；《祁连县志》，第 561 页。

③　聂成文：《民国时期的祁连设治局》，《祁连文史资料选辑》第 1 辑，1994 年，第 24—25 页。

④　明驼：《河西见闻记》，中华书局印行（上海），1934 年，第 80 页；聂成文：《民国时期的祁连设治局》，《祁连文史资料选辑》第 1 辑，1994 年，第 25 页。

⑤　聂成文：《民国时期的祁连设治局》，《祁连文史资料选辑》第 1 辑，1994 年，第 25 页。

⑥　青海省在关于祁连设治致行政院呈中说："八宝有古佛寺、二寺滩、夹马尔盖等庄，因气候颇暖，宜于垦殖，近来移民颇多，均划归此县，并划门源县俄博与阿里克土族、以及默勒、扎萨等三旗。"见《青海省府致行政院呈》，国民政府档案。

督垦，助推了移垦步伐①。

古佛寺位于八宝河汇入黑河的夹角处，这一带本为裕固族曼台部落的牧场。这里原本是裕固族曼台部落的牧场，民国时期逐渐为回、汉等族移民开垦。古佛寺旁有条河因寺而得名寺沟河，最早的垦区就分布于寺沟河两岸。最早见的回民租垦户有马得林、萧迎福等②。据 1943 年的调查，古佛寺地区裕固族（当时称藏族）牧民共计 24 户，约百余口，汉回租耕户 16户，共租耕地 70 余石（约 500 亩），每年每石地交租五斗③。新中国成立初古佛寺共分四村。西村全是回族，东村汉回都有，下筏裕固族，夹道裕固族、藏族④。河西村在刺沟河下游，地理显然比东村优越，从中可以看出回族来的早，占了最好的地面，汉族来的迟，遂朝上游发展。20 世纪 40 年代，从张掖的龙首堡、大满、西洞和民乐的南古城移来五六户人家，到古佛寺对面的宝瓶河（属裕固族东八个家）租种，垦地约 200 亩⑤。

马有良驻八宝时，从化隆卡里岗招来包兴柏等二十几个撒拉人，在青杨沟与拉尔东沟之间办起马场，后来又开荒种地，形成了一个村庄。因撒拉人来自卡里岗，亦命名此地为卡里岗村⑥。1949 年卡力岗撒拉族增加到20 余户 90 人⑦。

据 1951 年调查，二寺滩乡 305 户，1248 人，其中回民 212 户，汉民90 户，藏民 2 户，土人 1 户。杂马什乡 222 户，920 人，汉民与藏民各半⑧。二寺滩乡、杂马什乡以农业为主，附带牧畜。二寺滩乡耕种地 181

---

①　聂成文：《民国时期的祁连设治局》，《祁连文史资料选辑》第 1 辑，1994 年，第 24 页。

②　《陆军第一百师执照》，1934 年 12 月 11 日，15—10—363。民国初期，从洮州、门源迁来十几户回族，与裕固族在此杂居。据此可知有回族来自洮州和门源。见聂成文：《民国时期的祁连设治局》，《祁连文史资料选辑》第 1 辑，1994 年，第 28 页。

③　《甘肃省第六区专员何昌荣致省府呈》，1943 年 5 月 14 日，民国甘肃省政府民政厅档案，15—10—363。

④　2006 年 8 月 18 日在皇城采访郎永生笔记。

⑤　2004 年笔者采访安正虎笔记。

⑥　肃南裕固族自治县县档案馆藏：《关于甘青边界问题有关文件汇集》，1963 年；《关于皇城滩地区搬进群众的调查工作汇报提纲》（初稿），1962 年 9 月，第 6 页，肃南县藏永久档。一说 1939 年又从卡力岗迁来 30 余户垦民定居这里，该地遂被称为卡力岗。见《北滩乡志》，第 43—44 页。

⑦　《祁连县志》，第 507 页。

⑧　民乐县人民政府：《青海省祁连山八宝地区人口工作概况报告》，1951 年 8 月 5 日，138—1—281。1951 年二、三军骑兵团与民乐工作组从该年二月开始，共进行了三个月工作。设立一个区政权，并选出藏民南木卡为区长。区下设四个乡。

石，杂马什乡耕种地 51 石①。据此可知二寺滩是回族聚居区，回族占到总户数的 70%。1953 年黄藏乡裕固、回、汉、土四族共 110 户，506 人。裕固族 45 户 176 人，回族 42 户 219 人，汉族 23 户 111 人②。从中可以看出八宝垦区以回族垦民为主的特点。

三　多民族移垦格局的典型解剖

1962 年 9 月，为处理甘青省界纠纷，甘青边界问题工作组西北线分组到祁连线扎麻什克乡和野牛沟乡做了实地调查，形成的报告中有关于这一带人口迁移情况的详细信息，据此可以进一步认识黑河上游移民区的多民族构成情况。1949 年以前移入的汉、藏、回、土、蒙古移民共计 187户（以 1962 年分家后的户数计），藏族 59 户，所占比重最高，其次是汉族 54 户，再次是回族 39 户，土族 20 户，蒙古族 1 户③。

表 2　　　　　新中国成立前扎麻什地区垦民民族构成情况　　　单位：户

省	甘肃						青海							其他		合计
县	民乐	张掖	武威	临夏	敦煌	兰州	大通	互助	门源	化隆	湟中	民和	共和	四川	陕西	
汉	18	0	1	1	1		12	12	4		2			1	2	54
回	1		1	1		1	11	1	3	3	16	1				39
土							7	12		1						20
藏							1	2		27	4		23			59
蒙古							1									1
合计	19	0	2	3	1	1	32	27	7	31	22	1	23	1	1	173

资料来源：《祁连县扎麻什乡老户社员登记清册》，1962 年 9 月 20 日，132—2—88。

从表 3 所示移出地来看，大通、化隆、互助、湟中、共和、民乐是 6个移出户数最多的县，其中大通县和化隆县都超过了 30 户。藏族主要来

---

① 民乐县人民政府：《青海省祁连山八宝地区人口工作概况报告》，1951 年 8 月 5 日，138—1—281。

② 《北滩乡志》，第 49、81 页。

③ 《祁连县扎麻什乡老户社员登记清册》，1962 年 9 月 20 日，132—2—88。

自化隆、共和两县，移出地很集中。汉族以民乐、大通、互助三县为最多。回族集中于大通、湟中两县。土族基本上全来自大通、互助两县。祁连县土族基本居住在扎麻什乡河东、河西两村。

从表4可以看出，汉、回、土三族移民在时间分布上比较均匀，没有明显的高峰期与低谷期，移入的周期很长。汉族迁入最多的是1928年，为9户；其次是1936年和1942年，分别为8户和7户；有17个年份的移民量在3户以下，最低量1户的就占了13个年份。回族移入最多的是1941年，为7户，其他年份与汉族情况相类，全都维持在3户以下的低水平状态。土族移入最多的是1928年，为6户。其余8年全在3户以下。由此说明，汉、回、土三族迁移纯属自然迁移，未见到大的社会事件和自然灾害下的集中迁移现象。移民周期长也体现了这一自然迁移的特点。回族、土族移入时间最早，均为1909年，下限均持续到1946年。汉族移入时间较迟，1919年开始移入，但移入频率最高，1949年仍有移民进入，这与汉族农业人口基数大有关。1909年迁入的两家回族俱来自门源，马姓，住鸽子洞。土族1909年迁来3户，大通1户，白姓，互助2户，董姓和李姓，均住河东队。

表3 新中国成立前扎麻什地区垦民移居频率及周期情况 单位：户、年

族别	汉	回	藏	土
年次	22	17	10	9
最高移入年份及移入量	1928（9户）	1941（7户）	1928（39户）	1928（6户）
3户以下移入量年次	17	14	8	8
最早移入年	1919	1909	1921	1909
最晚移入年	1949	1946	1942	1946

注：频率以出现移民年的年数为单位。

资料来源：《祁连县扎麻什乡老户社员登记清册》，1962年9月20日，132—2—88。

藏族移民与其他三族不同，体现为集中移民。不仅移出地集中，移出时间也很集中，1928年移出39户，1929年9户，占移民总量的80%。其他各年只占20%。从相关记载来看，这与藏族大量迁入与迁出地的体制

变更有关。祁连藏族农业集中来自化隆、共和两县，大部分属郭密部落。据《最近之青海》，1929年青海省在海南郭密和恰卜恰地方新设共和县。"共和在未设治前，郭密虽属西宁，恰卜恰虽属湟源，而权利亦甚难达到，不啻治外区域也。"1929年秋，青海省府任命李永瑞为县长，率员前往曲沟（共和县治）筹设县府，遭到藏民的反对和阻挠。"及县府成立，各头目复将前次武力抗拒计议，一变而为消极反对态度。到处造谣，以为设县有益于汉，有害于番，以致各帐房无识蒙番民众，闻风畏惧，相率逃跑。"后经县长设法施惠劝抚，藏族遂渐率族归来①。由此可知，1929年前后，共和藏民与政府发生了对抗和纠纷，因对设县不满和政府派兵镇压，有部分藏族民"相率逃跑"。扎麻什一带的藏族很可能就是在这个背景下迁入的②。

各族移民迁入后，杂居特点比较突出。从1962年调查反映出的各村移民情况来看，共计鸽子洞、棉沙湾、河西、河东、郭密、多什多6个村。除郭密为纯藏族村外，其余均为杂居村，或两族合居，多为四族并居。这都反映了多族自然移民的特点。

从表5可以看出，藏族分布范围最广，遍及各村。其次是汉族，散布5个村。回族、土族只有3个村的分布范围。鸽子洞、河西是最大的两个移垦村，人口多，民族成分也最为复杂。回族主要分布在该两村和棉纱湾村，可视为二寺滩回族垦区的向前延伸。郭密在黑河北岸，位置相对较偏，发育为纯藏民村。总之，各族没有非常明显的居住分区，聚族而居的特征不强。

① 青海省政府民政厅编：《最近之青海》，新亚细亚学会印行，1934年，第36页。
② 据新中国成立后新修《祁连县志》，1929年40余户郭密部落藏民在头人郭米才巷率领下，从共和县一带迁至扎麻什河以北，经向阿里克千户送礼，获得定居权。农牧兼营，也被称为"龙娃蕃"。从时间上来看，郭米才巷正是在共和设县时迁来的，与以上情况相吻合。《祁连县志》，第499页。但该志另载：祁连县藏族始入于1901年（光绪廿七年）。该年青海巴燕阿努什一带的廿余户藏民，在其头人夏塘洪保带领下迁至扎麻什，送给广惠寺寺主夏洛活佛两匹骏马和其他礼物，获得居住权。定居后，也以其原住地名夏塘命名新家。农牧兼营，俗称"龙娃蕃"，即种地人。1949年夏塘藏族有近30户约150人。这一说法与1962年调查资料不能对应。也有可能是这部分藏族在1962年之前返回了原籍。

表4 扎麻什垦民分村族别构成情况

村庄	鸽子洞	河西	河东	棉沙湾	郭密	多什多	合计
汉	12	23	11	1	1	6	54
回	23	6	0	10	0	0	39
藏	1	16	8	2	28	4	59
土	4	9	7	0	0	0	20
蒙古	0	1	0	0	0	0	1
合计	40	55	26	13	29	10	173

再从各村移民的籍贯地来看，各地移民随处就居，并无明显的地缘分区特点。

表5 扎麻什各村垦民祖籍地构成　　　　单位：县

村庄	鸽子洞	河西	河东	棉沙湾	郭密	多什多	合计
迁出县总计	10	8	7	4	5	3	38
移入量≥15户者	0	大通	0	0	共和	0	2
移入量≥9户者	大通、湟中	互助、化隆	互助	0	0	0	5
移入量≥5户者	民乐、湟中、门源	湟中	化隆	湟中	化隆	民乐	8
移入量<5户者	互助等等6县	民乐等4县	民乐等5县	化隆等3县	贵德等3县	共和、互助	24

从下表可以看出，同一个村中同县移民超过15户的只有河西、郭密两个村。郭密的共和移民19户，占压倒性多数。河西队移民量大，大通移民尽管达到19户，亦未能占居该村绝对多数，互助、化隆的移民分别有10户和12户。鸽子洞村，并列第一的大通、湟中二县各9户，民乐8户，相差仅1户。河东队互助籍为12户，也未占到绝对多数。总的来说，大通、互助、门源、共和、民乐、湟中等县移入量最大，但较分散，未形成明显的聚居中心。这一特点反映出祁连移民有高度的分散性和非组织性，同籍牵引的强度不显著。这与山西、陕西北迁内蒙有别。陕西、山西移民基数大，容易形成同籍相居的现象。河湟地区因移民基数小，外迁量有限，再受接受地垦区狭小零散等因素的限制，未能形成同籍而居的格局。

四 塑造祁连山多民族化移垦的主要因素

1. 多民族化反映了祁连山移垦区的多民族环境。产生多民族移垦现象的基础是祁连山所处的多民族大环境。祁连山区的移民主要来自河西走廊和河湟谷地一南一北两个地区，这两地历史上都属于多民族地区。河西走廊在清初米喇印、丁国栋起义之前定居的回族人口很多。这次起义被镇压后，回族人口损失很大，但经过以后两百多年的休养生息，回族人口复振，到同治回民起义之前已形成许多以城镇为中心的回族聚居区。同治回民起义失败后，河西回族遭遇毁灭性灾难，从此削弱下去。可见，河西走廊在清代长期属于回汉杂居区。与河西走廊相比，河湟谷地的多民族格局更突出且更具持续性。清代西宁府一府六县厅居住着汉、回、藏、土、蒙古、撒拉、保安七种世居民族，是典型的多民族、多宗教地区。以这样的多民族农业区为移民来源，祁连山区的移民构成必然要打上多民族底色。相比之下，清代以来的内蒙古和新疆的移垦活动，则表现出以汉族或以汉回两族为主体的显著特点，这一情形也是由移出地的汉族分布优势所决定的。由此可见，有什么样的移民环境，就有什么样的移民面貌。

黑河上游的八宝二寺滩、扎马什克、古佛寺一带的移民的多元性特征最为显著。这里有汉、回、土、藏、撒拉五个民族成分。从各民族本身的构成来看，黑河上游区也比其他各区为复杂。以汉族移民而论，哈溪滩主要来自武威、门源两地，马蹄寺主要来自民乐，红湾寺来自高台、临泽、张掖，黑河上游区来自甘青两省的五六个县，兼跨南北的特征最明显。再看藏族，红湾寺的藏族仅限酒泉南山东乐克藏族一种，黑河上游区则包括了东乐克、郭密、阿力克、浃翔、大通、湟中等多个来源。特别是郭密藏族很值得注意，郭密藏族本为游牧部落，清代中期逐渐兼营农业，并成为农业移民的输出地。这种新兴藏族农民，因出现时间晚，故未见于大通、门源盆地等老垦区，但见于黑河上游垦区，反映的是祁连山移民的历时性差异，即老移垦区与新移垦区之间的差异。郭密藏族农民未见于祁连山北麓而见于南麓，则反映的是空间性差异，即南北差异。

2. 祁连山内部的回族移民非常活跃，究其原因，与回族职业特点有密切关系。经商和采金是西北回族的两大优势行业，而祁连山丰富的金矿资源和广阔的民族贸易舞台为回族同胞提供了用武之地。大通"回人在家务农者很少，有的在阿尔泰山一带挖金子，有的在别处做小生意，均有吃苦耐劳的心、跋山涉水的力"。[①]大通回族"喜作零星贸易兼充经纪牙侩。邑中金厂为所充斥，煤矿亦占多数"[②]。祁连山内黑河、大通河、红水坝河、梨园河等诸河谷金矿很多，如大通河流域的大梁、赛尔图，永安、伊斯门沁，黑河东源八宝河流域的天蓬河、转风窑、高崖河、大小红沟、野牛沟、沙龙等地方，均以产金著称。从清代道光年间起，陕甘各地的回族金客、"羊客"就结队往来于祁连山内外。其中野牛沟金场野马川、羊胸子一带是他们的主要活动区域[③]。这说明，回族是最早进入祁连山腹地的群体，也是清代民国时期山内最活跃的群体。这为日后移居祁连山做好了铺垫。民国时期，大梁、永安城、硫黄河、羊肠子沟、天蒙河、高崖、占水窑等处都有金矿。金夫绝大部多数是大通人[④]。移居祁连山内的回民大部分是这样沉淀下来的。如韩生宝原来是采金的，发家后，在古佛寺置地兴产，成为地主兼商人。聂起凤则是由经商而置地，变成商人兼地主。因此，黑河上游移民不仅有穷人，也有富人。这是一个值得注意的现象。

3. 祁连山垦区的开拓反映了河湟地区的农业化趋势和游牧民族的自我农业化，反映了统治者的农业本位政策。"共和地处边野，种族庞杂，五方咸集，……蒙藏二族内分账房、土房。账房男子每日骑马执枪，专事畜牧。土房男子和汉回土三族职业无甚分别（即指从事农业）。"[⑤]青海省建立后，把推广垦殖作为要政，民政厅拟有《青海省移殖大纲》。省府急于推行垦政，对于蒙藏民族保护草原的意识大加指责。称蒙藏民族"固步自封，视游牧为天职，自己不愿开垦，更不愿他人染指，深恐垦务一开，彼无牧畜之草，是以虽有前来之垦户，而伊等既不与一定之垦地，又不准挖掘织席草，课租极重，差徭又多，致使来者大受窘困，后者畏缩不前"[⑥]。

---

① 《青海风土概况调查集》，第84页。
② 廖偲苏纂修：《大通县志》第二部《种族·回民》。
③ 《平番奏议》。
④ 《孙菽青调查青海金矿报告书》，1934年，资源委员会档案：28—10200。
⑤ 《最近之青海》，第289页。
⑥ 同上书，第238页。

4. 反映了民国时期西北地区政治问题之严重。民国时期河西汉人外迁主要是社会原因。大好田园被迫废弃，即是官逼人逃之明证。"在凉州沿途东西各百里内之村落有人居者不过十之四。"[①] "青马"的抓兵政策和剥削统治推动人口外流。"青马"统治时期青海人民负担奇重。无休止的抓兵要款使人无法立足。"青马"军队一再膨胀，编制一扩再扩，兵源长期紧张。"青海农业区平均每两户人家，就有一个在营当兵的。甚至一家中有兄弟两三人同时当兵。"[②] 强拉硬派，拉兵卖兵，高价勒索，成为青海最大苛政。大通、互助是"青马"征兵的重点对象。民国时期青海有"乐都的文书二化的官，大通、互助的一二三"的说法，从中可也看出大通、互助两县人民承受的重压。天祝地属藏区，保留着一些特殊待遇，不抓兵就是最主要的一项，这无疑对青海人有吸引力[③]。

据笔者调查，解放前红湾寺谷地（裕固族地区）90%以上的汉民都是因"避兵"而来的。高台籍老移民王伏泰说，"上头（指裕固族地方）的好处就是不抓兵。如果底下（指河西农区）不抓兵，估计来不了这么多高台人"。河西县府也坦言"避兵"的事实。"武威兵役不易办理，皆因壮丁多逃往番地，为佃农牛户，县府不易追捕所致。"[④] 不仅俗人逃跑，僧人也逃跑。朱古寺据称原有喇嘛400人，现有喇嘛40人，活佛3人。"近年来渐趋四散，一部分迁往甘肃，如永登之天堂寺尚有喇嘛三百之多。"究其原因，"课税纳款，差事甚重，虽各寺均有寺产，年久已渐败落，寺内喇嘛日益减少"[⑤]。

5. 祁连山移垦在解决山外贫民的生活来源和增加山内农产品供应方面有其积极意义，但过度开垦又破坏了生态平衡，造成了严重后果。问题最严重的是北麓哈溪滩和马蹄寺垦区，因上游过度开垦，影响到下游水源，引起连绵不断的用水纠纷。在汉族移民的作用和影响下，到民末，马蹄寺藏区的农业景象已很明显。"其收入以小麦、豌豆、青稞等地租为

---

① 军委会、资委会：《西北畜牧报告及设计》第1册，1936年，廿八（2）—178。
② 陈秉渊：《马步芳家族统治青海四十年》（修订本），第123页。
③ 因甘青两省政治环境有异，不仅大通互助一带的老百姓往甘肃天祝藏区迁移，青海南部同仁等县的藏族民也往甘肃夏河迁移，共同的原因是逃避差徭和各种剥削。
④ 第六区行政督察专员公署呈省府文（1942年11月2日），甘档15—9—34。
⑤ 陈梦熊：《青海门源先密寺附近地理》，《地理学报》第15卷2、3、4合期，1948年。

主，畜牧约占十分之一，其余均以农田为业，故常年收入多属农产品。"①
南城子 250 石耕地，全部由藏民自耕②。在天祝，"据说天祝在二十年前
没有农业，其农业是从民国十八年灾荒以来逐渐迁入的。本地藏民眼看草
原交于外来的回汉土农民开垦，可得不到很大收入，且消极违抗'青马'
侵佃开垦，把美丽的草原几乎都开垦完了。这样一来，不到十几年，所有
草原及林地都开垦成了田地"。但由于天气寒冷，有的地方甚至不能使小
麦作物成熟。结果形成了破坏草原、破坏森林，且农业收益不大的状
况③。这说明，祁连山作为河西走廊和湟水谷地的众河之源，应长期维持
其草原面貌，做到农牧互补与和谐并存。

---

① 民乐县蒙藏民调查纲要，甘档 L15—17—263。
② 1943 年 6 月第六区快邮代电，甘档：15—9—1。
③ 1953 年我会天祝工作组的调查材料，113—2—114。

明遗民生计三题

孔定芳

（中南民族大学民族学与社会学学院历史系）

明清易代后，明遗民以"不仕二姓"为政治姿态，而以"体制外"的生存方式"隐忍苟活"于新朝，这就使其生计变得异常艰难。同时，"生计"之于明遗民，也绝非寻常物质生活所可限量，而是牵涉到一个意义重大而繁复的精神价值系统，譬如遗民志节的保全、"道统担子"的肩苛等无不需要"打起全副精神"，在"生计"问题上"立住脚跟"。因此，考察明遗民的生存境况，检视他们有关"治生"的言论，不仅有利于发覆明遗民的精神价值，也有利于我们思考当下人文世界的种种问题。

然而，学术界有关明遗民生计问题的研究尚嫌不足。就著作而言，以明遗民生计为题的研究专著尚付阙如，不过余英时先生的《士与中国文化》①和赵园先生的《明清之际士大夫研究》②的有关篇章论及了"士"或明遗民士人的生计问题。余先生以《中国近世宗教伦理与商人精神》和《士商互动与儒学转向》为题，探索了明清商人的精神世界和"士"在其中的活动与作用。作者通过对明清时期"弃儒就贾"和儒商互动现象的分梳，指出明清时期"四民"观念已发生异动，儒家伦理有了新发展。在其论点的展开中，间或引用了明遗民的例证（如陈确的"学者以治生为本"论），但其结论与笔者的观察恰成反照。赵园先生在其所著的《明清之际士大夫研究》中有明遗民生计一节，是目前所见唯一论及明遗民生计问题的专论，但惜未深论，仅作描述而已。

---

① 余英时：《士与中国文化》，上海人民出版社 2003 年版。
② 赵园：《明清之际士大夫研究》，北京大学出版社 1999 年版。

以论文而言，只有零星几篇泛论明清时期一般士大夫之生计，而对于明遗民之生计仅举例而已。以笔者搜罗所及，相关的研究论文主要有：刘晓东撰写的有关明代（包括晚明）士人治生的系列论文，其中《晚明士人生计与士风》（《东北师范大学学报》2001 年第 1 期）主要论述了晚明士人的生计状况、晚明士人贫困化的原因及其与士风嬗变的关系，文中多处涉及明遗民的生计问题。其《世俗人生：儒家经典生活的窘境与晚明士人社会角色的转化》（《西南师范大学学报》2001 年第 5 期）则论述了晚明士人包括明遗民的生活状态及其对于传统社会角色的突破。他的另外两篇论文《明代士人本业治生论》（《史学集刊》2001 年第 3 期）和《论明代士人的异业治生》（《史学月刊》2007 年第 8 期）主要是泛论明代士人治生上的择业问题，而鲜有论及明遗民之治生。丁冠之在《明清学者治生论述略》（载《中韩实学史研究》，中国人民大学 1998 年版）一文中缕述了明遗民陈确的"治生为本论"，指出陈确的治生论是其具有唯物主义倾向的人性论和理欲观的应用和发展。王世光在《清儒治生观念刍议》（《云南社会科学》2002 年第 4 期）中，从清儒治生观念的社会背景、主要内容和历史意义等方面，论述了清儒的治生观念，举例中不乏明遗民的个案。方旭东在《儒学史上的"治生论"》（《学术月刊》2006 年第 6 期）中也对陈确的"学者以治生为本论"进行了检讨。从上述梳理可以看出，在学者的相关研究中，明遗民生计或治生问题大多只是在有关论述中附带提及，专门的研究尚嫌不足，故笔者为是文，以为补苴。

一　明遗民的治生之途

明清易代，天崩地解，"士子无不破家失业，衣食无仰"[①]，这是社会动荡所致，士子个人无力改变。但是，明亡后，明遗民为表达不与新朝合作的政治态度，既"弃诸生"、"焚儒服"，又不应试、不入仕，主动放弃朝廷的俸禄。没有了"家业"和朝廷俸禄，明遗民不得不另谋生计，以

---

① 曹溶：《条陈学政大事》，《皇清奏议》卷一，《近代中国史料丛刊三编》本，台北文海出版社 2006 年版。

使自己能够"偷生"于新朝,也为其"仰事俯育"提供基本的衣食之源。就像顾炎武告诫友人所说:"大难初平,宜反己自治,以为善后之计。"① 从明遗民的实际选择来看,他们的治生之途大凡有如下几种:

一是课读书馆。处馆以获取束脩、馆资、学贶,这是读书人可以凭借知识谋生而又受人尊敬的一种谋生之途。明亡后,遗民士人授徒课子而为塾师者,所在多有。张履祥曾说:"世之读书而贫者,为人教子弟,资其直以给衣食。"② 说的就是当时的一般情况。杨园自己即因"不能耕,故馆于人"者凡二十余年③。明清时期的学塾主要有三种类型,一种是家塾,即东家延请塾师至家教授子弟;一种是私塾,即塾师在自己家里,或租借他人房屋,或借用祠堂、庙宇而设馆授徒;一种是义塾,就是富商显贵、地方政府或家族倡议并出资兴办,免费向特定学童开放的学塾。杨园所言"处馆于人",当属家塾这一类型。他和黄宗羲曾处馆于吕留良之东庄,即其"处馆于人"之一例。检视各种《明遗民录》,"处馆于人"或"居家教授"的明遗民大有人在。如孔昭"平居教授生徒,所成就者众"④,孔之裔"生平耻言臓利,居家教授"⑤,郭士髦在明亡后"家业荡尽,以授徒自给"⑥,盛王赞"避居阳城湖滨,课材童自给"⑦,黄宏宪在易代后"弃官归隐,授徒自给"⑧,陈瑚"乱后隐居教授"⑨,戚勋"更世乱,隐居教授四十有余年"⑩,梁湛然"国亡后,隐居讲学,授注录者千人"⑪,余若水"聚村童五六人,授以'三字经'"⑫。不胜枚举,此仅略举以示例而已。

---

① 顾炎武:《亭林文集》卷三,《与戴枫仲书》,《顾亭林诗文集》本,中华书局2008年版。

② 张履祥:《杨园先生全集》卷十八,《处馆说》,中华书局2002年版,陈祖武先生点校本(下同者不另注)。

③ 张履祥:《杨园先生全集》卷十八《处馆说》。

④ 孙静庵:《明遗民录》卷八,谢正光、范金民编《明遗民录汇辑》本,南京大学出版社1995年版。本文所引各种明遗民录(传)均出自同一版本,下同者不另注。

⑤ 秦光玉:《明季滇南遗民录》卷上。

⑥ 孙静庵:《明遗民录》卷五。

⑦ 黄容:《明遗民录》卷二。

⑧ 黄容:《明遗民录》卷一。

⑨ 黄容:《明遗民录》卷四。

⑩ 黄容:《明遗民录》卷六。

⑪ 陈伯陶:《胜朝粤东遗民录》卷二。

⑫ 李元度:《国朝先正事略·遗逸》,《余若水先生事略》,岳麓书社2009年版。

二是躬耕自给。中国自古以农立国，明清时期商品经济虽有所发展，但务农毕竟是大多数人的治生之途。读书士子若不能科举考试及第而为朝廷命官，最理想也是最常态的生活方式就是"耕读传家"。以遗民士人张履祥的看法，"士为四民之首"，当"处不愧为士君子，出不愧为士大夫"，"稼穑之艰，学者尤不可不知"，"古之士，出则事君，处则躬耕，故能守难进易退之节，立光明俊伟之勋"。所以，他认为"治生以稼穑为先，舍稼穑无可为治者"①。明亡后，遗民中以躬耕为食者自是不乏其人。张履祥课馆授徒之外，也躬耕农桑，"岁耕田十余亩，地数亩……草履箬笠，提筐佐馌，其修桑枝，则老农不逮也。种蔬莳药、畜鸡鹅羊豕无不备"。②尚据自身农事实践所得而撰《补农书》。遗民大儒孙奇逢在明亡后避居夏峰，率子弟躬耕自给，四方问学者，亦授田使耕，由是"所居成聚"。梁以樟"第买田数十亩，躬耕自给，以谢翱、郑所南自比"③，章恺"国变后，隐居华子冈，灌园养母"④，不一而足。

三是游幕而食。游幕是一种介于仕隐之间的谋生方式，虽不同于直接入仕清廷，但幕主毕竟是清廷官员，易于招致仕于"异族"之讥，所以顺治期间明遗民即使是生计困顿，也轻易不会出游幕府。但是，到了康熙时期，风气则大不相同。明遗民特别是一些遗民"新生代"如万斯同、顾祖禹、李因笃、黄百家、刘献廷和王源等相继入幕⑤。这些遗民新生代出生于崇祯年间（1628—1644），明清易代之际，他们尚处在童年或少年时代，作为遗民，"他们同明王朝有着天然的联系，却不那么紧密；他们对满族人的统治不满，却不那么强烈……因此，当他们在康熙初年步入弱冠或而立之年的时候，很少像他们的父辈和祖辈那样息影林泉。出游幕府的可能性大大增加了"⑥。这是遗民新生代游幕的主观原因。此外，在客观上，康熙元年以后，随着南明最后一个政权——永历政权的覆灭和全国性大规模抗清斗争的沉寂，清朝的统治渐趋稳定。当此之时，明遗民审时

---

① 张履祥：《杨园先生全集》卷三十六《初学备忘上》。
② 张履祥：《杨园先生全集》附录，《张杨园先生年谱》。
③ 陈去病：《明遗民录》，《国粹学报》第 30 期。
④ 孙静庵：《明遗民录》卷二十五。
⑤ 参见尚小明《学人游幕与清代学术》，社会科学文献出版社 1999 年版，第 14 页。
⑥ 尚小明：《学人游幕与清代学术》，社会科学文献出版社 1999 年版，第 16 页。

度势，适时调整自己的终极关怀，由汲汲于恢复汉族政权之"治统"转而以延续和复兴汉文化之"道统"为依归，入幕以施展其"明道救世"、康济民生的经世抱负便是一个可能的选择。况"惟习幕一途，与读书为近"①，是士人凭借知识和技能而谋生的重要途径。正是基于上述原因，遗民新生代在对待"游客"与"游幕"的态度上，就不像他们的遗民前辈那样纠结着太多的政治操守的考量。如老一代遗民顾炎武屡游在野的友人之幕（即"游客"），却不曾一游官员之幕（即"游幕"）；再如阎尔梅，顺治二年清凤阳巡抚赵福星曾遣人来招阎氏，阎氏却"痛哭为书谢之"②。但是，作为遗民新生代的李因笃（1632—1692）则反之，他认为有血气的"丈夫"，"游客万不可为"，因为"游客"有乞食于人之嫌，而"入幕虽卑，犹自食其力。舍彼就此，亦云恶取其轻者耳"。③ 两相比较，遗民新生代对于游幕的政治忌讳已然淡薄了许多。不仅如此，就整个遗民社会而言，进入康熙时代以后，不轻易游幕的坚执也已初现松动，像陆世仪、魏际瑞这些老一代遗民也入幕了。

当然，遗民士人的游幕究竟不同于一般士人的游幕，而是寄寓了遗民式的关怀。或借佐理政事而痛陈官府积弊，以造福民生；或借襄助文事而究心学术，以传承道统。明遗民陆世仪就曾说："历观古今以来，大抵经时变革，一时贤者不死于忠节，则归于隐遁，其或去而入于空释之门，更多有之……然而圣道自此日晦，而世界自此日坏矣。"④ "圣道"与"世界"，一"内圣"，一"外王"，代表了传统儒家之道的两个方面。由于以不与新朝合作为政治姿态，明遗民的"外王"关怀，就只能是致力于"拯斯民于涂炭"⑤，以个体性的行为从事所谓"乡治"活动，在这方面，陆世仪、魏际瑞为其代表。顺治十八年（1661），陆世仪应江西安义令毛如石之聘，"至县为询利弊"⑥；康熙十年（1671），陆世仪又受聘为江宁巡抚玛祜之幕宾，"入幕后痛陈江南一切利弊"⑦。范承谟任浙江巡抚时，

---

① 汪辉祖：《佐治药言》"勿轻令人习幕"条，《丛书集成初编》本。
② 孙静庵：《明遗民录》卷二十。
③ 李因笃：《受祺堂文集》卷三，《复顾先生》，道光7—10年刻本。
④ 陆世仪：《思辨录辑要》卷二十，《治平类》，《丛书集成初编》本。
⑤ 顾炎武：《亭林文集》卷五，《病起与蓟门当事书》。
⑥ 凌锡祺：《尊道先生年谱》，顺治十八年，光绪二十六年刻本（下同者不另注）。
⑦ 凌锡祺：《尊道先生年谱》，康熙十一年。

礼聘魏际瑞为幕宾，"蠲荒赈饥诸大事，所全活数百万，伯（即魏际瑞）左右宣力为多焉"①。就传承道统而论，陆元辅以及万斯同、黄百家诸遗民新生代乃其典型。康熙时期，随着时移势易和清廷政策的调整，明遗民的待清态度渐趋软化，初现群体分化，但是他们的"复明"期待并未幻灭，所以"三藩"乱起，明遗民相机而动，欲有所逞。有鉴于此，清圣祖大幅度调整统治政策，不待"三藩"乱平，即于十七年（1678）诏举"博学鸿儒科"，翌年又谕开《明史》馆，试图以"崇儒重道"笼络和罗致遗民士人。与此相应，明遗民之游幕遂以襄助文事为职志。李塨尚言："三藩平后，竞尚笔墨文学，馆阁徐乾学等，招致天下名士，排缵词章，一时如刘继庄，以及万斯同、胡渭生、阎若璩辈皆集阙下，而王子（指王源）亦与焉。"② 李塨此处提到的学者除万斯同外，皆非严格的明遗民，然因为他们或为遗民子弟，或为遗民私淑弟子，而有浓郁的"遗民情结"。这些士人之入幕"排缵词章"，自有其文化关怀。万斯同之入徐乾学幕襄修《明史》即为一显例。康熙十八年（1679），清廷重开《明史》馆，以中试的五十余"博学鸿儒"为翰林院编修、检讨之职，悉数入馆修史，但万斯同拒绝清廷援例授予的纂修之职，而以"布衣"身份与其事，"不置衔，不受俸"，唯愿"纂成一代之史，可借手以报先朝矣"③。

然而，不管明遗民之游幕怀有多么崇高的志向和超然的关怀，获取修脯以养家糊口当为大多数人最现实的考量。从明遗民陆元辅的情况或可窥见一斑。张云章所撰《陆先生元辅墓志铭》记曰："（明亡后）先生脱去博士弟子籍，分将潜深伏奥以布衣老矣，而当世大人先生以其经师，必欲力致之。先生念己于前朝未有禄仕，出亦无害，而以贫故糊口四方，亦非不义之粟。故以礼来聘者，先生不之拒。"④ 陆氏一生严守遗民矩镬，康熙十七年诏举"博学鸿儒科"，他以病峻辞，虽被迫至京，却"召试诡不入格，又多规劝语"，致使"主者得之不敢献"⑤，陆氏遂得以遗民终。但是，他却不得不因贫而游幕于"当世大人"，这在当时恐怕不是他一个人

① 魏禧：《先伯兄魏祥墓志铭》，载《碑传集》卷一百三十七，中华书局1993年版。
② 李塨：《恕谷后集》卷六，《王子传》，中华书局1985年版。
③ 杨天佋：《万季野先生墓志铭》，载《石园文集》首首，民国二十四年（1935）刻本。
④ 张云章：《陆先生元辅墓志铭》，载《碑传集》卷一百三十。
⑤ 张云章：《陆先生元辅墓志铭》，载《碑传集》卷一百三十。

的无奈!

四是卖文博食。诗、文、书、画,本士人所擅,借以资生,也是许多遗民士人的治生之道。《清史稿》"高士驴"有关于徐枋卖画度日而得友人相助的一段文字,虽颇富传奇色彩,却非向壁虚构,因其事亦得黄宗羲之言的佐证。黄宗羲云:"先生(指徐枋)画神品,苏州好事者月为一会,次弟出资以买其画,以此度日。"① 以画社的形式为徐枋"谋薇蕨之资",是友人周玉凫发起并主盟的,徐枋在致周氏及葛瑞五、朱用纯等人的信中都曾提及。画社以"山中雅集"的形式,"每月会集,朋从甚盛",后来连"法门诸大老"也"把臂入林"。对于众人好意相助,徐枋还是觉得"有伤其廉",两年后遂"谢却"。遗民中,卖画自给者至少还有陈应麟、黄宗炎等人。史载陈应麟明亡后卖画自给,"专攻芦鸿,遂成绝艺"②。黄宗炎"工缪篆,又善制砚",明亡后游石门、海昌间,卖画以自给③。卖文谋食的明遗民最著名者莫过于吕留良了,吕留良弃青衿后即主要以评点时文为生计,一时天盖楼之时文选本洛阳纸贵,在给门生的书札中,吕留良说:"选文行世,本非仆怀,缘年来多费,赖此粗给,遂不能遽已。"④ 吕氏的此番说话有其深意可玩味,一是其"选文"确曾为其提供了生计之需;二是既弃青衿而为遗民,却又以时文"操选政",难免为人诟病,故他要加以辩白,说明评点时文"本非仆怀";三是其评点时文确另有关怀隐然其间,因为在他看来,科举之弊在于应试士人自始即为"村师"所误,对于"先儒之精义,与古人之实学,初未有知"⑤。吕留良曾不无自负地说:"咄嗟晚村,其舍此识字秀才,读书者安望耶!"⑥ 可见他是毅然地以评点时文的方式肩荷起"道统担子",尽管在表现方式上势必招致物议。以诗文谋食的遗民士人当然所在多有,如钦兰"工诗",国亡不仕,卖文自给⑦,杨彭龄"间鬻文词以自食,京师贵人数属当事者

---

① 《清初名儒年谱》,北京图书馆出版社 2006 年版,第 119 页。
② 佚名:《皇明遗民传》卷四。
③ 佚名:《皇明遗民传》卷三。
④ 吕留良:《吕晚村先生文集》卷四,《与董方白书》,国家图书馆出版社 2003 年版。
⑤ 吕留良:《吕晚村先生古文·答叶静远书》,载《四库禁毁书丛刊》子部三十六。
⑥ 吕留良:《吕子评语》正编卷首,载《续修四库全书》九百四十八,子部,儒家类。
⑦ 佚名:《皇明遗民传》卷五。

饷馈，终不谒谢"①，即为其例。

五是悬壶行医。由于古代中国没有受过专门训练的医学专业人才，一般拥有一定知识的人便充当了医生的角色，当然若有祖传之秘，行医谋食便是很自然的事。检视各种《明遗民录》，突出的例子有：傅山"家世传禁方，乃自资以为生"②，邹名世在明亡后不入城市，业医自给③，程自玉"遭世变，隐于医，四十余年不践郭门"④，陆圻"甲申后，卖药海宁之长安市"⑤，又"提囊三吴间，屡著奇效"⑥。

除上述几种治生之途之外，像彭士望隐于金精山，"造纸种茶，以资给其家"⑦，周篔"就市廛卖米"，文祖尧"倚青鸟术自给"⑧ 等从事"杂业"者，也不乏其人。正如吕留良在祭友人文中所说："如今日之遗民，为要路谒客以呈身，或捉刀怀檄，为幕府之师宾。最下则含乳乎南宗，开堂卖拂，此其家亦可以不贫。奈何三尺之篱，数十杆之竹，蔽影于九曲之村。"⑨

需要说明的是，对于个别明遗民而言，其治生之途并非专事一业，而是数业相兼。如张履祥处馆的同时还兼躬耕，时人谓其"读书课馆之余，凡田家纤细之务，无不习其事"⑩。又如余若水，明亡后，"躬耕山中"，一面"聚村童五六人，授以'三字经'"，一面从事农牧业生产，以致"卧榻之下，牛宫、鸡埘无下足处，晨则秉耒出，与老农杂作"。⑪ 再如，吕留良弃青衿后，先是务农行医，后评点时文⑫。总体而言，受制于遗民士人的政治立场、处世态度、职业价值取向，及其自身知识技能等因素，

---

① 佚名：《皇明遗民传》卷三。
② 陈去病：《明遗民录》，《国粹学报》第三十七期。
③ 佚名：《皇明遗民传》卷六。
④ 黄容：《明遗民录》卷五。
⑤ 孙静庵：《明遗民录》卷四十三。
⑥ 黄容：《明遗民录》卷四。
⑦ 黄容：《明遗民录》卷九。
⑧ 秦光玉：《明季滇南遗民录》卷上。
⑨ 吕留良：《吕晚村先生古文·祭钱子与文》，载《四库禁毁书丛刊》子部三十六。
⑩ 陈克鉴：《农书·引》，载陈恒力《补农书校释》，农业出版社1983年版。
⑪ 李元度：《国朝先正史略·遗逸》，《余若水先生事略》。
⑫ 《吕晚村诗·伥伥集》有《后耦耕诗》一首，其中有云："田忙时节伴工勤，近地招呼远地闻。"《吕留良年谱》所载《行略》云："弃诸生后，或提囊行药以自隐晦。"

在诸种职业中，以处馆课徒和躬耕谋食者为数最多。

二　明遗民的生计境况

　　明遗民的生计境况如何，还得透过他们所选择的主要治生之业的收入情况，才能一窥究竟。

　　先看课读书馆的束脩所入。在中国古代，拥有知识的士人，传统的谋生之途本来是出仕为官，以获取朝廷俸禄，一旦不愿入仕，"唯一的办法是把从先生那里学来的一套子曰诗云再传授给别人藉以生活"①。所以作塾师而教授生徒无疑是绝大多数遗民最可能选择的治生之途。清朝时期，塾师的束脩收入具体是多少，有必要进行一番检讨。韩国学者权仁溶详细研究了康熙年间徽州府婺源县庆源村塾师詹元相的个案，他据詹氏的《畏斋日记》统计得出其束脩所入为：1700 年为一两六钱，1701 年为四钱五分，1702 年为二钱，1703 年为一两七钱，1704 年为八钱，1705 年为一两九钱七分②。从这份统计数据来看，乡村塾师的束脩所入不同年份差异甚大，且束脩年入最多也不到二两。以当时的物价，一两银可买米二石左右③，可知塾师的束脩收入确乎微薄。这里举的虽然是康熙后期的例子，而且示例中的当事人也不是明遗民，但此例的代表性并不能因此而打折扣，因为它至少反映了当时塾师的部分实情。塾师束脩的支付除了以银两外，也有用食物（主要是粮食）支付的，是故束脩又称馆谷。如顺治五年，江苏苏州吴氏家族规定："延举业师，贴米十二石；句读师，贴米十石。"④ 约略而言，十石米也就相当于一个三口之家全年的口粮。当然，兼用银两和粮食混合支付束脩的情况也不鲜见。塾师所入以馆谷支付，对于塾师而言或有利而无弊，因为这样可能规避因粮价波动而引起的收入减损。除了束脩之外，塾师在学塾还可获得膳食和节敬的收入，有的或可获

---

　　① 蒋星煜：《中国隐士与中国文化》，上海三联书店 1988 年版，第 36—37 页。

　　② ［韩］权仁溶：《清初徽州一个生员的乡村生活——以詹元相的〈畏斋日记〉为中心》，载《徽学》第二卷，安徽大学出版社 2002 年版。

　　③ 据钱泳《履园丛话》的记载，顺治至康熙初年，南方的主食大米和北方的主食小麦，每石四至六钱；康熙中后期至乾隆年间，物价飞涨，每石一两至一两五六钱不等。

　　④ 光绪八年江苏苏州《吴氏支谱》卷十二，《创立继志义田记》。

得"在家乡提供绅士服务的绅士收入"①，但束脩收入无疑为其主要生活来源。从以上所举两个关于塾师束脩的具体例子来看，后一例显较前例收入为多，但亦不过维持一家生计而已。若属于前一例的情况，则连最基本的日常生活也难维持。上述两例，在时间上一是康熙年间，一是顺治年间；在地域上一是安徽，一是江苏。看来不同时期、不同地域，塾师的束脩是有较大差异的。除此之外，束脩的多少还应与学生数有关，但是传统的学塾教学模式一定程度上限制了就学人数的差异，按照张仲礼先生的研究结论，一个塾师在学塾而非书院所教学生平均为三到四人②。事实上，明遗民的生存境况可能大多属于举例中的前者，如陈确之父常年处馆于外，而家人却常有断粮之虞；像滇南遗民孔之裔"居家教授"，却"四壁萧然"③者，所在多有。顺、康时人戴名世说："读书之士，至今日而治生之道绝矣。……则师道在今日贱甚，而束脩之入仍不足以供俯仰。"④一般而言，北方塾师的境况可能更糟，据陕西同州马氏家族资料的记载，有个名马先登的生员，在中举前的三十年间，"出外觅馆，而修脯寥寥，不敷赡养。家亦无长物可质肆库，府君屡持袋向亲乞米，迄无应者"。⑤

再看躬耕自给的情况。明清时期，社会分工仍未臻细密，"农民固专事耕作，而士、工、商亦多未能与农事完全断绝关系"，明遗民既避居穷乡僻壤，"把本来的带有消遣性质的灌圃一类工作扩展为谋生的职业并非意外"⑥。加上中国古代农耕社会"重农抑末"政策和观念源远流长、根深蒂固，所以明遗民躬耕南亩者自然为数不少。躬耕的生活自是艰苦的，不仅是身体上的："赤日中田，焦发裂背。渴不得饮，饥不得食，闵其将死，不敢云瘁"⑦，而且是生计上的："十年之耕，不得五年之获"⑧。以躬耕而谋生计，在清代的生产力水平下能够勉强"敷食"已属不易，遭

---

① 参见张仲礼《中国绅士的收入》第二章的相关内容，上海社会科学院出版社 2001 年版。
② 张仲礼：《中国绅士的收入》，上海社会科学院出版社 2001 年版，第 108 页。
③ 秦光玉：《明季滇南遗民录》卷上。
④ 戴名世：《戴名世集·种杉说序》，中华书局 2000 年版。
⑤ 《关西马氏世行又续录》，陕西同州，1868 年本，卷十三。
⑥ 蒋星煜：《中国隐士与中国文化》，上海三联书店 1988 年版，第 37 页。
⑦ 陈确：《陈确集》卷一，《苍天七章》，中华书局 2009 年版（下同者不另注）。
⑧ 张履祥：《杨园先生全集》卷二十，《书改田碑后》。

遇荒年，"力耕食贫"① 也在所难免。一般而言，耕作"从投资到获得利润的过程是缓慢的，不能和工商业同日而语，再加上隐士从事耕作虽不是雇农，却是自耕农，和阡陌纵横的大地主富农们相较，又不啻小巫之见大巫了。至于无业的隐士，除非拥有厚产，否则当更为狼狈"。② 引文中所谓"隐士"实指包括"遗民"在内的各类不愿为官的在野之人，其实朝代鼎革之际的旧朝遗民较之承平时期清高孤介、不愿为官的隐士，生计的穷困更是有过之而无不及。仕清汉士汪琬曾经说：

> 古之君子欲进则进，欲退则退，未有不浩然自得者也。今之君子侧身迟回于进退之际，恒皇皇焉不能自主者，何也？非其人为之，其时为之也。古之君子力耕以为食，力蚕以为衣，俯仰身世，无求而皆给。故当其不得志而退也，毕其生可以无闷。今之君子仰无以养其亲，俯无以畜其妻子，饥寒之患，迫于肌肤，此其时与古异矣。虽不得志，其能遁世长往，浩然于寂寞无人之地哉？吾以是知其难也。③

汪氏所谓"古之君子"既然可以"欲进则进，欲退则退"，当为一般"隐士"无疑，也正因为一般隐士在进退之间的裕如，其生活之"浩然自得"也就不在话下，或者说其躬耕所入可以确保他们的"隐"。而遗民为旧朝所"遗"，对新朝持不合作态度，在"出处去就"之间已"立定脚跟"，其"遗民"立场断不受其生计所左右，或者说"贫"毋宁是他们的主动选择。更何况以读书人而务农桑，实有其无奈和不堪，明遗民陆世仪即曾自述其尴尬："自甲申、乙酉以来，教授不行，养生之道几废。乙酉冬季学为贾，而此心与贾终不习。因念古人隐居多躬耕自给，予素孱弱，又城居，不习田事，不能亲执耒耜。"④ 身体孱弱、"不习田事"，自非陆氏一人为然，也是整个士群的困惑，如前述张履祥亦有"不能耕"之叹。

最后再来讨论一下游幕而食的情况。游幕并非明遗民治生的"主业"，除了极个别的遗民，大多对游幕持避而远之的态度。一般而言，幕

----

① 黄容：《皇明遗民录》卷四。
② 蒋星煜编著：《中国隐士与中国文化》，上海三联书店1988年版，第37页。
③ 汪琬：《尧峰文钞》卷二八，《灌园诗后序》，《四部丛刊》本。
④ 陆世仪：《思辨录辑要》卷十一，《修斋类》，《丛书集成初编》本。

宾的收入要高于塾师的收入。清朝幕宾的束脩所入因人而异，但揆诸史实，还是能够了解一个大致的情况。决定和影响幕宾修脯的因素有多种，首先是延聘幕宾的官员职务或级别之高低。如江宁布政司"在署写算办事八人，束脩一千六百两"①，一些地方州、县衙门"就中所尤倚重者，非二三百金不能延至"②。布政司一级"写算办事"的普通幕宾年入也有200两，而州县衙门中幕主特别倚重者方可与之比肩。以张仲礼的估计，地方大员（总督、巡抚、布政使、按察使、道员、学政、提督）的幕僚一般年均收入为1500两，而知府、州县官的幕僚年均收入不过250两③。可见幕主职务和级别之高低是影响幕宾收入的一个重要因素。其次是幕宾的职责及其所发挥的作用。根据张仲礼的研究，州县官的幕宾中，负责书启、挂号、征比④的幕宾年平均收入为100两银子；负责刑名、钱谷的幕宾所得收入则每年300至400两⑤。二者相差3至4倍之多。清人汪辉祖早岁游幕，洞悉幕府内况，他曾明言："幕中数席，惟刑名、钱谷岁修较厚。余则不过百金以内，或止四五十金者⋯⋯以修脯而计，刑、钱一岁所入，足抵书、号、征比数年。"⑥汪氏之说可以支持张先生的判断。但是，修脯相对较高的刑名、钱谷非有"功名"及专门知识和才干，得馆殊非易矣，没有"功名"的遗民士人即使能被延聘入幕也多为幕修相对较低的"书启"、"挂号"、"征比"之职。所以这种幕宾时有"搁笔穷"之虞，也正因此之故汪辉祖曾慎重告诫："勿轻令人习幕。"⑦但是，尽管专职书启、挂号、征比的幕宾较刑名、钱谷之类幕宾所入为低，毕竟比课读书馆的塾师要高，所以汪辉祖说："吾辈从事于幕者，类皆章句之儒，为童子师，岁修不过数十金；幕修所入，或数倍焉，或十数倍焉。"⑧不过，入幕毕竟有亲近当局之嫌，所以对于明遗民而言，入幕究为等而下之的选

---

① 《雍正朝汉文朱批奏折汇编》，江苏古籍出版社1991年版。
② 贺长龄：《清经世文编》上，卷十七，中华书局1992年版，第421页。
③ 张仲礼：《中国绅士的收入》，上海社会科学院出版社2001年版，第86页。
④ "书启"指专事起草公牍的幕宾；"挂号"指专事记录司法和征税案件的幕宾；"征比"指协助征收赋税的幕宾。
⑤ 张仲礼：《中国绅士的收入》，上海社会科学院出版社2001年版，第85页。
⑥ 汪辉祖：《佐治药言》"勿轻令人习幕"条。
⑦ 同上。
⑧ 汪辉祖：《佐治药言》"自处宜洁"条。

择，以幕修为生的遗民更是寥寥无几。

　　至于卖文博食、悬壶行医和其他"杂业"，因非明遗民治生的"主业"，从事者无几，其收入如何，也就不再去深究了。

　　从理论上来说，明遗民既然选择了不与新朝合作的"体制外"生存方式，那么其生计的困顿几乎是必然的。从事实上来看，明遗民虽或课读书馆，或躬耕自食，也有少数人从事游幕或其他"杂业"，但从整体而言，明遗民的贫穷困厄却是一个客观事实。前已述及，张履祥在易代后借课读书馆和躬耕自食以谋生计，但即或是二业并兼，也不免"长困衣食"。顺治十一年（1654）八月，杨园有一封《答吴仲木》的书札，内中他历数自己的生计境况："弟先人遗田，变废之余，尚存一十四亩，妻子餰粥足以自给。但自祸乱以来，十余年间迁徙者五矣，每当迁徙辄有称贷。因无嗣息，买婢则又贷去。冬病作，则又贷。积渐而至，已不下数十金。目下以先叔王父之葬，则又贷，亡妹之葬，则又贷，复不下三四十金。每于秋成，辄通以自古有死之义，罄箱偿之，不足则复佐以馆谷。次年米渐贵，则力益诎，加质举息，其数仍不减于旧时。诚恐一旦溘先朝露，则长负人入地矣。"① 杨园一生耿介，轻不求人，但遭遇荒年，"东西就食"时或有之，甚至因"家贫不能置书，故不能免于远求耳"，而不得不曾向吴仲木借读《司马温公集》、《许鲁斋集》、《吴康斋集》等书②。杨园治生兼及处馆与躬耕二业尚且如此，更遑论那些专事一业而谋生的遗民了。如盛王赞于明亡后"避居阳城湖滨，课材童自给。日无再食，尝采茨蒿之属，杂以麻麦，如僧家所谓璎珞粥者。衣每百结，辄自引线联络，负日于檐，栩然自得"③。另如前述孔之裔"居家教授"，"四壁萧然"④；陈瑚"乱后隐居教授，……晚益困窭，常至绝食"⑤；应拙谦"授徒自给，三旬九食以为常。每连日绝粒，采阶前马兰草食之"⑥。看来授徒自给的生活是拮据的。至于躬耕，一则有赖"天时"，再则还受制于遗

---

① 张履祥：《杨园先生全集》卷三，《答吴仲木十六》。
② 参见张履祥《杨园先生全集》卷三，《答吴仲木三》。
③ 黄容：《明遗民录》卷二。
④ 秦光玉：《明季滇南遗民录》卷上。
⑤ 孙静庵：《明遗民录》卷三。
⑥ 徐世昌：《清儒学案》卷十七，《潜斋学案》附录，河北人民出版社 2008 年版。

民士人的某些先天不足（如体力、疏于农事等），所以即使是生活在经济相对发达的江南地区，吴县遗民文点也难免"力耕食贫"，"尝卖书画自给"以为补给①。

明遗民生计的困厄，在各种文献中每有生动的描述，现举例若干，以见一斑。如滇南遗民陆天麟在明亡后，避乱山寺，"乞食荒村，极人世不堪之苦"②。陈玺"隐于沟壑"，"居乡不治生产，卒之日，几无以敛"③。刘永锡"贫甚，不受人粟肉，妻织席，男女织芦簾自给，并日而食"，常因"食不继，时不举火"，④"独居土室，风雨不蔽"，"卒以穷死"⑤。徐枋食则"一饭一糜"，"日日至午尚犹枵腹"，衣则"冬夏止服一苧衣"，真乃"荒山壁立，不知如何度岁"！其二儿一女饥寒殒命，他自己则死而不能葬⑥。陆庆臻"贫甚，泣曰：'得墓田一笏，营葬足矣'"⑦。李潜夫"甲申、乙酉以来，秃顶披缁衣，二十七年不见人。家奇贫，无子，又病疝气，不能二三百步行，久坐下坠，尝日卧读书，门无三尺之僮，厨无爨婢，独老妻在室，颓然相对，无所得食"⑧。张岱在明亡后隐居入山，"然瓶粟屡罄，不能举火"⑨。陈鸿"年七十二以贫病死"⑩，等等，不胜枚举。可见，衣而不蔽其体，食而不得"举火"，住而不蔽风雨，以致死而不得葬，即是明遗民传记作者对于明遗民生计的普遍观感，所述虽为极端境况，但传记毕竟以纪实为书法，所述依然足可征信。

三　明遗民的治生观念

明遗民的潦倒困厄固为事实，但他们似乎并不以此为意，甚至以"贫"为主动选择，这就意味着他们必怀某种特别的治生观念和处世

---

① 黄容：《明遗民录》卷四。
② 秦光玉：《明季滇南遗民录》卷上。
③ 同上。
④ 陈去病：《明遗民录》，《国粹学报》第 29 期。
⑤ 佚名：《皇明遗民传》卷四。
⑥ 徐枋：《居易堂集》卷八，《再生记》，华东师范大学出版社 2009 年版。
⑦ 孙静庵：《明遗民录》卷九。
⑧ 魏禧：《魏叔子文集》外篇卷六，《与周青士书》，中华书局 2003 年版。
⑨ 张岱：《瑯嬛文集》卷一，《梦忆序》，岳麓书社 1985 年版。
⑩ 佚名：《皇明遗民传》卷五。

态度。

首先，以治生为学者"本事"、"分内事"，以及以治生保全志节的生计观。儒家传统重义轻利，"治生"素为儒者所耻言①。但有学人认为，自元代始，特别是明代中期以后，随着社会经济的发展和社会流动的加剧，传统的"四民"界限渐趋模糊，士商互动渐趋频繁，"谋道"与"谋食"的畛域已被打破，并列举元代理学家许衡"为学者，治生最为先务"②之论以为佐证③。然而，证诸明遗民之治生思想，上述判断显然有待商榷。让我们援引许衡的言说以与明遗民的相关论说互为对证。许衡说：

> 为学者，治生最为先务。苟生理不足，则于为学之道有所妨，彼旁求妄进，及作官嗜利者，殆亦窘于生理之所致也。士子多以务农为生。商贾虽为逐末，亦有可为者。果处之不失义利，或以姑济一时，亦无不可④。

许衡所言虽"是一个浅显的道理：学圣贤的前提是衣食无忧；衣食有虞，则对学圣贤大有妨碍；经商虽然不是学者根本的事业，但借以糊口亦无不可"⑤，然毕竟对正统儒家观点形成挑战。

陈确针对许衡之说曾有过专门的发言，他说：

> 学问之道，无他奇异，有国者治其国，有家者守其家，士守其身，如是而已。所谓身，非一身也，凡父母兄弟妻子之事，皆身以内事。仰事俯育，决不可责之他人，则勤俭治生洵是学人本事。而或者

① 如孔子褒扬"贫贱乐"的颜回，而贬抑"请学稼"的樊迟。

② 黄宗羲、全祖望：《宋元学案·鲁斋学案》，中华书局1986年版。

③ 相关论述参见赵国洪《许衡"治生"说与明清士商观念》（《江西社会科学》2006年第5期），余英时《中国近世宗教伦理与商人精神》、《士商互动与入学转向》（《士与中国文化》上海人民出版社2003年版），胡发贵《从"谋道"到"谋食"——论宋明之际儒家价值观念的迁移》（《中州学刊》2003年第9期）等。

④ 这段言说载于多种文献，如《许鲁斋先生年谱》（载乾隆五十五年刊本《许文正公遗书》）、《宋元学案·鲁斋学案》，但二者互有异文，《鲁斋学案》所载乃采自《许鲁斋先生年谱》，故此处以《年谱》所载为本。

⑤ 方旭东：《儒学史上的"治生"论——兼与余英时先生商榷》，《学术月刊》2006年第6期。

疑其言之有弊，不知学者治生绝非世俗蝇营狗苟之谓。……确尝以读
书、治生为对，谓二者真学人本事，而治生尤切于读书……唯真志于
学者，则必能读书，必能治生。天下岂有白丁圣贤，败子圣贤哉！岂
有学为圣贤之人，而父母妻子之弗能养，而待养于人哉！许鲁斋此
言，专为学者而发，故知其言之无弊，而体其言者不能无弊耳。①

此即陈确所谓"学者以治生为本论"，乃针对许衡之言而发，学人据
此多以为陈确认同许衡之说。表面上看，陈确似乎认同许衡的观点，也并
不讳言"治生"，实质上却暗中对许衡之说进行了重要修正。一、许衡以
治生为学者之"先务"，而陈确以治生为学者之"本事"，一词之异，意
义迥然。陈确以治生为学者之"本事"，乃因治生为"学问之道"，乃
"士守其身"的物质基础，一身以至于"仰事俯育"皆不能"责之他
人"，否则"必失其身"，"所谓失，非必皆败亡与饿死也，凡因贫而苟为
非义者皆是"②；正是在此意义上，陈确以为"治生尤切于读书"。二、许
衡主张为了生计商贾"亦有可为者"，而陈确却特别表明"学者治生绝非
世俗蝇营狗苟之谓"，同时又说"治生以学为本"③，亦即不以"逐利"
为终极追求，所以他绝不以商贾亦可为。三、陈确认为许衡之言或道出了
"一个浅显的道理"而显得"言之无弊"，但"体其言者不能无弊"，意
即不要以学者治生有某种意义上的合理性，而为"世俗蝇营狗苟"之事。
总之，陈确虽不讳言治生，甚至认为学者不可不讲治生，但治生必"以
学为本"、以"守其身"为前提，而不能本末倒置，否则"因贫而苟为非
义"，那就成了利禄之徒而有失士的节操了。

对许衡之说作出回应的遗民士人还有张履祥。张履祥说："人须有恒
业。无恒业之人，始于丧其本心，终于丧其身。许鲁斋有言：'学者以治
生为急。'愚谓治生以稼穑为先。"④ 杨园的此番言说一方面将许衡"学者
以治生为先务"置换以"治生以稼穑为先"，表明他不反对学者之治生，
但与许衡不同的是，他反对士人业贾，认为"商贾之智，儒者羞为。挟

---

① 陈确：《陈确集·文集》卷五，《学者以治生为本论》。
② 同上。
③ 同上。
④ 赵尔巽：《清史稿》第43册，《列传》二百六十七，中华书局1977年版。

术虽工，人心不顺，天道不佑"①，而从事稼穑乃治生实务和"自立之道"，唯事稼穑方能"内不失己，外不失人"②，因为一则"夫能稼穑则可无求于人，可无求于人则能立廉耻；知稼穑之难则不妄求于人，不妄求于人则能兴礼让。廉耻立，礼让兴，而人心可正，世道可隆矣"③；再则"一家俯仰之需及吉凶诸费不能无所赖藉，若竟不为料理，此身终亦站不定，何处可言人品学问乎"④！而"稼穑一旦失所，饥寒随及以至。志行不立，廉耻道尽"⑤ 而"丧其身"。可见在杨园那里，"稼穑"不仅关系到"人心"，甚至还事涉"世道"。但是另一方面，他对稼穑治生亦持保留态度，而认为治生"须有恒业"。杨园所谓"恒业"即教学，他曾说："今世贫士众矣，皆将不免饥寒，宜以教学为先务，盖亦士之恒业也。凡人只有养德、养身二事，教课则开卷有益，可以养德；通功易事，可以养身。两益均有，舍此不事，则无恒业，何以养其身？无以养其身，不免以口腹之害为心害，便将败德。但此际须本忠恕之道，不可失其本心。"⑥ "教学"兼及"养德"与"养身"，较之"稼穑"偏于"养身"更具优越性，可见杨园虽倡言"治生"，却把"养德"置于优先地位。

应撝谦则对许衡的"学者以治生为先务"一说予以遗民式的"同情的理解"："先生（指许衡）见当时儒者多以贫失守，故为是言。"⑦ 如此解读，与陈确、张履祥正在同一语境中——"以贫失守"不正是明遗民所担忧的吗？

毋庸讳言，生计困顿的明遗民士人以治生为合理者自不乏人。孙奇逢说："居家之道，八口饥寒，治生亦学者所不废，故以勤俭终为，凡此皆吾人分内事，人人可行。"⑧ 傅山亦说："名世不必作相，相亦未必名世。诚能令书种不绝绵绵，经史培植圣贤根蒂，耕食凿饮，饶足自贵，却是天

---

① 张履祥：《备忘录·论治》，载贺长龄《皇朝经世文编》卷八，《治体二·原治下》，道光 1821—1850 年刻本。

② 张履祥：《杨园先生全集》卷四八，《训子语下》。

③ 张履祥：《杨园先生全集》卷三十六，《初学备忘上》。

④ 张履祥：《张杨园先生未刻文稿》卷一四，《与吴汝典》。

⑤ 张履祥：《杨园先生全集》卷二十，《题刘忠宣公遗事》。

⑥ 张履祥：《杨园先生全集》卷四十二，《备忘四》。

⑦ 应撝谦：《性理大中》卷六，《儒纪·鲁斋许子》，康熙二十五年刻本。

⑧ 孙奇逢：《孝友堂家规》，《丛书集成初编》第 0977 册，中华书局 1983 年版。

地间一种不可限量苗稼。"① 但是，明遗民之言治生必以"合于义"、"合于道"为前提。杨园认为："治生无它道，只'务本而节用'一语尽之。……既以学者自命，而孳孳治生为急，此又不受命而货殖之，最粗极陋者也。"② 又说"学者不从名节立脚，终为小人之归"③；黄宗羲对于"世苦于贫，多不持士节，三三两两相习于机械之途，以苟得为才"④ 的士风多有不满；顾炎武对那种结纳官府，"以营求关说为治生计"⑤ 更是多所诟詈。

其次，鲜明的职业等第观和"耕读相兼"的理想生活模式。中国传统社会以农立国，"耕读传家"几乎是每一个农民的理想，"耕"与"读"之间既分且合的纠合关系，使得士人的人生被限定在出则仕宦、处则耕读的格局内。明清易代，不仕新朝的遗民士人以"耕读相兼"为理想生活形态也就为必然选择。在"耕读相兼"的视野下，商贾、医卜、游幕等都被视为"贱业"而受到贬抑。张履祥虽强调"人须有恒业"，但认为："择业不可不慎，除耕读二事，无一可为者。……然耕与读又不可偏废，读而废耕，饥寒交至；耕而废读，礼义遂亡。……古人耕必曰力耕，学必曰力学，……苟能尽力从事，何患恒心或失而世业弗永乎？"⑥朱舜水诫其子孙时亦说："农、圃、渔、樵，孝养二亲，亦上也；百工技艺，自食其力者次之；万不得已，佣工度日又次之。"⑦ 陈确也认为："自读书谈道而外，仅可宣力农亩；必不得已，医卜星相，犹不失为下策。"⑧李颙说："志在世道人心，又能躬亲稼圃，器器自得，不愿外乎，上也；志在世道人心，而稼圃不以关怀，次也；若志在世道人心，又不从事稼圃，此其人为何如人！"⑨ 相对于张履祥，朱舜水、陈确和李颙的治生观虽然较为开放，但农耕依然是他们的第一选择。

---

① 傅山：《霜红龛集》卷三十八，《杂记三》，山西人民出版社 1985 年版。

② 张履祥：《杨园先生全集》卷四十，《备忘二》。

③ 张履祥：《杨园先生全集》卷三十九，《备忘一》。

④ 黄宗羲：《黄梨洲文集·万公择墓志铭》，中华书局 2009 年版。

⑤ 顾炎武：《日知录》卷九，《经义策论》，岳麓书社 1994 年版。

⑥ 张履祥：《杨园先生全集》卷四十七，《训子语上》。

⑦ 朱舜水：《朱舜水集·与诸孙男书》，中华书局 1981 年版。

⑧ 陈确：《陈确集·别集》卷六，《与同社书》。

⑨ 李颙：《二曲集》卷三十八，《四书反身录·论语下》，中华书局 1996 年版。

　　其实，从现实的功利而言，商贾、医卜、星相，一本万利，更易治生；就超越的理想而论，农耕获利虽薄，却是经世之"实务"，且可与"读"、"学"相兼，更契合士人终极关怀。因为明遗民之治生本不在"逐利"，所以在他们看来，农耕之外的其他各业，都是等而下之的"贱业"。张履祥认为："商贾近利，易坏心术；工技役于人，近贱；医卜之类，又下工商一等；下此益贱，更无可言者矣。"① 陈确则说："医固未可轻言"，因为"生杀在手，事系顷刻。圣医差能不杀人，次则不能不杀人，庸医则杀人无算"。相对于"行医"，"卜与星相虽非正业，而与臣言依忠，与子言依孝，庶于人事可随时补救，即有虚诬，亦皆托之空言，无预事实"。然"葬师"则较"庸医"为害更烈，因其"居心虽净，而操术已乖，信妖人之伪书，废族葬之良法，以无为有，以是为非，隔绝天伦，广废耕地，下乱人纪，上干天刑"②。吕留良"弃诸生后，或提囊行药以自隐晦，且以效古人自食其力之义，而远近复争求之"。③ 可见吕留良或精于医道，但不久后他却放弃了行医谋生的选择，他曾在给高旦中的信中如此解释："然此中最能溺埋坏却人才不少，急宜振拔洒脱为善。念头澹薄，自然删落。若不甘寂寞，虽外事清高，正是以退为进，趋利若鹜。此中经畔甚背悬，不可不察也。"④ 商贾、医卜、星相而外，游幕也是遗民士人攻诋的对象。吕留良说："一为幕师，即与本根断绝"，"近来小有才者，无不处事于此，其名甚噪，而所获良厚。自以为豪杰作用，不知其心术人品，至污极下，一总坏尽，骄谄并行，机械杂出，真小人之归，而今法之所称光棍也。"⑤ 从上引明遗民有关治生之业高下之分的言说可以看出，他们在职业选择上关注的不是现实的"功利"，而是世道人心、人伦风俗。

　　正因为如此，他们对世人择业不慎和"逐利"之举每多讥评。如吕留良弃青衿后曾以行医和评点时文谋生，却遭到张履祥的批评。康熙十一年，处馆于吕留良家课子教书的张履祥偶见吕留良批选时文的汇集《天

① 张履祥：《杨园先生全集》卷四十七，《训子语上》。
② 陈确：《陈确集·别集》卷六，《与同社书》。
③ 吕留良：《吕晚村先生文集》卷二，《与姜汝高书》。
④ 吕留良：《吕晚村先生文集》卷二，《与高旦中书》。
⑤ 吕留良：《吕晚村先生古文·寄董方白》，《四库禁毁书丛刊》子部36。

盖楼观略》，即致书表示遗憾和不满："不能先事泪劝，坐见知己再有成事遂事之失。"早先吕留良行医之时，杨园即"尝止兄之学医，实惧以医妨费学问之力"，现复见其"择道有惑"，竟以时文"操选政"，杨园自是"心烦手震"，吃惊不已，力劝其"为世道人心久大德业之计"，"急卒此役"①。其实，在治生一事上，杨园不仅严于"责人"，更严于"律己"。即如处馆，杨园就曾自我反省："即如今日馆谷一事，为之则有所不为，有所不欲之事也。欲不为此，则又不能，辗转于心，殊不能已。年来学于稼穑，盖志在从业也。"② 在《答姚林友》中说："弟近年以来，实见处馆一节，真如呼蹴之食，与尔汝之受……弟所以自比此事于佣作之人，主人使其挑粪，则亦不得已而为之；又自比于守门之丐，与之酒食，则亦欣然受之。"③ 所以杨园之于处馆"几为羞之恶之，思欲去之，则已童而习之，唯此一技，犹能守其师职传。辗转去就之际，终不得不岁从事于馆谷"④。可见杨园处馆也是出于无奈，不得已而为之。

在遗民社会如此严格的道德规范下，一切"货殖"的行为自会招致物议，以至于"讲学"取值亦竟遭人批评："讲学至罗、李，直是一厄，今黄太冲辈藉此以图衣食，扫地尽矣。"⑤ 而王夫之更以"农圃"为小人之拙者，力耕为"皇皇求利之事"，"不得已而为资生之计，言者曰惟勤惟俭。俭尚矣，勤则吾不知也"，"鸡鸣而起，孳孳为利，专心并气以趋一途，人理亡矣"⑥。王夫之的观点虽显苛严，不过其立论仍不出"求利"的视角，其实，他并不歧视农耕，反而认为"生民者农，而戕民者贾"⑦。康熙十五年和二十年，黄宗羲借撰《前翰林院庶吉士韦庵鲁先生墓志铭》、《宪副郑平子先生七十寿序》两文之机，对"遗老退士"之"龌龊治生"更是多所抨击。⑧

---

① 张履祥：《杨园先生全集》卷七，《与吕用晦》。
② 张履祥：《杨园先生全集》卷三，《答吴仲木》之十六。
③ 张履祥：《杨园先生全集》卷八，《答姚林友》。
④ 张履祥：《杨园先生全集》卷二，《答叶静远》。
⑤ 周应宾：《识小篇·内篇》，载厦门大学历史系编《李贽研究参考资料》第二辑，福建人民出版社1976年版，第165页。
⑥ 王夫之：《俟解》，《船山全书》第12册，岳麓书社2011年版。
⑦ 王夫之：《读通鉴论》卷三，中华书局1975年版。
⑧ 黄宗羲：《南雷诗文集》上，《黄宗羲全集》第10册，浙江古籍出版社1993年版。

摒弃那些专事"逐利"的治生之业，"耕读相兼"当然是最理想的生活形态。这既源于农业中国"耕读传家"的古老传统，也基于"耕"、"读"相异相分又相维相济的内在关系。孟子早有"士之仕也，犹农夫之耕也"① 的比喻，士人之读书写作被喻为"笔耕"更是一个渊源悠久的传统。明遗民士人对于"耕读相兼"也自有其独到的理解，杨园曾说：

> 人言耕读不能相兼，非也。人只坐无所事事，闲荡过日，及妄求非分，营营朝夕，看得读书是人事外事。又为文字章句之家，穷年累岁而不得休息，故以耕为俗末劳苦不可堪之事，患其分心。若专勤农桑，以供赋役，给衣食，而绝妄为，以其余闲读书修身，仅优游也。农工有时多只半年，谚曰：'农夫半年闲'，况此半年之中，一月未尝无几日之暇，一日未尝无几刻之息，是以开卷诵习，讲求义理，不已多乎？②

杨园不仅强调"耕读"能够兼顾，而且不可偏废："读而废耕，饥寒立至；耕而废读，礼义遂亡。"对于士人而言，杨园认为"耕读"具有双重意义，"读"自为明亡后作为"读书种子"的遗民士人"明道"和"弘道"的"恒业"；"耕"则能保持经济独立，"内不失己，外不失人"，甚至达到"人心可正"、"世道可隆"的境界。

陈确与养吾道人（按：指蔡养吾）曾有一段关于"学"与"稼"的对话，养吾道人说："吾为儒半世，惧贫不能卒业，将率二子耕于佛墩之阴，终为农夫以没世。"陈确说："士力学，农力耕，二者皆本务也。……昔者舜耕于历山，尹耕于莘野，诸葛耕于南阳，而当世卒赖之。樊迟请学稼，而夫子非之，何耶？盖子之所非者，以学为稼者也；当世之所赖者，以稼为学者也。以学为稼者，虽身都卿相而算人称获，吾必以小人之名归之。以稼为学者，虽终身南亩而尊德乐谊，吾必以大人之名归之。子苟能以稼为学，虽以老农终乎，吾将负耒而从之矣。"③ 在这里，

---

① 《孟子·滕文公下》，齐鲁书社 2006 年版。
② 张履祥：《杨园先生全集》卷四十一，《备忘三》。
③ 陈确：《陈确集·文集》卷十，《蔡养吾二子名字说》。

陈确严分"以学为稼"和"以稼为学",其意在于强调"稼穑"亦为"学问之道",而非单纯的治生之业。但是,在陈确的意识里,"稼"、"学"可以相兼是无疑问的。陈确尝自述其理想生活状态:"使身有暇时余力,耕田读书","若夫瘠产粗给,饘粥敝庐,略蔽风雨;省事以谢僮仆,缓步以当舟车,亲宾欢薄膳之供,妻孥甘苦身之役。则吾事既济,吾志弥康,又安能舍素位之恬愉,而慕雅流之逸豫者哉!"① 事实上,他自己亦"终为农夫以没世"②。

与杨园、陈确同时代的许多遗民士人,多有明亡后潜隐农耕、以稼为学而名世者。如著《老圃良言》的巢鸣盛、《老圃志》的著者盛国芳、《花圃月令》的著者徐石麟、《思辨录》的著者陆世仪等,不一而足。

最后,守道固穷、苦节自励的生活态度。明遗民既以志节、操守相标榜,那么自甘于"贫",甚至"苦节"必为其所持之生活准则。"勤俭"固为明遗民所倡导,如张履祥认为"勤俭"乃"立德之本"。从个人立身而言,"俭以养德,勤以养生"③;从家庭生计来说,"作家以勤俭为主"④;就国计民生而论,"民生在勤,勤则不匮"⑤。杨园"平生居家",即"非祭祀不割牲,非客至不设肉,然蔬食为多,惟农人、工人不免以酒肉饷,虽佳辰令节,未尝殇酒"⑥。严格履行着"勤俭"的道德规范。甚至"贫"仿佛为明遗民的主动追求。孙奇逢在《与鹿伯顺》中说:"一有恒产,此志便为所夺。'贫即是道',旨哉斯言。"⑦ 又说:"孔子一生老于道途,而颜子未免以贫夭。"⑧ 夏峰一生贫病交加,却说:"贫与病一时俱不能解免,而此趣弥觉隽永。"⑨ "贫病"竟成一种享受,颇耐人寻味! 陈确亦说:"学者之为生计,亦安贫而已矣。安贫者,常不忘贫,乃所以能忘贫也。"⑩ 在陈确看来,对于"不出"者,困辱穷饿以死,乃不

① 陈确:《陈确集·文集》卷五,《广乐志论》。
② 陈确:《陈确集·文集》卷十三,《告先府君文》。
③ 张履祥:《杨园先生全集》卷二九,《备忘录一》。
④ 张履祥:《杨园先生全集》卷四十七,《训子语上》。
⑤ 张履祥:《杨园先生全集》卷六,《与陆孝垂》。
⑥ 张履祥:《杨园先生全集》卷四十七,《立身四要曰爱曰敬曰勤曰俭》。
⑦ 孙奇逢:《夏峰先生集》卷一,中华书局2004年版。
⑧ 孙奇逢:《夏峰先生集》卷一,《复王天赐》。
⑨ 孙奇逢:《夏峰先生集》卷一,《示望儿》。
⑩ 陈确:《陈确集》卷三,《瞽言二·生计》。

负此"不出":"不出者,或未一旦即至于困辱穷饿而死也,而或不能不至于困辱穷饿而死,而不能困辱穷饿而死,则大负此不出矣。"① 而他自己因"日困则终不能无求于人……求人则有得失,有得失则生怨尤,而君子素位自得之学,于是乎大坠",所以"甘穷饿以死"②,以不负自己的"不出"。这无疑属于遗民式的生活观。与陈确一样,杨园亦认为"吾人生于乱世,正如草木之遇秋冬,贫贱忧辱义无所辞,但当刻厉自求,使志气不为摧落"。③ "艰难之际而能守正不渝,斯云君子矣。"④ 明遗民这种自甘于"贫"的生活哲学一方面源于其节操,另一方面也有其历史思想资源。《西铭》有"贫贱忧戚,玉汝于成"之语;《易》有"困穷而通"之说。杨园即说:"君子忧道不忧贫,'治生'二字,何可使其胶扰心胸?但本分内事不可不尽耳。"⑤

总之,明遗民虽以"治生"为"本事"、"分内事",但其"治生"观念终不出儒家传统规范。当着明清易代,汉族文化面临中断之虞,作为中华文化的代言人,明遗民不汲汲以"生计"为考量,而是毅然肩负起传承中华文化命脉的"道统担子",其精神价值不可泯灭。

---

① 陈确:《陈确集·文集》卷六,《议一》。
② 陈确:《陈确集·文集》卷十一,《说》。
③ 张履祥:《杨园先生全集》卷三十七,《初学备忘下》。
④ 张履祥:《杨园先生全集》卷三十九,《备忘一》。
⑤ 张履祥:《杨园先生全集》卷四十,《备忘二》。

劳动用工市场化过程中的汉族
和少数民族就业

王剑峰

（中国社会科学院民族学与人类学研究所）

劳动就业既是一个民生问题，也是一个人权问题。在现代人权观念中，劳动就业权是一项基本人权。对一个健康正常的成年人而言，只有劳动就业权得到保障，其生存权、发展权也才有保障。基于这一认识，当今世界上任何一个国家的政府都高度地关注民众的就业问题，不仅要保持经济快速发展，创造更多就业岗位，而且要依法制裁就业歧视，实现公民公平就业。从经济学角度看，就业歧视是一种不合理且带有偏见的资源配置行为，会损害劳动者的工作机会和就业权利；而从社会学角度看，就业歧视会使弱势群体进一步陷入困境，从而构成社会的不稳定性因素。因此，就业不能承受歧视之重。我国既是 WTO 成员，也是国际劳工组织的成员。而这两个组织中的核心价值观念之一，就是消除就业歧视。由此可见，积极消除就业领域中或明或暗的任何歧视，保障每一个劳动者的就业机会和待遇平等，是顺应国际潮流的切实之举，当然，更是我们建设和谐社会的必然选择。毕竟，就业是民生之本。

劳动用工市场化过程中民族差异的研究文献未曾多见。另外，中国统计部门虽然发布了少数民族自治地方居民收入等信息，但是按民族分类的收入、就业、失业数据还未曾见到。因此，相关研究文献和数据的缺乏增加了研究的难度，也使得本文的研究意义更加凸显。本文以 2005 年对新疆发放调查问卷所得到的数据为依据，分析该地区劳动用工市场化对不同族群的影响。

一　民族身份是否对就业构成影响

　　一般来说，歧视现象可以是直接的，也可以是间接的。直接的歧视意味着基于民族、种族、性别或其他可比较的条件而对工作者进行不利的区别对待，但现实中存在更多的可能是间接歧视。可以肯定地说，间接歧视通常藏匿得很深，难以察觉，因而也更加难以反对。间接歧视一般发生在明显中立的环境中，即对所有申请工作的人或雇员，使用相同的条件、待遇或标准，其结果却使某一群体的人受益，而使另一群体的成员处于劣势地位。

　　就业歧视目前在我国已成为一个不争的事实，尤其是面对依然严峻的就业形势，就业歧视问题更加需要引起重视。在劳动力供大于求、工作岗位供不应求的条件下，劳动者处于被动和被选择的地位，其就业权益也极易遭到损害和侵犯。当前，在中国劳动力市场上基于性别、职业、身份及地域的歧视已经被关注，亦有诸多研究，但基于民族的歧视尚未得到关注，有关少数民族平等劳动权益问题的研究尚未引起足够的重视。中国政府一贯反对任何形式的就业歧视，但在经济转型时期，变化的劳动力市场中是否存在忽视少数民族劳动权益的问题，尤其在就业方面，是否存在此问题，这里我们将就此进行分析。

　　在西方工业化国家，针对移民工人和少数民族工人的歧视很普遍。在上岗、培训、工作分配、内部提升，以及就业条款和工作环境方面，歧视是一个非常普遍的现象。[①] 因而，从国际视野来看，民族因素会影响求职者的求职行为和招聘者的录用结果。

　　表1的数据显示：在某种程度上，民族身份已经成为影响人们就业的因素之一。总体来看，汉族中几乎没有人认为民族身份会影响就业，不论城镇汉族还是乡村汉族。而近30%的非汉族人认为民族身份是寻找工作的障碍因素之一，其中哈萨克族最高，约48%；维吾尔族次之，

---

　　① Zegers de Beijl," Labor Market Integration and Legislative Measures to Combat Discriminations against Migrant Workers", in Bohning, W. R.；Zegers, de Beijl, R.；The Integration of Migrant Workers in the labor market：policies and their impact. Geneva, ILO. p. 23.

近45%。回族和蒙古族分别为9%和7%。从居民身份的城乡划分来看，非汉族城镇居民认为民族身份影响就业的比例略低于农民工，但各个民族间差异很大。哈萨克族仍然最高，71%的城镇居民认为民族身份影响找工作，而农民工只有22%有相同的看法。维吾尔族城镇居民这一数值是48%。值得注意的是，蒙古族和回族农民工认为民族身份影响就业的比例普遍比城镇居民高，说明民族身份影响就业的感知在这两个民族的农民工中比城镇居民要高，同时说明该问题在蒙古族和回族的城镇居民中不明显。

表1　　　　　　　　　民族身份是否对找工作带来影响　　　　单位：%

认为影响找工作的人数比例	汉族	非汉族	维吾尔族	哈萨克族	蒙古族	回族	其他
全部被调查者	0	29.96	44.99	48.72	7.79	9.18	0
其中：城镇居民	0	28.44	48.09	71.43	5.56	3.73	0
农民工	0	31.73	42.16	22.22	10.94	20.97	0
样本量	704	988	549	39	154	196	50

数据来源：2005年《就业减贫与少数民族劳动权益保障》课题调查数据。

我们可以认为，（1）在某种程度上，民族身份已经成为影响人们就业的因素，而不论城镇居民还是农民工。（2）城镇居民由于他们接受的信息比较多，受教育程度较高，民族意识较农民工强烈。（3）那些具有明显民族特征的少数民族更容易受到影响，对此我们的解释是：一是人们对地域或民族根深蒂固的偏见；二是某些少数民族求职者比其他少数民族更难以融入或适应主流文化。

二　就业促进政策在不同民族中的实践

在促进就业的过程中，给少数民族以优先政策，这是保护少数民族平等劳动权利的措施，亦是政府公共服务的职责，是构建和谐社会的重要手段。

表2数据揭示：在找工作的过程中，大致来说，汉族和非汉族都享受过优待。从平均值来看，享受优惠的几率相同。

　　总体来看，近 2% 的非汉族享受过指标①"降低录用标准的待遇"，而汉族这一比例仅为 0.28%。哈萨克族最高，达到 5.1%，维吾尔族次之，达到 2.7%。蒙古族和回族都不到 1%。

　　关于指标②"在同等条件下优先录用"，汉族和非汉族相差不到 0.7%，比例相近，只有蒙古族和回族比例较高，超过 3%。

　　指标③"当企业有用工指标时被优先录用"，汉族和少数民族也大致相同。哈萨克族和蒙古族以及其他民族显示为 0[①]。

　　指标④"其他优先政策"，汉族比非汉族高，二者相差近 1.7%，说明享受过其他优惠待遇的汉族比例比少数民族高。唯有哈萨克族比例高达 10%。

表 2　　　　　　你找工作过程中享受过优待吗（总体）　　　　单位：%

	汉族	非汉族	维吾尔族	哈萨克族	蒙古族	回族	其他
①降低录用标准（是）	0.28	1.92	2.73	5.13	0.65	0.51	0
②在同等条件下优先录用（是）	1.70	2.43	1.82	2.56	3.90	3.06	2.0
③当企业有用工指标时被优先录用（是）	2.41	1.72	2.19	0	0	2.55	0
④其他优先政策（是）	5.11	3.44	4.37	10.26	1.30	2.04	0
⑤样本量	704	988	549	39	154	196	50

数据来源：2005 年《就业减贫与少数民族劳动权益保障》调查数据。

　　以上说明，总体来看，在找工作的过程中，少数民族享受过的优惠，除了指标①明显较高以外，其他指标的比例与汉族大体相当，并没有显示出较高的优势，特别是指标④，汉族享受的其他优先政策比例甚至比非汉族还要高。

　　下面我们就不同身份（城镇居民和农民工）来分析。对于城镇居民而言（见表 3），非汉族享受指标①"降低录用标准的比例"高出汉族 2 个百分点，哈萨克族和维吾尔族这一比例更高些，蒙古族次之。

① 可能与样本的选择有关。

非汉族享受指标 ② "在同等条件下被优先录用" 的比例，和汉族大致相当，略高于汉族近 0.3 个百分点。而蒙古族和哈萨克族这一比例偏高。

指标③ "当企业有用工指标时被优先录用"，基本一致，汉族比少数民族略高出 0.3 个百分点，[1]可以忽略不计。

指标④享受过 "其他优先政策"，汉族高出非汉族近 2.7 个百分点。如果考虑样本误差的因素，汉族的比例可能还要高。

表3　　　　　　　你找工作过程中享受过优待吗（城镇居民）　　　　单位：%

	汉族	非汉族	维吾尔族	哈萨克族	蒙古族	回族	其他
①降低录用标准（是）	0.28	2.45	3.82	9.52	1.11	0	0
②在同等条件下优先录用（是）	2.49	2.82	1.91	4.76	5.56	2.24	4.17
③当企业有用工指标时被优先录用（是）	1.66	1.32	1.53	0	0	2.24	0
④其他优先政策（是）	4.71	2.07	2.29	9.52	1.11	1.49	0
⑤样本量	361	531	262	21	90	134	24

数据来源：2005 年《就业减贫与少数民族劳动权益保障》调查数据。

对于农村务工人员来说（参考表 4），承认指标① "降低录用标准" 的，汉族高于非汉族 1.6 个百分点。

享受 "②在同等条件下优先录用" 的汉族低于非汉族近 1.1 个百分点。这里回族的比例偏高，达到 4.84%。

享受 "③当企业有用工指标时被优先录用" 的比例，汉族比少数民族略高。

享受 "④任何其他优先政策" 的比例，汉族与非汉族大体一致，分别为 5.54% 和 5.03%，但各个少数民族之间的差异很大，哈萨克族的比例最高，达到 11%，维吾尔族为 6.2%，蒙古族仅为 1.5%。

---

① 回族偏高，唯有哈萨克族和蒙古族显示为 0。这一统计可能与样本的选择有关。

| 表4 | 你找工作过程中享受过优待吗？（农民工） | | | | | 单位：% | |

	汉族	非汉族	维吾尔族	哈萨克族	蒙古族	回族	其他
①降低录用标准（是）	2.92	1.31	1.74	0	0	1.61	0
②在同等条件下优先录用（是）	0.87	1.97	1.74	0	1.56	4.84	0
③当企业有用工指标时被优先录用（是）	3.21	3.13	2.79	0	0	3.23	0
④任何其他优先政策（是）	5.54	5.03	6.27	11.11	1.56	3.23	0
⑤样本量	343	457	287	18	64	62	26

数据来源：2005年《就业减贫与少数民族劳动权益保障》调查数据。

通过以上分析，我们的结论是：总体来看，在找工作的过程中，少数民族享受的优待与汉族大体相当，并没有显示出明显优势。农村打工者得到优惠政策的比例要高于城镇少数民族失业者①。

三　劳动力市场中对少数民族的态度：谨慎乐观

关于劳动力市场中少数民族所面临的挑战，我们也可以通过考察他们在找工作或被雇用过程中所感受到的别人对他们的态度加以分析。

从总体来看（参考表5），对问题"①面试时，招聘人曾问我'你是少数民族吗'或问'你是什么民族'但又没雇用我"的回答为"是"的，汉族只有0.4%，而非汉族却有19%，哈萨克族最高，达到41%，维吾尔族次之，达28%，回族近9%，其他民族为6%，蒙古族为3%。在美国，如果雇主招聘过程中询问或暗示应聘者的民族情况，但又未录用应聘者，这可以作为就业歧视的证据而遭到起诉。这一指标说明，少数民族在劳动力市场中潜在着因民族因素而影响就业的情况。

对问题"②单位或老板给我的工资和待遇偏低"的回答为"是"的，少数民族为15%，高出汉族近10个百分点。维吾尔族这一比例最高，达到24%，哈萨克族次之，达10%，回族和蒙古族都超过3%。

---

①　对此的解释：一是农村流动人口从事职业的特殊性，一些职业适合招收农村流动劳动力，例如，具有民族特色的餐饮娱乐业等。二是城镇劳动力主动放弃某些不满意的就业机会，而农村劳动力添补了空白。三是公共就业服务机构对农村流动人口就业的指导。

对问题"③我的生活习惯跟别人不一样，招工时单位或老板没有聘用我或把我解雇了"的回答为"是"的，汉族几乎不存在，少数民族平均值为2%，只有哈萨克族的比例较高，达到15%。

对问题"④单位食堂或其他工作场所没有给穆斯林提供专门的清真饮食"的回答为"是"的，少数民族的平均值不到5%，遵循伊斯兰生活方式的穆斯林最高①，回族近16%，维吾尔族为3.28%。哈萨克族和蒙古族及其他民族为0。回族之所以偏高，是因为他们的流动性很强，而大多数单位又极容易忽视穆斯林生活习惯。

对问题"⑤在同等条件下，晋升职务时，单位或老板都没有考虑我"，其回答为"是"的，汉族为0，非汉族为4.55%，维吾尔族较高，达6.38%，其他民族都在3%以下。说明社会上仍然存在对少数民族的偏见。

对问题"⑥单位或老板不同意我参加民族节日或合法的民族宗教活动"，其回答为"是"的，汉族和少数民族都有发生，但汉族仅有0.28%，可以忽略不计，非汉族有近3%，哈萨克族和蒙古族为6%，回族为5%，维吾尔族近3%，其他民族为0。

对问题"⑦由于我参加了民族节日或合法的民族宗教活动，单位或老板找借口把我解雇了"，其回答为"是"的，各个民族比例都不高，汉族为0，少数民族平均大约在1%，大多是穆斯林。

对问题"⑧其他不公正待遇"的回答为"是"的，少数民族平均值近5%，汉族则仅为0.28%。维吾尔族和哈萨克族比例稍高，分别为7.65%和5.13%。

表5		劳动力市场中对少数民族的态度（总体）					单位：%
	汉族	非汉族	维吾尔族	哈萨克族	蒙古族	回族	其他民族
①面试时，招聘人曾问我"你是少数民族吗"或问"你是什么民族"但又没雇用我（是）	0.43	19.12	28.24	41.03	3.25	8.96	6.0
②单位或老板给我的工资和待遇偏低（与其他和我干同样工作的人相比）（是）	5.40	15.18	24.41	10.26	3.25	3.57	0

---

① 哈萨克族为0，这里可能的原因是样本太少，而选择的样本又不存在这个问题。

续表

	汉族	非汉族	维吾尔族	哈萨克族	蒙古族	回族	其他民族
③我的生活习惯跟别人不一样，招工时单位或老板没有聘用我或把我解雇了（是）	0.18	2.23	2.0	15.38	0	2.55	0
④单位食堂或其他工作场所没有给穆斯林提供专门的清真饮食（是）	0.28	4.96	3.28	0	0	15.82	0
⑤在同等条件下，晋升职务时，单位或老板都没有考虑我（是）	0	4.55	6.38	2.56	1.95	3.06	0
⑥单位或老板不同意我参加民族节日或合法的民族宗教活动（是）	0.28	2.94	2.91	6.49	6.12	5.22	0
⑦由于我参加了民族节日或合法的民族宗教活动，单位或老板找借口把我解雇了（是）	0	1.11	1.28	0	0.65	1.53	0
⑧其他不公正待遇，请说明（是）	0.28	4.76	7.65	5.13	0	1.53	0
样本量	704	988	549	39	154	196	50

数据来源：2005 年《就业减贫与少数民族劳动权益保障》调查数据。

　　从劳动者的城乡来源来看（参考表 6，表 7），对问题①的回答为"是"的，无论劳动者来自乡村还是城镇，少数民族总体平均值的变化都几乎相同，可以忽略不计，但城镇汉族劳动者相对农村汉族劳动者，这一比例较高，超过 5%。说明城镇汉族劳动者在某种意义上受到一些反向歧视。对问题②的回答为"是"的，农村少数民族劳动者的平均值比城镇少数民族劳动者高出近 10 个百分点。说明农村少数民族劳动者不仅受到农民身份的歧视，同时还受到某种程度的民族身份的歧视。

　　总体看来，在某些情境中，那些具有明显体质特征和文化特征的少数民族劳动者更容易受到不公正对待（如维吾尔族和哈萨克族）。但我们也应该同时看到，测量劳动力市场上的不公正问题，特别是相关的民族心理问题，具有较大的难度。一方面，是因为这是一种心理测量和态度测量，具有不确定性，另一方面，它也跟样本的选择有较大的关联。

毫无疑问，中国政府一向重视反对各种民族歧视，但由于中国就业资源紧张，特别是在经济低迷时期，加之转型时期的中国制度建设存在漏洞，因此社会生活中可能会存在不公正问题，尤其与就业相关的不公正问题。

表6　　　　　　劳动力市场中对少数民族的态度（城镇居民）　　　单位：%

	汉族	非汉族	维吾尔族	哈萨克族	蒙古族	回族	其他民族
①面试时，招聘人曾问我"你是少数民族吗"或问"你是什么民族"但又没雇用我（是）	5.54	19.02	27.86	57.14	3.33	8.96	4.17
②单位或老板给我的工资和待遇偏低（与其他和我干同样工作的人相比）（是）	3.88	10.74	20.23	4.76	2.22	0.75	0
③我的生活习惯跟别人不一样，招工时单位或老板没有聘用我或把我解雇了（是）	0	2.07	1.15	28.57	0	1.49	0
④单位食堂或其他工作场所没有给穆斯林提供专门的清真饮食（是）	5.54	4.14	1.15	0	0	14.18	0
⑤在同等条件下，晋升职务时，单位或老板都没有考虑我（是）	0	3.58	6.11	0	3.33	0	0
⑥单位或老板不同意我参加民族节日或合法的民族宗教活动（是）	5.54	2.26	1.91	0	0	5.22	0
⑦由于我参加了民族节日或合法的民族宗教活动，单位或老板找借口把我解雇了（是）	0	0.19	0	0	1.11	0	0
⑧其他不公正待遇，请说明（是）	0.55	4.33	8.01	4.76	0	0.75	0
样本量	361	531	262	21	90	134	24

数据来源：2005年《就业减贫与少数民族劳动权益保障》调查数据。

表7　　　　　　　劳动力市场中对少数民族的态度（农民工）　　　　　单位：%

	汉族	非汉族	维吾尔族	哈萨克族	蒙古族	回族	其他民族
①面试时，招聘人曾问我"你是少数民族吗"或问"你是什么民族"但又没雇用我（是）	0.29	19.77	28.92	22.22	3.13	22.58	7.69
②单位或老板给我的工资和待遇偏低（与其他和我干同样工作的人相比）（是）	7.0	20.35	28.22	16.67	4.69	9.68	0
③我的生活习惯跟别人不一样，招工时单位或老板没有聘用我或把我解雇了（是）	0.29	2.41	2.79	0	0	4.84	0
④单位食堂或其他工作场所没有给穆斯林提供专门的清真饮食（是）	0	5.91	5.23	0	0	19.35	0
⑤在同等条件下，晋升职务时，单位或老板都没有考虑我（是）	0	5.69	6.62	5.56	0	9.68	0
⑥单位或老板不同意我参加民族节日或合法的民族宗教活动（是）	0	3.72	3.83	0	1.56	8.06	0
⑦由于我参加了民族节日或合法的民族宗教活动，单位或老板找借口把我解雇了（是）	0	2.19	2.44	0	0	4.84	0
⑧其他不公正待遇，请说明（是）	0	5.69	8.01	5.56	0	3.23	0
样本量	343	457	287	18	64	62	26

数据来源：2005年《就业减贫与少数民族劳动权益保障》调查数据。

四　政策层面的反应

（一）国家层面

在中国，每一个民族都享有相同的政治权利。1982年宪法第四款规定，每一个民族都享有相同的权利，政府保护每一个民族利益的合法权利，禁止任何形式的歧视和压迫。

1. 各民族有平等的就业和选择职业的权利。第 42 条规定，中国公民有劳动的权利和义务。政府将采取各种措施增加就业机会，实施劳动保护，改善工作环境，在发展生产力的基础上，提高报酬和福利水平。

1994 年颁布的《中华人民共和国劳动法》第 12 条规定，劳动者不分种族、民族、性别和宗教信仰，就业中禁止任何歧视。第 14 条规定，对于残疾人、少数民族成员以及退役军人的劳动就业，在法律法规中有特别规定。这些规定都必须被严格遵守。

2. 自治地方应优先培养、选拔和录用少数民族干部和专业人才。2001 年修订的《中华人民共和国民族区域自治法》第二十二条规定，民族自治地方的自治机关根据社会主义建设的需要，采取各种措施从当地民族中大量培养各级干部、各种科学技术、经营管理等专业人才和技术工人，充分发挥他们的作用，并且注意在少数民族妇女中培养各级干部和各种专业技术人才。民族自治地方的自治机关录用工作人员的时候，对实行区域自治的民族和其他少数民族的人员应当给予适当的照顾。

民族自治地方的自治机关可以采取特殊措施，优待、鼓励各种专业人员参加自治地方各项建设工作。

3. 企业、事业单位在用工时应优先录用少数民族人员。《中华人民共和国民族区域自治法》第二十三条规定，民族自治地方的企业、事业单位依照国家规定招收人员时，优先招收少数民族人员，并且可以从农村和牧区少数民族人口中招收。

第六十七条规定，上级国家机关隶属的在民族自治地方的企业、事业单位依照国家规定招收人员时，优先招收当地少数民族人员。

一些民族自治地方在贯彻《民族区域自治法》的这一规定时，为了确保招收少数民族人员，还对招工中的少数民族人员比例作了规定。如宁夏回族自治区人民政府规定："今后招工，少数民族比例不得低于 25%，城市招收不到比例时，可到农村招收回乡知识青年。"

新疆维吾尔自治区劳动局规定："招工中的民族比例应当参照当地城镇待业人员中的民族人数，并考虑当地民族人口自然比例。"①

---

① 国家信息中心法规信息处，http：//www.chinalaw.net/pls/ceilaw/cei.syzw_ query? inzh = 17&inflm = 90002。

有的地方还放宽录取少数民族职工的条件等，使少数民族职工队伍不断壮大。这对于增强民族团结，加速民族自治地方的经济文化建设，保障少数民族的平等权利，具有重要意义。

另外，原劳动部在劳动工作方面对少数民族自治地区有以下优惠政策：

1. 1986 年国务院发布《国营企业招用工人暂行规定》以后，各民族自治和少数民族聚居的省在制定的《实施细则》中对少数民族子女就业和招工方面优惠实行了：（1）降低招工录取分数线；（2）同等条件下优先录用；（3）有自然减员指标时，优先招用少数民族人员。

2. 在汉族人数居多的单位应设立回民（包括信仰伊斯兰教的少数民族职工）灶，无条件设立回民灶的，可给予回民伙食补贴。

3. 考虑到民族自治地区的一些特殊情况和他们的要求，劳动部在劳动工资计划上一直酌情制定必要的灵活政策。

4. 在技工培训方面，劳人培（1985）41 号文件劳动人事部《关于允许农村、牧区少数民族学生报考技工学校的批复》中规定：农村牧区少数民族学生中符合招生条件的可以报考技工学校。在本自治区技工学校学习的，其户口、口粮等问题，凭自治区劳动人事厅的录取证明办理：到自治区以外的省、市技工学校学习的，毕业后仍回自治区安排工作，可参照1965 年 6 月 1 日《劳动部、公安部、粮食部关于简化委托代培学徒审批手续问题的联合通知》第三款的精神办理，即不必迁移正式户口，自带全国通用粮票，由代培地区作为临时户口，凭全国通用粮票供应口粮。

5. 劳培字（1990）13 号《技工学校招生规定》中规定："第二十七条，少数民族地区的技工学校，应招收一定比例的少数民族考生，并可适当放宽录取分数线。"

6. 1994 年 10 月劳动部颁发的《职业指导办法》，规定职业指导工作包括："对妇女、残疾人、少数民族人员及退出现役的军人等特殊群体提供专门的职业指导服务。"

7. 1994 年劳动部颁布《就业训练规定》，提出对妇女、残疾人、少数民族人员及军队退出现役人员等特殊群体提供专门的就业训练。

8. 1994 年劳动部颁布的《职业培训实体管理规定》，特别提到职业培训实体的培训对象，包括需要提供专门的职业技能培训的妇女、残疾人、少数民族人员及退出现役的军人。

可见，中国政府一向重视少数民族劳动就业问题，并在相关法律中做出规定。但是，在以市场化和城市化为核心的社会转型时期，以往具体的政策基本上失去了效力。

首先，绝大多数政策已不能适应劳动市场化的转向。20 世纪 80 年代，特别是 90 年代以来，市场化主导的经济体制改革，企业以及部分事业单位在劳动用工及工资制度方面，已经摆脱了计划经济时代的束缚，成为独立的法人单位。而绝大多数政策制定于 20 世纪 90 年代中期以前，许多政策已经不适用于劳动力市场的变化和趋势，失去功能，形同虚设。例如，《国营企业招用工人暂行规定》、有关劳动工资计划安排等规定，以及其他一些劳动用工方面对少数民族自治地区的优惠政策，可以说与少数民族劳动权益保护直接相关，但多数已失去效力，能发挥作用的几近消失。

其次，相关的法律法规过于笼统和原则化，在实践上几乎没有可操作性，而各地自治条例又极少重视少数民族就业问题。即使有的地方做了相应的规定，鉴于主观和客观因素，也很难发挥作用。《劳动法》规定严禁各种形式的民族歧视，但却没有在法律上定义什么行为是歧视以及如何惩处法人的歧视行为，相关的劳动监察条例也未提及。《民族区域自治法》规定，自治地方机关采取各种措施培养少数民族干部及各类专业人才，但采取何种措施在该规定中并没有解释。规定企业、事业单位在招收人员的时候，要优先招收少数民族人员，但并未说明采取哪些具体的优先手段以及招收的比例。其他有关职业指导、教育培训、就业训练的法规都存在这些问题。

再次，在劳动力市场化，跨越地理区域的劳动力流动日益增强的今天，对于民族自治地方以外就业的少数民族的劳动权益保护问题重视极为不足，尤其是农村流动劳动力。可以预见，这一问题在未来劳动力市场变化中将日益突出，值得重视。

最后，少数民族语言授课的教育制度，面临极大的挑战。这种挑战来自就业市场的需求。保护少数民族的语言权利和就业市场化存在难以调和的矛盾。

（二）国际层面

1982 年，中国政府加入联合国《消除一切种族歧视公约》。

2001 年，中国政府批准《联合国关于经济、社会和文化权利国际公约》，据此，每一个人都有就业选择的权利及其他劳动权，而不分种族、肤色、性别、语言、宗教信仰、政治或其他观点、国籍和社会身份。

2005 年，中国加入 ILO 第 111 号《反就业和职业歧视公约》。这样，中国政府批准了国际劳工组织的 24 个公约。

以上说明中国政府不仅在国内重视少数民族的劳动就业权利，而且重视同有关国际组织密切合作，遵守国际有关反种族和民族歧视公约。同时，这也说明，国家组织的积极行动对世界反就业歧视至关重要。

五　结论

城市化还要进一步加速，市场化也会继续深入，人口流动会越来越多，不同文化的激荡也会越来越频繁。幸运的是，政府已经着力以民生为重点的社会建设，在社会建设中，就业和教育应该是重中之重。

中国政府一向重视少数民族的劳动权利，颁布法律法规明令禁止和惩处民族歧视行为并提供法律保护。随着体制转轨的进行，相关的政策法规已经不再适应劳动力市场化的转向，多数已失去效力，能发挥作用的甚少。相关的政策过于笼统和原则化，在实践上几乎没有可操作性。而各地自治条例又极少重视少数民族就业问题，即使有的地方作了相应的规定，鉴于主观和客观因素，也很难发挥作用。在经济转轨、劳动用工市场化过程中，不论在国家层面，还是在自治地方层面，及早出台促进少数民族就业的相关政策，成为亟待解决的问题。

参考文献

UNDP, 2005:《中国人类发展报告 2005: 追求公平的人类发展》, 中国对外翻译出版公司。

UNDP, 1999b:《中国人类发展报告 1999: 经济转轨与政府的作用》, 中国财政经济。

陈佳贵、王延中, 2004:《中国社会保障发展报告》, 社会科学文献出版社。

世界银行, 1996:《1996 年世界发展报告: 从计划到市场》, 中国财政经济出版社。

世界银行, 2004a:《2004 年世界发展报告: 让服务惠及穷人》, 中国财政经济出版社。

世界银行, 2004b:《中国: 推动公平的经济增长》, 清华大学出版社。

胡鞍钢等, 2002:《扩大就业与挑战失业—中国就业政策评估 (1949—2001年)》, 中国劳动社会保障出版社。

蔡昉、都阳、王美艳, 2005:《中国劳动力市场转型与发育》, 商务出版社。

蔡昉、白南生主编:《中国转型时期劳动力流动》, 社会科学文献出版社。

蔡昉等著, 2002:《制度、趋同与人文发展: 区域发展和西部开发战略思考》, 中国人民大学出版社。

国家民族事务委员会政策法规司与经济发展司合编:《各省、自治区、直辖市支持少数民族和民族地区加快经济社会发展文件汇编 (1999—2003)》(内部资料)。

R. Blanpain; C. Engels (eds.): *Comparative Labour Law and Industrial Relations in Industrialized Market Economies*, (Deventer: Kluwer Law and Taxation Publishers).

加强汉民族研究，开创散杂居民族研究新局面

李勇军

（中南民族大学　南方少数民族研究中心）

在民族学、人类学研究领域，加强对汉民族问题的研究，近年来已成为不少学者的共识。民族学日益成为"少数民族学"，人类学则专注于对微观区域乃至村落的个案研究，较少探讨汉族与少数民族的关系问题。这一现象显然不利于民族学、人类学进一步拓展研究视域，更好地为国家和社会服务。正因如此，许多学者开始呼吁民族学应该加强对汉民族及汉族与少数民族关系的研究。2011 年 8 月，由杨圣敏教授牵头，中国民族学界的专家们拟定了"十二五"期间《民族学战略规划研究报告》，其中第一部分"民族学人类学学科理论方法研究和中国学派建设研究战略规划"中，即明确提出：民族学在研究内容上"要改变那种民族学即少数民族研究的观点，应加强对汉民族、地域族群、散杂居人群以及城镇地区等其他一些亚群体的研究，向更加开放多元方向发展"。[①] 我国地域辽阔，民族分布呈不均衡状态。在市场经济和城市化背景下，各少数民族聚居区汉族外来人口不断增加，西部少数民族人口向东部城市的流动也在逐渐加快，这使少数民族与汉族之间的关系格局发生着日新月异的变化，出现许多新动向、新问题。因此，加强对散杂居区汉民族及汉民族与少数民族关系的研究，是民族学研究领域亟待深入的课题。

---

① 杨圣敏等：《民族学战略规划研究报告》（内部刊物），2011 年 8 月 9 日。

一　早期人类学民族学对汉民族研究的历史回顾

　　像很多自然学科和人文学科一样，人类学民族学也是 20 世纪初从国外移植入中国的①。早期中国的人类学民族学家几乎都有留学欧美的背景。西方人类学、民族学最初均为其海外殖民体系服务，多将"原始落后的民族"和"异文化"作为研究的对象。中国人类学家也采用了类似的路径，将相对偏远和落后的少数民族作为调查研究的对象。例如，1928年杨成志受中山大学与中央研究院指派，克服诸多困难，深入川滇边界的大小凉山调查，写出了《中国西南民族中的罗罗》、《罗罗文的起源及其内容一般》等一系列经典民族学论著。1929 年，凌纯声、商承祖对东北松花江下游的赫哲族进行调查，撰写了《松花江下游的赫哲族》这一经典的人类学民族志。1935 年，方国瑜调查滇西的傣族、拉祜族、佤族等少数民族，出版了《滇西边区考察记》等。

　　但值得注意的是，在抗战之前，中国学者并没有放弃对作为国民主体的汉民族进行调查研究。在当时，一批人类学家和社会学家深入汉民族农村社区进行调查研究，产生了许多经典的著作和调查报告，并促成了中国人类学汉民族研究与少数民族研究两条学术理路并行不悖的良好态势。例如，1936 年，吴文藻、许仕年、步济时等学者指导燕京大学社会学系在北京清河镇成立实验区。他们的调查成果最终整理为《清河村镇社区》调查报告。燕京大学教师李景汉则深入定县，主持了长达七年的社会调查。他所撰写的《定县社会概况调查》，被公认为是当时"最成熟的社会调查"。②

　　1936 年，费孝通对自己家乡吴县开弦弓村进行深入调查，并在其调查报告的基础上，写出了《江村经济》一书，被认为是人类学发展史上里程碑式的著作。林耀华也根据自己的家乡生活经历和对福建汉族家庭的

---

　　①　人类学与民族学最初并无严格意义上的划分，目前中国在学科设置上，这两门学科的关系仍未理顺。一般认为，广义的人类学包括体质人类学与文化人类学两大分支，狭义的人类学等同于文化人类学或民族学，英美学术界大都持这一观点。另一种观点则认为人类学专指体质人类学，研究人类文化与社会的那一部分归为民族学，法、德、俄罗斯等国学术界大多持这一观点。

　　②　胡鸿保：《中国人类学史》，中国人民大学出版社 2006 年版，第 57—58 页。

田野调查资料，完成了硕士论文《义序的宗族研究》。在美国留学期间，他以福建乡土社会调查资料为基础，以两个农人家族兴衰为线索，写出了小说形式的人类学作品《金翼——中国家族制度的社会学研究》。该著作描写了19世纪末至20世纪30年代福建闽江流域农村的社会文化生活，成为中国人类学本土化研究的典范。同一时期，另一里程碑式的中国人类学著作是杨懋春撰写的《一个中国村庄——山东台头》。该著作是他在燕京大学学习期间，利用社区研究的方法对家乡山东胶县台头村进行调查研究的成果。美国著名人类学家林顿（R. Linton）评价杨懋春的研究是中国"本土人类学研究迈出的重要一步"。[①]

　　一个较普遍的现象是，汉民族社区人类学研究的早期成果，多是人类学家对自己长期生活的家乡（或离家乡较近的区域）的调查研究。笔者认为造成这一现象的主要原因是作者对自己的家乡相对较为熟悉，调查容易入手，且无须太多的代价。但这一学术趋向，则无意中培植了早期人类学对中国汉民族社区关注的传统，从而使中国人类学一开始就把对"异文化"（指相对边远的少数民族）与"本土化"（指汉族）的研究结合起来，这与西方人类学最初单纯以"原始族群"和"异文化"为研究对象是不同的。当然，以上两种研究路径，均是着眼于中国内部的研究。早期中国人类学民族学家无法进行海外异族文化民族志的研究，是条件所限。

　　1937年抗战全面爆发后，随着政府的西迁，中国学术界也进行了一场史无前例的文化大迁移。一时之间，各种学术团体和机构在西部纷纷成立，人类学民族学专家在抗战救国的背景下，开始着力于边疆民族的研究，出产了大量的人类学民族学成果，从而使中国的人类学民族学逐渐发展为一门成熟的学科。但一个不得不承认的事实是，由于抗战的爆发，对东部汉民族社区的人类学研究已无可行性。这使得早期中国人类学汉族研究与少数民族研究并行不悖的格局打破了。人类学民族学开始专注于边疆少数民族研究。

　　整个抗战时期，对汉民族人类学研究的成果寥若晨星。而其最为耀眼的，当属费孝通与张之毅合著的《云南三村》及许烺光所著的《祖荫下》。《云南三村》是对云南内地禄丰、易门、玉溪三个村庄的调查报告，

①　马玉华：《20世纪中国人类学研究述评》，《江苏大学学报》（社会科学版）2007年第6期。

包括《禄村农田》、《易村手工业》、《玉村农业和商业》三个部分。《祖荫下》是中国第一部文化与人格学派的著作，深入研究了云南西镇农民家庭的生活习俗与宗教活动。

值得注意的是，在东部华北沦陷区，日本"满铁"调查部组织学者于 20 世纪 40 年代对华北农村进行了全面系统的调查。战后出版了《中国农村惯行（汉语文习惯）调查》（6 册）。① 这些调查的动机固然是为日本"殖民地统治"服务，但却保存下来了当时华北农村社会的大量第一手资料。战后许多外国学者即以《中国农村惯行调查》为资料，写出了许多有影响的著作。如美国学者黄宗智的《华北的小农经济和社会变迁》、杜赞奇的《文化、权力与国家》等著作，均以"满铁"调查资料为依据。

二 人类学的重建与汉民族研究的新发展

新中国成立后到改革开放前，是中国人类学曲折发展的阶段。这一时期，由于人类学的基本理论框架均来自于西方，在特别强调政治意识形态的时代背景下，人类学、社会学均被贴上西方资产阶级学科的标签，遭到取缔的厄运，以民族学取而代之。受苏联民族政策的影响，这一阶段中国的民族学基本是"少数民族研究"，长期定格在民族政策、民族经济、民族划分等方面，对汉民族的调查研究鲜有成果。

1979 年改革开放以后，中国人类学赢来了重建与发展的春天。20 世纪 80 年代开始，先后成立了中国民族学学会和中国人类学学会。一些大学也恢复了人类学系。这一时期，人类学开始扭转之前民族学即"少数民族研究"的局面，对汉族社会和乡村人类学的研究逐渐蔚成风气。一个突出的现象是，早期学术名村的重访和再研究一时成为人类学汉民族研究的热点。这一"追踪研究"突出了人类学研究注重社会变迁的一面，并相继产生了一批有影响的人类学著作。如费孝通自 1957 年重访江村后，对这个农村社区先后进行了 20 余次的访问，持续跟踪长达 60 年之久，先后发表了《重访江村》、《三访江村》、《九访江村》和《江村五十年》等文章，探讨了江村社会几十年的变迁轨迹。这些作品确立了中国人类学

---

① 参见中国农村惯行调查刊行会《中国农村惯行调查》，东京岩波书店 1981 年版。

"追踪研究"的经典范例，也使江村成为中国农村的一个窗口。20 世纪 80 年代，庄孔韶 5 次访问林耀华《金翼》中的原型福建黄村，对之进行了连续 7 年的长时段考察，出版了《金翼》的续篇《银翅——中国的地方社会与文化变迁（1920—1990）》。周大鸣和孙庆忠主要研究珠江三角洲地区乡村文化都市化的变迁，其中周大鸣长期致力于广东潮州凤凰村的追踪调查，撰写了《中国乡村都市化》（广东人民出版社 1996 年版）和《当代华南的宗族与社会》（黑龙江人民出版社 2003 年版）等著作，展现了华南特别是珠江三角洲地区乡村社会的文化变迁。孙庆忠以杨庆堃 20 世纪 50 年代对广州南景村的人类学调查为基础，对南景镇进行追踪研究，描述了南景镇半个世纪以来从近郊村落到都市村庄的演进过程。[①] 潘守永在 90 年代再次走入山东台头村，撰写了《重返中国人类学的"古典时代"——重访台头》（《中央民族大学学报》2000 年第 2 期）和《一个中国村庄的跨时代对话：台头重访》（《广西民族学院学报》2004 年第 1 期）。

除了学术名村的追踪研究，从 20 世纪 80 年代开始，对汉族社会和乡村人类学的研究也蓬勃发展。在华南地区，汉族社区研究集中于福建和广东等地。20 世纪 80 年代，蒋炳钊对福建惠东地区的女性风俗进行调查。之后，陈国强等多次带领学生在惠东地区进行人类学社区调查，并出版《崇武大岞村调查》（福建教育出版社 1990 年版）一书。该书被认为是新中国成立以来中国内地第一部有关汉人社区的民族志著作。20 世纪 90 年代，王铭铭在对家乡福建泉州进行调查的基础上，出版了《社区的历程：溪村汉人家族的个案研究》（天津人民出版社 1996 年版）和《村落视野中的文化与权力：闽台三村五论》（北京三联书店 1997 年版）两部著作。前者以国家—社会为分析框架，试图从家族社区的变迁历史中展现大社会的变迁。后者是基于闽台 3 个村落的实地考察素材而展开的理论思考。

在华北及其他地区，乡村人类学研究成果也日渐丰富。诸如此类的成果主要有：曹锦清的《黄河边的中国：一个学者对乡村社会的观察与思考》（上海文艺出版社 2000 年版）；毛丹的《一个村落共同体的变迁：关

---

① 孙庆忠：《都市村庄：南景——一个学术名村的人类学追踪研究》，《广西民族学院学报》2004 年第 1 期。

于尖山下村单位化的观察与阐释》（学林出版社 2000 年版）；朱晓阳的
《罪过与惩罚：下村故事（1931—1997）》（天津古籍出版社 2003 年版）；
于建嵘的《岳村政治：转型期中国乡村政治结构的变迁》（商务印书馆
2001 年版）；张乐天的《告别理想：人民公社制度研究》（东方出版中心
1998 年版）等。

　　一个好的现象是，有关中国乡村社会的研究不仅仅局限于人类学界的
学者。越来越多的其他专业的学者，诸如历史学家、社会学家、经济学家
等也开始关注近代以来的汉族农村社会。南京大学历史系的李良玉教授，
他指导的许多历史专业博士生都是以典型性的乡村为个案。如张学强的
《乡村变迁与农民记忆：山东老区莒南县土地改革研究（1941—1951）》、
贾艳敏的《大跃进时期乡村政治的典型：河南嵖岈山卫星人民公社研
究》、叶扬兵的《中国农村合作化运动研究》、莫宏伟的《苏南土地改革
研究》、钟霞的《集体化与东村的经济社会变迁》等。[①] 中国乡村社会研
究日渐成为一个跨学科的研究领域，其他学科方法的引入也有助于中国人
类学本土化、中国化的进一步深入。

　　自 20 世纪 80 年代末期开始，中国人类学界一批学者积极呼吁加强对
汉民族的研究，并成立了学术团体，召开了多次汉民族研究学术研讨会，
出版了一批专著。这对进一步加强汉民族的人类学研究提供了理论指导和
舆论支持。

　　1992 年，徐杰舜先生的专著《汉民族发展史》（四川民族出版社
1992 年版）问世，结束了长期以来世界上最大民族没有民族史的状况。
该著是新中国成立以来第一部全面系统研究汉民族发展史的专著，被誉为
汉民族研究的奠基之作。[②] 1998 年，徐杰舜先生推出了他的第二部汉民族
研究巨著——《雪球——汉民族的人类学分析》（上海人民出版社 1998
年版）。在这部著作中，徐先生提出汉民族的研究应从本土人类学切入，
并尝试对汉民族进行全方位多层面的人类学分析。徐先生一直以来都积极
呼吁和倡导以人类学民族学的相关方法和理论来研究汉民族，他在人类学

[①]　马玉华：《20 世纪中国人类学研究述评》，《江苏大学学报》（社会科学版）2007 年第 6 期。
[②]　冯天瑜等：《汉民族研究的奠基之作——评〈汉民族发展史〉》，《学术论坛》1996 年第
1 期。

汉民族研究领域所做出的巨大贡献为广大学术界所认可。

1987 年 6 月，在广西民族学院召开了"全国首次汉民族学术研讨会"，揭开了新时期中国汉民族研究的序幕。会议交流了国内汉民族研究的相关信息。会后由广西人民出版社于 1989 年出版了袁少芳、徐杰舜主编的《汉民族研究》论文集第一辑。此后，1989 年 3 月在广东汕头召开了国际汉民族学术讨论会（即第二次汉民族研究学术讨论会），汉民族研究从此走向世界。会后由广西人民出版社出版了《国际汉民族研究》论文集。1992 年 11 月在云南昆明举办的国际汉民族学术讨论会（即第三次汉民族学术讨论会），使汉民族的研究得到了更进一步的加强。继这些会议之后，一些汉民族研究的学术机构也相继成立。① 1996 年 11 月在湖南长沙举办了第四届汉民族研究国际学术讨论会，这个会议就汉民族的发展形成和凝聚力等问题进行了广泛的讨论。1998 年再次在广西南宁举办了国际汉民族研究会暨全国第五次汉民族学会年会，这次会议围绕"二十一世纪汉民族传统文化与现代化"的主题展开了深入研讨。之后，2000 年在泉州，2003 年在昆明又接续召开了国际汉民族学术研讨会。最近的一次是 2006 年在河南洛阳召开的"第五届河洛文化国际研讨会暨汉民族研究国际学术讨论会"。以上这些会议为从事汉民族研究的学者提供了学术交流的平台，同时也集结了汉民族研究的学术队伍，探讨了汉民族研究的方向。

三　汉民族研究是散杂居民族研究亟待深入的课题

出于各种原因，中国的民族学与人类学在学科定位上一直未能理顺。20 世纪上半叶，学术界的一个普遍看法就是民族学与人类学只是同一学科的不同叫法，文化人类学等同于民族学，两个学科没有严格的区分。事实上，当时的许多人类学家如费孝通、林耀华等同时也是民族学家。新中国成立以后，受苏联模式的影响，文化人类学学科名称被取消，体质人类学成为独立的学科。民族学则作为狭义的学科保留了下来，且专注于少数

---

① 1994 年，中国民族学会汉民族研究分会成立，挂靠中国社会科学院民族研究所；1996 年 12 月，广西民族学院成立了汉民族研究中心，徐杰舜教授担任主任。

民族的调查与研究，不再关注汉民族。20世纪80年代人类学恢复重建后，人类学与民族学尽管关系非常密切，但已各自形成不同的研究领域。中国人类学与民族学似乎已形成某种默契，即：人类学把自己的注意力放在汉族研究上，放在大中城市、沿海地区、海外华侨的研究上，摈弃少数民族研究，不与民族学争地盘。① 近些年来这一局面虽有所改观，但从事民族学研究的学者往往不关注汉族问题，而以人类学理论方法从事汉民族社会文化研究的学者又远离少数民族问题，这一不正常的现象依然存在。

事实上，少数民族是针对主体民族汉族而言，少数民族与汉族共同构成了多元一体的中华民族大家庭。且中国少数民族分布的格局是"大杂居"、"小聚居"，汉族与少数民族往往是你中有我，我中有你。故国家在民族关系的定位上有"三个离不开"。任何民族学与人类学的研究如果把两者割裂开来都不利于整个学科的发展。当前一个明显的趋势是，少数民族与汉族交错杂居的分布格局更加突出，民族关系呈现多样性。在城市化进程中，边疆少数民族与内地汉族人口的双向流动会更加频繁。民族关系的复杂将给散杂居民族工作带来新的问题和挑战。少数民族人口流动与人口转移的加快，是人力资源市场的调节因素，给经济和社会发展带来了巨大的活力，同时也对现行管理体制产生了冲击，给民族关系的发展带来新的情况和问题。

令人欣慰的是，近年来已有不少学者开始关注散杂居民族的生存发展状况。以中南民族大学许宪隆教授为首的一批学者，已凝聚起一个专门从事散杂居研究的学术团队。他们对中东部散杂居民族生活实态进行了深入的调查研究，在散杂居民族理论建构，少数民族人口流动与应对及散杂居民族政策完善等方面推出了一批影响较大的成果。该团队定期出版发行《散杂居研究通讯》杂志，举办散杂居研究学术沙龙，和国内外同行进行学术交流和互动。许宪隆教授提出的民族发展"共生互补"理念，被学界誉为是在费孝通先生中华民族"多元一体格局"基础上的新发展。②

各民族交错杂居是散杂居区民族分布的突出特点。这一典型的民族分布态势决定了对散杂居区汉民族乃至少数民族与汉民族的关系进行深入研

---

① 杨庆镇：《有关中国人类学的讨论》，《中国人类学学会通讯》1984年，总第88期。

② 许宪隆：《共生互补：构建和谐的散杂居民族地区》，《中国民族报》2008年1月6日。

究势在必行。少数民族与汉族的关系问题越来越成为一个不容回避的现实
问题。但一个不得不承认的现象是：无论在主流的民族学研究领域还是新
兴的散杂居民族研究领域，汉民族问题的研究往往都受到了不应有的忽
视。中国早期人类学民族学不分你我，既重视主体汉民族研究，又关注边
远少数民族的优良传统，现在无形之中有被割裂之势。汉族研究与少数民
族研究形成了两张皮，很难黏合到一起。这一不正常的割裂现象显然不利
于整合学术资源和打通文化隔阂，形成一种整体性的宏观的民族学人类学
研究。而这正是当下中国构建和谐稳定的民族关系，增强中华民族的凝聚
力所迫切需要的。

　　如何打破当下这一民族学研究的局限？笔者认为一个比较可行的办法
就是以加强汉民族研究，尤其是以加强对散杂居区的汉族及汉族与少数民
族的关系研究为突破口。民族散杂居区既有少数民族，也有汉族。民族分
布交错杂居的格局非常有利于开展对汉民族文化心理与生活实态的田野调
查，并将汉民族与少数民族进行比较研究。比如，在国家加大对散杂居区
少数民族扶持力度，实施各种优惠政策的背景下，当地汉族的文化心理和
生活实态究竟怎样？他们如何看待政府对少数民族的各项优惠政策（招
干、升学、招工、生育等）？他们对当地的少数民族心理上是亲和还是排
斥？当地汉族与少数民族的通婚状况如何？一定单元内汉民族与少数民族
居住的比例如何？[1] 社会交往如何？有多少汉族出于各种原因更改了自己
的民族身份？更改了民族身份的汉族对该少数民族的心理和文化认同度有
多高？[2] 对于这些问题前期已有一些零星的调查资料，但很分散。对中东
南广大民族散杂居地区，目前这样的第一手田野资料更是少见。而这些数

---

　　[1]　关于一定单元内不同民族居住的比例，西方学者惯用"分离指数（Index of Dissimilari-
ty）"来测量。该指数是指通过一个居住区内整体民族比例之间的偏差量，来反映这个居住区内
民族隔离的程度和融合的程度（Farley, R. *Residential Segregation in Urbanized Areas in the United
States in 1970: An Analysis of Social Class and Racial Difference.* Demography, Nov. 1977）。马戎教授较
早将此理论引入国内，北京大学社会学人类学研究所曾广泛运用这一理论对我国多民族城市民族
关系进行调研。

　　[2]　更改民族身份主要表现为汉族更改为少数民族，也有少数民族更改为其他族别的现象。
这一现象自 20 世纪 80 年代以来较为普遍，比较典型的是重庆市（原四川省）石柱土家族自治
县，1982 年全国人口普查时土家族仅为 21 人，到 1984 年底竟大幅上升为 22.7 万人，短短的两三
年的时间，土家族人口增加了上万倍（参见张天路：《民族人口学》，中国人口出版社 2001 年版，
第 86 页）。

据却是衡量一个地区民族融合程度的重要指标。

　　总之，中国人类学民族学自诞生之日起就开创了汉民族研究与少数民族研究并行不悖的两条路径。由于历史上的原因，既有的散杂居研究乃至整个民族学研究所关注的重点仍局限于少数民族，散杂居区的汉族及汉族与少数民族的关系问题，往往受到不应有的忽视。著名民族学家林耀华先生生前曾多次强调，民族学应"在国内研究我国各民族，包括汉族和少数民族，以及各民族间的相互关系"。① 汉民族社区是民族散杂居区的重要单元。汉民族文化与各少数民族文化在中华大地上长期共存、融合交流、共同发展、共生互补。要搞清楚少数民族问题，与之最大的关联往往是要搞清楚汉民族问题。民族地区的现代化离不开多元文化的滋养和支持。从这个角度讲，加强对汉民族的深入调查研究，是开创散杂居民族研究新局面的应有举措。

---

① 林耀华：《民族学通论》，中央民族大学出版社 1997 年版，第 10 页。

【民族文化传承研究】

论战国古文"仁"字

刘宝俊

（中南民族大学图书馆）

一　战国以前的"仁"字

在中国几千年学术思想史中，"仁"是占统治地位的儒家思想体系中最核心的内容，也是各种思想体系共同聚焦的重要论题。然而在中国古代的传世文献和出土文献中，"仁"字的出现却相对较晚。现代著名史学家、思想家侯外庐先生在《中国思想通史》第五卷第十五章第二节《阮元的文化史说》中，引述了清代学者阮元论"仁"字起源的观点：

按夏商以前无仁字（"虞书"德字、惠字，即包仁字在内）。仁字不见于"尚书"、"虞"、"夏"、"商书"（"仲虺之诰"、"克宽克仁"，"太甲"、"怀于有仁"，皆古文"尚书"）、"诗"雅颂、"易"卦爻辞之中。此字明是周人始因"相人偶"之恒言而造为"仁"字。……然则仁字之行，其在成康以后乎？（"揅经室一集"卷九"孟子论仁论"）

按仁字不见于"虞"、"夏"、"商书"及"诗"三颂、"易"卦爻辞之内，似周初有此言而尚无此字。其见于"毛诗"者则始自"诗"、"国风"、"洵美且仁"。……盖周初但写人字，《周官礼》后始造仁字也。（同上卷八"论语论仁论"）

侯外庐先生认为：阮元这种研究大体上是合于历史实际情况的。"仁"字在可靠的古书中，不但不见于西周，而且不见于孔子以前的书中（《诗·国风》"洵美且仁"之句，颇似后人所记，且为孤证）。阮元引"周礼"仁字，断为最古的字汇，似把周礼看成西周作品了。更据地下材料，仁字不但不见于殷代甲骨文，更不见于周代吉金，其为后起之字，实无问题。①

现代著名历史学家、古文字学家郭沫若先生在《十批判书》中论述"孔子的思想体系"时也曾指出，"仁"是孔子思想体系中被强调的核心，"'仁'字是春秋时代的新名词，我们在春秋以前的真正古书里面找不出这个字，在金文和甲骨里也找不出这个字。这个字不必是孔子所创造，但他特别强调了它是事实"②。

上引清人阮元为"仁"字断代所依据的传世文献《周官礼》（即《周礼》），其成书年代歧说纷纭，学术界多认为《周礼》的成书不会早于战国。如此则"从人、从二"的"仁"字的出现也不会早于战国时期。

在出土文献中，1913 年罗振玉《殷墟书契前编》卷二第 19 页第 1 片有一个"⌐＝"字，1923 年商承祚编、罗振玉考释《殷墟文字类编》释此字为"仁"，1934 年孙海波《甲骨文编》以及该书 1964 年增补版均著录"⌐＝"字为"仁"。这是目前唯一见于著录的甲骨文"仁"字。但甲骨学家王国维、郭沫若、于省吾、杨树达等均不承认此为"仁"字。1933 年叶玉森《殷墟书契前编集释》著录收有此字的卜辞为："癸未☒方于☒⌐＝口𦚏一马廿丙之口月在臭丫。"叶玉森于"⌐＝"字旁注："⌐上不完，似非仁字。"细审该片甲骨，此字原形作"⌐＝"，左上部是所存甲骨的边缘，左上方的一撇与"⌐＝"中的"⌐"旁极有可能关联为一字，残泐为"⌐"，而"⌐＝"中的"二"可能别为一字。容谷先生认为，"⌐"字有可能是"𦍒（羌）"字的残泐，"⌐＝"应读作"羌二"，与后文的"𦚏一"、"马廿"并列；如果将其读为"仁"，卜辞将不可解。③ 容谷的分析是很有道理的。徐中舒《甲骨文字典》未收录"仁"字，容庚《金文编》收录的两周金文也没有"仁"字，迄今为止所见两周时期其他出土文献中均未出现"仁"字。

出土文献显示，"仁"字确实不见于殷商和两周，其出现当在战国时期。

---

① 见侯外庐《中国思想通史》第五卷，人民出版社 1982 年版，第 612 页。
② 见郭沫若《十批判书·孔墨批判》，人民出版社 1956 年版，第 87 页。
③ 参见容谷《卜辞中"仁"字质疑》。

二　战国古文中的"仁"字

《说文解字·人部》："仁，亲也。从人从二。忎，古文仁从千心。尸，古文仁或从尸。"

我们先看《说文解字》中列为正篆的"仁"字。在出土的战国时期文献中，据目前材料，从"人"、从"二"的"仁"字见于云梦睡虎地秦简的共有4例。如《秦律十八种》第95—96简"不仁其主及官者，衣如隶臣妾"，写作仁；《法律答问》第63简"将上不仁邑里者而纵之"，写作仁；《为吏之道》第36简"刚能柔，仁能忍"，写作仁，[1] 都用作"仁义"、"仁爱"之"仁"。

"仁"字也数见于战国时期的玺印。汤余惠《战国文字编》收录的秦国"仁"字玺有2例，即《珍秦斋古印展》191的仁，和《故宫博物院藏古玺印选》422的仁；[2] 何琳仪《战国古文字典》"仁"字下收录的材料更全面一些，共收录了战国"仁"字玺6例，即《古玺汇编》中的吉语玺第4507号"忠仁"的仁、4508号"中仁"的仁、4879号"忠仁思士"的仁；另收录《十钟山房印举》三·二"交仁必可"的仁、《十钟山房印举》三·六"交仁"的仁，和《文物》八二·一·四二玺文的"中仁"的仁。这些"仁"字玺，除《古玺汇编》第4507号属于晋玺外，全都是战国时期的秦国玺。[3]

以上是目前能见到的战国所有出土文献中的"仁"字。如就当前出土文献而言，从"人"、从"二"的"仁"字应是始于战国、源自秦国的文字。《古玺汇编》第4507号唯一写作"仁"的晋玺，或者原本就是秦玺而流落到毗邻的晋国，或是受秦文字的影响而借用了秦国文字。

三　战国古文中的"尸"字

《说文》中"仁"字的古文，或写作从"尸"、从"二"的"尸"。

---

[1]　见张守中《睡虎地秦简文字编》，文物出版社1994年版，第125页，睡虎地秦墓竹简整理小组《睡虎地秦墓竹简·释文注释》，文物出版社1978年版，第42、108、107页。

[2]　见汤余惠《战国文字编》，福建人民出版社2001年版，第550页。

[3]　何琳仪：《战国古文字典》，中华书局1998年版，第1134—1135页。

"尸"字在金文中首见于河北定县出土战国中山王墓铜器《大鼎》铭文"亡不率尸，敬顺天德"，写作 ；① 山西侯马晋国遗址出土的《侯马盟书》"尸"字出现了 2 次，写作 ，都是宗盟类参盟人员姓氏。② 此外何琳仪《战国古文字典》"尸"字下还收录了几个来自三晋出土文献中的"尸"字：《古玺汇编》姓名玺第 0969 号"肖尸"的 、3292 号"尸鹃"的 ，以及引自《战国历代货币大系》中的货系 1952 布方"尸氏"的 ③。由于上述"尸"字都出现在晋国出土文献，所以有人认为"尸"是一个源自于北方的文字。④ 更确切地说，"尸"可能是一个晋系文字。

但在上博简中有若干整理者隶作"尸"的字：

上博简（一）《孔子诗论》第 21 简："尸鸠吾信之。"字作 。

上博简（一）《孔子诗论》第 22 简："尸鸠曰。"字作 。按：以上两例"尸鸠"，即传世文献《诗经·国风·曹风》篇名《尸鸠》（又写作"鸤鸠"）的异文。

上博简（二）《容成氏》第 39 简："秇三十尸而能之。"字作 。本简"尸"字意义不明。

上博简（二）《民之父母》第 8 简："无声之乐，威仪尸＝。"字作 。整理者濮茅左注："'尸＝'，重文，读作'迟迟'。《说文·辵部》：'迟，徐行也，从辵，犀声。《诗》曰：'行道迟迟。''迟或从尸。'《尔雅·释训》：'迟迟，徐也。'……'迟迟'或作'棣棣'。语出《诗·邶风·柏舟》'威仪棣棣，不可选也。'"

上博简（二）《民之父母》第 11 简："无体之礼，威仪尸＝。"字作 。此简"尸"或同通"迟"，或通"棣"。

上博简（三）《周易》第 51 简："遇其尸主，吉。"字作 。整理者濮茅左注："'尸'，同'夷'。《集韵》：'夷，《说文》"平也，东方之人也。"或作尸、尼。'"本句马王堆汉墓帛书《周易》作"禺亓夷主，吉"，今本《周易》作"遇其夷主，吉"。此简"尸"当读为"尸"。传世文献语言中"尸"多训为"主"：《尔雅·释诂上》"尸，主也"，《淮

---

① 见张守中《中山王譻器文字编》，中华书局 1981 年版，第 13 页。
② 见《侯马盟书》，山西古籍出版社 2008 年版，第 302 页。
③ 见何琳仪《战国古文字典》，中华书局 1998 年版，第 1227—1228 页。
④ 参见白奚《"仁"字古文考辩》。

南子·主术》"其犹零星之尸也"。郑玄注"尸,祭主也",《集韵·脂韵》"尸,一曰主也,古者祭祀立尸以主神"。"尸"和"主",都是代替神灵接受祭祀的人或牌位。帛书本、今本《周易》的"夷"当为"尸"字之误,或谓"𡰥"字的义同换读。

上博简(五)《鬼神之明》第3简:"及伍子胥者,天下之圣人也,鸱𡰥而死。"字作𡰥;整理者曹锦炎注:"'𡰥',古文'夷'。《玉篇》:'𡰥',古文夷字。(《说文》误以为仁字。)"简文"鸱𡰥"即传世文献的"鸱夷",指皮革做成的口袋。《史记·伍子胥列传》:"吴王闻之大怒,乃取子胥尸盛以鸱夷革,浮之江中。"

上博简(八)《成王既邦》第4简:"伯𡰥、叔齐饿而死于灉渎。"字作𡰥;整理者濮茅左注:"'白𡰥',即'伯夷'。……'𡰥',疑'𡰥'之衍笔。"

清华简(二)《系年》第43简:"命(令)尹子玉述(率)奠(邓)、卫、陈、蔡及群蛮𡰥(夷)之师以交文公。"

此外还有包山简第180简"阴𡰥女",人名,字作𡰥;香港中文大学文物馆藏战国楚简第5简"口之𡰥",字作𡰥。此两处"𡰥"字含义不明。

楚简中的"𡰥"字,其辞例可解者或读"尸",或读"夷",或通"迟"、"棣",没有必须读作"仁"的。李守奎《上海博物馆藏战国楚竹书(一—五)文字编》(2007:416)认为:"按:《说文》以为'仁'之古文。楚文字'仁'字写作'㤣'或'忎'。此形疑是'尸'之繁体。"[①]李氏的按语值得注意和重视。笔者认为楚简中的"𡰥"应非《说文》"仁"字的古文"𡰥",而是"尸"字的繁体,"𡰥"中的"二"为无义的羡文、饰笔。或是"夷"字的训读,从结构上看,"𡰥"中的"尸"是坐着或躺着的"人",因此又具有"夷"字表示"平"的意义。

四　战国楚简中的"㤣""忎""忈"字

《说文》中"仁"字的另一古文"忎",从"心"、"千"声。形符从"心"的"忎",与形符从"人"或从"尸"的"仁"、"𡰥"字,虽然都

---

① 见李守奎《上海博物馆藏战国楚竹书(一—五)文字编》,第416页。

是一个字的异体，但是其意义的具体指向是完全不同的。从"心"的仁，在出土的战国楚简中有三种写法："悥"、"忎"、"忈"。这三种写法的仁字仅见于楚简，较为集中地见于战国楚简中的郭店简和上博简。李零认为："仁"写作"悥"，"似是楚国特有的写法"，"此字是楚系特有"。①

根据如上战国出土文献材料，我们可以大致判断，"仁"字源自秦国的文字；"尼"字源自三晋的文字；而从"心"的"悥"、"忎"、"忈"，则是源自楚国的文字，是战国楚人为区别于从"人"或从"尸"的"仁"、"尼"而特地创造出来的。

在楚简从"心"的"悥"、"忎"、"忈"三形中，仅"忎"字见于《说文·人部》"仁"字下。段玉裁"忎"下注："从心、千声也。"学者或谓"千"为"人"字之误，如商承祚谓："从千，无所取义。夷考陶文金文人有作彳形者，误之而为千矣。从心者，孟子'仁人心也'义也。"②其实"忎"字之"千"乃从"悥"字之"身"简省而来。"身"简省即为"千"，"千"简省则为"人"。所以"悥"、"忎"、"忈"都是同一字的繁简不同。"忎"与"忈"字形相差很小，在上博简中，整理者一律从宽隶定为"忎"；有的整理者隶定失之过宽，将"忈"、"忎"均隶定为"悥"。下图是楚简"仁"字繁简不同的几种写法，从中可以看出由"悥"简省为"忎"、由"忎"简省为"忈"的轨迹：

出土楚国文献中的"仁"字，没有一个写作秦国文字"仁"的，所有的"仁"字都从"心"。庞朴先生说："整个郭店楚简的一万三千多字中，无论各篇的思想倾向有无差异，学术派别是否相同，以及钞手的字体如何带有个性，其所要表述的仁爱的'仁'字，一律写作上身下心的'悥'，其所写出的无数个上身下心的字，一概解作仁爱之'仁'；全无例外。"③下面我们作一些具体的分析。

郭店简"仁"字出现65例，其中写作的"悥"的53例，写作"忎"

① 见李零《郭店楚简校读记（增订本）》，中国人民大学出版社2007年版，第249页。
② 见商承祚《说文中之古文考》，上海古籍出版社1983年版，第75页。
③ 见庞朴《郢燕书说 ——郭店楚简中山三器心旁文字试说》，《郭店楚简国际学术研讨会论文集》，湖北人民出版社2000年版。

的 2 例，写作"忈"的 10 例。无一例作"仁"。① 上博简"仁"字出现 33 例，其中写作"㤅"25 例，写作"忎"7 例，无一例作"仁"。② 整个楚系简帛文字"仁"字全都写作"㤅"、"忎"、"忈"，也没有一例写作"仁"。③ 其辞例如：

写作"㤅"：

郭店简《老子丙》第 3 简："故大道废，安有㤅义。"

郭店简《緇衣》第 10—11 简："上好㤅，则下之为㤅也争先。"

郭店简《五行》第 21 简："不亲不爱，不爱不㤅。"

郭店简《语丛一》第 22 简："㤅生于人。"

郭店简《语丛一》第 82 简："厚于义，薄于㤅。"

郭店简《语丛一》第 93 简："㤅义为之臬。"

上博简（二）《从政乙》第 4 简："温良而忠敬，㤅之宗［也］。"

上博简（五）《君子为礼》第 1 简："君子为礼，以依于㤅。"

上博简（五）《鬼神之明》第 1 简："昔者尧舜禹汤，㤅义圣智，天下法之。"

写作"忎"：

郭店简《唐虞之道》第 2 简："故昔贤忎圣者如此。"

郭店简《忠信之道》第 8 简："忠，忎之实也。信，义之期也。"

郭店简《性自命出》第 40—41 简："爱类七，唯性爱为近忎。"

上博简（一）《性情论》第 25 简："修身近至忎。"

上博简（一）《性情論》第 33 简："笃，忎之方也。忎，性之方也。"

写作"忈"：

郭店简《唐虞之道》第 7 简："孝，忈之大也。"

郭店简《唐虞之道》第 9 简："义而未忈也。"

郭店简《唐虞之道》第 15 简："纵忈圣可与。"

以上辞例中的"㤅"、"忎"、"忈"，楚简的整理者以及简帛研究者均

---

① 参见张守中等《郭店楚简文字编》，文物出版社 2000 年版，第 117—118 页。

② 参见李守奎《上海博物馆藏战国楚竹书（一—五）文字编》，作家出版社 2007 年版；蒋文《上海博物馆藏战国楚竹书（六）文字编》；傅修才《上海博物馆藏战国楚竹书（七）文字编》，中山大学学士论文；王凯博《上博八文字编》，复旦网 2012—1—3。

③ 参见滕壬生《楚系简帛文字编》，湖北教育出版社 2008 年版，第 740—742 页。

读作"仁",均无疑义。

在战国出土文献中,"仁"字写作"息"的,还见于《古玺汇编》姓名玺 2706 号❦("中息")、3344 号❦("氏息")、3345 号❦("息玺")、吉语玺 4653 号❦("中息")、4654 号❦("中息"),单字玺 5381 号❦("息")、5382 号❦("息")。《古璽彙编》和《古玺文编》的编者隶定为"息",但均不识为何字,未作释读。何琳仪《战国古文字典》指出,古玺中的"息"字玺是战国楚玺,但释读为"信"字的异体。[①] 比照楚简,根据古玺辞例,可以确知古玺中的"息"都是楚国特形文字的"仁"字,而非"信"字。

五　战国古文中的"恖"与"信"

在战国古玺中,有很多从"心"、"千"声、字素与"恖"完全相同,但写作左右结构的"忏"字,如❦、❦、❦。罗福颐《古玺汇编》均将之释作"信"字,见于《古玺文编》三·三"信"字下 22 例,《古玺汇编》第 0651、0652、0653、0654、1147、1265、1326、1478、1481、1562、1563、1590、1955、1958、1956、2187、2239、2414、2709、3084、3697、3698、3699、3700、3709、3714、3715、3716、3717、3719、3721、3722、3723、3724、3726、3727、3728 号等姓名玺 30 余例,辞例均作"××信玺"。何琳仪《战国古文字典》也认为"忏"字"从心,从人,人亦声。信之异文"。[②]

这些释为"信"的字,均为左"心"右"千"结构,都应隶定为"忏"。此外另有《古玺汇编》第 3125 号姓名玺"❦",实为"忏"字,编者误释为"千心"两字。罗福颐《古玺文编》第 0651 号"❦"字下说:"说文古文信作❦,与此形近。"[③] 其实古玺"❦"字左边是"心",与《说文》"信"字古文"❦"字右边的"口",是两个完全不同的字符,区别在于"心"符中的一横左右两端出了头,有的左右出头上翘,

① 见何琳仪《战国古文字典》,中华书局 1998 年版,第 1139 页:"息,从心,身声。信之异文。楚玺息,读信。"

② 见何琳仪《战国古文字典》,中华书局 1998 年版,第 1137 页。

③ 见故宫博物院编《古玺文编》,文物出版社 1981 年版,第 52 页。

其为"心"符就更为明显；而"口"符中的一横左右两端是不出头的。同时古玺"𢘑"字右边是"千"，其竖笔中有一圆墨点，与"人"字单一的竖笔有明显不同。古玺中诸"忓"字，均即楚简"𢜽"字的异写，当释为"仁"。[①]这些"忓"字在何琳仪的《战国古文字典》中或隶作"仴"，或隶作"伀"。前者误"心"为"口"、误"千"为"亻"，将"忓"混同于《说文》信字古文"仴"；后者"心"符不误，而误"千"为"亻"，均属失察。

在古玺中，"信"字另有写法，多写作从"言"、"千"声的"訐"或"𧥣"，如𧥣、𧥡、𧥦、𧥤、𧥢等，见于《古玺文编》三·三"信"字下 19 例，以及《古玺汇编》第 0191、0232、0236、0323、0650、1201、1661、1663、1664、1690、1954、2112、2557、3695、3701、3702、3703、3710、3736、3922、3695、3696、3703、3704、3720、3736、3741、3748、4503、4504、4505、4574、5283、5508、5509 号等 30 余例。这些编者释读为"信"的字，均应隶作"訐"或"𧥣"、释读为"信"，跟从"心"、"千"声、读作"仁"的"忓"字有根本区别。

古玺"信"又或写作从"言"、"身"声的"𧥺"或"䚚"，如𧥺、䚚或𧥻，见于《古玺汇编》单字玺第 5287、5427 号以及列于《补遗》的 5685 号"王生信"的𧥻和 5695 号"信士"的𧥺。"身"本从"千"声，所以从"千"与从"身"读音是相通的。罗福颐《古玺文编》指出："𧥺"字"从言从身，中山王壶'信'字作䚚，与玺文形近"[②]。中山王壶辞例为"余智其忠䚚施"，读为"余知其忠信也"。在战国文字"信"字写作"䚚"，除《古玺汇编》第 5427 号、5685 号、5695 号属于燕玺外，其他均见于三晋文字。除上述中山王壶外，还见于晋国金文《信阴君库戈》"信阴君库"的䚚、《梁上官鼎》"宜信冢子"的䚚、《信安君鼎》"信安君"的䚚、《长信侯鼎》"长信侯"的䚚。何琳仪《战国古文字典》也指出："𧥺，从言，身声。信之异文。"[③]古玺"信"又偶或作𦣻、𣎆，

---

① "忓"字不见于《说文》。《集韵·铣韵》七典切，《玉篇·心部》："忓，怒也。"又《集韵·先韵》仓先切："忓，《方言》：自关而西秦晋之间，呼好为忓。"《广雅·释诂一》："忓，善也。"又"忓，好也。"今为"憪"的简化字。

② 见故宫博物院编《古玺文编》，文物出版社 1981 年版，第 52 页。

③ 见何琳仪《战国古文字典》，中华书局 1998 年版，第 1139 页。

可隶作"信"，见于《古玺汇编》官玺 0282 号、姓名玺 3728 号。有意思的是，楚简"仁"字有"㤈"、"忎"、"㤅"三形，形符从"心"，声符分别为"身"、"千"、"人"；而古玺"信"字也有"𧥣"、"訐"、"信"三形，形符从"言"，声符也分别是"身"、"千"、"人"，两者形成整齐的对应。其中声符"身"、"千"、"人"都应是逐渐简写而成，即"身"简写为"千"、"千"简写为"人"。

　　古玺中由于"××忓（仁）玺"与"××訐（信）玺"并用，遂致"忓"与"訐"不分，误释"忓"为"信"。古玺"㤈"字也因辞例较少，没有引起人们的注意。丁佛言最早指出古玺中的"㤈"与"仁"的联系，但怀疑古文"仁"、"忍"是一个字，认为"㤈"即"忍"字，未达一间。[①] 郭沫若始将其正确地隶定为"㤈"，并谓："古玺㤈字乃仁字之异。仁古文或作忎，从心千声。㤈则从心身声，字例相同，可为互证。"[②] 刘翔指出："战国玺印文屡见有称'忠㤈'的，与称做'忠仁'者，文例相同。是知从心从身的'㤈'，从心从千的'忎'，及'尼'诸形，实皆仁字。这是古文字里同字异构的典型实例。"[③] 随着战国楚简的出土，人们才认识到，原来罕见、冷僻、仅见于古玺中的"忓"和"㤈"，在战国时期的楚国是使用频率最高的常用字之一，记录的是人们最为熟悉的儒家伦理道德中最为关键的一个常用词。庞朴先生说：楚简中的"㤈"这个字，"以前也曾出土过，《古玺文编》有著录，可惜是或者未被认识，或者误读为'信'（《古玺文编》共收录从心从身的仁字 28 例，误识为'信'者 22，未识者 6），以致一条很有价值的信息，被白白闲置了若干年"[④]。庞朴又指出："罗福颐《古玺文编》一〇·一〇㤈字头下收有六例，又有误收入三·三信字头下的二十二例，两共二十又八，足见其于玺文中，亦属高频。唯过去多将此字与从言从身的𧥣即信字相混，此次郭店简的出现，因有上下文本为据，亥豕得以一清，㤈字当读仁义之'仁'，

---

① 丁氏将该字上部"身"误作是"刃"字的反文。见丁佛言辑《说文古籀补补》，1924年石印本。

② 见郭沫若《金文丛考》，人民出版社 1954 年版，第 216 页。

③ 见刘翔《中国传统价值观诠释学》，第 157—161 页。

④ 见庞朴《"仁"字臆断——从出土文献看仁字古文和仁爱思想》，《寻根》2001 年第 1期，第 4—8 页。

已是铁定无疑。"①

　　战国楚简"仁"字皆从"心",其义当指出自于人类本性的亲和、善良、温蔼、同情和恻隐之心。在春秋时期孔子的儒家思想中,"仁"的含义由内涵、隐性自然生成的人类性情,发展成为外向、显性和社会所要求的道德原则,扩展为一种含义极广的道德范畴,成为儒家调和人际关系和阶级矛盾的工具。所谓"仁者兼爱之迹"(《庄子·大师宗》郭象注)、"仁者德之出"(《贾子·大政上》)、"仁者天下之表"(《礼记·表记》),都说明"仁"所包含的由内及外和推己及人以至于整个社会的思想内容和道德意义。到战国,儒分为八,其中子思一派反本归源,又折回头来从人心、人性中寻找儒家仁学的根基,把仁爱归结为人心内部的事,以内省求仁,以性情心命论仁,建立起"形而上"的新仁学。子思学派的新仁学流行于楚国,盛极一时,新的理论、观念、思潮反映在文字上,就出现了从"心"的"㥁"、"忎"、"忈"。②

六　余论

　　古玺中还有一个至今未识的"迠"字,见于罗福颐《古玺汇编》姓名私玺2939号"臤迠"。何琳仪《战国古文字典》隶作"弨迠",归于晋玺,释作人名。③ 如果把它前一字释为"贤",后一字释为"仁",读作"贤仁",如《吕氏春秋·开春》"共伯和修其行,好贤仁,而海内皆以来为稽矣"、《东观汉记·光烈阴皇后传》"上以后性贤仁,宜母天下,欲授以尊位",亦未尝不可。如是,则该字即如庞朴先生所说的,"是表示行为的迠或迠之见于行为者"。④ 根据楚简文字中体现的"心"与"行"二元对立原则,楚简中特造从心的"㥁"字,似乎与这个见于三晋的"迠"字,恰好形成心态与行为、静态与动态的对立。

---

　　① 见庞朴《郢燕书说——郭店楚简中山三器心旁文字试说》,《郭店楚简国际学术研讨会论文集》,湖北人民出版社2000年版。

　　② 参见刘宝俊《郭店楚简"仁"字三形的构形理据》,《中南民族大学学报》(哲学社会科学版)2005年第5期,第129—132页。

　　③ 见何琳仪《战国古文字典》,中华书局1998年版,第1139页。

　　④ 见庞朴《郢燕书说——郭店楚简中山三器心旁文字试说》。

　　白奚认为："仁"字在先秦有南北两条演变的线索。南方的"仁"字以郭店楚简为代表，写作"忬"，简化作"忐"；北方（含秦国）的"仁"字以中山王鼎铭文为代表，写作"𡰩"。① 其实在先秦时期的出土文献中，从"人"、从"二"的"仁"字仅见于秦国文字，与东方晋国的"𡰩"和楚国的"忬"成鼎立之势，是一条独立的线索。秦统一天下之后书同文，废东方六国文字而专尊秦篆，从"人"、从"二"的秦国"仁"字遂作为国家规范的正体字推广，传世文献都统一写作"仁"了，北方的"𡰩"字和南方的"忐"字，就成为了仅存留于《说文解字》中"仁"字的"古文"，沉淀为汉字中的"文字底层"。而时代更早、字形更完整、在楚简中出现频率更高的"忬"字，则在后来的传世文献中永远消失、无影无踪了。

参考文献

白奚：《"仁"字古文考辩》，《中国哲学史》2000 年第 3 期，第 96—98 页。

丁福保：《说文解字诂林》，云南人民出版社 2006 年版。

傅修才：《上海博物馆藏战国楚竹书（七）文字编》，中山大学学士论文，2010 年。

高明：《古文字类编（增订本）》，上海古籍出版社 2008 年版。

郭沫若：《金文丛考》，人民出版社 1954 年版。

郭沫若：《孔墨批判》，见郭沫若著作编辑出版委员会编《郭沫若全集·历史编》第二卷《十批判书》，人民出版社 1982 年版。

何琳仪：《战国古文字典》，中华书局 1998 年版。

侯外庐：《中国思想通史》第五卷，人民出版社 1956 年版。

湖北荆沙铁路考古队：《包山楚简》，文物出版社 1991 年版。

李零：《郭店楚简校读记（增订本）》，中国人民大学出版社 2007 年版。

李圃、汪寿明主编：《古文字诂林》，上海教育出版社 2004 年版。

李守奎：《楚文字编》，华东师范大学出版社 2003 年版。

李守奎、曲冰、孙伟龙编著：《上海博物馆藏战国楚竹书（一—五）文字编》，作家出版社 2007 年版。

廖名春：《"仁"字探源》，《中国学术》2001 年第 4 期，商务印书馆 2001 年版。

---

　　① 见白奚《"仁"字古文考辩》，《中国哲学史》2000 年第 3 期，第 96—98 页。

刘宝俊：《郭店楚简"仁"字三形的构形理据》，《中南民族大学学报》（哲学社会科学版）2005 年第 5 期。

刘宝俊：《论战国楚简从"心"之字与心性之学》，《中南民族大学学报》（哲学社会科学版）2009 年第 2 期。

刘翔：《中国传统价值观诠释学》，生活·读书·新知三联书店 1996 年版。

刘钊：《郭店楚简校释》，福建人民出版社 2003 年版。

罗福颐主编：《古玺文编》，文物出版社 1981 年版。

罗福颐主编：《古玺汇编》，文物出版社 1981 年版。

马承源主编：《上海博物馆藏战国楚竹书（一）—（八）》，上海古籍出版社 2001—2011 年版。

庞朴：《郢燕书说——郭店楚简中山三器心旁文字试说》，武汉大学中国文化研究院编《郭店楚简国际学术研讨会论文集》，湖北人民出版社 2000 年版。

庞朴：《"仁"字臆断——从出土文献看仁字古文和仁爱思想》，《寻根》2001 年第 1 期。

容庚编著，董莲池补校：《金文编补校》，东北师范大学出版社 1995 年版。

容谷：《卜辞中"仁"字质疑》，《复旦大学学报》（哲学社会科学版）1980 年第 4 期。

山西省文物工作委员会：《侯马盟书》，文物出版社 1976 年版。

商承祚：《说文中之古文考》，上海古籍出版社 1983 年版。

睡虎地秦墓竹简整理小组：《睡虎地秦墓竹简》，文物出版社 1990 年版。

汤余惠主编：《战国文字编》，福建人民出版社 2001 年版。

滕壬生：《楚系简帛文字编（增订本）》，湖北教育出版社 2008 年版。

王凯博：《上博八文字编》，复旦网 2012—1—3，http：//www.gwz.fudan.edu.cn/SrcShow.asp？Src_ ID = 1765。

张守中：《中山王䜪器文字编》，中华书局 1981 年版。

张守中：《睡虎地秦简文字编》，文物出版社 1994 年版。

张守中：《包山楚简文字编》，文物出版社 1996 年版。

张守中、张小沧、郝建文：《郭店楚简文字编》，文物出版社 2000 年版。

湖北少数民族民俗的构成与非物质文化遗产保护

向柏松

（中南民族大学 文学与新闻传播学院）

民俗是指一个国家、一个民族或一片区域中的民众所传承的生活文化，民俗的传承必须依托一定的地域。湖北虽然有 53 个少数民族，但就民俗的地域性而论，却并不是 53 个民族的民俗都能在湖北传承。一般而言，只有在湖北形成民族聚居地的民族才可能有其民俗的传承。湖北的少数民族聚居地为：恩施土家族苗族自治州，长阳、五峰两个土家族自治县，12 个民族乡（镇），20 个民族村与居民委员会。

湖北少数民族民俗主要指土家族、苗族、侗族、回族、白族、蒙古族等民族的民俗。湖北少数民族民俗的传承地域有州、县、乡镇、村、居委会等多种形式。实践证明，在少数民族聚居区建立民族州、县、乡、镇、村、居委会，能够起到保护民族民俗的作用。

湖北少数民族民俗是湖北非物质文化遗产富有特色的重要组成部分，研究其渊源构成，是实施保护的重要前提。因为只有清楚地认识其来源和构成要素，才能认识其独特的风韵与魅力，才能根据其构成要素采取合理的保护措施。

湖北少数民族众多，民俗地域形式多样，民俗的构成也呈现纷繁复杂的状况。

一　原住少数民族民俗

在湖北本地域形成的民族主要是土家族。土家族的祖先巴人发源于长阳清江河畔的五落钟离山，并最早创造了清江流域的文明。湖北土家族世代传承的独特民俗主要是与祖先崇拜相关的信仰民俗以及一部分与当地自然环境相联系的生活民俗，前者包括白虎图腾、廪君崇拜、摆手舞等；后者包括吊脚楼、西兰卡普等。

白虎图腾：巴人以白虎为图腾，其后裔土家族也自称是"白虎之后"。《后汉书》载："巴郡、南郡蛮本有五姓：巴氏、樊氏、曋氏、相氏、郑氏，皆出于五落钟离山。其山有赤、黑二穴。巴氏之子生于赤穴，四姓之子皆生黑穴。未有君长，俱事鬼神。乃共掷剑于石穴，约能中者，奉以为君。巴氏之子务相乃独中之。……又令各乘土船，约能浮者，当以为君。余姓悉沉，唯务相独浮。因共立之，是为廪君。乃乘土船从夷水至盐阳。盐水有女神，谓廪君曰：此地广大，鱼盐所出，愿留共居。廪君不许。盐神暮辄来取宿，旦即化为虫，与诸虫群飞，掩蔽日光，天地晦冥。积十余日，廪君思其便，因射杀之，天乃开朗。廪君于是君乎夷城，四姓皆臣之。廪君死，魂魄世为白虎；巴氏以虎饮人血，遂以人祠焉。"直到晚近，土家族仍以白虎为祖神，在堂屋的神龛上供奉木雕的白虎，常年祭祀。结婚时，男方正堂大方桌上要铺虎毯，象征祭祀虎祖。小孩穿虎头鞋，戴虎头帽，盖"猫脚"花衾被，以虎做小孩的保护神；门顶雕白虎、门环铸虎头，以镇宅驱邪。

始祖廪君崇拜：廪君为巴人最早的部落首领，是土家族崇拜的始祖神。廪君俗称向王天子。长阳县至今还有"向王庙"遗址，向王庙供廪君神像。清咸丰《长阳县志》说："向王庙在高尖子山下，庙供廪君神像。按廪君世为巴人主者，有功于民，故今施南、归、巴、长阳等地尸而祝之。"清道光《长阳县志》也说："先祖所立向王庙，向王者古之廪君务相氏，有功夷水，故土人祀之，立庙于石墩上，故曰庙台。"廪君之所以称作向王，是因为其原名为务相，土语讹相为向，所以世代相传，称廪君为向王。至今，巴东的一些向姓老人还说："我们原来不是现在这个向字，是木目相。"清江流域过去多建有向王天子庙宇，供土家族儿女祭祀。向王天子崇拜衍生出来六月六日"祭向王节"。这一天，清江河上的舟楫排筏全部停航靠港，因古廪君开拓清江有功，举行祭祀活动。在船头杀鸡摆供，烧香放鞭，以祈求保护水上安全。由血祭向王天子的仪式还派生出了一种土家族特有的风味食品——腊猪血豆腐。因为祭祀向王天子要见血，人们就用猪血浸泡豆腐制成血豆腐，以备四时祭祀向王天子之用，这种血豆腐也用于祭祀近祖。腊猪血豆腐一般是在岁末杀年猪时制作。杀完年猪，猪血用盆盛着，然后将刚制成的豆腐泡入血中，拌和均匀。冷冻后，将豆腐捏成坨坨，放至火坑上的木架上，让其久经烟熏火烤，熏烤成硬块即可。吃时用刀切成片，片片豆腐都是血红的，然后放入锅中用油煎炒，佐以干辣椒等，炒熟即成。这种血豆腐鲜美可口，别具风味。

摆手舞：摆手舞是土家族原始的祭祀舞蹈，主要祭祀土王，即土家族地方的已故族群首领。摆手舞在"摆手堂"举行。位于酉水河畔的湖北来凤县舍米湖摆手堂至今仍保存完好。"摆手堂"设有神台，供奉土王：田好汉、彭公爵主、向老倌人。每年正月初三至十五之间，人们都要到摆手堂举行祭祀活动，摆手舞是祭礼活动中的主要内容。先是鸣铳放炮，宣告祭祀舞蹈开始。一人敲锣击鼓，众人在场坝和着锣鼓的节奏，跳起摆手舞。摆手舞分"单摆"、"双摆"，舞蹈者随领舞人的示意变换队形和动作，在摆动规律上，绝大部分是顺摆，即摆右手时就出右脚，摆左手时就出左脚，俗称"甩同边手"。摆手舞的舞蹈动作多是土家生产、生活、征战场面的再现：如表现打猎生活的"赶野猪"、"拖野鸡尾巴"、"岩鹰展翅"等；如表现农活的"挖土"、"撒种"、"种苞谷"等；如表现日常生活的"打粑粑"、"擦背"等；如表现征战活动的"开弓射箭"、"骑马挥刀"等。摆手舞的舞姿粗犷舒展，刚劲有力，节奏鲜明。土家人用牛头、猪头、粑粑、米酒、腊肉等供品祭祀过祖宗之后就开始起舞，从天黑一直跳到天亮，有时甚至一连跳几个通宵。还有一种在野外举行的大摆手舞，规模宏大，气势不凡。少则几人，多则上万人，历时七八天不息。大摆手舞每三年举行一次，是战争场面的再现。

西兰卡普：是一种土家织锦。在土家语里，"西兰"是铺盖的意思，"卡普"是花的意思，"西兰卡普"即土家族人的花铺盖。又称"土花铺盖"，表示此种工艺为土家族所有。土家族习俗，过去土家姑娘出嫁时，都要陪嫁"西兰卡普"。土家族女子很小的时候就要开始织这种土花铺盖。

吊脚楼：土家族有倚山建房的习惯，其形制称为吊脚楼。楼上住人，楼下圈养牲畜。一般是并列三间，居中的一间为堂屋，两侧多为两小间卧室。堂屋正面墙壁设祖先神位。堂屋一侧设火塘，火塘常年火种不断。用于取暖煮饭。火塘上放有铁制三角架。火塘上设有升降拉钩，上吊水壶烧水。上方还吊有炕架，用以烘炕物品。多是在春节之前，用以烘炕腊肉和香肠等物。

土家服饰：土家族男女大多喜穿大衣袖、大裤脚，在裤脚上刺绣花、鸟一类，裤子要接腰，男女头上喜包白帕子，脚上穿白底布鞋，大方美观。妇女头缀银饰，胸前配有银刀、响铃等。男女小孩帽上有各种各样的头饰，帽后配有银饰响铃，叮当作响。

土家族独特民俗形成的原因：一是与社会历史有关，如白虎崇拜、向王天子崇拜等。二是与土家族所处的自然环境有关，包括气候、地理等。如吊脚楼、西兰卡普等。

二　汉族土著化民族民俗

楚地古称荆，即一种小灌木。其称呼实际上指该地为未开化之地，即蛮荒之地，这是中原汉族对荆楚地域的称呼。可见其原本是中原汉族文化之外的区域。中国文化发展历程包含着这样一个事实：中原文化不断南迁，影响南方地域文化。随着中原文化的南迁，中原汉族的习俗也不断影响荆楚地区的民族，并逐渐形成了受汉族影响而形成的少数民族民俗。来自汉族的民俗，又经过了少数民族的改造，形成了一定的地域特色和民族特色。

土家族节日习俗，一方面，受汉族影响较大，汉族的重大节日，几乎都为土家族所接受；另一方面，汉族的节日在土家族地区又经过了民族化或土化，带有了土家族民族的特色。汉族的正月元宵节是正月十五，而土家族却过正月十四，且主要民俗是吃猪头，象征新的一年农事有个好的开头。汉族的端午是五月初五，而有的土家族却要推迟 10 天过五月十五大端午，还有的土家族提前一天过端四。汉族一般称七月十五为七月半，而土家族却过七月十四。中秋应是八月十五，可土家族却过八月十四。汉族的重阳节是九月初九，土家族偏偏过九月十九大重阳节。汉族的小年是腊月二十四，而土家族过小年是腊月二十三。汉族过年是腊月三十（月小腊月二十九），可土家族过年却是腊月二十九（月小腊月二十八），称过赶年。与汉族相比，土家族的节日总是提前或推后，节日日期的更改也导致了内容的变化。

此外，土家族的哭嫁习俗也是受到汉族的影响而形成的。哭嫁习俗是一种贯穿新娘歌哭仪式的婚俗。在婚议过程中，新娘边哭边唱，抑扬顿挫，念念有词。广东东部、上海郊区、恩施土家族的哭嫁习俗，都有专门的哭嫁歌。其他地方的哭嫁习俗与土家族有大致相似的形式，都有哭亲朋好友、哭爹娘、哭骂媒人等环节，但与土家族的哭嫁习俗又有所差别。土家族的哭嫁有哭十姊妹一项，为其他地区所不见。土家族哭嫁时间也特别长，少则十多天，多则数月，有的甚至从十一二岁就开始向成年妇女咿咿呀呀学哭嫁，也为其他地区所罕见。形式不同，导致功能的差异。其他地域的哭嫁或为抢劫婚的遗存，或为妇女不满包办婚姻的一种发泄与控诉。土家族的哭嫁实际上是土家族地区女子的一种成年礼。土家族女子经过长时间竭尽全力的歌哭，往往哭得眼睛红肿，嗓音嘶哑。清人彭谭秋竹枝词《十姊妹歌》对此有过描述："十姊妹歌歌太悲，别娘顿足泪沾衣。宁山地近巫山峡，犹似巴娘唱竹枝。"土家族以哭嫁女哭得是否悲伤、是否厉害作为判定女子是否贤惠以及贤惠程度高低的标准。这些与成年礼的意义有相通之处。实际上是将成年礼与婚礼合而为一的产物。哭嫁在土家族的特殊功能，是其在土家族长期流传的重要原因。古人早已对此有所认识。《长阳县志》载："古婚冠为二事，长邑则合而为一。于嫁娶前一二日，女家来发命笄。曰'上头'。设席醮女，请幼女九人，合女而十，曰'陪十姊妹'。"土家族将成年礼与婚礼合而为一的原因主要是女子成婚的年龄太早，很多女子在十一二岁就出嫁了。这样在时间上挤掉了成年礼的举行。而在这样的年龄为人父母，担当起沉重的人生与家庭重担，缺乏必要的心理承受能力，难以胜任。所以在婚礼中融入成年礼的内容，帮助土家族少女完成人生的重大过渡。这就是哭嫁习俗得以在土家族地区落地生根发展的重要原因。

三　迁徙民族民俗

在湖北，只有土家族是本地域形成的民族，其他都是迁徙而来的民族，他们在大杂居、小聚居的格局中保留了自己民族的传统民俗。迁徙民族往往以州、县、乡、镇、村、居民小区为地域单位传承本民族的民俗。

湖北苗族99%分布在恩施州。湖北苗族，多数是在清乾隆、嘉庆年后，从湘黔两省聚居区迁徙而来，少数如建始龙姓苗族是明朝中期迁徙而来，明朝迁移来的苗族旧称"老苗子"。恩施州苗族在服饰、节日等习俗方面还保留着鲜明的民族特色。

苗族服饰：苗族女子喜戴银饰，她们在头顶挽发髻，戴上高约20公分，制作精美的银花冠，花冠前方插有6根高低不齐的银翘翘，银翘翘多为打制而成的二龙戏珠图案。有的地区，银冠上除插银片外，还插银牛角，角尖系彩飘，更显得高贵富丽。银冠下沿，挂银花带，下垂一排小银花坠。脖子上戴银项圈，往往有好几层，多以银制花片和小银环连套而成。前胸戴银锁和银压领，胸前、背后戴的是银披风，下垂许多小银铃。耳环、手镯都是银制品。只有两只衣袖才呈现出以火红色为主基调的刺绣，但袖口还镶嵌着一圈较宽的银饰。苗家姑娘盛装的服饰常常有数公斤重，有的是几代人积累继承下来的。素有"花衣银装赛天仙"的美称。苗家银饰的工艺，华丽考究、巧夺天工，充分显示了苗族人民的智慧和才能。苗族的服饰各地不完全相同，男子多用布包头，身穿短衣裤。苗族妇女的穿戴普遍比较讲究，特别是喜庆日所着盛装，极为精美，花饰很多，有的裙子有四十多层，故名"百褶裙"。衣裙上面绣制各种图案，五光十色，异彩纷呈。

苗族独特的节日是椎牛节。椎牛节一般是在每年的秋收后举行。届时，苗族群众就自发地在某村举行椎牛活动，以庆祝丰收年，祝愿来年风调雨顺。椎牛节是苗族群众纪念远古狩猎活动的最隆重的节日之一。椎牛所选的牛是健壮的公水牛，不能阉割。椎牛时还要举行多项祭祀活动，由法术高强的苗族巫师主持。参加祭祀的法师和椎牛手在椎牛前的一段时间里必须斋戒。2006年12月10日，在恩施自治州恩施市土司城九进堂前广场上举行了椎牛活动。场中设了神台、法案。法案前竖立旗一面，旗上绘18个菱形和33道环形图案，象征苗族践行承诺，敢下十八层地狱，能上三十三重青天。活动开始，苗族法师做法事，显示神力。先是踩铁犁铧，十余张铁犁铧烧得通红，撒水其上，滋滋作响，青烟直冒。苗法师提起裤腿，赤脚踏上铁犁铧，步步踏过，安然无恙。接下来是上刀梯。在一根高高的木杆上，插上36把明晃晃的钢刀，刀刃朝上。法师赤着脚，挽起衣袖，双手抓住钢刀，脚踩刀刃，一步步往上爬。爬上最后一把刀子时，法师吹响牛角，表示胜利通过。接下来举行椎牛活动。一头水牛被套在将军柱上，牛角和鼻子都捆在篾环上。苗法师手执竹筒和铃铛，围着牛边敲边念做法事。4 个苗族后生穿红色斜襟长衣，红帕裹头，白布绑腿，手执梭镖，站立一旁。法事毕，法师的手朝空中一劈，后生们持梭镖冲进场内追赶水牛，直到将牛刺死。即刻，笙箫齐奏，鼓锣齐鸣，土铳和鞭炮响成一片。围观者拥向场中的八仙桌，用手抓肉吃，大碗饮酒。人们还踩着鼓点，跳起苗舞，尽兴方散。

回族：回族的日常饮食一律是"清真"食品，主食是面粉、大米、玉米、蔬菜、杂粮等，食用油一般为清真混合油、菜油、麻油等，肉类一般是羊肉、牛肉、家禽和野鸡、野鸭等，且必须要经过阿訇的宰杀，方可食用。忌食猪、狗、驴、骡、马及凶恶野兽和丑陋动物等，忌食自死动物和牲畜的血液。回族有三大宗教节日，即开斋节、古尔邦节、圣纪节。开斋节又称肉孜节，穆斯林每年要根据农历推算一年的斋月（一个月内白天不吃饭、不饮水），斋月的最后一天（伊斯兰教历十月一日）便是开斋节，开斋节类似汉族的春节，是回民最关注、最讲究的盛大节日。古尔邦节又叫平安节、宰牲节（伊斯兰教历十二月十日），一方面提倡和教导回民们遵守纪律、孝敬父母、团结友爱、仁慈行善，另一方面是祈求真主赐予平安和丰收。圣纪节又称"圣忌"节（伊斯兰教历三月十二日），主要是纪念穆罕默德圣人诞辰及逝世。回民们聚集在清真寺举行纪念活动。寺阿訇们走上讲坛，宣讲教义，告诫子孙行为规范。

侗族：多系清康熙至嘉庆年间先后由湘、黔、桂侗乡迁来。恩施侗族还保留着湘黔桂祖籍的古风习俗。在信仰上，他们虔诚地敬奉始祖"飞山公"杨再思，崇尚开辟沅州的神人杨天应。在节日习俗方面，有过年、祭祖节、年三十开场的闹年锣等民族节庆；在建筑艺术上有独树一帜的风雨桥和鼓楼。2004 年，在宣恩县珍山镇建成一座风雨桥。这座桥，全部木制结构，民族风格鲜明，是鄂西又一旅游亮点。2006 年，在恩施市芭蕉侗族乡建成钟鼓楼。这座鼓楼共分 13 层，高 24 米，宽 9 米，长 9 米，由 24 根立柱支撑。整个建筑不用一钉一铆，全部靠桦槽衔接。24 根立柱象征 24 个节气，长、宽 9 米象征一帆风顺，天长地久，13 层象征财源广进，人杰地灵和圆满。

白族：湖北鹤峰铁炉乡的白族，系 100 多年前由湖南桑植迁徙而来，桑植白族则系南宋时由云南迁徙而来。2006年，在湖北鹤峰铁炉成立铁炉白族乡。铁炉乡的白族还保留了白族的民间信仰。在白族妇女中，至今还流行一种类似大理地区接本主的"请七姑神打花灯"活动。谭申年老人可即兴演唱数首"请七仙姑神词"："正月正，白子生，我请七姑娘玩花灯，花灯玩得梭罗转，梭罗树上扎秋千。秋千打得万丈高，莫把七姑娘板（跌）一跤……。"白族传说，很早以前，玉皇大帝有七个女儿，其中，最小的七姑娘最为美丽和善良。她不甘天庭的寂寞，常下凡到人间与民同乐。于是，马家一带的白族人每到正月春节闲暇之时，就开展"请七姑娘"这一民间娱乐活动。大理地区白族的丧葬和敬祖等习俗，在铁炉白族中也有传承。这里的白族主要实行土葬，有些白族民众还要看风水选择墓地。大理白族地区常见的供奉本主、家设佛堂等，在铁炉也有遗存。

2008年10月，湖北省首个蒙古村——鹤峰县中营乡三家台蒙古族村正式挂牌。该村蒙古族村民被认为是成吉思汗的后人，600多年前进入中原，后迁入湖北鹤峰，其民俗还有待调查。

四　邻近民族共有民俗

在大杂居小聚居的格局中，相邻而居住的民族之间，往往交往频繁，民族文化相互渗透程度甚深，往往又形成相邻近的少数民族共有民俗的现象。如土家族与苗族，都过四月初八牛王节日，都有白帝天王崇拜。

牛王节：是鄂西土家族、苗族祭祀耕牛的节日。一般以农历四月初八为牛王节，也有的地方在农历四月十八过牛王节。在土家族，有多种关于牛王节起源的传说，其中最流行的传说是：土家族在一次战斗中失败了，退到一条大河边，为洪水所阻挡。正在这时，河对面游来了一条水牛，土家人拖着牛尾巴过了河。为感谢水牛的救命之恩，每到这一天，土家人就杀猪宰羊，打糍粑，亲朋聚会。在这一天要让牛休耕一天，给牛喂精饲料。来凤高洞、旧司、大河土家族每年四月初八都过牛王节，不仅给水牛喂鸡蛋和酒，还要请巫师举行祭牛仪式。

苗族传说四月初八这天，神牛为苗民盗来了谷种，养活了苗民。苗民为了纪念牛神，在四月初八这天不使用耕牛，给牛喂好饲料。苗族还修建有牛王庙，举行隆重的祭祀活动。建始县郧州城附近就曾建有牛王庙，供奉有牛王牌位。来凤一带的苗族每年牛王节时，还在村寨场坝中供一纸札牛头模型，摆上食物，叩头祭奠。人们还围着牛头和牛王牌位，赤裸着身子（仅于下身以兽皮、青草遮掩）跳舞，法师则赤脚蹬上高耸的刀梯进行表演，场面十分壮观。土苗四月初八同中有异。其实，牛王节在南方许多民族中都存在，是与农事活动相关的活动。

土家、苗族白帝天王崇拜：土家族地区，旧时有不少白帝天王庙，或称天王庙，供奉白帝天王三神。清严如熤《苗防备览》说："考五溪蛮所祀白帝天王，神三人，面白、红、黑各异。"在土家人的信仰中，白帝天王是主诉讼、断冤案、消灾解难的神灵。土家人过去有还天王愿的习俗，凡遇疾病，则到天王庙祈求保佑，病愈则至神前献祭还愿，并请土老师祝祭。遇纷争斗殴或冤屈，至神前盟誓，将猫血滴进酒内喝下，以求神断。每年小暑前的辰、巳二日，则是专祭白帝天王的日子。有禁止屠杀钓猎，禁穿红衣、不许举乐等禁忌习俗，俗信违禁者要遭受疫疾之灾。虽然白帝天王曾在土家族有着崇高的地位，但是这类神灵却并不是土家族所固有的神灵，其来历与形成有多种传说，表明其吸收了多元文化因子，是不同历史时期不同族群的文化相融合的产物。苗族也崇拜白帝天王，白帝天王的原型是竹王，以及神话传说中"白孩子"的精魂演变而成。

五　楚文化渗透的民族民俗

湖北为楚文化的中心，本土楚文化源远流长，影响深广。生于斯存于斯的少数民族难免受到楚文化的影响，其民俗难免被涂上了一层楚文化的色彩。崇巫重卜是楚文化的核心，也是对湖北少数民族影响最深的民俗文化事象。湖北土家族、苗族历史上盛行巫事活动，至今仍余续未绝。土家族曾盛行巫师崇拜，称其为梯玛或土老师，经常主持祭祀、占卜、驱邪治病、冲傩、还傩愿、丧葬（跳丧）和节庆文艺活动。

在长江流域广泛流传的丧鼓葬俗，原本是发端于楚文化。源头可以直接追溯到楚人庄子的鼓盆而歌。见《庄子》记载，庄子的妻子去世后，庄子不仅不悲伤，反而鼓盆而歌，反映了庄子对待死亡的一种达观的态度。庄子的鼓盆而歌，如果只是个人行为，那就很难形成民俗，因为民俗是大众创造的。但庄子的行为既有文化渊源，又有楚文化的背景，所以形成了民俗——丧鼓葬俗。庄子鼓盆的行为可以追溯到《诗经》和《周易》所记载的击缶行为。（2008 年北京奥运会开幕式所用的就是这种击缶活动。这是张艺谋有意识地采用古老的中国元素，体现开幕式的中国特色的一种做法。）缶是一种小口、大腹的瓦器，或可称瓦盆。击缶，就是击瓦制乐器。《诗经·陈风·宛丘》记载："坎其击缶，宛丘之道，无冬无夏，值其鹭羽。"讲的是游荡荒淫无度者的尽情欢乐。《周易·离》："日昃（仄）之离，不鼓缶而歌，则大耋（迭）之嗟，凶。"黄昏时分有霓虹出现，不击鼓歌唱去驱除，老人悲叹，灾祸就要降临了，是一种驱邪巫术。庄子的鼓盆，一是欢乐，二是驱邪，有招魂之意。楚地盛行招魂习俗。楚辞中有《招魂》一诗，即是行招魂活动时所唱的歌。招魂民谣至今在民间仍有传唱。当地文化工作者在民间还搜集到了这类民谣。楚人庄子鼓盆而歌的事迹与楚地招魂习俗结合起来，就形成了为亡人超度的丧鼓习俗。丧鼓习俗在湖北及更为广泛的地域传承下来，又形成了不同的分支。有所谓坐丧，只唱不跳，但照样要击鼓。还有所谓跳丧，又唱又跳，还要击鼓。后者即是楚地传统丧鼓习俗与土家族跳舞祭祀白虎仪式相结合的产物。《湖北通志·舆地志》载："荆楚之风，夷夏相半，有巴人焉……巴人好歌，名踏蹄白虎事……伐鼓以祀，叫啸以兴衰。"丧鼓在土家族演变为跳丧，是与土家族文化传统相结合的结果。楚俗丧鼓流传久远，影响深广。荆州的鼓盆歌，松滋、荆门、江陵的丧鼓歌等都属坐丧之类，巴东土家族的跳撒叶尔嗬，建始土家族的闹灵歌等都属跳丧之类，但两者均出于楚文化一源，可谓同源异支。

综上所述，湖北少数民族民俗的特点可以概括为：其一，巴风楚韵，源远流长；其二，兼容并包，多元共生；其三，集中分散、异中有同。这些特点，显示了湖北少数民族民俗的独特魅力，保护湖北少数民族民俗，实际上是保护了湖北非物质文化遗产的部分特色和整体特色的构成元素。对作为湖北非物质文化遗产重要组成部分的少数民族民俗的保护，首先要明确保护的意义：其一，尊重民族民俗，能促进民族和谐共处；其二，保护多元民俗，保持文化活力；其三，保护多民族民俗，发展生态旅游。其次要制定相应保护措施：其一，保护传统传承机制的有效部分，改变族缘、业缘、地缘的传承结构，建立新的传承机制；其二，促进传统民族民俗的现代转型；其三，注重民族民俗的地域保护，以民族州、县、乡、村、居民点为单位进行保护；其四，打造民族民俗名片，在文化再生产中保护民族民俗。

关于"普通话"的语言观念嬗变
——以民族国家的建构为视角

张　军

（中国社科院民族学与人类学研究所）

一　语言观念的"现代性"问题

在诸多关于民族（nation）与语言关系的叙述中，本尼迪克特·安德森无疑是领异标新的一派。他首先将民族视为一种现代性的产物，"一种想象的政治共同体"。① 而想象"民族"最重要的媒介就是语言（主要是通过小说和报纸等大众印刷媒介来实现的）。所以面对"人类语言宿命的多样性"，安德森并不是像"客观论者"那样把语言仅仅视为民族共同体的特征，更把它作为想象、发明、建构民族共同体的媒介工具和心理力量。在这种民族建构主义视野中，对语言社会功能的认知以及在此基础上的语言规划显然负载着重要的现代性内涵。语言观念本身成为现代性知识的一部分。学术界通常把语言观念等同于语言态度（language attitude），用以"指人们对语言的使用价值的看法，其中包括对语言的地位、功能以及发展前途等的看法"。② 但细究起来二者之间还是有内涵和外延上的区别的，语言观念偏重于对语言的社会价值的认知与理解，而语言态度包括了对语言的价值和地位的情感、认知、判断以及相应的行为取向。所以John Edwards 把语言观念（language belief）看作语言态度（language atti-

---

① 　[美] 本尼迪克特·安德森：《想象的共同体：民族主义的起源与散布》，吴叡人译，上海人民出版社 2005 年版，第 6 页。
② 　戴庆厦：《社会语言学教程》，中央民族大学出版社 1993 年版，第 144 页。

tude）的一个组成部分（此外语言态度还包括语言情感和语言行为倾向）。① 不过语言观念和语言态度的联系也是显而易见的，它们都属于语言生活的主观方面。斯波斯基（Bernard Spolsky）把语言观念（或语言信仰）视为语言意识形态（language ideology），指出："正如大多数国家都有众多的言语社区或族群社区一样，大多数国家也都有众多的语言意识形态。通常只有一种语言意识形态具有主导的地位。"② "普通话"作为一个多世纪存在的语言现象，其发生与变迁是在近现代中国的社会转折性变革的背景下展开的，对"普通话"及与之相关的"国语"、"国家通用语言"等的认知和规划，是中国现代化进程的一脉支流，特别是与民族主义思想和民族国家理念密切相关。本文主要在中国近现代民族主义思想背景下梳理关于"普通话"的语言观念的发展演变历程，以此反思中国民族国家建设的进程与经验。

二 "普通话"之端倪：译介的现代性

"普通话"这个名称甚至"普通"一词都不是汉语的固有词，而是清末民初从日语中借来的；在近现代的语文规划实践中，它经历了一个从普通用法到专用名称的发展过程。大体说来，以 20 世纪 50 年代为转折，前半期"普通话"这个术语用得并不多（其时广为流行的是"国语"概念），之后随着中国政治格局的改变，"国语"收缩于港台地区，而"普通话"在整个大陆地区大为通行。现代意义上的"国语"（こくご）也是一个日语词。"普通话"、"国语"这些概念进入中国，与近现代中国知识精英进行民族国家建构的历史行迹有关，其宗旨就在于通过语言文字的统一来普及教育，开启民智，培育国民意识，建设统一的民族国家。

近代以来中国在与西方世界的接触和碰撞中遭遇了深重的危机。鸦片战争以后，中国屡受外强欺凌瓜分，国家濒临破碎，民族灾难深重，仁人志士们奋发图强，不断探求富国强民、拯救民族的出路，在经过洋务运动、

---

① John Edwards. *Language And Identity*：*An Introduction*，Cambridge University Press. 2009，pp. 83—84.

② ［以］博纳德·斯波斯基：《语言政策——社会语言学中的重要论题》，张治国译，商务印书馆 2011 年版，第 17 页。

戊戌维新的失败之后，他们转而学习日本通过制度变革来应对西方挑战的策略。日本在明治维新（1868）中通过吸收西方的现代性思想，学习先进技术和制度，从一个落后、封闭、割据的封建"幕藩"社会，很快就走上了统一、富强的现代化之路，建成了现代民族国家。所谓"现代性"，按照吉登斯的解释："它首先意指在后封建的欧洲所建立而在 20 世纪日益成为具有世界历史性影响的行为制度与模式。""现代性产生明显不同的社会形式，其中最为显著的就是民族—国家。"① 而构成民族国家的本质内容的，是国家的统一性和国民文化的同质性，是国民对主权国家的文化上、政治上的普遍认同。在这个过程中，语言的统一不仅是促进国民交往、提高国民素质、强化社会统一的手段，而且还是共同公共文化的体现和民族国家认同的象征。早期英、法、德等欧洲民族国家的形成都特别依托了统一的"共同语言"（common language）②。日本在引入西方民族主义理论之时，用"普通语"（ふつうご）来翻译 common language，其理念就是用一种比较通行的语言（方言）来统一国内各语言。从德川幕府时代开始，这种语言就是江户（即东京）地区的日语。所以日本近代的"普通语（话）"指的是当时比较通行的以东京话为标准的日本语。（伊泽修二："所谓普通语者，即东京语也。"）"日本在明治维新以后曾经大力推广以东京语音为标准的民族共同语，他们最初称之为'普通语'，后来又称'国语'。"③ 1902 年清朝京师大学堂总教习吴汝纶去日本考察教育时，了解到了日本通过设立"普通语研究会"等手段推行"普通语"的情况。1904 年秋瑾在日本担任"中国留学生演说练习会"会长期间，为该会拟订的《演说练习会简章》规定："中国语言各处不同，故演说者虽滔滔不绝，而听者竟充耳罔闻。会中当附属一普通语研究会，凡演说皆用普通语，研究此普通语，公举会中善于普通语者担任。"④ 1906 年，提倡"切音字运动"的朱文熊在日本写就《江苏新字母·自序》，把当时的中国语言分成"国文"（文言）、"普通话"（各

---

① 吉登斯：《现代性与自我认同：现代晚期的自我与社会》，赵旭东、方文译，生活·读书·新知三联书店 1998 年版，第 16 页。

② 宁骚：《民族与国家：民族关系与民族政策的国际比较》，北京大学出版社 1995 年版，第 283 页。

③ 倪海曙：《推广普通话写进新宪法》，《倪海曙语文论集》，上海教育出版社 1991 年版，第 195—198 页。

④ 贺延礼：《秋瑾年谱》，齐鲁书社 1983 年版，第 54 页。

省通用之话，所谓蓝青官话）和"俗语"（方言）三类。① 显然，中文"普通话"一词的产生，就负载了以普遍通用的一种语言或方言来实现国家语言统一的现代性理念，其目的指向就是以语言的统一来增强民众的国民意识和国家观念，促进国家统一、民族团结。

"普通语"这个概念在日本明治维新前后使用较多，但随着国内民族主义的高涨，另一个高度彰显"民族—国家"原教旨理念的术语"国语"取而代之。近代日本极端民族主义的一个表现就是"去汉化"和"脱亚入欧"思想，在语言文字选择上出现了诸如"废除汉字"、"转用英语"的极端论调。② "国语"就是在这种背景下取代了"普通语"。正如韩裔日本学者李妍素所言："国语"理念是以在日清战争（1894—1895/明治27—28）期间达到顶峰的明治 20 年代的精神状况为土壤而生成的，所谓明治 20 年代，乃是通过官民一体创造高昂的"国民"与"国家"意识的时代。遵从欧洲模式，日本政府信奉的民族国家思想反过来培育了他们关于民族、国家和语言的现代意识形态。1902 年吴汝纶在日本听取了日本贵族院议员伊泽修二关于国语重要性的论述："欲养成国民爱国心，须有以统一之；统一维何？语言是也。……前世纪人犹不知国语之为重。知其为重者，犹今世纪之新发明，为其足以助团体之凝结，增长爱国心也。"并忠告吴氏"察贵国今日之时势，统一语言尤其亟亟者"，尤其学校要"宁弃他科而增国语"。吴氏回国之后就向管学大臣张百熙奏请实施国语教育："今教育名家，率谓一国之民，不可使语言参差不通，此为国民国体最要之义。"③并主张仿效日本学校开设国语课程。1903 年京师大学堂学生何凤华等六人上书北洋大臣、直隶总督袁世凯："请奏明颁行官话字母，设普通国语学科，以开民智而救大局。"国语观念已逐渐深入人心。但当时官方文书中还是沿用"官话"为多，于是 1910 年清廷资政院议员江谦等提出正名案："凡百创作，正名为先，官话之称，名义无当，话属

① 朱文熊：《江苏新字母·自序》，载《清末文字改革文集》，文字改革出版社 1958 年版，第 60 页。

② 李妍素：《"国語"という思想—近代日本の言語認識》，岩波书店，1996 年。转引自小森阳一《日本近代国语批判》，陈多友译，吉林人民出版社 2004 年版，第 132 页。

③ 吴汝纶：《贵族院议员伊泽修二氏谈片》，《东游丛录》，《吴汝纶全集》，黄山书社 2002 年版，第 797 页。

之官，则农工商兵，非所宜习，非所以示普及之意、正统一之名。"提请将"官话"改为"国语"。[①] 1911 年 8 月 10 日清廷学部中央教育会议议决《统一国语办法案》，以京音"官话"为基础的"国语"在清末得到官方认可。辛亥革命之后，实现国语统一与推动五族共和、构建民族国家认同的政治进程结合在一起，于是有"读音统一会"（1913）、"国语研究会"（1916）、"国语统一筹备（委员）会"（1919）等团体、组织先后成立，社会各界积极参与到国语运动中。1920 年民国政府教育部通令将小学"国文科"一律改为"国语科"，意在加大国语推广力度。然而此时以《国音字典》为标准的"国语"读音（"老国音"），名义上"以普通音为根据"（"普通音即旧日所谓官音，此种官音即数百年来全国共同遵用之读书正音，亦即官话所用之音"），实际上是一个杂糅汉语古今南北语音的人造音系，本身就是分歧的产物，在当时新旧对立、南北割据的社会气候下自然也无所作为。不过，"有统一的国语，才有统一的国家"（1926 年 1 月 3 日全国国语运动在上海《申报》上的口号）的观念渐成社会共识，所以 1932 年国民政府教育部公布了"国语统一筹备委员会"修编的《国音常用字汇》，确立了"以现代的北平音为标准的"统一而确定的"新国音"。总之，"民国时期的语言改革与政治革命关系密切，一种旧的宫廷语言被一种新的民族语言代替的现实反映了新民族—国家认同的建构和统一的中央行政体系的民主结构的需要"。[②] "普通话"的借入是经由日本引进了西方国家的语言统一观念，嗣后被"国语"取代则更加彰显了民族国家对于语言共同性的现代性追求。但由于之后的国内动荡和外敌入侵，实际上中国建设现代民族国家的现代进程被阻滞，语言统一和国语建设的任务也未得完成。

三 "普通话"之重估：阶级观中的革命性品格

1930 年代"普通话"概念再次被中国知识界广泛讨论，这与当时进

① 江谦：《质问学部分年筹办国语教育说帖》，《清末文字改革文集》，文字改革出版社 1958 年版，第 116 页。
② 崔明海：《国语统一与民族国家建设——清末民初"国语"教育思想的形成和发展述论》，《学术探索》2007 年第 1 期。

步知识阶层对文学语言的不满和对"国语"意识形态的批评有关。无产阶级革命家瞿秋白站在普罗大众文艺的立场上，为了反对当时"中国文字"（指文学语言）中的"周朝话"（文言）、"骡子话"（五四式的白话）、"明朝话和清朝话"（章回体的白话），主张"要用现在人的普通话来写"，这种"普通话"就是"大城市和工厂里正在天天创造着的'俗话'"。他认为："这种大都市里，各省人用来互相谈话演讲说书的普通话，才是真正的现代的中国话。"他没有像之前的"国语运动"派将"（京音）官话"作为"国语"的标准，认为"普通话不一定是完全的北京官话"，因为"本来官话这个名词是官僚主义的"。他所标举的是"普通话"新的阶级色彩："新兴阶级在五方杂处的大都市里面，在现代化的工厂里面，他的言语事实上已经在产生一种中国的普通话（不是官僚的所谓国语）！容纳许多地方的土话，消磨各种土话的偏僻性质，并且接受外国的字眼，创造着现代的政治技术科学艺术等等的新的术语。"①

瞿秋白还把对"普通话"的新阐释与对旧"国语"的消解统一起来。他一般反对把"普通话"称为"国语"。

> 所谓"国语"，我只承认是"中国的普通话"的意思。这个国语的名称本来是不通的。西欧的所谓 National Language，本来的意思只是全国的或者本民族的言语，这是一方面和"方言"对立着说，另一方面是和外国言语对立着说的。至于在许多民族组成的国家里面，往往强迫指定统治民族的语言为"国语"，去同化异族，禁止别种民族使用自己的言语，这种情形之下的所谓"国语"，简直是压迫弱小民族的工具，外国文里面的 National Language 古时候也包含着这种意思，正可以译做"国定的言语"。这样，"国语"一个字眼竟包含着三种不同的意义："全国的普通话"、"本国的（本民族的）言语"和"国定的言语"，所以这名词是很不通的。我们此地借用胡适之的旧口号，只认定第一种解释的意思——就是"全国的普通话"的意思。②

① 瞿秋白：《大众文艺的问题》，《瞿秋白文集》（第三卷），人民文学出版社1989年版，第16—17页。
② 瞿秋白：《鬼门关以外的战争》，《瞿秋白文集》（第三卷），人民文学出版社1989年版，第169页。

瞿秋白对"国语"（national language）的理解，是以单一民族国家为模板，认为多民族国家中的"国语"是"民族压迫"的工具。但事实上包括法国、日本这样的所谓"一个民族一个国家"的"典范"民族国家中，依然存在国内族群或语言少数民族的多样性。他的这种以语言平等为诉求的革命性思想实际上是源于列宁的"国语"论述。十月革命前夕俄国的自由派要求在俄国各民族中间推行俄语为"国语"，列宁予以坚决反对，并在建立苏联后拒绝将俄语作为苏联的"国语"①。瞿秋白对"普通话"的重新阐释和评估，赋予其超越民族和国家的无产阶级革命性品格，"建构了追求绝对语言平等权利的语言乌托邦，并把革命作为这一乌托邦的底色，而语言又成了生成革命主体、营造革命认同的战斗堡垒"。② 反对"国语"的思想实际上对多民族（族群）国家建设巩固的现代民族国家是一把双刃剑，这种语言观对后来关于"普通话"的设置和规划限定了一个方向坐标。

四 "普通话"之确立：从"民族的"到"国家的"

1949 年中华人民共和国的成立，标志着中国民族—国家架构的基本形成。"但是，民族国家并不仅仅表现为一个基本的国家架构，并不仅仅是一个国家形式，它有着自己丰富的内涵，而且这种丰富的内涵本身也处于不断的演变过程之中。"③ 其中最基础的要义就是凝聚和增强全体国民的国家认同，这就需要在各民族平等、团结的基础上形成新的国家民族即中华民族认同。语言文字工作无疑需要担当这样的使命。早在筹备建国期

---

① 列宁在《需要实行义务国语吗?》一文中说："我们当然赞成每个俄国居民都有机会学习伟大的俄罗斯语言。我们不赞成的只有一点，那就是强制的成分。我们不赞成用棍子把人赶上天堂。因为无论你们说了多少关于'文化'的美丽动听的话，义务国语总还是带着强制和硬塞的成分。"详见《列宁全集》第 20 卷，中共中央编译局编译，人民出版社 1958 年版，第 57—59 页。

② 杨慧:《"普通"的微言大义——"文化革命"视域下的瞿秋白"普通话"思想》,《社会科学辑刊》2009 年第 3 期，第 192—198 页。

③ 周平:《论中国民族国家的构建》,《当代中国政治研究报告 Ⅵ》,社会科学文献出版社 2008 年版，第 92—109 页。

的 1949 年 8 月 25 日，吴玉章就写信给毛泽东请示语言文字工作，提出"要以较普遍的、通行得最广的北方话作为标准使全国语言有一个统一发展的方向"。次年他又在《光明日报》刊登的特写中指出："中国语文将来必须要有一种统一的语言文字，这种语言文字应以通行得最广的北方话作为标准，使全国语文有一个统一的发展方向。"① 新中国成立初期一般还沿用"国语"的名称。后来政府"为了尊重兄弟民族的语言文字，避免'国语'这个名称可能引起的误解，1955 年 10 月相继召开的'全国文字改革会议'和'现代汉语规范问题学术会议'决定将规范的现代汉语定名为'普通话'，并确定了普通话的定义和标准。其中'普通'二字的含义是'普遍'和'共通'"②。教育部部长张奚若在全国文字改革会议上作了《大力推广以北京语音为标准音的普通话》的报告，首次对"普通话"的内涵予以明确："以北方话为基础方言、以北京语音为标准音的普通话"，它是"汉民族共同语"。③ 1956 年 1 月国务院成立了以陈毅副总理为主任的"中央推广普通话工作委员会"，并在 2 月 26 日《国务院关于推广普通话的指示》中把普通话的内涵充实为："以北京语音为标准音、以北方话为基础方言、以典范的现代白话文著作为语法规范"，认为推广普通话"是促进汉语达到完全统一的主要方法"。这里需要指出的是，新中国成立初期对"普通话"的功能和地位的设计，是在有意识地回避和克服之前"国语"所隐含的"大民族主义"色彩，但同时有可能淡化和消解了其承载的建构民族国家的现代性使命。将"普通话"限定为"汉民族的共同语"，其推广目的是"促进汉语达到完全统一"而不是全国的语言统一。当时推广普通话的范围也限定在汉族地区，"各少数民族地区，应该在各地区的汉族人民中大力推广普通话"④。这正是瞿秋白

① 《文字改革》杂志编辑部编：《建国以来文字改革工作编年记事》，文字改革出版社 1985 年版，第 6、10 页。

② 《语言文字百问》，见中国语言文字网，国家语委主办，教育部语言文字应用研究所承办。另据鲁国尧先生在《话说江苏语言学家》一文中透漏，50 年代"普通话"这个名称由胡乔木先生提出，或由他而定。见《鲁国尧语言学论文集》，江苏教育出版社 2003 年版，第 637 页。

③ 张奚若：《大力推广以北京语音为标准音的普通话》，《推广普通话立件资料汇编》，中国经济出版社 2005 年版，第 1—10 页。

④ 《国务院关于推广普通话的指示》（1956 年 2 月 26 日），《推广普通话立件资料汇编》，中国经济出版社 2005 年版，第 21—24 页。

的"普通话"观念所根植的列宁"国语"观。普通话虽然事实上在全国各民族中广泛地使用，但在新中国成立前三十年，它一直被限定为"汉民族的共同语"。① 特别是在"以阶级斗争为纲"的时代，"阶级"观念遮蔽了一切的现代性进程，国家政权沦为阶级斗争的工具，民族国家的建构处于停顿状态。但"普通话"因为其固有的阶级品格并没有受到批判。

改革开放之后，国家重启现代化建设进程，现代性与民族国家的"断裂和错位"逐渐得到克服。1982 年 12 月 4 日通过的《中华人民共和国宪法》在重申"各民族都有使用和发展自己的语言文字的自由"（第 4 条）的同时，首次载明"国家推广全国通用的普通话"。（第 19 条），以基本大法的形式明示了中国语言政策的主体性与多样性。"普通话"在法理上具有国家通用语言的内涵。2000 年 1 月 1 日实施的《中华人民共和国通用语言文字法》明确说明"国家通用语言文字是普通话和规范汉字"，通用语言文字的推广使用被上升到"有利于维护国家主权和民族尊严，有利于国家统一和民族团结，有利于社会主义物质文明建设和精神文明建设"的战略高度。这标志着对普通话的地位和性质有了更高的认知，语言观念有了新的发展。《现代汉语词典》（第 5 版）也修订了"普通话"的解释：我国国家通用语言，现代汉民族的共同语，以北京语音为标准音，以北方话为基础方言，以典范的现代白话文著作为语法规范。作为国家通用语言，"普通话"自然不能只穿着"汉民族"（ethnic Han）这一套外衣，它实际上在许多方面具有了国语（national language）的现代性职能，对建构民族国家认同具有重要意义。在可期待的未来，中华民族作为现代中国的"国家民族"充分发展、伟大复兴之后，"普通话"很有可能就是中华民族的共同语言，也就是名副其实的"华语"了。正如著名语言学家周有光先生所阐述的那样：我认为"普通话"是汉民族共同语，"国语"是中国的全国共同语，"华语"是全世界华人的共同语。三个名称不是彼此排斥的，而是相互补充的。……在"国语"、"普通话"和"华语"三个名称中，只有"华语"这个名称有"专指性"，一听就知道专指"全世界华人的共同语"。把中华民族的共同语定名为"华语"似乎比较合适。"华语"这个名称在国外已经用

---

① 直至 1989 年《辞海》依然这样解释：普通话即以北京语音为标准音、以北方话为基础方言、以典范的现代白话文著作为语法规范的现代汉民族共同语。

开了，在国内也没有产生反感。①

五　结语

　　中国是一个统一的多民族国家，也是一个正处于构建过程中的民族国家。各族人民共同团结奋斗、共同繁荣发展，各民族的整合与凝聚，国家民族（state nation）认同的巩固和强化是中华民族伟大复兴的必然要求。"在多民族国，无论是'国语'还是'国家通用语言文字'，都是实现各民族交流、交融和体现自我发展能力的基本条件。……无论少数民族还是汉族，学习和掌握普通话，都是在学习和掌握中华民族的共同语言，这是包括汉族在内的各民族的'中华民族化'而非'汉化'"。② 这是我们需要秉持的关于普通话的认知观，也是普通话发展的历史、中国民族国家建构的历史所昭示于我们的。

　　①　周有光：《中国语文纵横谈》，《周有光语文论集》（第二卷），上海文化出版社 2002 年版，第 29—30 页。

　　②　郝时远：《中国共产党怎样解决民族问题》，江西人民出版社 2011 年版，第 285—286 页。

汉字"家"的"猪印象"及汉文化习俗根影

——以闽台"分福肉"、"猪公会"、"赛大猪"等特色习俗为参照

刘家军

汉字"家"是一个自始至今"字形构件"很稳定并在内涵上至为亲切的一个字，正如家园情结是人类永恒的乡愁。知名作家巴金笔下三部曲中的首要作品是"家"。香港的文化界知名人士林奕华强调："当下全中国人追求的三件大事，无外乎买房、结婚及如何功成名就。这三件事都与一个字联系，那就是家。买房是置家，结婚是成家，拥有身份地位是成为某某家。"①

人类对"家"的重视有着极为丰富的表现，无论是木本水源，还是客居他乡，家园感、港湾感都是人类最为温暖的情思。对于主要从黄河流域迁入福建的闽人而言，同样有着丰富的家园印记。至今就在外省人入闽的主要关口——闽北武夷山麓的南平地区还保留着很多的家族宗祠，许多的祠堂门面都被装饰得典雅富丽，但最为典型的是将名称"宗祠"改成了"家祠"。比如，闽北下梅村的邹氏家祠（如下图），是一座典型的清代徽派建筑，粉墙黛瓦、飞檐走壁，辅以精美的雕刻成为下梅古村落的标志，尤其是"邹氏家祠"四个砖雕字格外引人注目。在笔者的田野采访中，住在该村落已半辈子的邹氏后人邹全荣先生认为，"由'宗祠'改为'家祠'，所体现的主要的宗族记忆是不变的，但内涵应该有所偏重，估计'家'比'宗'更多一份亲情暖意吧"，实际上是将人类对"家"的侧重感、渴望感在迁徙劳碌的奔波中更直接地表现了出来。

---

① 《林奕华的幸福观》，《每周文摘》2010年12月14日第16版。

下梅邹氏的"家祠"门楼，笔者拍摄

根据费孝通、李亦园等知名学者的中国社会调查结论，中国人"儒家精神"之"顾家意识"是极为强烈的，几乎是永远难以泯灭的社会情思，其实就是人类社会的一种普世价值观。曾少聪先生在其《漂泊与根植》著作中也格外关注海外华人的文化情思，强调华人的谋生式漂泊更是迁徙了自己的文化。易中天先生所讲的儒家文化的"以我为中心"，实际上就是以"家"为中心，推演之则是"穷则独善其身，达则兼济天下"的家园宏旨。

直至今天，闽北的后人虽然很多没有去过先人褴褛之初的祖籍地，但客居他乡反而更强化了一份"家"的理念与遐思，往往更不需要隐晦，表现更为直接。比如武夷山火车站广场上就立了一块非常醒目的大石头，石头上只雕刻了一个字——"家"。

人类为什么有普遍的重"家"情感，到处都有重复的证据，但典型的证据比较难寻，因此更为打动人心。笔者结合古文字构形学及多年来在福建民间的田野调查所历、所感进行分析，认为汉字"家"的"猪"的内涵已经包含着明显的汉民族习俗文化根影，而且绵延至今天。在文化叙

武夷山火车站广场的大型石刻 "家"，笔者拍摄

述与比较中可以得到一些关于民族文化的深刻认识。

比如，汉字"家"中的"猪"部件的凸显、稳定性与实际生活中关于"猪"的民族文化印象。而且汉字"家"的"房子"与"猪"的二合一构件，自造字之初就是如此，在文字构形的"楷化"之后，"房子"的构形更加精简，"猪"的构形却相对变大。这就是关于"猪"文化的印象之一，而现实生活中，不同民族对"猪"的印象不尽相同，有时甚至达到很悬殊的程度，但文化的比较也就是一个民族的识别性比较。

一　民族文化中对"猪"的某些印象比较与内涵凸显

根据当下的许多调查数据，汉文化中对"猪"的重视是极为明显的，汉族人直至今天，最多的食用肉还是猪肉。近年来，猪肉价格一度成为社会经济发展与民生状况的晴雨表。猪肉在中国商业经济中扮演着非常重要的角色。中国约有 5 亿只生猪，平均每三人就有一只，而美国作为第二大生猪国，根据联合国粮农组织（United Nation's Food and Agriculture Organization）提供的数据，生猪也只有 6500 万只。从总计数字来看，跟中国的人口一样，中国的生猪数量远远大于其他国家，事实上，中国的生猪产量远高于排在其后的 43 个国家的总和。① 中国的绝大多数人口是汉族，也就是说，"猪"的印象或内涵应首先深刻于汉族文化圈。

在汉族的现实习俗民生中，也对"猪"格外重视，很多文献都记载，黄河流域的汉民族很早就意识到猪繁殖力强，易于养护，对民间生活具有重要的意义。根据人类当下人工饲养的数据，欧洲平均每头母猪每年可提供 24 头以上的商品猪，2009 年荷兰母猪平均生产水平为 25.2 头/年，美国约为 22 头/年，我国大型养猪场的平均生产水平是 15 头/年。② 这种强烈的繁殖力对于人口众多、"民以食为天"的汉族人而言，其意义自然是不言而喻的。

另外汉字"家"的构形本身就很重视"猪"的部件，而且在文字构形的历史长河演变过程中，"猪"在"家"中的部件一直很稳定，这必然也有着丰富的文化人类学映射。中国古汉字中频繁出现的动物字，往往证明着其在人类实际生活中的某类特征和好处。比如，猪特别能成为人活下去的食品补充，牛可以做人力的补充，狗可以用来看家等。

任何打动人类心灵的事物首先表现为要关涉族群自身的生存价值。"猪"是很适合稳定性饲养的，生养的速度也较快。既稳定又有效率，是"家"的稳定性内涵所需。林惠祥先生在其民俗学、文化人类学中多有强调汉族人强烈的家园稳定意识、农耕意识。"安土重迁"，迁移的重视也是为了获得真正的"稳定"。

世界上一些民族不重视"猪"，从根本上说是猪不甚符合其民族生存的价值。如草原环境中猪不适宜迁徙养殖等。而汉民族从汉字"家"到民间的实际生活，对"猪"的正面价值是非常凸显的，这就形成文化的多元性或价值观的不同，理论上都不难探究、理解。文化始终依托于一定的环境，没有高下之分，不一样的民族文化情结有着不一样的民族文化背景，也就是环境论所强调的"生活塑造着各人群的习性"。《三字经》中所言的"性相近，习相远"理论上也很晓畅，但难就难在不断变化的人类生活细节的印证，笔者认为古文字学构件中的习俗根影可以很好地与人类学的动态田野结合起来。

---

① 华夏养猪网：《猪肉对中国经济的重要性》2010 年 4 月 21 日。

② 季文彦：《猪场基础数据统计工作的重要性》，《养猪》2011 年第 2 期，第 14 页。

二 古汉字"家"有着演变至今的稳定部件"猪"

从文字构形学上来看，"猪"为占"家"二分之一的重要的部件，"猪"的这份构形意义在文字学界争议也很小。首先，"家"中一个很凸显的部件——"豕"，也就是"猪"非常令人遐想。尤其是会想到"猪"对于"家"的重要意义。

"家"在甲骨文中很多见，主要构形如下：

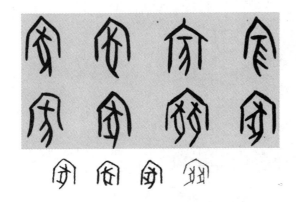

古文字的"家"是会意字，也就是广义上的象形字，从"宀"，从"豕"（猪）。中国人最早的家畜是鸡、犬、豕，豕最多，其繁殖力和对自然的耐受力都很强。

根据有些文字学者的考证，"家"的构形结构中也曾出现没有"猪"或没有"房子"的构形，比如"𤲶"、"𤲴"是没有"猪"的构形；"𩇨"、"𩇩"是没有"房子"的构形，但很快在文字的演变与传播中都消失了，留下来的都是保留"猪"和"房子"部件的字形，一直保留到今天，而且文字的构形和结构非常稳定，许多日本、台湾、大陆的民俗学者认为，主要因为"家"中一直与汉文化现实中对"猪"、"房子"的习俗重视有关，笔者也非常赞同这样的叙述或观点。

"猪"的甲骨文："𤟭"、"𤟮"、"𤟯"，是典型的象形字，与史前的许多岩刻造型几乎一致，以猪肥腹垂尾为识别特征。

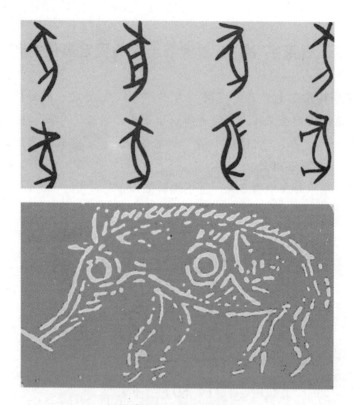

河姆渡文化：黑陶猪纹拓片

　　对于"家"的构形解析，许多人有不同的解释和看法，但无论如何，都承认汉字"家"中对"猪"的高度重视。

　　古文字学家夏渌先生认为"家"从"人"、从"豕"，表示人驯化野兽。当代文字学者徐中舒先生认为，夏朝中原的豕韦氏是一个善于养猪的部族。知名文化学者易中天教授认为"家"中的猪部件是为了防止乱伦，显然易老师只关注到了有公猪部件的"家"的构形，言谈中强调文字的"雄性"标志太明显。而刘钊先生认为有些公猪部件凸显了声符的功能，也就是文字构形中出现的"豭"的部件既表形也表声。著名文字学家裘锡圭先生认为文字在演变中的"形、声"规律是相当严谨的，任何取舍都需要一个漫长的实际过程，大陆、台湾、日本学者的许多人类学臆想表面上确实很美妙，但难以找到文字学的可靠证据。笔者也认为，文字的演变细节许多是永远的人类迷思，但大浪淘沙，"家"的部件最后保留了

"猪"与"房子"也就必然反映着汉人居家生活的真实的星星点点，是汉文化习俗的一个根影。

其实这种对"猪"的重视，在史前的族徽中也有很多的印迹证据，如考古实践中就发现了史前汉文化中就有很多与猪有关的族徽。

大陆出土的与猪有关的史前族徽

三　闽台生活习俗中重视"猪文化"的典型或个案

从民俗文化学上来看，闽台习俗中格外重视"猪牲"。中国的先人很早即强调祭祀用牲，如周代矢尊中有金文："明公用牲于京宫。"

"猪"在汉民族实际生活中，几乎是经济民生的一个晴雨表。在当今的实际生活中，猪肉价格成为经济状况的一个晴雨表。闽台的许多民间风俗都体现了对"猪"的重视，民间祭神尤其重视"猪牲"，福建的客家人还有"无猪不成家，无牛不成农"的俗谚。笔者认为这与汉民族的文化习俗有着连脉的文化传承。所谓管窥蠡测，根据笔者几年来的田野调查，试着以闽人的当下习俗为个案参照。

1. 闽台特色习俗——"分福肉"
闽台的"分福肉"习俗是特色节日"吃福节"中的习俗事项。这里的"福"就是"猪肉",强烈显示"福"与"猪肉"的一种对等价值。

根据有关地方志,"吃福节"源于纪念唐代开漳将领御敌治乱之功,在最新出版的《福建节庆习俗》中也将吃福节作为闽台的特色节日。漳州市文化部门在调查非物质文化遗产时发现,闽台农历正月十一"吃福"习俗最终源头是龙文区湘桥的有着上千年历史的檀林社,"吃福"来历就是为了纪念唐代开漳将领。① 檀林社里有一座福山,海拔不高但山上果树繁茂,如今在福山靠近池塘的位置保护了约 2 亩的空地,它就是整个闽南及台湾农历正月十一"吃福"习俗的起源地。该节日尤其强调"福佑"内涵。每年此节,人们纷纷赶着大猪来到福山祭祀天公、陈政、陈元光等,然后分发"福肉"共享"吃福"②。每年的正月初十下午,当地的很多民众都陆续赶着活猪上"福山",这些猪称为"天公猪",是准备宰杀后祭神然后分福的。该节日是从闽南流传至台湾的。

根据当地村民介绍,这一习俗自古就很兴盛,每逢正月初十,附近方圆几十公里的村庄,都有人赶着猪来福山参加"活动"。过去从紫泥、角美、石码前往檀林,必须连人带猪乘船摆渡。"天公猪"在福山上宰杀后辅以大量的盐巴被投放到设置于此的几口大锅内,煮成香气四溢的大锅"福肉",然后再根据参与该习俗的户数将所有煮好的肉、骨都切成小块,均匀地分成数百或数千份。在农历正月十一上午,这些"福份"被齐刷刷地摆放在祭台前,遥祭天公及开漳圣人。仪式结束后民众就将自己的"福份"领回家,当夜各自在家合家"吃福"。

之所以选择用猪来"吃福"据说也来源于汉人移民文化的一件真事:唐总章二年(669),泉潮间发生"蛮獠啸乱",高宗李治命归德将军陈政率中原府兵南下平乱,大军一路南下至江东桥,被滔天江浪阻隔,对岸又有蛮獠重兵把守,无法尽速平乱。陈政只得暂且插柳为营(后人就将该江称为"柳营江")。陈政的母亲魏敬得知情况后,赶紧与另两位儿子从江西赶来救援,行至风水甚佳的檀林,特设祭坛祈天,当晚,陈政在梦中得天神指点,命士兵们绑缚了很多草人装在竹筏上,擂起战鼓,虚张声势。对岸

---

① 位于九龙江东侧的檀林社,是一座已有千年历史的古村落,由陈元光裔孙陈仲于南宋年间(1155)从浦南香洲一带到此开基,全村约 2800 人口。

② 福建省委文明办:《2011 年福建节庆习俗中国邮政贺年明信片》"吃福节"。

獠兵忙得弓箭如雨。一天下来，箭已用完，唐军以迅雷不及掩耳之势，乘坐竹筏冲向对岸，獠兵纷纷败退，向华安一带逃窜。唐军乘胜追击，与守候在檀林的魏敬会合，大获全胜。当时正是农历正月十一，民众纷纷杀猪慰问唐军，表达谢意。陈政念及百姓生活艰苦，祀后，就命令战士根据民众户数，将猪肉切分成若干等份，只能带回家中享用，以惠及更多的老百姓。而且考虑到老百姓平时生活困难，只吃一餐肉较为浪费，就要求在煮食猪肉时加入大量盐巴，以便保存长久。没想到经过这样的大锅熬煮，猪肉格外香美，民众都说："托了唐军的福才有'福肉'吃。"从此，人们把小山头称为"福山"，每年正月十一都在山上分"福肉"回家吃"福"。直到现在，"赶猪上山"、"分发福肉"、"回家享福"都是必要的习俗程序，决不在福山现场吃猪肉，也是一直延续唐军当年的"爱民、爱家"精神。

也正是这样的一种"家园"精神，陈政、陈元光父子入漳后，子孙后裔繁衍播迁，不断壮大。至南宋年间，原居于浦南一带的陈氏后人决定在檀林福山的先祖祭天之地修建威惠庙，奉祀魏妈、陈政、陈元光等，这就是保存至今的檀林威惠庙。随着陈氏族人向外播迁，"吃福"的习俗也很快从闽南流传至台湾。

2. 闽台特色习俗——"猪公会"

闽台的"猪公会"习俗起源于对戚继光"大众爷"的祭祀。平和县山格"大众爷公庙"即"慈惠宫"，是奉祀明朝抗倭民族英雄——戚继光将军的祖庙。每年农历七月十九日举行隆重的大型庙会，其民间民俗活动规模宏大，风格独特，具有典型的民族风格与地方特色，其中一个非常显眼的习俗大项就是"猪公会"，在海峡两岸闻名遐迩，每年都有不少粤东及台湾的信客前来参加祭俗。

闽南、大陆沿海及台湾的"大众爷"信俗有着自己的地方特色或历史情结，与北方传统上的"大众爷"信仰有所不同。① 闽南"大众爷"

---

① 北方的大众爷习俗主要起源于李世民的倡引。相传，在李世民起义反隋的一次兵败中遭隋军追杀不休。夜色中李世民藏匿于一隐秘处，逃过劫杀。次日清晨，李世民发觉隐秘处竟是一个乱葬岗，遂认为自己的转危为安乃受到阴灵保护。成就帝业之后，李世民便将当年护他逃过一劫藏身地的两个有名有姓的大墓，封为"文武大众爷"；其他不能辨识者，封为"大众爷"，以彰它们维护地方平安、保护善良之德。地方人士欣闻阴神之神威护佑太宗有功，遂立祠祭祀。

的原型主要是指抗倭名将戚继光，也就是将军化神说。传说平和县山格慈惠宫里的大众爷就是明朝抗倭民族英雄戚继光。据山东蓬莱市史志办编纂的《戚继光志》载，戚继光因围剿倭寇，明嘉靖年间在清宁里东（今平和县文峰、山格、小溪一带）斩杀倭首无数，从此平和再无倭踪。"大众爷"即是明朝歼倭民族英雄戚继光将军的化身，据《平和县志·武功》记载："甲子年（嘉靖四十三年，1564）二月，倭寇入侵汤坑等处，总兵戚继光攻之，斩首数百级；官兵死者八十余人。"后人为感念戚继光，首倡雕神奉祀，在马溪岩观音亭偏殿建"庙中庙"附祀，连同剿倭殉难将士（后人称为"众公妈"）一并奉侍。他们把大众爷看成是世世代代的保护神。《明史戚继光传》记载其入闽剿倭的记述也可以为佐。据考"大众爷"的原称应为"大总兵爷"，"总"与"众"为闽南语谐音，世代演绎，遂成为今之"大众爷"。

山格大众爷公庙慈惠宫始建于南宋，历代屡有重修，山格"大众爷公庙会"的民俗活动，主要以九龙江流域、西溪流经地区为主的平和、南靖、龙海及周边的长泰、华安、漳浦、晋江、厦门等地区，后来传播至台湾的鹿港等地，山格大众爷公庙慈惠宫也就成为著名的侨乡古迹。

每年的农历七月十九日庙会，俗传就是"大众爷生日"。每年农历七月十五日始，流经山格的九龙江西溪支流马溪，便有船户驾船逆水驶来停靠，多达两三千人，家家供奉整只猪来庙进香，戒斋五天，七月二十日开斋。山格、小溪一带百姓组织的"猪公会"也就流传至今。①

每年春节过后，各会公养一头公猪，农历七月十八、十九两天分两队宰猪和羊，每队各有大猪七八头，并将用米糕或香片塑捏模拟的龟鼋放在方桌上，随同猪羊杂以清唱、吹打乐队，抬迎至庙朝拜，模拟百姓慰劳戚家军的场景。大众爷"猪公会"，自明朝中叶创立至今，代代相传，历经四百三十余年，唯文革期间遭冷落，停止十余年，至 1991 年恢复此民俗。

扛猪公在每年的农历七月十七日至十九日三天，每只猪公前面有六面龙绣旌旗，或三角形或长方形，有花边刺绣，中间绣有龙纹和"大众爷"、"慈惠宫"字样。在每一支"扛猪公"队伍中，有一船民，身着藏青色的"香纹衫"，戴"蕉萍"（礼帽），左边背牛角，装着火药、硝，

---

① 刘家军、陈育伦：《福建节庆习俗》，海峡文艺出版社 2011 年版，第 279 页。

福建平和"猪公会"的扛猪公习俗

右边挂一放树尖（木塞）的竹笼子，沿途放"响枪"。猪公身穿"猪公衫"，该衫是用大红纸剪成"合境平安"、"福、禄、寿、喜"字样，以及各式吉祥图案，披在猪公身上。猪公口含"菠萝"，寓意与偕音为方言的"旺来"。猪公项挂一大串圆铜钱。伏坐在特制的"猪公轿"上，由四位穿明朝长衫的青壮年扛着，沿街游行到慈惠宫来朝拜"大众爷公"。

　　总之，"猪"成为民众敬奉大众爷祈求平安、吉祥、长寿的重要角色。

3. 福建特色习俗——"排大猪"、"赛大猪"

　　用全牲祭神是古代很早就有的祭礼习俗。闽南长泰的部分村社把"祭三公"习俗中的用单头生猪改为排列多头生猪，在民间发展为愈演愈盛的"排大猪"习俗。后来在江都、山重、林墩等村还要对供奉的生猪进行称重比赛，选出最重的三头生猪并给予表彰，"排大猪"又发展为"赛大猪"。如今各村赛大猪活动每年举办一次，成为一项群众欢迎、独具特色的民俗活动。其中山重村赛大猪活动，已被列为市级非物质文化遗产。[①]

---

　　① 刘家军、陈育伦：《福建节庆习俗》，海峡文艺出版社 2011 年版，第 266 页。

闽南的合家"排猪"祭神祈福

"赛大猪"习俗历史悠久。明正统十四年（1449）连氏家族迁居江都村后，人丁大增，渐成望族。连氏后裔为孝敬先祖、答谢"三公"①，曾于每年农历6月18日举办排大猪祭祀活动。明万历二十五年（1597）连氏大宗祠瞻依堂兴建后，活动地点改在瞻依堂，并开始了比重赛猪。20世纪50年代起，排大猪、赛大猪活动中断。1982年起，恢复排大猪活动。1989年起，恢复赛大猪活动。为避开炎热天气，活动时间改在每年九月初八。

如今因为江都村人口较多，就将住户分为八个甲轮值，每年由一个甲主祭，主祭的各家各户要准备各种祭品，祭品之一是一头猪（将猪去掉内脏，躯干套在木架上）猪嘴、猪尾巴、猪脚用红纸圈贴，猪嘴还含着红柑，猪身披花帕。九月初七，各家带上祭品抬着大猪摆放在瞻依堂前的大埕，供奉祖先及"三公"。祭祀活动于初七深夜至初八凌晨举行，祖祠大埕灯光辉煌，人头攒动，尤其是百余头猪有序地摆列，场面甚为壮观。祭祀之后由村老人协会组织评选小组，对参祭的大猪当场称重，据重量评选出最重的前三名，给予奖励，不仅让猪披红缎，还给供奉人发奖金。根据当地的资料记录，1989年至2008年，全村参祭的大猪共2504头，平均每年125头，其中2007年最多，达163头，获第一名的大猪761斤。2005年，获前三名的大猪分别为756斤、703斤、702斤。2006年，韩国

---

① 连氏族谱中所言的"三公"是指：文天祥、张世杰、陆秀夫，与地方志的记载基本一致。

电视台摄制人员，还专程到江都村拍摄"赛大猪"专题节目。

　　近些年，一些家族也开始在一些特殊日子里承办排大猪、赛大猪习俗活动。比如，山重村薛氏沿旧俗在每年的农历正月初八举行赛大猪祭祀活动。活动在山重薛氏家庙举行，每年参祭的大猪，由各村民小组提供，每组供一头，敲锣打鼓把祭拜的大猪（去内脏）安放在木架上，由 8 人抬着送进家庙里。各参祭的大猪嘴含红桔，头插金花，腿系红绳。当晚，家庙灯火通明，鼓乐齐鸣，男女老少欢聚一堂，观看大猪。然后给参祭的大猪称重，按重量的前三名获奖，给大猪披红缎，并给予供奉者奖励。

福建长泰民间的"赛大猪"习俗

　　林墩的林氏族人在每年正月十五在祖祠承办"赛大猪"祭祖活动。族人中凡当"新公"（即初当祖父者）者要提早饲养大猪，以备元宵时宰猪祭祖。祭祀时将猪挖空内脏拱在一木架上，猪头朝向祖宗神龛。猪的头部肩部，还挂满煮熟的全鸡全鸭，猪尾装饰鱼虾海产。族长者到场品评，不仅评选猪的重量，还要评选猪的装饰，优胜者都要奖给红色绸带，披在猪肩上。一些家财富裕的"新公"，还拿出珍藏的彩釉瓷碗、瓷盘，盛放精美祭品，供放在猪前面。家境有困难的"新公"，为取得好成绩，也可以申请延缓参加，待次年补行。

　　显然，汉民族民间生活中对"猪"的重视在闽台一些地域都有着很丰富的个案例证，既有着民族文化的统一性，也有着地域文化的不同识别，都同样在流动的岁月与文化中反映着一个民族的情结、细节。

道势之争:明初儒士与皇权关系的政治文化解读

吴 琦 杜维霞①

(华中师范大学 历史文化学院)

曾有学者提出,昏君接踵的明王朝能延续 200 多年,根源在于儒学的哺育②。而在洪武年间,却出现过一系列不同寻常的现象,如对道统的承担者——儒士群体进行血腥清洗,使之承受知识分子罕见之厄运,甚至对儒家思想做了阉割,公然删掉《孟子》一书内容的1/3。这些现象,显示出儒学在政权建构中的工具作用以及在某种情况下皇权不惜与儒学断然决裂的情绪。对之详加分析,可以透视出落脚于儒士与皇权关系上的"道"、"势"之间的尖锐斗争,进而揭示儒学在与传统中国秩序架构的相互塑造中,为皇权合法性、权威性提供制度化学理支持的历史轨迹。

一 "道"、"势"之始:从合作到龃龉

对儒士在国家政权中的作用,朱元璋有着明确的认识,"今天下初定,所急者衣食,所重者教化"③,"山林之士德行文艺可称者,有司采举,备礼遣送至京,朕将任用之,以图至治","遣文原吉、詹同、魏观、

---

① 吴琦,华中师范大学历史文化学院教授,博士生导师。杜维霞,华中师范大学历史文化学院博士研究生。

② 李玉洁:《儒学与明朝的专制皇权》,《黄河科技大学学报》2010 年第 2 期。

③ 《宝训》卷一《论治道》,张德信、毛佩琦主编:《洪武御制全书》,黄山书社 1995 年版。

吴辅、赵寿等分行天下，访求贤才"①。对聘召而至的叶深、章溢、刘基等儒士，"太祖筑礼贤馆以处"②。

至于儒家学派的创始人孔子，朱元璋推崇有加，"吾每于宫中无事，辄取孔子之言观之，如'节用而爱人'、'使民以时'，真治国之良规。孔子之言，诚万世师也"③，要求"以太牢祀先圣孔子于国学"，"诏革诸神封号，惟孔子封爵仍旧"。并派使者到曲阜致祭，"仲尼之道，广大悠久，与天地并。有天下者莫不虔修祀事。朕为天下主，期大明教化，以行先圣之道。今既释奠成均，仍遣尔修祀事于阙里，尔其敬之"④。对孔子后人的态度也可反映出朱元璋早期对儒家的"合作意愿"，"孔子万世帝王之师，待其后嗣，秩止三品，弗称褒崇，其授希学秩二品，赐以银印"、"凡有圣贤子孙以罪输作者，释之"⑤。

礼遇儒士、尊崇道统的政策考量取得了一定的效果，儒士陶安等纷率父老出迎，"吾辈今有主矣"，"地大兵强，据名号以雄视中国者十余人，皆莫能得士。太祖高皇帝定都金陵，独能聘致太史金华公而宾礼之"⑥。但也有部分名士宁愿归隐山林而不愿出仕，呈现出不愿与国家政权合作的态势，如丁鹤年、戴良、杨维祯等，孔子第 55 代孙孔克坚被召觐见时也曾犹豫不决，称病不去。更有甚者，"贵溪儒士夏伯启叔侄断指不仕，苏州人才姚润、王谟被征不至"⑦，断然拒绝和新皇朝合作，"这些人人数虽不甚多，但对当时的社会和政治却有相当影响"⑧。

其实，对"起自田亩"而常自比汉高祖的朱元璋来讲，礼贤不过是巩固统治、收买人心的手段，其内心深处对文人是怀有轻视之心的，"朕观宫生之君，好内山林之士，任为股肱爪牙，暴贵其身，致君牵制文义，优游不断，国之危亡，非迂儒者谁？……儒乃不能审势而制宜，是古非

---

① 《明史》卷七一《选举制三》。
② 《明太祖实录》卷八《国初礼贤录》。
③ 《明太祖实录》卷二十，丙午五月庚寅。
④ 《明史》卷五十《礼志四》。
⑤ 《明史》卷七三《职官志二》。
⑥ 陈文新：《中国文学编年史 明前期卷》，湖南人民出版社 2006 年版，第 155 页。
⑦ 《明史》卷九四《刑法志二》。
⑧ 吴晗：《朱元璋传》，百花文艺出版社 2000 年版，第 289 页。

今，灼见其情，甚不难矣"①。即便是文臣之首的宋濂，朱元璋亦认为"虽博通今古，惜乎临事无为，每事牵制弗决。若使尔检阅则有余，用之于施行则甚有不足"②。故而，当儒士不为政统所用，甚至站到国家政权对立面时，朱元璋便改弦更张，开始压制、打击儒士。

大兴文字狱是打压儒士最直接而残酷的方式。"朱元璋用他自己的政治尺度、文化水平读各种体裁的文字，盛怒之下，就把作这些文字的文人，一概拿来杀了。"③ 如"浙江府学教授林元亮，为海门卫作《谢增俸表》，以表内'作则垂宪'诛；北平府学训导赵伯宁，为都司作《万寿表》，以'垂子孙而作则'诛……常州府学训导蒋镇，为本府作《正旦贺表》，以'睿性生知'诛……陈州学训导周冕，为本州作《谢赐马表》，以'遥瞻帝扉'诛；祥符县学教谕贾翥，为本县作《正旦贺表》，以'取法象魏'诛；亳州训导林云，为本府作《谢东宫赐宴笺》，以'式君父以班爵禄'诛；尉氏县教谕许元，为本府作《万寿贺表》，以'体乾法坤，藻饰太平'诛；德州府学训导吴宪，为本府作《贺立太孙表》，以'永绍亿年，天下有道，望拜青门'诛。盖'则'音嫌于'贼'也，'生知'嫌于'僧'也，'帝扉'嫌于'帝非'也，'法坤'嫌于'髪髡'也，'有道'嫌于'有盗'也，'藻饰太平'嫌于'早失太平'也"④。这种因朱元璋个人忌讳臆测引发的文字狱，使得儒士朝不保夕，"每旦入朝，必与妻女诀，及暮无事，则以为相庆又活一日"⑤。

对于不肯效忠新朝的儒士，朱元璋通过批判东汉初年傲视皇权而不仕的严光和周党来表达自己的愤恨之情："《礼记》曰：'君命赐则拜而受之'，其云古矣。聘士于朝，加以显爵，拒而弗受何其侮哉……朕观当时之罪人，罪人大者，莫过严光、周党之徒。不止忘恩，终无补报，可不恨欤？"⑥ 其后更是"使用特殊法律、监狱、死刑，以至抄家灭族一套武器，强迫他们出来做官，一方面一部分人不肯合作，另一方面新朝又非强迫他

---

① 《明太祖集》卷十五《孝慈录序》。
② 《明太祖集》卷三《翰林承旨宋濂诰》。
③ 吴晗：《朱元璋传》，百花文艺出版社2000年版，第291页。
④ 《二十二史札记》卷三二《明初文字之祸》。
⑤ 《廿二史箚记校证》卷三二《明祖晚年去严刑》。
⑥ 《明太祖集》卷十《严光论》。

们出来合作不可,这样便展开了统治阶级内部另一方面的长期流血斗争"①。贵溪儒士夏伯启叔侄、苏州人才姚润、王谟等,"皆诛而籍其家"②;秦裕伯多次被召,本坚决不就,然朱元璋下谕曰:"海滨民好斗,裕伯智谋之士而居此地,坚守不起,恐有后悔。"无奈之下,"裕伯拜书,涕泗横流,不得已,偕使者入朝。授侍读学士,固辞,不允"③。

可以说,朱元璋"在收拾文化人方面,有很多发明创造或独到之处,先前的帝王没一个比得过他"④。通过赤裸裸的暴力和精神上的钳制,使得"才能之士,数年来幸存者百无一二"⑤,而幸存文人的行为和思想亦被牢牢控制在政统许可的范围之内。

二 《孟子节文》与"道"、"势"决裂

世俗世界的权力鼓舞了朱元璋把持道统的信心,"二年诏孔庙春秋释奠,止行于曲阜,天下不必通祀"⑥。通过废除祀孔通例来表达自己对儒士不合作的愤怒之情,进而实现打击卫"道"者信仰和信念的既定考量。

至于儒家亚圣孟子,朱元璋虽认为其:"专言仁义,使当时有一贤君能用其言,天下岂不定于一乎?"⑦ 但对《孟子》中有碍君权的言论却无法容忍,诸如"君之视臣如犬马,则臣视君如国人;君之视臣如土芥,则臣视君如寇仇"⑧,"民为贵,社稷次之,君为轻"⑨ 等,均使朱元璋感到如芒在背。于是,朱元璋以《孟子》"非臣子所宜言"为由,"罢其配享","有谏者以大不敬论"⑩。清人全祖望所著《鲒埼亭集》对此事有较为详细的考证,"上读《孟子》,怪其对君不逊,怒曰:'使此老在今日,

---

① 吴晗:《朱元璋传》,百花文艺出版社 2000 年版,第 289 页。

② 《明史》卷九四《刑法志二》。

③ 《明史》卷二八五《秦裕伯传》。

④ 李洁非:《朱元璋删孟》,《大地》杂志 2007 年第 3 期。

⑤ 《明史》卷一三九《茹太素传》。

⑥ 《明史》卷一三九《钱唐传》。

⑦ 《明太祖实录》卷二三,吴元年四月庚戌。

⑧ 《孟子·离娄上》。

⑨ 《孟子·尽心下》。

⑩ 《明史》卷一三九《钱唐传》。

宁得免耶!'时将丁祭,遂命罢配享"①,形象地勾勒了朱元璋对孟子学说中有碍君权言论的暴怒之情。

孟子思想形成于战国时期,"天视自我民视,天听自我民听","闻诛一夫纣矣,未闻弑君也"等均有着"百家争鸣"的时代痕迹。这种"民贵君轻"的民本思想为古老中国的王朝更替提供了重要的理论支撑,自然为高度集权者朱元璋所反感。且经400余年,《孟子》一书已成为科举考试用来命题、天下儒士必须诵读的圣人经典,其继续流传对新建明朝无疑是一种威胁。鉴于此,朱元璋命令翰林学士刘三吾对《孟子》进行删节,共删掉"抑扬太过者八十五条"②,成《孟子节文》一书。对照《孟子集注》与《孟子节文》可以发现,《孟子节文》实际上保存了171条,删掉了89条。具体删节数目可见下表:

篇名	孟子集注（章数）	孟子节文（章数）	删节章数
梁惠王	23	6	17
公孙丑	23	13（实为12）③	11
腾文公	15	8	7
离娄	61	40	21
万章	18	7	11
告子	36	31	5
尽心	84	67	17
合计	260	171	89

从章数上来看,《孟子节文》删掉了原文1/3还多。大致来讲,"《节文》是以尊君为根本标准对《孟子》进行削砍的,凡是朱元璋认为对君表示不恭敬,对加强君主专制不利的话,都在必须删掉之列"。④ 这些内容也恰恰是现实生活中儒士蔑视皇权、敢于直谏、自恃有高古的理论依

① 全祖望:《鲒埼亭集》卷三十五《辨钱尚书争孟子事》。

② 黄佐:《南雍志》卷一八,江苏省立国学图书馆1931年影印本,第16页。

③ 《公孙丑下》的第8章在《孟子节文》中被分为两章,《公孙丑》篇实际上只保存了12章。

④ 秦燕:《〈孟子节文〉与朱元璋的专制思想》,《陕西师范大学学报》1995年第2期。

托，其中包括贬抑君主权威的言论，如"君有大过则谏；反覆之而不听，则易位"，"君有过则谏，反覆之而不听，则去"①；提倡尊崇贤士的如"不信仁贤，则国空虚"②，"尊德乐道，不如是，不足与有为也"③；反对苛政的"有布缕之征，粟米之征，力役之征。君子用其一，缓其二。用其二而民有殍，用其三而父子离"④；提倡民本思想的"得天下有道，得其民，斯得天下矣。得其民有道，得其心，斯得其民矣"⑤，"民欲与之偕亡，虽有台池鸟兽，岂能独乐哉"⑥；等等。

删、编、改古代文献之举古来有之，刘向就曾奉命对先秦典籍进行全面修订，董仲舒亦对儒家思想进行了一定的改造，但他们大多是对典籍进行多样化的阐释，使之更符合统治者的需要，像明初这样公然删除圣人典籍内容的却是前无古人。对于删节《孟子》的亘古之举，刘三吾在撰写的《孟子节文题辞》中给出了这样一种解释：

> 《孟子》七篇，圣贤扶持名教之书。但其生于战国之世，其时诸侯方务合纵连衡，以功利为尚，不复知有仁义，惟魏惠王首以礼聘至其国。彼其介于齐秦楚三大国之间，事多龃龉，故一见孟子，即问何以利便其国，非财利之利也。孟子恐利源一开，非但有害仁义，且将有弑夺之祸。仁义，正论也。所答非所问矣，是以所如不合，终莫能听纳其说。及其欲为死者雪耻，非兵连祸结不可也。乃谓能行仁政，可使制梃以挞秦楚之坚甲利兵，则益迂且远矣。"台池鸟兽之乐"，引文王灵台之事，善矣。《汤誓》"时日害丧"之喻，岂不太甚哉。"雪宫之乐"，谓贤者有此乐，宜矣，谓人不得即有非议其上之心，又岂不太甚哉。其他或将朝而闻命中止，或相待如草芥，而报施以仇雠，或以谏大过不听而易位，或以诸侯危社稷，则变置其君，或所就三，所去三，而不轻其去就于时君，固其崇高节、抗浮云之素志。抑

---

① 《孟子·万章下》。
② 《孟子·尽心下》。
③ 《孟子·公孙丑下》。
④ 《孟子·尽心下》。
⑤ 《孟子·离娄上》。
⑥ 《孟子·梁惠王上》。

斯类也,在当时列国诸侯可也。若夫天下一家,四海一国,人人同一尊君亲上之心,学者或不得其扶持名教之本意。于所不当言不当施者,既以言焉,既以施焉,则学非所学,而用非所用矣。……又《孟子》一书,中间词气之间,抑扬太过者八十五条,其余一百七十余条,悉颁之中外校官,俾读是书者,知所本旨。自今八十五条之内,课试不以命题,科举不以取士,壹以圣贤中正之学为本,则高不至于抗,卑不至于谄矣。抑《孟子》一书,其有关于名教之大,如"孔子贤于尧舜",后人因其推尊尧舜,而益知尊孔子之道,"诸侯之礼,吾未之学",而知其所学者周天子盛时之礼,非列国诸侯所僭之礼,皆所谓扩前圣所未发者①。

然而删节千年道统经典,无论怎样精巧的辞令都难以自圆其说,最后只能起到欲盖弥彰之效。《孟子节文》是朱元璋极端专制思想的产物,是高度集权排斥政统之外一切合理诉求的反映,可以说,这是朱元璋从打击儒士群体的具体行为到悍然入侵儒学思想领域的浓墨重彩的一笔,显示了"势"对"道"强烈的控制欲,标志着"道"、"势"矛盾的全面激化。

三　儒士"从道不从君"的抗争诉求

根据儒家的哲学预设,皇权是天命所赋,需要符合天的意志,而"天命无常,唯道是处",道即儒家的圣人之道。儒士因之掌握了约束皇权的话语定位,"从道不从君"。

对于朱元璋废除了天下祭祀孔子通例的做法,部分儒士"伏阙上疏",表示反对:"孔子垂教万世,天下共尊其教,故天下得通祀孔子,报本之礼不可废";"古今祀典,独社稷、三皇与孔子通祀。天下民非社稷、三皇则无以生,非孔子之道则无以立。尧、舜、禹、汤、文、武、周公,皆圣人也,然发挥三纲五常之道,载之于经,仪范百王,师表万世,使世愈降而人极不坠者,孔子力也。孔子以道设教,天下祀之,非祀其人,祀其教也,祀其道也。今使天下之人读其书,由其教,行其道,而不

---

① 黄佐:《南雍志》卷一八,江苏省立国学图书馆1931年影印本,第16页。

得举其祀，非所以维人心、扶世教也"①。

　　朱元璋将孟子贬出孔庙的做法，更是激起儒士的坚决反对，"钱唐抗疏入谏曰：'臣为孟轲死，死有余荣。'时廷臣无不为唐危。帝鉴其诚恳，不之罪。"② 另有山东御史游义生与台中十余人入谏，"言词愤切，触上怒"，并下狱，游义生在狱中"饵金叶"而死。③ 由于儒家思想的深入人心和孟子的牢固地位，以及尊孔卫孟的卫道者不畏死，"以明太祖之刚愎，而不能终违也"④，不久恢复通祀、配享。

　　至于公然的删孟行为及《孟子节文》的出现，在洪武朝或慑于朱元璋的暴戾，未见明文记载的反抗行为。到了永乐九年，儒士孙芝便"力诋刘三吾为佞臣以争之"，并对《题辞》中删孟的借口做了激烈的抨击："先儒谓孟子与人君言，皆所以扩充其善心，而格其非心，不止就事论事。若使人臣论事每如此，岂不能尧舜其君乎？逆臣刘三吾所驳，如魏惠王问何以利吾国，孟子答以仁义，所答非所问。不知仁义即利也。《易》曰：'义者利之和'。程子谓，拔本塞源而救其弊者，是也。三吾又谓，惠王欲雪耻，非兴兵构怨不可，孟子制梃挞秦、楚之论益迂。不知魏间秦、齐、楚三大国之间，力不足而兴兵构怨，是促其灭亡矣，孰若对以仁义，使民乐以效死，夫岂迂哉？三吾欲去《养气》一章，此程子所谓扩前圣所未发，大有功于世教者。又欲课试不以命题，科举不以取士，则谬妄益甚。乞收复全书，使万世知所诵慕。"芝疏甚切，《孟子》书得以复全⑤。这实际上是以批判《孟子节文》的实际执行者刘三吾来表达对政统打击道统的抗议。

　　并且，《孟子节文》虽是"（高皇帝）爰命儒臣刘三吾等，刊削其文句之未醇者"所得，但《明太祖实录》以及《明史·刘三吾传》中均没有朱元璋命刘三吾等人修书的记载，《明史·艺文志》、《四库全书总目》等也未著录该书。其中虽有为尊者讳的意识，但也反映出儒士在《孟子节文》上与皇权的"不苟同"态度，并在事实上认定朱元璋删孟非"卓

---

①　《明史》卷一三九《钱唐传》。

②　同上。

③　《康熙福建通志》卷四十四《游义生传》。

④　吕思勉：《燕石续札·孔子庙》，上海人民出版社1958年版，第157页。

⑤　《光绪福州府志》卷五十四《孙芝传》。

识"，"岂负逢君之嫌获侮圣之咎，自为之而自讳之，故传亦不之及耶"①？

儒士还通过讲经论道的机会进言或讽谏，提倡以儒家圣人之道治天下。"（钱唐）尝诏讲《虞书》，唐陛立而讲。或纠唐草野不知君臣礼，唐正色曰：'以古圣帝之道陈于陛下，不跪不为倨。'又尝谏宫中不宜揭武后图。忤旨，待罪午门外竟日。帝意解，赐之食，即命撤图。"② "帝尝手书问天象。（刘）基条答甚悉而焚其草。大要言霜雪之后，必有阳春，今国威已立，宜少济以宽大。……帝每恭己以听，常呼为老先生而不名，曰：'吾子房也。'又曰：'数以孔子之言导予。'"③ 帝尝召宋濂，"问三代历数及封疆广狭，既备陈之，复曰：'三代治天下以仁义，故多历年所'"④。"帝尝问保国安民之计，（陈）遇对：'以不嗜杀人，薄敛，任贤，复先王礼乐为首务。'"⑤

四　"道"为"势"曲的现实与无奈

儒家学派的制度化须借助于皇权的支持，皇权亦可通过制度化的儒学获得合法性的支持和权威性的承认，进而降低社会统治成本，实现社会稳定。当然，制度化过程使得政治体制设计和社会秩序的建立有着儒学影响的明显痕迹，而儒士作为儒家理念的传达者和实践者，也得以在传统的社会秩序中占据一种特殊的地位。

从理想层面观察，儒家具有"入世"的实践性格，"学而优则仕"。但儒家主张的"入仕"是以君主的行为符合儒家的政治理想为前提的，寄希望于道与政的融合。当政与道背道而驰时，儒家即宣扬退而不仕，"不仕大夫，不食污君之禄"⑥，"天下有道则见，无道则隐"⑦，"君子之事君也，务引其君以当道"⑧。朱元璋刚猛的治国方略无疑与儒家仁政思

---

① 转引自杨海文：《孟子节文的文化省思》，《中国哲学史》2002 年第 2 期。
② 《明史》卷一三九《钱唐传》。
③ 《明史》卷一二八《刘基传》。
④ 《明史》卷一二八《宋濂传》。
⑤ 《明史》卷一三五《陈遇传》。
⑥ 《史记·仲尼弟子列传》。
⑦ 《论语·泰伯》。
⑧ 《孟子·告子下》。

想相互抵触，这引起了部分儒士的不满，"盖是时明祖惩元季纵弛，一切用重典，故人多不乐仕进"①。其后，朱元璋"大戮官民，不分臧否"②，"文人学士，一授官职，亦罕有善终者"③，更使儒士深受刺激，"公卿之辱，前此未有"④，进而对政治产生了深深的恐惧和失望，通过修"道"来实现"修身、齐家、治国、平天下"的理想受挫，转而追求个人生活和享乐。

从现实的政治层面观察，儒士的实际行为与孔孟的入仕标准存在着一定的反差，君权至上的理论框架掩盖了"贤者居位"的儒家标准。儒家对皇权的制约作用微乎其微，"儒家的道德价值经常被政治化，为残暴的极权统治服务……儒家符号以极权主义施控的意识形态为形式而政治化，一直是中国政治史的重要传统"⑤。即便是皇权断然删除圣人言论、清洗儒士群体这样的过激行为，儒家也仅仅是感到压制而已，呈现出"道"为"势"曲的无奈情绪。至于儒家标榜的逃避抗议，皇权通过颁行法律予以制止，"率土之滨，莫非王臣。寰中士大夫不为君用，是自外其教者，诛其身而没其家，不为之过"。⑥皇权至上剥夺了儒士隐居山林的权利，致使儒士噤若寒蝉、唯唯诺诺，"但观唐妇人尤过今之儒者"⑦。

值得注意的是，贬孟、删孟的过激行为与朱元璋的个人性格息息相关。朱元璋"起自寒微，无古人之博知，好善恶恶，不及远矣"⑧，做了皇帝之后，乞丐、和尚乃至与起义相关的词语都成为其内心的忌讳，现实权威与内心灰暗的巨大反差形成其多疑、敏感性格，担忧"或昼臣而夜盗"⑨，不利于皇权专制而带有民本思想的孟子学说因而成为朱元璋显现自专自尊的发泄口。应当说，《孟子节文》只是朱元璋独特个性的反映，而不是明代政统的既定考量。与之相应，《孟子节文》作为"合法性"文

---

① 《廿二史札记校证》卷三二《明初文人多不仕》。
② 《明史》卷一百三十九《周敬心传》。
③ 《廿二史札记校证》卷三二《明初文人多不仕》。
④ 《明史》卷九五《刑法志三》。
⑤ 杜维明：《道·学·政》，上海人民出版社2000年版，第10—11页。
⑥ 《明史》卷九四《刑法志二》。
⑦ 《明太祖集》卷十三《辟阿奉文》。
⑧ 《明史》卷三《太祖本纪三》。
⑨ （明）谈迁：《国榷》卷三，中华书局1958年版。

献存在的时间并不长（只有 17 年，洪武二十七年到永乐九年），流传范围也不广，朱元璋去世后，《孟子节文》基本废弃不用，"（后人）知节之故者鲜矣"，"刘氏（三吾）等《孟子节文》二卷，未见"①。

儒学在中国，并非局限于纯粹的思想文化领域，儒学自身实现了政治与文化的相互渗透，甚至具备了更多的社会、政治责任。然而，"道"、"势"相依相长的殊荣地位及臧否皇权的话语定位，其落脚点在于为政统提供学理支持。明初儒士与皇权的关系虽然有着时代及朱元璋的个性烙印，但它也用一种极端的方式诠释了儒学工具化的内在本质。可以说，明初儒士与"势"的对抗，或犯颜直谏慷慨赴死，或委曲求全曲折建言，或退隐山林消极避世，对"势"的反击作用是细微的。儒士反而受到群体性的打击，道统不得不屈从于政统。精神上的阉割和现实的窘境，使得儒士陷入"古之为士者，以登仕为荣，以罢职为辱；今之为士者，以溷迹无闻为福，以受玷不录为幸，以屯田供役为必获之罪，以鞭笞捶楚为寻常之辱"② 的尴尬境地。然而，"道"的精神魅力及其生命力亦不容小觑，"中国'士'代表'道'和西方教士代表上帝在精神上确有其相通之处"③。儒学的长期浸染使其已成为中国传统社会不可分割的一部分，强化工具作用而忽略学术、社会、精神层面的积极意义，对社会必然会有负面的影响。明初集权的过度强化，导致儒士惊惧政治而迷恋于市井，这既是政统的成功，也是它的失败。明后期一般士大夫纵情享乐，沦为"一班亡国之臣"，不能不说仍是明初政统大胜的恶果。

---

① （清）朱彝尊：《经义考》卷二三五。
② 《明史》卷一百三十九《叶伯巨传》。
③ 余英时：《士与中国文化》，上海人民出版社 2003 年版，第 102 页。

从汉语与壮语的关系看汉民族语言文化对壮民族语言文化的影响

蒙凤姣

（中国社会科学院民族学与人类学研究所）

早在周代，壮族先民就已经和汉民族有频繁的往来。《逸周书·王会篇》载，周时，华南各族已向周王朝进献珠玑、玳瑁、象牙、文犀、翠羽、菌鹤、短狗等特产。《诗经·大雅》也有周宣王时"式辟四方，于疆于理，至于南海"的记载。此外，战国时期，楚悼王用吴起变法，曾一度"南平百越"。可见，早在周代和春秋战国时期，壮族祖先就已经和中原地区有着政治、经济、文化上的联系。到了秦汉年间，壮汉民族的往来达到了空前的广泛和深入。秦始皇遣 50 万大军统一岭南后，"以谪徙五十万戍五岭，与越杂处"。秦后，汉武帝亦大规模用兵岭南，大量的汉族人也南下定居岭南，并带去了他们先进的文化和生产技术，促进了壮族社会的发展。而社会的发展，使得汉族和壮族的交往更加密切，两个民族的文化交流也不断加深。

文化交流不断加深的最终表现，便是壮语中有大量汉语借词的借入。罗常培先生在《语言与文化》中这样引柏默的话："从语言借字的分析，可以看出文化的接触和民族的关系。这恰好像考古学家从陶器、装饰品和兵器的分布可以推出结论来一样。"①

汉语对壮语的影响，不少学者从语音、语法、词汇、同源关系和非同源关系等方面进行了深入的探讨，并取得了丰硕成果。如蓝庆元先生的《壮汉同源词借词研究》，已故的语言专家张元生、覃晓航的《壮汉语语

---

① 罗常培著：《语言与文化》，语文出版社 1989 年版，第 50 页。

法比较》等。本文笔者则从另一个视角，即壮语中的汉借词情况，以及汉语言文化在和壮语言文化不断碰撞和交流的过程中，强势的汉语言是如何战胜壮语的某些小土语并最后把土语给替换了的角度，来探讨汉民族语言文化对壮民族语言文化的影响。

一　汉语对壮语的影响——壮语中的汉借词

壮语中的汉语借词的借入有早有晚，最早的可以追溯到秦汉和唐宋时期。所以壮语中的借词有老借词和新借词之分。老借词已经融入到了壮语之中，或与固有词结合，派生出新词，或取代了固有词。新借词则是民主革命和社会主义建设时期大量涌入的有关政治、经济、文化、科技等方面的新词术语。

就现代汉语在被借入壮语后是一种什么样的情况这一问题，本文以笔者家乡大化瑶族自治县七百弄乡的壮语为例，从语音、语法、词汇（义）等方面作一粗略分析。

1. 汉语借词在借入壮语后语音方面的最大变化，是送气声母一律变成了不送气声母。

七百弄壮话中的汉借词，主要是从汉语桂林话中借入。七百弄位于广西大化瑶族自治县，所说的壮语属于都安壮语。都安壮语属壮语北部方言红水河土语。它最大的特点是没有送气的清塞音声母。

七百弄壮话的声母：

p、ʔb、m、f、w、t、ʔd、n、θ、r、l、□、ɕ、j、k、ŋ、ʔ、h、kj、kw、ŋw。

在七百弄壮话中，现代汉语借词的声母在借入后被纳入了壮语的声母系统，所有的送气声母也一律读为不送气声母。声母变化的一般情况为：

塞音不送气清音 p 借入壮语后部分读成浊音 ʔb。例如：

北（京）"ʔbə^6"、百（色）"ʔbə^6"、包"ʔbaːu^1"、爆（炸）"ʔbaːu^4"、倍"ʔboːi^2"、ʔbou"不"、瘪"ʔbe^3"、病"ʔbiŋ^6"等。

不送气舌尖中音 t 借入壮语后大部分读成浊音 ʔd。例如：

大"ʔda^4"、（土）地"ʔdi^4"、度"ʔdu^4"、店"ʔdeːn"、调"ʔdeːu^2"、段"ʔduːn"、定"ʔdiŋ^6"、动"ʔdoŋ^6"、毒"ʔdok^8"等。

塞音送气清音 ph 借入壮语后读 ?b。例如：

盘"?ba：n²"、碰"?buŋ²"、叛"?bo：n⁴"、啤（酒）"?bi⁶"、苹（果）"?biŋ⁶"、评（理）"?biŋ²"、贫（农）"?bin⁶"等。

塞音送气舌尖中音 th 变为浊音 ?d。例如：

台"?da：i²"、态（度）"?da：i⁴"、图"?do²"、秃"?do⁵"、兔"?du⁴"、同"?doŋ⁴"、条"?deu²"、填"?de：n2"、唐"?da：ŋ²"、糖"?dɯ：ŋ²"等。

th 变为清不送气音 t。例如：

听"ti ŋ⁵"、滩"ta：n¹"、炭"ta：n⁵"、汤"ta：ŋ¹"、铁"ti：t⁹"、踢"ti：k⁹"、贪"tam¹"、通"toŋ¹"、退"to：i⁵"、脱"tu：t⁹"等。

塞音送气舌根音 kh 借入壮语后读不送气音 k。例如：

康"ka：ŋ⁵"、考"ka：u³"、科（学）"ko⁵"、棵"ko¹"、可（以）"ko³"、库"ku⁴"、款"ko：n³"、控（制）"kuŋ⁴"、刊（物）"ka：n⁵"等。

塞擦音不送气清音 ts，清擦音 s 借入壮语后不分，一律读齿间音 θ。例如：

ts 读成 θ：字"θəɯ¹"、自（己）"θei⁶"、总"θuŋ³"、最"θei⁴"、左"θɯ：i⁴"等。

s 读成 θ：司"θɯ⁵"、送"θo ŋ⁵"、苏"θ u⁵"、肃"θ u⁶"、算"θ u：n⁵"等。

塞音送气清音 tsh，塞擦音清不送气音 tʂ、塞擦送气清音 tʂh 借入壮语后不分，一律读 ç。例如：

tsh 读成 ç：擦"ça：t⁹"、财"ça：i²"、猜"ça：i¹"、裁"ça：i²"、层"çaŋ²"、餐"ça：n¹"等。

tʂ 读成 ç：知"çi⁵"、主"çəɯ³"、煮"çəɯ³"、装"ça：ŋ¹"、赚"ça：n⁶"、周"çou⁵"等。

tʂh 读成 ç：差"ça¹"、茶"ça²"、查"ça²"、铲"ça：n²"、抄"ça：u³"、朝（代）"çi：u²"、尺"çik⁷"等。

擦音清音 ʂ 借入后有的读 θ，有的读 ç。例如：

ʂ 读成 θ：沙"θa¹"、痧"θa¹"、少"θi：u³"、（吹）哨"θe：u⁵"、色"θak⁷"、师"θai¹"、诗"θei¹"、生（日）"θe：ŋ¹"、数"θo⁵"、匙

"θi²" 等。

ṣ 读成 ç：（考）试 "çi⁴"、熟 "çuk⁸"、刷 "ça：t⁹"、叔 "çu⁶"、守 "çou³"、首（先）"çou³"、始 "çi³"、（历）史 "çi³"、室 "çi⁶" 等。

浊音 z 读成 j。例如：jin⁴"认（为）"、jin⁴"任（务）"、ji⁶"如（果）"、j uŋ⁶"（光）荣"。

ʐ 读成 ŋ、□。例如：ŋi：ŋ⁶"仍（然）"，□o⁶"弱" 等。

由于壮语中的汉语借词被纳入了壮语的语音系统，所以非常具有当地壮语的语音色彩，但也导致了壮族学生和老师对汉字读音的不准确，因为无法区分哪个是送气音哪个不是送气音，哪个是卷舌音哪个是舌尖音，等等。

2. 大量汉语词的借入导致壮语语法方面的变化。

大量汉语词进入壮语的途径，主要是报纸、广播和教科书。电视等媒体则是近年来汉语借词进入到壮语中的主要途径之一。大量汉语借词的借入，必然会导致壮语语法的某些改变。

（1）定语位置的改变。

汉语定语位置位于中心词前，壮语除了"二"以上的数量词组外，定语基本上都位于中心词后。例如：

ra：n²　　　kou¹　我的家　　　　tin¹　　　　mɯŋ² 你的脚
家（中心词）我（定语）　　　　脚（中心词）　你（定语）
me⁶　ʔbu⁶　　　ʔai¹je⁶ 父亲的衣服
ʔdan ʔdam²　　ruŋ⁶kiŋ¹ 弄京村的水塘
件　衣服（中心词）父亲（定语）
个　水塘（中心词）弄京（定语）

汉语借词借入后，产生了新的语序，即随汉语借词借入的汉语语序。比较下面例子：

壮语固有的语序：

ra：n²　　　　te¹　　　　jɯ⁵　ke⁶te¹. 他的房子在那里。
房子（中心词）他（定语）　在　　那里

受汉借词影响后的语序：

te¹　　　　ti⁵ ra：n²　　　　jɯ⁵ke⁶te¹. 他的房子在那里。
他（定语）的 房子（中心词）在 那里

壮语固有语序：

çi：n^{2}ça：i^2　　te^1　　　çi：n^{2}ça：i^2　　　　　ʔbo^{6}me^6. 他的钱财是父母的钱财。

　　钱财（中心词）他（定语）　钱财（中心词）　父母（定语）

受汉借词影响后的语序：

te^1　　　ti^5 çi：n^{2}ça：i^2　　　　çi^6　ʔbo^{6}me^6　ti^5　çi：n^{2}ça：i^2.

他的钱财是父母的钱财。

　　他（定语）的　钱财（中心词）是　　父母（定语）的　　钱财（中心词）

在上面两个受汉语借词影响的例子中，中心词移到了后面，定语移到了前面，同时，在壮语句子中也出现了结构助词"的"。很明显，结构助词"的"是随汉语借词借入到壮语中来的。

壮语固有的语序：

θəɯ^1　　　　kou^1　　　　te：m^1 θəɯ^1　　　　te^1　　　ʔbou^5 ʔdo^6 lum^3.

书（中心词）我（定语）　　　和　书（中心词）他（定语）不一样

我的书和他的书不一样。

受汉借词影响后的语序：

kou^1 ti^5 θəɯ^1 te：m^1 te^1 ti^5 θəɯ^1 ʔbou^5 ʔdo^6 lum^3. 我的书和他的书不一样。

　　我　的　书　　和　他 的　书　　不　　一样

壮语固有的语序：

ʔbu^6　　　　　　kou^1　　　□a：u^5 ʔbu^6　　　　te^1 ʔdei^1. 我的衣服不好她的衣服好。

　　衣服（中心词）　我（定语）不好 衣服（中心词）她　好

受汉借词影响后的语序：

kou^1 ti^5 ʔbu^6□a：u^5 te^1 ti^5 ʔbu^6 ʔdei^1. 我的衣服不好她的衣服好。

　　我　的 衣服 不好　她 的 衣服　好

从上面的例子中我们看到，壮语固有语序中的定语位于中心词后，如çi：n^{2}ça：i^{2}te^1 "他的钱财"中，中心词çi：n^{2}ça：i^2 "钱财"位于定语te^1 "他"前面。壮语语序之所以改变，是因为汉语中的结构助词"的"

的借入导致的。由于结构助词"的"的借入，壮语的语序变得和汉语的语序一样。

（2）序数词。在壮语中，序数词修饰量词的时候，一般都放在量词的后面，但由于借入了汉语的"第"，序数词可以放在量词的前面。例如：

壮语固有语序受汉借词影响的语序：

$\text{ʔdan}^1\ \text{ʔdei}^6\ \text{it}^7$ 第一个 $\text{ʔdei}^6\ \text{it}^7\ \text{ʔdan}^1$ 第一个

个　第　一　　　　　　　　　　　　　第　一　个

$\text{ʔbou}^4\ \text{ʔdei}^6\ \text{ha}^3$ 第五个（人）$\text{ʔdei}^6\ \text{ha}^3\ \text{ʔbou}^4$ 第五个（人）

个　第　五　　　　　　　　　　　　　第　五　个

$\text{ʔdu}^2\ \text{ʔdei}^6\ \text{rok}^7\ \text{çim}^8$ 第六十头 $\text{ʔdei}^6\ \text{rok}^7\ \text{çim}^8\ \text{ʔdu}^2$ 第六十头

头　第　六　十　　　　　　　　　第　六　十　头

在现代七百弄壮话中，序数词的固有语序和受汉借词影响后的语序并存。在日常交流中，无论用哪种语序都不影响表达的意义。

3. 由于报纸和书籍的普及，大量汉语借词的借入，特别是大段汉语借词的借入，如果把汉语借词先翻译为壮语再遵循壮语语法交流，因为理解的原因会造成误解，影响表情达意。下面举曾经发生的一个例子为证。

汉语：毛主席被江青逼上梁山。毛主席说，他的身上有猴气也有虎气。

当时翻译成壮语是这样的：

ma：$\text{u}^6\text{çi}^3\theta\text{i}^6$ te：ŋ^1 yja：$\text{ŋ}^5\theta\text{iŋ}^5$ pik^7 hɯn^3 pa^1　　fɯ^2, ma：$\text{u}^6\text{çi}^3\theta\text{i}^6$ nau^2, kɯn^2 ʔda：ŋ^1 ʔai^1 mei^2

毛主席　　　被　江青　逼　上　山　荒凉　毛主席　说　上　身　他　有

hei^5 $\text{ʔdu}^6\text{kaŋ}^1$ tem^1 hei^5 $\text{ʔdu}^6\text{kuk}^7$　kwa^5.

气　猴子　　和　气　老虎（语气词）

译成壮语：毛主席被江青逼上了荒凉的深山老林，他的身上现在已粘上了猴子的气味和老虎的气味。

群众听后一片茫然，不知道村干部说的是什么意思。这里除了汉文化水平及背景等诸因素外，这个例子还说明了大段汉语借词进入到壮语中，如果逐字逐句地把它们翻译成壮语，翻译时不仅要考虑到词义，还要考虑到语法，所以容易造成歧义。

但如果把汉语词连带汉语语法原封不动借入到壮语中，那么交流就变得简单多了。还是上面的例子：

ma：u⁶çi³θi⁶ te：ŋ¹ yja：ŋ⁵θiŋ⁵ pik³ hɯn³ le：ŋ⁶ça：n⁵, ma：u⁶çi³θi⁶ nau², kɯn² ʔda：ŋ¹ ʔai¹ mei²

毛主席　　　被　江青　　逼　上　　梁山　　　毛主席

说　上　身　他　有

hou⁶jyi⁴ tem¹ hu³jyi⁴.

猴气　　　和　虎气

在这句话中，"梁山"、"猴气"、"虎气"等汉语借词直接借用进了壮语句子中，不会汉语的人如果听不懂可以去咨询汉语水平好的人，这样反而不容易造成理解上的错误。

大量汉语借词的借入，壮语的语序在保持自己原有语序的同时，也遵循了汉语的语序。比较下面的例子：

壮语原有语序：

rau² jak⁷ je：n⁴çe⁶ ʔdan¹ ku：k⁹ rau². 我们要建设我们的国家。

我们要　建设　　个　国家 我们

受汉借词影响后的语序：

rau² jak⁷ je：n⁴çe⁶ ʔdu⁶rau² ti⁵ ko⁶kja⁵. 我们要建设我们的国家。

我们要　建设　我们　的　国家

壮语原有语序：

ra：n² kou¹ jɯ⁵ θɯn³ ka：ŋ³θai¹ ji：n⁶ ʔda⁴wa⁴ ja：ŋ⁵ çat⁷pa：k⁹ruŋ⁶ ʔba：n³ ruŋ⁶kiŋ¹.

家　我　住省　广西　　县　大化　乡　七百弄　　村

弄京

我家在广西省大化县七百弄乡弄京村。

受汉借词影响后的语序：

kou¹ ra：n² jɯ⁵ ka：ŋ³ θi³ θɯn³ ʔda⁴ wa⁴ je：n⁴ θi⁶ bə⁶ luŋ⁴ ja：ŋ⁵ luŋ⁴ kiŋ⁵ θɯn⁵.

我　家　在 广　西　省　　大　化　县 七　百　弄 乡 弄

京　村

我家在广西省大化县七百弄乡弄京村。

通过直译明显看出，壮语中汉语借词直接借入后的句子语序和汉语句子语序一模一样。

汉族的语言文化对壮族语言文化的影响是我们无法想象的。铺天盖地的汉语词汇进入到壮语中，对壮语有极大的冲击力。有人说现代壮语是汉化了的壮语，这句话虽然有些夸张，但它也有和事实相符的成分。

4. 汉语借词进入壮语后在词义方面的变化情况。

汉语借词进入壮语后与原有词的关系有四种情况：（1）取代原有词；（2）与原有词并存；（3）意义有所扩大；（4）词义转移。

（1）取代原有词。壮语中有些概念是用原来民族固有词表示的。但因汉语借词的进入，且使用频繁，所以渐渐地取代了原来的民族词。例如：原有词 ri：k^{10} "换"，由于汉语借词 vu：n^6 "换" 的借入并使用广泛，所以现在 ri：k^{10} 专指 "换衣服、换水"；原有词 çit^7 "点（火）"，但因借词 ti：m^3 "点（火）" 的借入，现在 çit^7 只用在 çit^{7}pa：u^{1}çi：ŋ^6 "放鞭炮" 和 çit^{7}ji：n^1 "点烟" 上。但有一些原有词则被借词完全替代。如表示红颜色的字，在七百弄壮话中，只有一个 hoŋ^2 "红"，很明显，这是汉语借词。参考武鸣壮语及其他壮语方言，再根据一些老人的回忆，我们才知道壮语中表示红颜色固有词是 ʔdiŋ^1 "红"。可见由于汉语借词 "红" hoŋ^2 的借入，固有词 ʔdiŋ^1 字被取代了。

（2）汉语借词与固有词并存。汉语借词进入壮语后，壮语可能只借用了汉语借词中部分词义而不是全部。如借词 tiŋ^5 "听"。"听" 字在《现代汉语》里的解释是用耳朵接受声音；听从（劝告）和接受（意见）；等等。壮语把 "听" 字的这两个意义借了进来：

kou^1 tiŋ^5 te^1 ka：ŋ^3 va^6. 我听他讲话。

我　听　他　讲　话

ʔbo^6 me^6 jya：u^5 mɯŋ^2 mɯŋ^2 jak^7 tiŋ^5. 你父母教育你你要听。

父　母　教　你　你　要　听

mɯŋ^2 tiŋ^5□i^1 ʔdu^{6}ma^2　hi：ŋ3　ʔde^6? 你听见什么东西响吗？

你　听见　什么　响　语气词

除了保持最初借入的意义外，tiŋ^5 和固有词 □i^1 "听见" 结合的方式，构成 tiŋ^5□i1 "听见" 一词。例如：

mɯŋ² tiŋ⁵ □i¹ ʔdu¹ki⁶ma²he: u⁶ ʔde⁶？ 你听见什么东西叫吗？

你　　听见　　什么东西　叫　（语气词）

（3）词义扩大。汉语借词借入后，除了保持原来借入的意义不变外，词义有所扩大。如借词"听"、"相"、"伤"等。

tiŋ⁵ "听"原本是用耳朵去接受声音和听从劝告的，但在七百弄壮话中，它在保持原义的同时，增加了新的词义，即"感觉"义。例如：

kou¹ tiŋ⁵ ke⁶ ʔda: i⁶ ho: m¹ ʔbai⁶. 我感觉它特别香。

我　听　它　太　　香　语气词

mɯŋ² tiŋ⁵　　te¹　hau⁶ raɯ² ji: ŋ⁶？你感觉他（她）怎么样？

你　听　他（她）　怎么样

kou¹ tiŋ⁵　ŋa: i² nei⁴ ʔbou⁵ ʔban² kɯn¹na: u⁵. 我感觉这些饭一点都不好吃。

我　觉得　饭　这　不　　成　　吃

汉借词"相"θi: ŋ⁵."相"在借入壮语时，本义是"样子、容貌"。例如：

mɯŋ² ʔdai³ θi: ŋ⁵ ʔba⁶　　　　me⁶　mɯŋ². 你得了你妈妈的容貌。

你　得相貌（表女性词）母亲　你

ʔai¹　　te¹　ʔdi⁵ ʔban⁴ θi: ŋ⁵. 那个男人长相不行。

（表男性词）那　不　　成　　相貌

但在使用过程中，它增加了"漂亮"义。例如：

ʔda⁶　te¹　ʔda: i⁶ θi: ŋ5 ʔbai⁶. 那个女孩子很漂亮。

女孩子　那　太　漂亮　语气词

ʔbou⁴　te¹　ʔdi⁵ θi: ŋ5. 那个人长得不漂亮。

人　　那　不　漂亮

同样，汉借词 θi: ŋ¹ "伤"，在使用中增加了"凶鬼"义。例如：

te¹te: ŋ¹ θi: ŋ¹ hau³ ra: n². 被凶鬼进家了。

他被　凶鬼　进　家

tu² θi: ŋ¹ te¹ ʔda: i⁶ ja: k⁹ ʔbai⁶. 那个凶鬼非常凶。

凶鬼　那　太　凶　（语气词）

（4）词义转移

这里所说的"转移"，是指汉语借词在汉语中是一种物质概念，但借到壮语后则表示另外一种物质概念。原来的概念缺失或是用别的词来表示。例如：

汉语借词 mau^{2}ta：n^1，本指牡丹，借入七百弄壮话后，词义转移，指"木槿"。因为在七百弄没有牡丹花，所以没有指称牡丹的词。

十二属相中的"兔"。在七百弄的壮族中，十二属相中没有属相"兔"，但却有属相"马蜂"。许多学者百思不得其解。其实，汉族十二属相中的"兔"，借入壮语时，念"to^5"，这个读音正好与壮语中的 to^5 "马蜂"读音一样，to^5 "马蜂"取代 ʔdu^4 "兔"成了十二种动物属相中的一员。

二　安阳镇土话——另类汉语

20 世纪 70 年代的安阳镇是广西壮族自治区都安瑶族自治县县府所在地，是全县各族人民的政治、经济、文化以及交通中心。这里的居住民以壮族为主，汉、瑶、苗等民族则因为工作、学习等原因迁居于此。镇上主要交际语为壮语、广西桂林话及安阳镇土话。

安阳镇土话是安阳镇居民交际的一种语言。安阳镇居民一般使用三种语言，一是汉语，二是壮语，三是安阳镇土话。

安阳镇汉语之所以被称为"土话"，是因为使用这种语言的人为安阳镇街上的壮族原住民。原住民一般文化水平比较低，对汉文汉字掌握不多，所以在交际时说的汉语，每一句都夹着壮语词，让人觉得不土不洋，所以被说纯汉语的知识分子或说纯壮语的壮人嘲笑为"安阳镇土话"。安阳镇土话，本义并非指的是汉话，而是壮话，即是安阳镇街上土著居民所说的壮话。

我们看下面的例子：

哎，你看，那边那 ko^1 fai^4 θa:g^1 θa:g^1　pai^6. 哎，你看那边那棵树长得高高的。

$\qquad$ 棵　　树　　高　　高（语气词）

tak^{10} 宏，你干嘛总是 ŋo:ŋ^2 ŋa:t^{10} ŋa:t^{10} nei^6？阿宏，你为什么总是傻乎乎的？

$\qquad$ 男（表性别的词）　　　　　　傻（语气词）

一放学我就 puːt⁹haː⁶puːt⁹ 一会我就 puːt⁹ 到家了。一放学我就跑呀跑，不一会就跑到家了。

跑　啊　跑　　　　　跑

这天 ʔom¹ɕum³ɕum³pai¹ 我们去 hou⁶ 水吧？这天好闷热，我们去游泳吧？
闷　　　（语气词）　　游

在每一句对话中，都是汉话夹着壮话，让人觉得像汉话，又像是壮话。不论是以汉话开头还是壮话开头。

taː⁶　　　　　　　　 teː¹ ʔoː⁶，没知道整天想什么，有点 ŋoːŋ² ʔoː⁶.
女性（表性别的）那　噢　　　　　　　　　　　　　傻　噢

那个女孩子，不知道整天想什么，有点傻。

这句话，虽然以壮话开头，但整句听下来，感觉上还是汉话。

句子里如果带有壮语词汇，用法是壮语的习惯用法。例如：

那天我们 pai¹ raː：i² teː¹ ku⁶ɕak⁸jəɯ³ ʔdaː⁶ θaː：u¹ teː¹.
去　家（中心词）他（定语）做 贼 看 表女性词 漂亮 那

那天我们跑到他家偷偷去瞧那位漂亮姑娘。

例句里的 raː：i²teː¹"他家"保持壮语语法的定语后置，ʔdaː⁶ 是壮语中专门表示青少年女性性别的词，通常用在词头。

mɯŋ² ʔdəɯ² poː：n³ θəɯ l kou¹ 扔哪了？
你　拿　本　书　我

你把我的书扔哪里了？

在壮语中，物量词在名词之前起类别作用时，量词和名词之后常有代词定语。因此在这个例子里，poː：n³θəɯ¹kou¹"我的书"中的"poː：n³"（在前）和"kou¹"（在后）相配合修饰处在中间的名词。

带后附音节是壮语构词法的一个特色。后附音节有些是象声的，有些是绘形的，有些与前面的实词素在语音上有固定的结构关系。

在安阳镇土话里，壮语形容词带描绘性后附音节的较常见。这类词如：pei²poːt¹⁰poːt¹⁰"很肥"、hau¹ŋek⁷ŋek⁷"臭哄哄"、rai²raː：i⁶raː：i⁶"长长的"、ʔo⁵fɯn⁴fɯn⁴"（火）很旺"、ro²riŋ⁶riŋ⁶"瘦瘦的"、ʔaː：ŋ⁵jok⁷jok⁷"很高兴"等。例如：

ʔdak⁷jaː⁶ teː¹ pei² poːt¹⁰poːt¹⁰ 去。那个老太婆真肥。
块　婆　那　肥　（后附音节）

你不洗澡，让你hau¹ŋek⁷ŋek⁷去。你不洗澡，让你臭哄哄的。

　　　　　臭　（后附音节）

keu¹lo⁶te¹rai²　raːi⁶raːi⁶的，不知道有多远啊。那条路好长，不知道
有多远啊。

　　条　路　那　长（后附音节）

快点到前面去烤火，那poŋ³fei²ʔo⁵fɯn⁴fɯn⁴pai¹. 快点到前面去烤
火，那堆火很旺。

　　　　　　堆　火　旺（后附音节）语气词

他家养的那头猪，ro²riŋ⁶riŋ⁶　　pai¹. 他家养的那头猪，瘦瘦的。

　　　　　　瘦（后附音节）（语气词）

他们lo³他说他考上了，他ʔaːŋ⁵jok⁷jok⁷去。他们骗他说他考上了，他
很高兴。

　　骗　　　　　　　高兴（后附音节）

在上面的例句里，句末的汉语"去"是语气词，即壮语pai¹"去"的
意思，表程度。

动词带描绘性后附音节也比较常见。如niŋ¹ȵaŋ⁶ȵaŋ⁶"动（得很厉
害）"、po⁵weːu²weːu²"吹（口哨）得很高兴"、naːu⁶poːt¹⁰poːt¹⁰"（一个人
生气地）说（个不停）"等。例如：

看啊！那poŋ³mot⁸niŋ¹ȵaŋ⁶ȵaŋ⁶　　pai¹. 看啊！那堆蚂蚁好多啊。

　　　堆　蚂蚁动（后附音节）（语气词）

po⁵θeːu⁵po⁵weːu²weːu²的那个人是ʔdak⁷raɯ²？那个吹口哨吹得很高
兴的人是谁啊？

　吹哨　吹（后附音节）　　　　块　谁

pa²ja⁶te¹naːu⁶poːt¹⁰poːt¹⁰的，好笑啊。那个老婆婆嘟嘟囔囔意见很
大，好笑啊。

老婆婆那　说（后附音节）

安静点，别老是heu⁶raːŋ⁴raːŋ⁴. 安静点，别老是叫喳喳的。

　　　　　　叫（后附音节）

安阳镇土话里的汉语动词可像壮语一样带后附音节。例如：

他哭ŋaːŋ⁵ŋaːŋ⁵的，嘴巴张得跟pa¹kaːm³一样。他咧着嘴哭，嘴巴张
得跟山洞一样。

（后附音节）　　　　　　　嘴　洞

走路走 ka:ŋ⁶ka:ŋ⁶ 的那 ʔdak⁷ 人是 ʔdak⁷raɯ⁴？走路走得很快的那个人
是谁？

　　（后附音节）　　　块　　　　块　谁

tak¹⁰ 球不听话，挨他妈打屁股打 pum⁴pum⁴ 去。阿球不听话，被他妈
狠狠地打屁股。

（雄性，表男性）　　　　　　　　　　　（后附音节）

今天的安阳镇土话已了无踪迹，随着新一代受到良好的汉语言文化教
育的安阳镇壮人的成长，安阳镇土话已成了记忆，代替它的是广西桂林汉
话。虽然安阳镇土话本义上是壮语，但我们认为它是汉语，是安阳镇知识
层次比较低的壮人模仿讲的汉语。但由于对汉语知识掌握得不够，所以导
致了上面所说的"不土不洋"。但不管怎么样，我们都认为它是一种过渡
性的汉语，它呈现了两种语言交锋时弱势语言被强势语言蚕食和替换的
过程。

三　汉语言文化对壮语言文化的影响

语言是文化结构的重要因素。语言具有重要的文化价值，因为它不仅
可以帮助人们形成特定的思维和表达习惯，同时还制约着一个民族在文化
结构中的特征。要了解人类及其本质就必须先了解语言。因为语言不仅促
成了人类的文化，造成人类在大自然中独一无二的地位，而且语言还是文
化本身的基础。

结构主义心理分析家拉康认为，文化的任何表现都同语言功能（也
即同象征符号观念）具有不可分割的联系。象征符号性的东西包围着人，
伴随着人的一生。人的行为与之相符合的一切规矩，一切禁条都是以符号
的形式出现的。这种"象征符号性的东西"在人的心理中起到内在组织
的作用，使人与周围的文化环境调适。而这种"象征符号性的东西"是
同语言联系在一起的。语法和语言表达的方式不仅仅是一种语言学上的问
题，而且体现着一种世界观即以一种文化看待世界的眼光和思维方式。自
然科学认识的是自然世界，人文科学面对的是人文世界，艺术创造的是一
个想象和审判的世界，宗教则开拓了一个神灵的世界。而这一切，都在作

为人类实践最根本的组成部分和不可或缺的载体——语言中得到了表现和包容。世界的不同层次和方面在语言中得到了统一，人类通过语言把握了多样性的世界。①

壮族有名的远古神话即盘古开天地。有关盘古神话，在我国南方少数民族中广泛流传。苗、瑶把盘古看作自己的祖先，壮、侗把盘古看作人类的始祖。壮族的神话是这样说的：最初天地浑沌像一个大鸡蛋，盘古就生存在中间，后来大鸡蛋爆裂了，于是天地形成了。日月、江河、风云、草木等是由盘古死后身躯分化而成的。其实，盘古开天辟地的神话，早就有汉文献记载。三国时东吴人徐整的《三五历纪》这样记述："天地浑沌如鸡子，盘古生其中，万八千岁。天地开辟，阳清为天，阴浊为地，盘古在其中，一日九变，神于天，圣于地。"徐整的另一部作品《五运历年记》中记述天地万物的来源："首生盘古，垂死化身：气成风云，声为雷霆，左眼为日，右眼为月，四肢五体为四极五岳，血液为江河。筋脉为地理，肌肉为田土，发髭为星辰，皮毛为草木，齿骨为金石，精髓为珠玉，汗流为雨泽。"② 虽然我们不能肯定盘古创世神话最开始产生于哪一个民族，但我们可以说，壮族和汉族的盘古神话是壮汉语言接触和文化交流的结果。

今天，汉族的语言文化对壮民族语言文化的影响要比过去任何时候都更广泛和深入。汉族的语言文化通过学校教育、报纸宣传、电视媒体等各种各样的途径进入到壮族社会生活的方方面面。从住房到服饰，从风俗习惯到日常生活，无不打上汉族文化的烙印。在笔者家乡，壮人和汉人一样过春节，过端午节，过八月十五中秋节，过中元节（鬼节），但没有人会到具有壮民族特色的"三月三"歌圩上对山歌。壮族青少年一代从父辈那里所受到的教育，是要好好学习汉语，学习汉族的文化知识。甚至一些壮族知识分子，认为壮族文化登不上大雅之堂，所以看不起自己民族的历史，歧视自己的语言文化，也禁止下一代说本民族语言和学习自己的语言文化，结果造成了许多壮族文人几乎不懂自己本民族的语言文化。

学习和吸收先进民族优秀语言文化是对自己本民族语言文化发展的一

---

① 申小龙：《语言与文化的现代思考》，河南人民出版社 2000 年版。
② 段宝林著：《中国民族间文学概要》，北京大学出版社 1981 年版，第 44 页。

种推动，也是社会文明和进步的表现。但是，在吸收优秀民族语言文化来充实自己语言文化的同时，如何把自己民族语言文化的特色保持下去，在各民族大团结大融合的今天，则是我们需要思考的问题。

参考书目

张均如、梁敏、欧阳觉亚、郑贻青、李旭练、谢建猷：《壮语方言研究》，四川民族出版社 1999 年版。

黄现璠、黄增庆、张一民：《壮族通史》，广西民族出版社 1988 年版。

申小龙：《语言与文化的现代思考》，河南人民出版社 2000 年版。

罗常培：《语言与文化》，语文出版社 1989 年版。

张元生、覃晓航：《壮汉语语法比较》，中央民族大学出版社 1993 年版。

论作为"非物质文化遗产"的庐剧
之保护与传承

汤夺先

（安徽大学社会与政治学院人类学系）

庐剧，原名"倒七戏"，又名"道七戏"、"道祭戏"、"稻祭戏"，主要流行于江淮之间以及皖南和大别山部分地区，以皖中地方语言为基础，在大别山一带的山歌、合肥门歌、巢湖民歌、淮河一带的花灯歌舞的基础上吸收了锣鼓书（门歌）、端公戏、嗨子戏的唱腔发展而成。因合肥为明清两代庐州府治，1955 年改称为"庐剧"。庐剧在安徽因地域不同，形成了上、中、下三路：上路（西路）以六安为中心，音乐粗犷高亢，跌宕起伏，具有山区特色的山歌风；下路（东路）以芜湖为中心，音乐清秀婉转，细腻平和，具有水乡特色的水乡味；中路以合肥为中心，音乐兼有上路、下路两地特色，极具代表性。2006 年庐剧成为国家级非物质文化遗产保护项目的首批被保护对象之一。本文以合肥市庐剧作为调查对象，依托田野调查资料辅以文献资料，探讨庐剧作为非物质文化遗产在保护与传承过程中存在的问题，并尝试构建崭新的具有地方特色的庐剧保护模式与传承机制，彰显"非遗"保护中的地方性知识之价值。

一　庐剧作为非物质文化遗产的保护与传承现状调查

对于作为非物质文化遗产庐剧的调查，囿于学术背景的制约（缺乏戏剧理论与戏剧知识的学术背景），我们更多的是从民俗学、人类学等学科的视角出发，选取了合肥市文化馆、合肥市庐剧团、合肥市小花园民间庐剧表演场所、肥西县三河古镇庐剧团田野点开展调查。自 2011 年 11 月开始至 2012 年 5 月期间通过参与观察、深度访谈、小型座谈会等方法，对合肥市庐剧团丁玉兰等传承人、文化馆、庐剧院等相关领导演员以及三河乡村民间庐剧戏班进行访谈；深入观察访谈对象的舞台生活与日常生活；与合肥市文化馆、庐剧院、三河镇庐剧团相关领导以及当地的群众等举行小型座谈会，断断续续进行了半年之久的田野调查，获得了第一手的田野调查资料。据此来大致展示庐剧保护与传承的现状与问题。

1. 庐剧的保护现状

通过我们的调查发现，当前对于庐剧的保护主要集中在 3 种渠道，或者主要有 3 种力量着力于保护与发展庐剧。

（1）政府的经费支持方面

政府是非物质文化遗产保护的重要支撑力量，庐剧的发展离不开政府的引导与支持。在多家戏剧各展光芒的现在，庐剧的发展算不上出众，更需要得到政府在政策和资金等方面的支持。庐剧被正式立为国家非物质文化遗产之一以后，国家也加大力度开展了对庐剧艺术发展传承的保护与支持，这主要体现在资金支持方面。在合肥市文化馆调查中得知，2011 年政府财政补助了很多钱，兴置了大舞台，新添置了一套音响，还有灯光的铺入和小剧场的建设。这些新设施的进驻，不仅帮助合肥市文化馆为群众提供了一个更好的表演、观看环境，还为地方戏曲发展创造了一个向上的良好氛围。另外，三河镇为发展旅游投入资金建造"万年台"以为庐剧团演出所用，促成了庐剧与当地经济共同发展的双赢场面。政府的扶持可以从多方面来进行，形式并不单一。

以合肥市文化馆为例，据刘主任介绍，"政府曾拨专款至文化馆以扶持地方戏艺术，此笔款项支持文化馆出资更换了舞台和一整套的音响"。据在此进行过排练演出的庐剧"票友"和表演者体验后的反馈，他们认为这套设备甚至比很多专业剧团的器材还要专业和高级，让大家的排演热情更为高涨，态度更加积极认真。这充分体现了国家对于非物质文化遗产事项的大力保护和支持。

（2）庐剧剧团的组建方面

经过多次的访谈和观察，我们发现当前合肥市主要的庐剧表演群体大致可归为三种：一是自娱自乐的老年群体，多为退休后学习庐剧，系公益性演出，但专业性不强；二是国家支持的较为专业的表演团体，如文化馆下属的"玉兰"庐剧团（公益性演出，但多为老年人业余爱好，缺乏新鲜的血液输入）以及合肥演艺公司名下的合肥市庐剧院（系商业化演出，年轻演员居多）；三是自给自足的民间班子，通过表演赚取生存资金，演员多是自小学习庐剧，年龄小但功底深。

庐剧的一种重要保护形式是组建庐剧剧团。过去庐剧火爆的时候有37个专业剧团，据了解，安徽省现在只有两个专业庐剧团，分别是合肥演艺公司下属的庐剧院和六安的皖西庐剧团，皖西庐剧团实际上现在也属于皖西演艺集团公司。这种变化对庐剧的发展可以说是好坏各半，作为一个公司，利益才是最终目标，为生计所迫，剧团演出的形式不再局限于庐剧范围之内，增加了歌舞、相声、小品等形式以迎合观众的口味，这就偏离了庐剧本身的性质，可以说对庐剧的发展有一定的抑制作用；但另一方面，将国营剧团改为私营企业的性质，演得多、演得好，收益也就越好，这大大刺激了剧团，使演员们怀着更饱满的热情来创造、表演庐剧，这对庐剧的发展是大有益处的。

作为一名在庐剧行业工作了几十年的老人，刘主任对现有剧团的具体状况都非常了解，刘主任说道："过去肥东、肥西、长丰三县都有庐剧团。现在肥东、肥西县庐剧团都是名存实亡了，肥东县的庐剧团并入了县文化馆，这种做法实际上是把这些人保护起来，因为肥东县庐剧团还有一拨中年主力演员，他们工资有保障了，也才能继续传承、保护庐剧。肥西县的庐剧团就没有了，很多人都自谋职业，或者调走了。长丰县庐剧团还是一直在演，但是其中的很多东西近似于歌舞，这是为了迎合大众口味，但是还是保留了很多庐剧的唱腔，基本曲调还是对的。"可见专业剧团也在政府的帮助下不断改变自身的生存模式，以适应现代社会的发展。肥西县三河古镇庐剧团的姚团长提到肥西县庐剧团的现状，"后来剧团改革，中央大政策，要成立演艺公司，从事业单位改为企业，但只是形式上成立了，实际并不能运转"。

民间剧团是几个民间艺人在一起组成的剧团，演出的都是一些娱乐性的节目，符合老百姓的需求，有一定的市场。刘主任针对民间剧团的情况说："这些剧团唱一场顶多一两千，农村有红白喜事、生孩子、娶媳妇、家里盖房子上梁都会请人来唱。民间剧团有两种，一种等于是专业的，就是集中了一帮人以此为生，演出季的时候，比如冬天农活不紧张时，剧团到逢年过节就去农村唱戏，平时就排练节目，还有一种，就是'招之即来，来之即战，战之能胜'的。"平常要演戏的时候联系一下，把大家都召集来，没有戏的时候全部散掉，更多的时候就像是票友，但不同于票友，他们收钱，而票友是贴钱的。目前活跃在民间的还有周小五、刘长芬、盛小五等人组建的剧团，他们活跃在农村地区，把庐剧扎根在广大群众身边，在很大程度上促进了庐剧的发展。

除此之外，还有一种公益形式的剧团。公益剧团不收取任何费用，所有花费都是自给自足，参加人员也都是业余爱好者。比较有代表性的就是合肥市文化馆成立的合肥市玉兰庐剧团，是以著名的庐剧表演艺术家、国家一级演员丁玉兰老师的名字命名的，丁玉兰老师就是庐剧的领军人和传承人。刘主任介绍说："玉兰庐剧团就是纯票友的剧团，属于公益性单位，这些票友的服装、化妆、道具（简称服、化、道）都是自己掏腰包，他们不以此为生，完全是为了兴趣爱好，现在人口老龄化严重，来活动的人都是四五十岁以上的中老年人，年轻人是不会来的，一方面是因为要奔学业，另一方面就是要找工作、挣钱，奔前途，到了退休以后，国家给养老保险，老年人没有事，又都是本地人，喜欢庐剧，就把老年人组织起来。"虽然没有较高的艺术水平，但是让老百姓更加了解庐剧这门艺术是怎么回事。主任以自己的经验告诉我们，"现在的群众不一样了，过去百姓是看戏，现在是要学、要唱，学会了要展示、要演、要亲自体验"，玉兰庐剧团无疑是给群众们提供了一个展示自己的平台。

2. 庐剧的传承现状

（1）庐剧的传承人方面

庐剧作为非物质文化遗产要传承下去，就离不开传承人的作用，有人称传承人是"民族智慧的守望者"，是他们坚守着这些行业，并将中华民族的文化瑰宝传承和发展下去。据庐剧院胡主任介绍，安徽省庐剧的传承人有四位，分别是丁玉兰、孙邦栋、黄冰以及武克英，前三位在合肥市庐剧院，而武克英在六安市皖西庐剧团。他们带出了不少专业演员，为庐剧的传承做出了巨大贡献。但是，这些传承人年龄偏大，庐剧发展是否后继有人的问题就摆在了眼前。庐剧除了丁玉兰、王本银、孙邦栋、鲍志远等一批老艺术家外，后续力量薄弱，能叫得响的人物几乎没有。① 这就影响了庐剧的可持续发展。

庐剧不仅是后继无人，就连从艺术院校毕业的学生也无法达到表演需要的专业水平。据了解，文化馆在省艺校定点定向培养的 30 个学员，他们现已毕业，但无法演戏，只能跑龙套。刘主任总结了原因："第一个是时间短，第二个是师资力量并不专业。艺术院系虽有戏剧老师，但以黄梅戏为主，专门教授基本功，真正演戏教不了。一个年轻演员由于阅历经历不够，很难出彩，想出彩一般要在 35 岁以上。新人一般只能跑龙套，扮演宫女或是太监一类的角色。悟性高的也许三五年时间就可以担当一出大戏，但也只是一出戏可以胜任，其他的戏还要学，还要练。因此一个好的演员一般要在 35 岁以上，而且还要在剧团中持续不断地磨炼。"很多年轻人会因无法忍受练功的艰苦或是受到外面花花世界的金钱诱惑而选择"叛逃"，最终能在庐剧表演这条路上走到底的人可谓是少之又少。新的演员在学校里学到的都是课本知识和程式化的基本功，缺少舞台经验，来之后还要按照不同剧目的要求以及导演的编排进行更多的历练。面对现在剧团中老年演员居多、中年演员纷纷转行、年轻演员甚少的问题，庐剧传承已经逐渐呈现青黄不接的趋势，亟待得到解决。

不仅是传承人方面存在着老龄化严重、年轻演员缺乏的问题，庐剧的受众也存在相同问题，现在欣赏庐剧的观众绝大多数都是五十岁以上的老年人，很少有年轻人欣赏庐剧。课题组在三河镇进行调查得知景区中心的万年台每周末都会演出庐剧，而课题组成员观察到台下的观众大多数也都是附近的老年人，一般在 50 人左右，其他都是一些外地来的游客，对此并没有多大兴趣。调查了解到合肥市庐剧院今年在合肥徽园有 108 场的演出任务，而观看演出的人数还是挺多的，基本上到徽园亳州园里游玩的人都会停下来欣赏演出，而且几乎每周都能够看到十几二十个老面孔，但这些爱好者的年龄主要在五六十岁以上，"因为这些人基本上没有工作的压力，时间比较宽裕"。但所见到的年轻人较少。

（2）庐剧的曲目和教学方面

曲目是一台戏曲的主体，整台戏的演出都是依靠曲目而进行下去，因

---

① 阚俊松：《庐剧的现状与发展的思考》，《安徽文学》2008 年第 10 期。

此曲目的保存和创新成为剧团持续下去的关键，在这一行里流传一句话"一出戏救活一个曲种"的说法。从合肥市文化馆了解到，庐剧的泰斗丁玉兰老师排了不少的戏，有《王三姐抛绣球》、《双锁柜》、《讨学钱》、《铡美案》、《休丁香》、《解罗衣》，这些都是传统曲目，庐剧院还演出了许多新编的曲目，主要有《红灯照》、《天要下雨娘要改嫁》、《半把剪刀》，且都拍过电视剧。在调查过程中，文化馆刘主任介绍说："现在不管是专业剧团还是民间剧团唱的基本上还是传统的曲目，新编的曲目虽然有，但是很少，而且比较短小，远不如传统曲目受欢迎。"因此，如何创造出被人们所接受的曲目是庐剧传承中的关键因素。

庐剧的发展需要不断注入新的活力，在老一代的演员们逐步淡出庐剧舞台的过程中，如何把技艺传授给年轻人成为庐剧传承下去的关键。据访谈，过去庐剧的传承都是老师带学生，教一句学一句。新中国成立之后，才给配了文化老师教演员们识谱。"现在演员们也都是在学校里先学识谱，出来后唱得不到位的老师再指正。"人们常说的"师傅领进门，修行在个人"应该也就是这个道理了。

二　当前庐剧保护与传承不力的原因剖析

庐剧的保护与传承已经取得了一些成绩，但不可否认的是，庐剧的发展中还存在着一些问题，比如，缺乏保护经费、缺少受众、缺乏市场、传承人断档、曲目落后等，这些都使得庐剧的保护与传承并没有取得较大的突破。我们依托调查资料总结庐剧保护与传承中存在的问题并剖析其中的原因。

1. 政府对庐剧的保护、支持与宣传不够

2006年，国家为复兴华夏传统民族文化，选取了一批具有浓厚独特地方韵味的事项立为国家首批非物质文化遗产项目进行重点扶持保护，庐剧艺术正在其中。尽管国家已经对庐剧发展进行了重点关注，大力扶持，但仍有一些举措无法到位从而阻碍了庐剧的发展。

庐剧的蓬勃发展离不开国家的政策保护，国家政策对庐剧的发展起着护航作用。在针对黄梅戏与庐剧的政策上，胡主任认为政府的政策有厚此

薄彼之嫌，只有百花齐放，百家争鸣，才能促进文艺的发展。"百花争放才是春，一花独放不是春。"在胡主任看来，"每个省份或者城市，都有自己主要推出的剧种，这点是很正常的，但是，不能让别的剧种，如庐剧，受到过分的压抑，毕竟大家都在搞艺术"。全省有一句话是"关心两黄——黄山、黄梅戏"，但是庐剧就没有被提到这样的高度。在"庐剧之乡"三河镇的调查中，三河镇庐剧团的姚团长也说到上面领导在发展庐剧上起着掣肘作用，"政府对非遗的重视现在一定程度上促进了庐剧的发展，但是下面的负责人并没有引起足够的重视，所以庐剧的发展受到了很大的影响"。

在经费支持方面，在对合肥市庐剧院的调查中，胡主任认为，"剧院要顺利进入市场，一定要有强大的资金支持和前期投入，这是非常重要的。不能光看后期的成果多辉煌，也要考虑前期的投入谁来做"。以合肥市庐剧团为例，面临的一个很大的问题就是演员缺乏练功场地。庐剧团相关人员每年都向上级打报告、写申请，希望相关部门给予解决，但都无果而终。[1]连安徽省最专业的合肥市庐剧团现在都还面临着没有排练场地的问题，其他民间剧团和业余剧团更是可想而知了，可见庐剧现在的硬件设施还是比较落后的，这对庐剧的发展起到一定的阻碍作用。

胡主任还指出安徽省庐剧发展要吸取其他地方的经验，以广东省对文艺工作的扶持为例，政府对剧院的支持除了要解决演出场地的问题，还需要资金以及其他各方面的支持，并且帮助他们解决问题，等到剧团羽翼丰满之后，再推向市场。但是，就合肥市的情况来看，政府在这方面的"欠债很多"。目前合肥市庐剧院的情况是，自身的羽翼尚未丰满，硬件设施及条件尚未就位，就被政府直接推入市场，用胡主任的话说，是"裸身进入文化产业基地"。这种进入市场的模式，是不适合庐剧以及庐剧院的发展的。

硬件的升级只是提高了庐剧的表演效果，宣传力度弱也使得观众很难获得有关庐剧表演和发展的相关信息，降低了庐剧的影响。在当今信息多元化的时代，庐剧既没有在电视、报纸等媒体上做广告，也没有开设专门

---

[1]　李玉凤、陈诗超：《合肥市非物质文化遗产——庐剧的困境及保护途径探讨》，《中国商界》2010年总第206期。

网站或与较大的网站合作,在多家大型网站上输入"庐剧"关键词显示的内容都很少甚至空白。① 这些现象就充分体现了庐剧在宣传方面的不到位。

2. 生计压力与从业出路导致庐剧专业人才断层,后继力量薄弱

庐剧从业者普遍较低的薪资待遇也是庐剧表演濒临后继无人的重要原因之一。目前安徽的庐剧主要表演团体可分为专业和业余两类。以合肥庐剧院为例,剧院在职演职员每月只拿到本人工资的62%左右(以2008年事业单位工资调整后有36年艺龄的副高职称演员为例,其每月拿到手的工资只有1952.10元),剧院担当演出任务的青年演员目前均是中级职称,增资折扣后每月的实际收入为998.50元,这批青年演员都到了结婚生子的年龄,靠这点工资,别说买房成家,就连每月的生活都很困难。剧院于2000年用自收资金建立了全院职工的公积金,现每月人均只有12.5元,公积金贷款难以享受②。在这种低待遇的情况下,很少有人愿意再学庐剧,并且以此为业,家人也不愿意将孩子送去学习庐剧。文化馆的刘主任也不禁说道,"传承人岁数基本都大了,基本上都在五十岁以上,听戏的观众基本上也都在这一年龄段。现在娱乐的形式很多,很多年轻人对戏曲包括京剧的第一感觉就是听不懂,要真正让年轻人去学习一段戏曲或以此为生他们不一定愿意干,因为这个不是马上就能见效的,不像出去打工工资会定时发放"。专业剧团为了扩大收入,将相声、小品、歌舞等多种形式加入庐剧表演之中。虽使庐剧的表演形式更为多样化,同时也使得原本对庐剧钟爱的一些老戏迷逐渐流失,因为这种形式下的庐剧早已丧失了它最原本的味道。

作为业余剧团来讲,一类是在有演出时聚集,没表演时演员各有职业的,表演者本身就没有指望通过庐剧表演养家糊口,也不会精深技艺来提高庐剧表演形式。另一类是在各地流窜演出的民间班子,他们通过平分每日在表演中获得的收入来维持日常生计。而获得收入的方式,据课题组对

---

① 何峰:《关于庐剧的保护、传承与发展对策的探索》,《民族艺术研究》2010年第5期。
② 李玉凤、陈诗超:《合肥市非物质文化遗产——庐剧的困境及保护途经探讨》,《中国商界》2010年总第206期。

在逍遥津的河边花园所见到的一家业余戏团的调查访问，除了开场前演员向观众索取费用以外，演出过程中表演者还会跪在舞台中央，向观众演唱以索取演出费用。由于表演者此时唱出的都是对每个观众的祝福和夸赞的话语，所被跪拜的观众基本上都会经受不住压力而掏出一定金额作为回馈。但是，也正如在课题组的调查中，一位业余剧团的庐剧表演者所言，"团里工资的分配是按人头，唱多少分多少，一天只能有几十块钱，指望这个挣钱就饿死了"。庐剧团的表演还存在着一个收益差的问题。剧团是要卖票获得收益的，大型的演出花费大，对票价的要求也就相对较高，但是观众并不乐意花钱去看，这就导致了大型庐剧演出难以实现，庐剧演员的生存资本丧失，最终改行去干其他的事情，庐剧的传承也就变得更加难以实现。生计问题可以说是人们关心的首要问题，因此一份工作的工资待遇决定了这份工作从业人员的多少。做为一个"慢热"行业，庐剧演员的工资自然也是相当低。

庐剧行业极少有新演员进入，即使有少数的年轻演员进入，但演员的培养过程也是个漫长的时期，造成了庐剧演员断层、青黄不接的局面。合肥市文化馆文艺部的刘主任说，"庐剧表演不是一门能够速成的艺术。它不像现在的一些工作，可以很快上手变成熟练工种挣钱，而是需要一段长时间的学习磨练过程。就算是在艺校中学习的正规毕业生，在进入剧团后也还需要至少3到5年的时间才有可能担当一场大戏，真正出彩多数要在35岁之后"。最终能在庐剧表演这条路上走到底的人可谓是少之又少。

缺少高素质人才也影响了庐剧的发展。每个行业都需要通过自己的顶尖人才来带动本行业的发展创新进而将本门技艺发扬光大。从最早的王本银到丁玉兰、孙邦栋等，庐剧在其发展过程中拥有过一批很优秀的表演艺术家。然而令人遗憾的是，后备人才的匮乏，高素质顶尖人才自此更是寥寥。与黄梅戏相比，庐剧正好缺少了像马兰等人这样承上启下的整整一代演员。庐剧工作者较低的生活水平也使得他们在努力挣得生计的同时，很难抽出更多的精力和时间去提高自身素养和广博吸收见闻来提高自身表演的时代性和深刻性。但是，高水平的剧本和表演才是庐剧艺术能够获得成功的关键。庐剧小戏《借罗衣》、《讨学钱》虽俗尤雅，确实是好戏，可惜戏小量轻，不足以支撑一个剧种的兴盛。而大型当家剧目《秦雪梅》、《休丁香》、《小辞店》等无论是剧本结构还是语言方面都一直停留在民间说唱文学的水平上，与黄梅戏的当家剧目《天仙配》、《女驸马》等比较起来，简直不可同日而语。① 对于其他表演者演出的较少关注也使得庐剧表演者难以对自身表演的优劣做出客观评价和准确定位，难以从他人的表演中吸取经验和长处进而进行改善提高。较低的生活水准会使原本拥有高能力的人才远离庐剧行业，从而庐剧剧本的撰写就会由一些文化水平相对较低的人来完成，导致剧本质量相对较低，难以出彩，不易博得观众喜爱。

3. 方言演出、剧目落后、形式陈旧等都影响庐剧的传承与延续

作为安徽的本土地方戏，使用独具特色的地方性语言进行表演是庐剧的主要特色和重要优势。以贴近百姓生活的方言进行表演，能够迅速拉近表演者与观众之间的距离，使观众在较短时间内能够理解剧目内容，进入剧目情境。但同时，这也阻碍了庐剧的发展。使用安徽方言进行表演，在拉近与当地观众距离的同时，也加大了非本地观众理解的难度。同为安徽地方戏曲，黄梅戏以安徽省安庆方言为主，在漫长的发展过程中逐渐吸收其他地方语言的特点，形成了今日"半土半普"的语言特点，慢慢流传于大江南北。但对于庐剧而言，尽管庐剧剧目和表演形式很"土"，即很有乡土特色，但由于支持它的方言的脆弱性，使它难以流布很远。② 庐剧对于坚持使用地方方言进行表演的这份固守，使外地尤其是北方观众很难听懂表演内容，就更不要说去理解剧中人物的感情，这大大限制了庐剧的向外传播。当然，即便是在安徽方言内部，庐剧使用的方言也存在着较大差别。庐剧在发展过程中分为了上、中、下三路——上路以六安官话为韵白，具有皖西大别山特色，语气高亢有力，粗犷奔放；中路以合肥官话为韵白，言语中带有皖中江淮平原的乡土气息；西路以芜湖官话为韵白，说话柔和文雅，颇具江南水乡特色。③ 这三路庐剧在地方语言上的差别，虽是为了适应当地语言特点的需要，但相互差别的方言在使用衬字等方面的不同也导致庐剧的舞台语言过于多样而无法统一，既难以进行行业内部的

---

① 朱庆栋：《用新的视角审视庐剧》，《文化时空》2003 年第 11 期。
② 袁明芳：《庐剧的文化阐释》，《皖西学院学报》2003 年第 6 期。
③ 黄冰：《寻流探源话庐剧》，《黄梅戏艺术》2007 年第 2 期。

艺术交流，更无法作为一个统一整体向外界进行艺术宣传扩大影响，严重阻碍了庐剧的发展。

庐剧现在表演的曲目基本上都是传统曲目，很少有新的曲目出现。由于庐剧后继人才包括创作人才匮乏，直接影响到庐剧的推陈出新和经典作品的问世。庐剧已经很久没有出现像《休丁香》、《借罗衣》、《讨学钱》这类深受观众好评，让人津津乐道的优秀剧目。[①] 课题组成员在与文化馆刘主任的沟通中了解到，剧团没有专门的人编写新的曲目，基本上都是唱以前的，编的几个小节目只能算是小品，比如说三八节演的《三媳争婆》。但传统曲目都是在总结过去人们的生活中而编写出来的，流传至今天，已经无法被人们所接受，如果不进行创新、融入现代社会的状况，自然无法获得大家的青睐。同时停滞不前的还有庐剧的曲调以及舞台表演等方面，演员们表演时的身段、台步等表演方式也只是按照师傅一辈一辈教下来的，并没有大的改变，这无疑扼杀了庐剧的前路，导致其停滞不前。合肥市庐剧团的胡书记提出，"在 1957 年时庐剧团移植了庐剧《梁山伯与祝英台》，其中的曲段'十八里相送'当时在大街小巷被人们广泛传唱，而当时的很多庐剧表演者就此认为庐剧在安徽、在戏曲界就是老大，无人能及，开始骄傲，放弃了突破自身的机会，阻碍了庐剧的发展"。

庐剧属于"草根戏曲"，本身就是起源于农村地区，内容也与农民在田间地头的生活相关，这就注定了庐剧暂时只能在广大农村地区流传，这一点被一些研究者归结为"文化认同"的因素。"庐剧之所以为当地人喜爱，尤其是农村人喜爱，盖因庐剧起源于乡间的土壤中，在乡间的文化环境中得到传播与发展。特别是庐剧所表演的内容就是老百姓的生活俗事，老百姓对这样的文化环境熟悉而又亲切，从而对庐剧产生了一种独特的情感体验，这是获得自我认同感的基本前提。而对庐剧文化环境缺少了解又不熟悉的人，就很难体验到这种感觉，很难在个体意志驱使下去选择庐剧作为他们的欣赏对象。"[②] 合肥市庐剧团的胡书记也提出，"与黄梅戏相比，庐剧主要是江淮地区百姓在逢年过节和农闲时所唱，虽适应当地百姓

---

① 何峰：《关于庐剧的保护、传承与发展对策的探索》，《民族艺术研究》2010 年第 5 期。

② 郭兴红：《安徽庐剧发展的文化分析》，《交响——西安音乐学院学报》2011 年第 1 期。

的生活需要，但不够'赏心悦目'。而黄梅戏属于'漂泊文化'，随遇而安，从湖北经由长江流域传到了安庆之后又传到上海等地，可以说是遍布祖国各地，内容和题材上更具有普遍性，容易被不同文化背景的观众所接受"。

从庐剧的唱腔来说，庐剧是在大别山一带多种民歌小调的基础上吸收了多种唱腔的特点融合发展而成的。在唱腔艺术上，庐剧一直坚持以门歌为基础，其哀怨悲怆的"寒腔"唱法也始终未变，从而能在我国地方戏曲的大舞台上有自己的一席之地。① 现在演出的曲目使用的多为寒腔即比较悲切的哭腔，这种哭腔为很多人所不能接受，只有一些老年人偏爱这种腔调。据课题组在合肥市城隍庙花戏楼多次调查发现，由于花戏楼的表演主要是黄梅戏和庐剧两种表演形式交替进行，与轻松欢快的黄梅戏相比，每当轮换至庐剧表演时，明显低沉、悲伤下来的唱腔就会使得原本围在戏台周围的年轻人感到不适应而逐渐散去，一般只会剩下一些多年热衷于此道的老年戏迷。

4. 来自外部各种新兴社会文化的冲击和竞争

经济、文化的全球化所带来的现代化进程在促进工业化和城市化发展的同时，也导致了传统意义上的非物质文化遗产所赖以生存的农耕时代走向衰亡。② 随着社会的发展，人们的生活方式越来越多元化，各种新兴的娱乐方式冲击着人们的生活，满足着人们的身心需求，而庐剧这种落后于时代脚步的传统节目也逐渐淡出人们的生活。刘主任以自己的家庭为例也向我们说明了这一点："我自己的爱人和岳父岳母就不爱听庐剧，现在的娱乐方式增加了，比如看电视、打麻将、喝小酒，等等，更多的老年朋友选择去健身，如晚上在广场上跳跳舞、聊聊天，等等，也没想过去看庐剧，而且还要花上几十块钱。"

经济发展和科技的进步加快了人们生活的节奏，都市的人们迫于生活压力不得不加快自己的脚步，市民们已经不适应慢节奏的娱乐休闲项目，

---

① 何峰：《庐剧的地方特色及审美价值初探》，《合肥学院学报》（社会科学版）2011 年第 1 期。

② 李昕：《文化全球化语境下的文化产业发展与非物质文化遗产保护》，《西南民族大学学报》（人文社科版）2009 年第 7 期。

庐剧也只有在农村地区才有较大的发展空间，这一点就极大地限制了其传播范围。另外，随着国内外交流的加深，国外各种文化不断涌入我国，大大刺激了人们的感官系统，使人们从千百年来固有的生活方式之外找到了新的精神寄托，正如现在风靡的情人节、愚人节、圣诞节等，都是由西方传入我国，而传统的七夕节、植树节等节日已经被人们逐渐淡忘。庐剧等传统节目也是一样，在电影、电视、网络休闲项目已经遍布我们的生活的时代，其生存范围也越来越小，面临着巨大的挑战。

三　庐剧未来发展的对策思考与模式构建

庐剧要想获得较大的发展，必须要实施有实效的针对性对策，构建有利于庐剧发展的新模式。

1. 作为非遗的庐剧之保护与传承的对策

根据对庐剧和洋蛇灯的田野调查资料，结合合肥市非物质文化遗产的现状，我们认为非遗在保护与传承中出现了各自的一系列问题，但其中糅合了许多共性因素，解决这些问题绝非一朝一夕的事情，需要更多的时间和精力，对症下药方能药到病除。

（1）强化政府在庐剧发展中的功能定位与主体作用

要保障庐剧这一非物质文化遗产得以保护并传承，就需要一定的资金投入和物质保障。政府应当扮演庐剧保护与发展的主角。虽然政府拿钱为庐剧的发展做出了很大的贡献，如为玉兰庐剧团更换音响设备等，但是在庐剧的表演经费上却显得捉襟见肘，极大地限制了庐剧影响力的扩大与庐剧艺术的传播。政府应设立发展庐剧的专项文化基金，用于资助庐剧的保护、教学、传承以及培养和资助传承人等。同时，资金的来源应该是多渠道的，积极动员并吸纳社会力量以及有关企业的赞助等，广开财源，为庐剧的保护与传承解除后顾之忧。

当前参与非物质文化遗产保护的各级主体政府、传承者、工商界、学术界等，政府应主要处于决策、组织、统筹的地位。《保护非物质文化遗产公约》将保护非物质文化遗产的政府行为严格限定在制定总的保护政策、指定或建立管理机构、拟订非物质文化遗产清单、宣传教育等宏观性和指导性层面。[①] 庐剧同样如此。然而，经常出现官方过度干预的情况，更有甚者，将其演变为"官员工程"。在三河镇庐剧团，政府在执行方面有些问题，"县官不如现管"，以此来说明上面领导在发展庐剧过程中起到的掣肘作用。因此，要明确政府角色定位，发挥政府决策、统筹与组织功能，克服政府包揽，树立一种"文化民主"意识。在此过程中，有关领导干部要充分认识到弘扬民族传统文化的重要性，贯彻国家的文化政策，提高"文化自觉"，充分认识到抢救与保护非物质文化遗产的重要性和紧迫性，将非物质文化遗产的保护与传承尽早地提上议事日程。

（2）充分动员民众，尊重群众的智慧，提高大众对庐剧的认知度与参与度

人民群众是非物质文化遗产的创造者、传承者，也是非物质文化遗产的保护者。非物质文化遗产的保护与传承工作，倘若没有人民群众的参与，无论多么美好的蓝图，都只能是一厢情愿。[②] 庐剧生于安徽，长于安徽，可以说大街上随意一个人都能哼上两句，有着如此广大的群众基础，更加需要加强庐剧的宣传教育，深刻认识到庐剧爱好者群体的狭隘性，挖掘庐剧产业的商业潜力。

人类学基于对主客位观点差异的考虑，一直主张在尊重"地方性知识"的基础上，采取"参与式发展"的行动策略。因而，在庐剧的保护与传承中，要充分动员民众群体，尊重当地人对庐剧的观点和看法，提高大众参与程度。切实汲取他们的草根智慧、激发他们的"文化自觉"，由群众自己在政府及社会力量的协助与支持下设计、执行、监测以及评估保护自身非物质文化遗产的方式和方法，实现事半功倍的保护目标。

（3）重视专家指导和庐剧专业人才队伍建设

要对庐剧进行保护与传承，离不开精通专业理论且又具有实践经验的专家的指导。他们为非物质文化遗产的保护与传承提供理论依据和政策咨询。

首先，为确保非物质文化遗产保护工作的顺利展开，要狠抓保护工作

① 刘志军：《非物质文化遗产保护的人类学透视》，《浙江大学学报》（人文社会科学版）2009 年第 5 期。

② 王文章：《非物质文化遗产概论》，教育科学出版社 2008 年版。

队伍建设，开办工作培训班，邀请从事非物质文化遗产保护工作的专家进行讲学，武装工作人员的头脑。使保护工作人员认识到起码的保护手段，不至于增加由于缺乏专业的保护知识而引发的负面作用。具体到庐剧，在庐剧保护过程中相关负责人的选派，必须选派具备一定庐剧知识储备的人去从事庐剧剧团管理工作，才能保证了解常用专业术语，更好地指导庐剧保护和事业发展。

其次，采取诸多措施保障庐剧传承人与从业者的生活。比如，通过纳入最低生活保障、发放政府补贴等方式保护优秀民间文化传承人，举办传承人培训班，以口传心授的方式在年轻人中培养新的传承人。开办传统技艺培训班，请专门的调查人员开展对庐剧演唱的调查整理工作，并将其以文字或影像的形式记录下来，保障从事庐剧专业的从业者的生活与就业。

只有广泛培养人才，深化庐剧发展，联合多方力量共同加强庐剧宣传、扩大庐剧影响才能够切实帮助庐剧发展。正如在课题组的调查中肥西县庐剧团的姚绍华团长所说，"政府就应该强制庐剧入学校，让中小学生都把庐剧当成一门课来学习，就和京剧一样，从小培养"。现在，政府相关部门已如姚团长所说，在一些专业艺术院校开设了专门的庐剧专业来培养表演人才。除此之外，还应在中小学校中进行定期的展演宣传和开设基本知识的普及课程，加深青少年对庐剧的认识和喜爱，从小培养青少年对于庐剧的兴趣，为庐剧的发展培养后继力量。

（4）强化庐剧的自身建设，革新剧目，跟上社会需要

在现代社会多元文化的冲击下，年轻观众群体的流失不仅对庐剧的现时发展方式提出了质疑，也对庐剧的未来发展发出了挑战。庐剧从业者只有认真思考这一问题，调整发展模式，才有可能为庐剧艺术赢来勃勃生机。

在发展方面，庐剧应该向黄梅戏好好学习。现代社会多元化文化冲撞激烈，各种各样的思想体系、娱乐方式、奇闻异事每天涌现，陈旧或是平淡无奇的剧目内容就很难吸引人们的注意力。黄梅戏抓住了良好机遇，将著名的《天仙配》、《女驸马》等剧目编成了电视、电影等多种形式，借由不同的媒介的共同传播使黄梅剧艺术越传越远。庐剧在这方面有很多工作要做。只有贴近百姓生活、反映群众心声的剧目才能得到观众的真心热爱。还要在各大媒体扩大自己的影响，吸引人们的眼球。对于庐剧目前主

要的受众群体——农村观众来说，剧目表演对于观众的知识普及、道德教化等功能依然存在。比如，庐剧的改编首先应做到内容的新颖，贴近现代化的生活；其次也可以旧瓶装新酒地改编古代历史题材。^① 因此，聘请专业人士协助改编、创作富有特色的新剧本，才能逐渐重新取得百姓的热爱，使庐剧艺术重新在国家戏曲舞台上占有举足轻重的一席之地。

需要注意的是，即便是为了深化庐剧的发展进行再多的改革创新，都仍要坚持一个原则——庐剧一定要姓"庐"，而不能改姓"京"或是"黄"。正如在80年代中期的时候，庐剧艺术家为振兴庐剧发展，使庐剧艺术在改革开放后思想激荡的社会上站稳脚跟，曾在唱腔、伴奏、表演等多方面对庐剧进行过改革，虽使观众感觉到了新鲜，却丢失了庐剧原有的韵味，失去了原本热衷它的很多忠实观众，可谓是得不偿失。

2. 构建庐剧保护与传承的新模式

根据田野调查资料与文献资料，针对庐剧本体的特殊性，结合当前实行的非物质文化遗产保护与传承模式，构建适合庐剧的新模式。

当前，对于非物质文化遗产的保护模式有多种，如建立非物质文化遗产园就是一种尝试。中国（合肥）非物质文化遗产园，是我国目前唯一正式立项的非物质文化遗产园，列入安徽省政府"861"计划。^② 非物质文化遗产园位于长丰县岗集镇境内的卧龙山，利用当地生态环境优势，依托中国非物质文化遗产特别是安徽境内的非物质文化遗产，对非物质文化遗产进行集中统一规划和开发，建设核心区、拓展区、产业发展区三大区域，抢救、保护、传承、发展中国传统文化。核心区以保护原生态的非物质文化遗产为主要内容，建设中国传统与民间艺术、民俗民风、餐饮、园艺及盆景、书画等文化园。中国（合肥）非物质文化遗产园占地约1000亩，总投资5亿元，建成后是集研发、展示、销售、休闲为一体的园区。长丰非物质文化遗产园巧妙地将非物质文化遗产的保护与传承和旅游产业挂钩，一方面，一些旅游景点随着这些富有特色的不同地域文化特色而增加其旅游的亮点，另一方面，旅游业的发展是使非物质文化遗产得到发扬

---

① 毛玉能：《浅析庐剧的发展》，《青年作家》（中外文艺版）2011年第2期。
② 刘纯友：《中国（合肥）非物质文化遗产园奠基》，《现代城市》2008年第3期。

并进一步促进它的保护的重要渠道。① 将非遗项目形成产业化发展是整个市场经济的要求，基于产业化视角下的非物质文化遗产保护与传承是一种有效而切实可行的途径和模式。非物质文化遗产园是保护和传承非物质文化遗产的空间载体，不仅使得非物质文化遗产得以在地域上生存，而且与旅游产业的结合也促进了其本身的进步和发展。用生产性方式保护非物质文化遗产，就是要把非物质文化遗产加工或创作成产品，推向市场。② 合肥非物质文化遗产丰富，对现今仍存在较大实用价值、经济价值、观赏价值的非物质文化遗产完全可以探讨一种生产性保护与传承模式。可见依托于民营企业，通过市场运作手段，配合城市文化旅游的开发，是非物质文化遗产生产性保护与传承模式的主要表现形式。还有诸如非物质文化遗产传习基地、保护区等都是常见的模式。

具体到庐剧而言，我们认为，庐剧保护与传承的模式应该是在充分宣传与展示自我的基础上，构建一种由政府、学校与剧团组成的"三位一体"的模式。

不可忽视的是特殊的空间载体同样利于庐剧的保护与传承，例如提到剪纸艺术的保护与发展，1997年国庆节，中国旅游文化学会民俗专业委员会在北京紫竹院公园举办了一次"大型剪纸展览"活动，意在让传统的民间剪纸（窗花）走出炕头，走出农家小院，以大型钢化玻璃、聚氯乙烯板材等材质为剪纸镂刻展板，让更多的游客在不知不觉中便欣赏到各地平时深藏于民间的窗花（剪纸）的风采与魅力。③ 同样虽然大家都听过庐剧，但是对庐剧的辉煌历史知道得不多，可以将庐剧辉煌时期记载的笔记、留念的照片、名人的装饰作为展览品进行展出，扩大庐剧的影响力，扭转人们唱庐剧"无用论"的观念。

庐剧想要代代传承下去必须有人才，青黄不接是现在庐剧面对的最主要问题，学校作为加工"人"的工厂起着举足轻重的作用，庐剧保护与传承的模式应该是政府、学校与剧团的三方共同作用的模式，而核心在学校。想要实现庐剧的保护与传承，必须要真正地建立起以学校为中心，政

① 李保民、洪波、徐从广：《结合旅游产业的非物质文化遗产保护模式探索——以合肥非物质文化遗产园为例》，《安徽建筑工业学院学报》（自然科学版）2010年第4期。
② 谭宏：《对非物质文化遗产生产性方式保护的几点理解》，《江汉论坛》2010年第3期。
③ 刘锡诚：《非物质文化遗产：理论与实践》，学苑出版社2009年版。

府、剧团为两极的"三位一体"的实际操作模式。以往的非遗保护与传承模式往往以政府为主导，而政府由上至下的权力下递方式难免会出现误差，再加上少数领导不懂非遗相关专业知识，更会无意中降低保护与传承的成功率。以学校为主导核心地位，以学生为主体，直接将学生过渡到掌握庐剧表演艺术的传承人则更加显得切实可行。学校可以选择开这门课，并且广泛地宣传庐剧常识，包括其演出形式以及辉煌历史，更要鼓励学生提高自身的艺术修养，扩展自身的学科视野。

学校经过选拔的过程将选择出来的学生输入到艺术学校，使得庐剧在校内经历一个大张旗鼓的宣传过程，为庐剧发展提供人才的同时扩大庐剧的地域影响力。艺术学校再经过自己的再加工，这个时候艺术学校的老师请庐剧传承人来担任，如丁玉兰老师等，通过多渠道的教学方式，如口传身授、播放音频等实现学生的快速进步。而整个的教学结果是剧团要尽量地招收到所需要的庐剧学生，进而为他们找到工作，解决生计。政府则是促进学校推行"庐剧选才"的主要动力，适当情况下制定些保证实施的法条和规则也是在所不惜的。

另外，绝不能忽视民间庐剧班子的作用，更为主要的是建构他们自给自足的生存方式，在发展庐剧艺术的同时，也能减轻政府的财政负担。还要坚持保护民间艺术固有的带徒学艺的传承机制，尊重所有民间艺术代表性传承人选徒、收徒、授徒、出徒的个人基本权利和做法，给予带徒学艺最大自主权。[1] 但是在整个学校为中心的庐剧保护与传承模式中，民间班子需要尽可能快地找到自身的位置，学校应该加强与这些民间班子的联系，不管是鼓励民间班子庐剧人才进校学习还是聘请有名班子师傅进校教课，都是为了达成庐剧艺术保护与传承的伟大目标。集体记忆是基于共同体基础上的历史共享经验，也是形成认同的基本手段。集体记忆与个人记忆的最大不同就是这种记忆必须回到群体之中才能寻求记忆的意义和价值。[2] 上述庐剧，学校、剧团与民间班子是承载这种共同体的空间场所，它们形成了一致保护与传承庐剧艺术的认同共识。

---

[1] 乌丙安：《非物质文化遗产保护理论与方法》，文化艺术出版社 2010 年版。
[2] 高小康主编，姚朝文、袁瑾著：《都市发展与非物质文化遗产传承》，北京大学出版社 2009 年版。

【海外华人研究】

传递与扩散

——华侨华人与中华文化在海外的传播

李其荣[①]

（华中师范大学历史文化学院）

　　文化是一种历史现象，每一个社会都有与之相适应的文化，并随着社会物质生产的发展而发展。文化是国家和民族的血脉和灵魂。什么是文化传播呢？按照文化社会学的理论，"文化传播是人们社会交往活动过程中产生于社区、群体及所有人与人之间共存关系之内的一种文化互动现象"[②]。人是文化的载体，文化的交流与传播，主要是根据人际交流的需要而进行的。中华文化是在长期社会历史发展中创造形成的以汉族文化为主干，融合各少数民族文化和外来文化，并对世界文化有着广泛影响，为中华民族世世代代所继承发展的，具有鲜明民族特色，历史悠久，内容博大精深的传统优良文化。在中国数千年的历史进程中，中华文化随着华人走出国门已有 2000 多年的历史。[③] 海外侨胞是中华文化的重要承载者和传播者，是在海外展现中国形象的重要窗口。建设文化强国，让文化走出去，是目前最热的话题之一。5000 万海外侨胞是中国的重要资源，

---

　　① 李其荣，1954 年生，华中师范大学历史文化学院教授、国际移民与海外华人研究中心/国务院侨办侨务理论研究武汉基地主任，中国世界民族学会副会长。曾在美国哈佛大学、明尼苏达大学、加拿大卑诗大学、英国爱丁堡大学、新加坡国立大学、南洋理工大学、马来西亚马来亚大学等进行访问、研究和学术交流。主要研究领域为：国际移民与海外华人。先后主持国家社会科学基金、教育部、国务院侨办项目多项，出版著作 18 种，发表论文 100 余篇。多次获省部级以上科研和教学奖励。
　　② 司马云杰：《文化社会学》，山东大学出版社 1987 年版，第 344—345 页。
　　③ 曹丽薇：《华人华侨，中华文化走向世界的力量》，《广州社会主义学院学报》2009 年第 1 期，第 48 页。

如何用好这个资源,① 是我们应进一步深入研究的课题。

一　传播表现

百多年来,华侨华人对中国发展给予强烈关注和大力支持,同时也以中国人特有的团结统一、爱好和平、勤劳勇敢、自强不息的伟大民族精神,积极参与当地社会的各项建设,作出巨大的贡献。不同时代、不同地区均涌现了一大批杰出的华侨华人,如李林、陈嘉庚、陈启源、张振勋、何麟书、陈宜禧等,他们的事迹至今仍为人称道;海外杰出学者名流如杨振宁、李政道、丁肇中、吴健雄、吴家玮、王安、丁景安、田长霖等,成绩卓著,早已引起国际社会的关注和重视。知名华侨华人人物辈出,令世人对中华文化、华人团体刮目相看。②

华侨华人传承和发扬中华文化表现在多个层次,包括:一是表层的器物文化。如茶具、灯笼、对联、瓷器、丝绸、茶叶、狮子舞、赛龙舟等,这些都是中华文化中标志性的器物,还有建筑或艺术品。

世界各地的唐人街文化景观值得一提。如东南亚的曼谷唐人街,有繁华的市场,最显眼的是金店,精品商店出售的都是来自中国大陆的知名产品,贵州的茅台酒、北京的王致和臭豆腐、同仁堂的丸药、漳州的片仔癀、重庆的天麻等,五花八门,应有尽有,此外,街上还有出售华文书报的书店、报摊,也有潮州戏院,影院等。商店里不仅有时尚的消费品,也有沿袭百年手工工艺制作成的工艺品。纽约的唐人街最出名,这里有餐馆、中药店、杂货店、食品店、礼品店、婚纱摄影店、理发美容店、裁缝店、殡仪馆,还有佛堂。③ 唐人街成为当地多元文化的重要标志。

二是行为文化和习俗文化。海外华人节日是海外华人传承和弘扬中华文化的最重要的平台之一。春节、元宵节、清明节、端午节、中秋节等各

---

① 《中国文化走出去　华侨华人是最好的文化传播体系》,2011—12—02,http://www.ccvic.com/html/wenhua/yaowen/putong/2011/1202/124272_3.shtml。

② 姚志胜:《香港华侨传播中华文化 地位无可取代》,2012—05—24,http://www.sxgov.cn/edu/edu_content/2012—05/24/content_1853780.htm。

③ 《华侨华人文化内涵与外延》,http://wenku.baidu.com/view/0d32be5677232f60ddcca167.html。

种节庆，华侨华人都传承下来并加以扩散。如中国春节，海外华侨华人贴年画、写春联、请福字、剪窗花、放鞭炮、买年货、逛庙会、舞龙灯、耍狮子、踩高跷、跑旱船，这一切都烘托着新春的欢快笑语。

在美国，近年来每逢春节，上至总统、下到华人聚居区的地方行政长官，都会向华人社区致以新年祝福。同时，普通美国人对中国文化的兴趣日渐浓厚。纽约最高的帝国大厦自 2001 年起每年都在中国春节前夕连续 3 个晚上亮起象征中国新春喜庆吉祥的红黄两色霓虹灯光。洛杉矶中国城有百余年历史的春节"金龙大游行"年年吸引数万观众，其中近一半来自非华人族群，一些政府官员近年来常出现在游行花车上。纽约州从 2003 年起率先将中国春节定为法定的纪念日（day of commemoration），加利福尼亚州和其他华裔众多的地区也相继仿效，华人社区甚至出现了争取使农历新年早日成为美国全国性法定假日的呼声。

在法国，中国春节成为当地人颇为喜爱的节日。在巴黎中国文化中心，300 多名热爱中国文化的法国友人赶来共度中国除夕之夜。在巴黎的几十个华侨华人团体举行春节庆祝活动，几十万巴黎市民纷纷走出家门参与"闹春"，巴黎市长德拉诺埃亲自为参加春节巡游的金龙点睛。法国的中国年过得红红火火，当地人尽情感受中国春节文化的魅力。①

又以体育为例，美国华人一直以来都在积极弘扬中华体育的传统项目，并使其与现代美国体育融合，不断发扬光大。他们把中国的武术、气功、龙舟、舞剑、舞狮、围棋、象棋等比较流行的传统项目传播到美国各地。美国华侨华人在开发体育功能、发扬民族精神、增强对祖（籍）国的向心力方面，起着促进作用。②

华侨华人将中国的传统体育文化带到了移居地，中国的搏击技术和套路早在汉朝就已传入东南亚地区。清末至民国，大批中国人涌入东南亚地区，形成移民高峰。这一时期，许多华人华侨会馆和武术组织建立，开展武术运动，中华武术在东南亚地区得到了较快的发展和传播。20 世纪 70 年代末期以来，东南亚的华侨华人不断推动武术的国际化，从事武术运动

---

① 尚文：《"四海同春"彰显中国软实力》，《侨务工作研究》2007 年第 1 期，第 30 页。
② 《美国华侨华人与中国软实力》，2012—01—13，http://www.jsqw.com/html/dv _ 453176592. aspx。

的主体向其他族群延伸，武术的文化精髓愈发受到关注。①

加拿大渥太华有一个"加华文化中心"，它被华侨华人称为"华人之家"。该中心有多达 24 个长期或临时活动组，会员已达 200 余人，一年有近万人来此参加活动。他们在这里可以学绘画、练太极、习园艺、玩象棋、排舞蹈、讲史记……加华文化中心图书馆则成为传播中华文化的另一个亮点，已有藏书 5000 余册，光碟 400 多片，几乎可以与渥太华公共图书馆等量齐观。加华文化中心艺术团不仅有舞龙舞狮队，而且还有舞蹈队、合唱队、乐器队、腰鼓队等。文化中心还从中国购置了编钟、编磬等中国古代乐器，这在海外是非常罕见的。②

三是华侨华人身上展现的中华传统文化价值观。③ "文化发展、传播和多样化的模式具有与生物进化相似的特征"，都有其内在的遗传基因。文化基因是一个文化核心、本质的内在因素，也是"一个民族长久、稳定、普遍地起作用的思维方式和心理底层结构"。它决定着民族文化的特征和走向。中华民族是一个多元一体的伟大民族，中华文化的基因呈现丰富性和多样性，最基本的价值观体现和谐的内核。

在汉字中，和、合二字均见于甲骨文和金文。和，是和谐、和平之和；合，是结合、合作、融合之合。和合是实现和谐的途径，和谐是和合理想的实现。和合文化不仅要求个体身心和谐，还要求人际和谐、群体与社会和谐、人与自然和谐，体现"和为贵"、"天人合一"的哲学思想。孔子说："礼之用，和为贵。"和是处事、行礼的最高境界。孟子说"天时不如地利，地利不如人和"，他把人和看得高于一切。儒家强调人际关系"以和为美"，提出仁、义、礼、智、信等一系列伦理道德规范，其目的就是要实现人与人之间的普遍和谐，并把这种普遍的人和原则作为一种价值尺度来规范每一个社会成员。孔子明确提出"大道之行也，天下为公……是谓大同"，大同思想表达了中国人对和谐世界的一种向往。④

① 雷春斌：《中华武术在东南亚的传播》，《八桂侨刊》2002 年第 1 期，第 62 页。

② 《加华文化中心誉满加拿大首都渥太华》，《侨务工作研究》2011 年第 4 期，第 49 页。

③ 《美国华侨华人与中国软实力》，2012—01—13，http：//www.jsqw.com/html/dv_453176592.aspx。

④ 曹丽薇：《华人华侨，中华文化走向世界的力量》，《广州社会主义学院学报》2009 年第 1 期，第 49—50 页。

在中国传统的社会观念中，一直重视对文化的传承，如"诗书人家"、"书香门第"等始终受到推崇。传统的观念是重视教育、重视读书。早年移居海外的华人大多数是劳工，所受教育不多，甚至目不识丁，受传统社会观念的影响，十分重视子女的教育，他们一直希望自己的孩子"好好读书"，有一技之长，做个有知识有学问的人。在澳大利亚华人买房子也要择名校而居。在美国的华侨华人中，有一家父辈是餐馆的大厨，仅凭着他的一把勺，勤劳节俭，竟然把他的三个孩子都送进了美国的哈佛、耶鲁和西北大学这样的名牌大学。

中国传统的伦理道德观强调"孝为仁之本"，清明节始于古代帝王将相"墓祭"之礼，后来民间亦相仿效，于此日祭祖扫墓，历代沿袭而成为中华民族一种固定的风俗。清明节是中华民族的一种文化。子孙拜祭祖先，追思至亲先人事迹，表达孝悌。在国外的华侨华人仍然保持这种传统。他们回到山东曲阜孔子的故乡孔庙祭孔。孔子的后裔、曾子的后裔每年清明前后回到祖籍地进行祭祖。孝敬父母，老吾老以及人之老，幼吾幼以及人之幼的风气，成为海外华人的伦理道德规范，也成为华人共同的文化取向。[1] 华侨华人将中华民族心理特征中的很多优秀元素显现出来，从而进一步增加了对祖（籍）国的向心力。

海外华人中存在许多宗教团体与慈善机构。这里的宗教机构是指以正当渠道手段传播正当宗教的团体（含寺庙），如海外华人佛教、道教、天主教、基督教、伊斯兰教协会等。尽管各自的信仰有别，传道途径不一，但都在传播人类慈爱、友善、互助等普世价值。不少宗教团体还是慈善机构。有的宗教团体实际上以弘扬中华文化为己任，或将中华传统文化与本教教义有机融汇。它们的很多传道活动以华人为主要受众，以华文为主要载体。[2]

华侨华人虽身居异国他乡，但与祖（籍）国血脉相连，是向世界解释和宣传中国最好的"民间大使"，华侨华人展现民族精神，弘扬了中华文化，传递了和谐理念。

---

[1]　王琳：《中华传统文化与和谐侨社建设》，《侨务工作研究》2007年第3期，第37页。

[2]　高伟浓、范如松：《国家软实力与侨务工作研究》，国务院侨办政策法规司编：《国务院侨办课题研究成果集萃，2009—2011年》（上册），2011年，第20页。

二　传播方式

"文化传播的方式是很多的，不同的过程有不同的模式。"① 海外华侨华人是传播中华文化的一种天然的桥梁，华侨华人既是中华文化的"守望者"，又是"传播者"。事实上，在异国他乡的土地上，他们的存在本身就是一种文化载体。② 华文教育、华文报刊和华侨社团一向被称为华人社会的"三宝"或"三大支柱"。其中，华文教育对华人社会的存在和发展更是有重要的作用。③

华侨华人传播中华文化的第一种方式是华文教育。华文教育在华人"三宝"中最为关键，是其中坚支柱。广大华侨华人在海外兴办教育的历程大致可以分为三个时期：

首先是古代的华侨教育。在清末新式学制没实施前，华侨教育大都是以蒙馆、私塾形式出现，或设馆授徒，或为私人塾师，前者多设于会馆或寺院，后者则受聘于私人家庭，教师多为科举落第而到海外谋生的士人或星相巫卜之人，教授四书五经、珠算尺牍等。通过这种塾馆教育的传授，华侨社会也就承传和发扬了伟大的中华文化和民族精神。

据考最早的塾馆是 1691 年由荷印巴城的甲必丹郭郡观倡议下建立的义学，不久便停办。其实，在世界各地只要有华侨聚居的地方大都设有私塾义学，特别是在东南亚各国，如马来西亚于 18 世纪末的马六甲便有 9 间华侨创办的私塾，生徒有 160 多人。在新加坡 1829 年便已有三间私塾，到 1884 年华侨创举考试。在大洋彼岸的加拿大和美国，1875 年居住于前者维多利亚市的 50 户华侨也创办了书馆。在美国，光绪年间仅旧金山便有塾馆十余间，当时的侨生张兆祥还回国考取了秀才，一时成为士林佳话。

其次是近代的华侨教育。19 世纪与 20 世纪之交清朝末年内外交困，为摆脱困境，于是下昭定国是，废科举设学堂，奖励社会兴学，还派出学务专使，推动华侨教育；改良派也在海外鼓吹创办学校，革命派更是积极参与和推动

---

① 司马云杰：《文化社会学》，山东大学出版社 1987 年版，第 349 页。

② 《中国文化走出去 华侨华人是最好的文化传播体系》，2011—12—02，http://www.ccvic.com/html/wenhua/yaowen/putong/2011/1202/124272_3.shtml。

③ 周南京主编：《华侨华人百科全书》总论卷，中国华侨出版社 2002 年版，第 631 页。

华侨兴新学、办教育。于是海外华侨教育也进入了一个新的时期。

最早成立新式华侨学校的是横滨的中西学校（后改名大同学校），这是 1897 年革命党人陈少白与当地侨商冯镜如等开会发起组织的华侨学校，就与总理（孙中山）商议，总理提议命名为中西学校。翌年，东京和神户也分别建立新式华侨学校。在东南亚，最早的新式侨校是 1900 年在印尼巴城建立的中华学校。马来西亚第一间新式侨校是创办于 1904 年的槟榔屿中华学校。翌年新加坡也成立了养正学校。此后，泰、缅、菲等国也于 20 世纪最初十年先后分别成立新式侨校。在美洲的美加两国华侨也在 1909 年将原来的私塾义学改为新式学堂。据统计，到 1915 年上述华侨最多的各国，合计有新式侨校 252 所，学生 18900 人。该时期的华侨教育已完全建立起新式学校和教育制度，接受祖国教育部门的指导，所授课程包括：语文、算术、音乐、体育、英语、史地、公民、伦理等。

在此后的 20 年，从五四运动到抗日救亡运动，华侨教育在继承传统的私塾蒙馆和接受了新文化思想的基础上继续得到发展，从小到大，学校和学生越来越多，设备增加，校舍齐全，学校也逐步由初级向高级发展，过去办的多是小学，而此时则由小学到中学以至专科，还有师范、幼儿园及职业学校和夜校，这说明侨校的发展在质量上得到了提高。

再次是战后的华文教育，据统计，到 1949 年海外侨校有 4860 所，学生有数十万，由幼儿园、小学到大专院校都有，盛极一时。可是，随着国际形势的变化，到 50 年代华侨社会大多已逐渐变为华人社会，华侨教育也成为华文教育。由于各国情况不同，发展变化进程不一，到 50 年代末，侨校已日趋式微，一些国家如越南、缅甸和印尼等国已经消失，欧美国家的大多是业余的性质，目的只是学习华文而已。

进入 90 年代，情况又发生变化，海外华文教育又重现生机，过去对华文教育采取限制或消灭的那些国家改变了政策，实行适度开放宽松政策，如泰国、缅甸、菲律宾和印尼等；一些国家还掀起了"华文热"，如欧美和新加坡等。① 值得一提的是马来西亚华文教育。马来西亚是除新加坡以外的华人占全国人口比例最高的国家。华语在华人社会中被广泛使

---

① 罗晃潮：《华侨华人与中华文化海外传播》，《海外华人》，1994—2010 年，第 83 页。http://www.cnki.net。

用，这反映在日常生活、学校、商业、娱乐及媒体等。马来西亚华文教育在东南亚乃至全世界为一枝独秀，是除了中国大陆、台湾、香港、澳门地区以外唯一拥有具备幼儿园、小学、中学、大专等完整华文教育体系的国家。迄今为止，马来西亚有华文小学 1287 所，华文独立中学 60 所，大专院校 3 所。仅在沙巴州，就拥有国民型华校 80 多间，在校学生近 5 万人，其规模之大、普及之广可见一斑。①

现在全球已有 2200 个大学开设中文课程。美国大、中、小学校学习汉语的学生激增，2009 年已逾 5 万人。在中国的外国留学生，来自美国的学生有近两万人，来自韩国、日本的学生也达两万上下。"孔子学院"作为推广华文教育和文化交流机构，从 2004 年在韩国首尔创办第一所，仅仅 5 年时间，全球 83 个国家和地区已建立 268 所，另外建立"孔子学堂" 71 所。② 2009 年 12 月初，从孔子学院总部传来的最新消息说，全球 88 个国家和地区已建立 282 所孔子学院和 272 个孔子学堂，海外约有 4000 万人在学习汉语。此外还有 50 多个国家的 260 多个机构提出举办孔子学院的申请。③

需指出的是，越来越多的非华裔学生也选择到华文学校学习。有数字显示，在一些东南亚国家的全日制华文中小学和幼稚园中，非华裔学生约占 30%，有些甚至达到 50%。以菲律宾为例，在华人较集中的马尼拉地区，华校中纯华人血统的学生仅占 30%，首都以外的地区，华校中菲律宾血统的学生占了 70% 至 80%。④

华文教育传承和弘扬中华优秀文化，在促进华人社会和谐发展方面起到了重要作用。具体来说，这种作用表现在：一是培养了海外华裔青少年一代对于本民族和祖（籍）国的认同感，使得华人社会、华人社团后继有人。二是加强了来自不同地区的华裔移民、同一地区的新老移民、不同政见的华裔群体之间的沟通与理解，进而促进了华人社会的团结。见解不

① 深圳市侨办：《马来西亚华文教育考察报告》，《侨务工作研究》2006 年第 6 期，第 32 页。
② 梁淦基：《积极传播中华文化 华侨华人功不可没》，http://elite.youth.cn/lxs/201001/t20100121_1139550_1.htm。
③ 高伟浓：《软实力视野下的海外华人资源》，（马来西亚），学林书局 2010 年版，第 178 页。
④ 周聿娥：《东南亚华文教育》，暨南大学出版社 1995 年版。转引自许梅《东南亚华人在中国软实力提升中的推动作用与制约因素》，《东南亚研究》2010 年第 6 期，第 60 页。

同，甚至不相识的人，因为华文教育、因为孩子而走到了一起。三是促进了中华文化与华侨华人住在国文化的交流融通，加强了住在国政府和人民对华侨华人社会的理解。四是加强了华侨华人社会与祖（籍）国的联系，民族意识的苏醒与加强促进了华人社会的团结。可以说，华文教育是促进华侨华人社会团结进步、和谐发展的强有力的"黏合剂"。①

华侨华人传播中华文化的第二种方式是，包括华文报刊在内的华文传媒。华文报刊尤其是进步的华文报刊，在传播中华文化中发挥了重要作用。进步华文报刊虽然经历曲折、坎坷，但在传播中华文化、宣扬爱国爱乡情思、维护华人权益、吸收外来文化、促进与当地人民友谊等方面，都起到了不可替代的作用。② 近100多年来，世界华文报刊由无到有，发展迅速，作用明显，成效喜人。"世界52个国家和地区，出版过4000多种华文报刊；进入21世纪初，新加坡华人李金龙医师举办了中文报刊藏展，展出各类中文报刊700多种。"③

从海外华文报刊发展的历史来看，1854年在美国旧金山创办的《金山新闻》周刊，是华侨在海外创办的第一个中文期刊。1874年7月15日在旧金山创办的《旧金山中国新闻》，则是华侨在海外创办的第一家中文日报。自此以后，在华侨集中的南洋（今东南亚）旧本、美洲等地，相继创办了《叻报》（新加坡，1550）等。姚文华认为，世界进步华文报刊经历了两次高潮：

一次是在辛亥革命之前。当时由于清廷的残酷迫害，资产阶级改良派和革命派都无法在国内立足，包括孙中山、康有为、梁启超等领袖人物及活动分子，都纷纷避居国外，与志同道合的华侨和留学生创办报刊，在华侨中开展宣传和组织工作，并且都卓有成效。资产阶级革命派的舆论工具兴中会的第一个机关报《中国日报》（1900年1月25日创刊），就办在香港士丹利街27号。这家号称"中国革命提倡者之元祖"（见《民报》第19期所刊《代派香港中国日报》广告）的日报，"所以选择在香港出版，是因为它地处华南沿海，为清廷力量所不及，是资产阶级革命派早期革命

---

① 崔岳：《大力拓展华文教育 促进华社和谐发展》，《侨务工作研究》2007年第6期，第24页。

② 姚文华：《中外文化交流的桥梁》，《报刊史话》，社会科学文献出版社2011年版，第45页。

③ 任贵祥：《海外华侨华人与中国改革开放》，中共党史出版社2009年版，第344页。

活动的重要基地"。(方汉奇:《中国近代报刊史》)这一阶段,革命党人在香港创办的报刊还有《世界公益报》、《广东报》、《有所谓报》三家。在这之后,随着留日学生人数的增多(到 1906 年已有两万左右),具有资产阶级革命思想的青年,纷纷组织学生团体、创办革命报刊。他们创办的宣传爱国和革命的报刊有《游学译编》、《浙江潮》等数十种。在这个阶段,即 1900 年至 1905 年期间,南洋、美洲等地革命华侨办的报刊,主要有《植山新报》、《图南日报》、《大同日报》、《仰光新报》等。同盟会成立之后,革命派在东南亚、南北美洲、大洋洲等华侨聚居的地区,继续创办报刊。光东南亚影响较大的报纸就有近 20 家。在美国的植香山、旧金山,加拿大的温哥华、维多利亚,秘鲁的利马,澳大利亚的悉尼、墨尔本等华侨较多的城市,都办有革命派的报刊。

第二次是在抗日战争期间。抗日战争初期,日本帝国主义侵占了大半个中国,许多中国人逃居海外。亡国之恨,爱国之情,使移民中的文化人同当地爱国华侨联手创办报刊,宣传抗日救国。正如罗曼在《新加坡侨报话旧》一文中所说:"华侨热爱祖国,在抗日战争时期,华侨出钱出力,大力支持保卫祖国的战争,华侨报纸自然而然地积极声援祖国抗战。这个时期,也是新加坡侨报蓬勃兴旺的时期。"(《新闻研究资料》第 4 期)《南洋商报》、《星洲日报》、《南侨日报》等在宣传和组织爱国抗日活动中都起了卓越的作用。在泰国,抗日报纸有《真话报》、《全民报》。在缅甸有《中国新报》、《曼德勒报》、《缅京日报》、《侨商报》等。在美国,也有《救国时报》、《华侨日报》等。

世界华文报刊,不论是华侨、留学生办的还是华裔办的,除了在维护华侨正当权益、宣传爱国主义思想、促进与当地人民友好等方面的作用以外,它们的主要作用都是传播中华文化的阵地,沟通中外文化的桥梁。世界华文报刊起着不可替代的作用。这种作用,主要表现在如下三个方面:一是向侨众和侨居国人民宣传和介绍中华文化;二是向侨众和国内人民介绍南洋(东南亚)文化、西洋(欧、美)文化和东洋日本文化;三是扩大汉文字在世界的传播和影响。[①] 别林业在谈到巴西华文报刊的作用时指

---

① 姚文华:《中外文化交流的桥梁》,《报刊史话》,社会科学文献出版社 2011 年版,第46—47 页。

出：华文报刊"润物细无声"地输送中华传统、民族精神，在华侨华人与中华文化之间架起了一座无形的桥梁：传递的家乡信息，慰藉了华侨华人的乡情；反映的祖（籍）国改革开放成就，增强了华侨华人的凝聚力和向心力；报道的侨社动态，和谐了侨团之间的关系；发表的华侨华人心声，促进了华人社会的健康发展。①

此外，还有华文广播、电视，及现代新兴的网络信息等。海外华侨开办广播电台最早始于 20 世纪 30 年代，到 80 年代海外华语广播电台得到了大的发展。北美和东南亚原有的华语广播电台继续播音，在欧洲、非洲、南美洲也陆续建立华语广播电台。据不完全统计，截至 90 年代中期，海外华语广播电台先后开办 60 多家，其中北美洲 34 家（美国 25 家，加拿大 9 家），欧洲 9 家，大洋洲 9 家，东南亚 8 家，非洲 2 家，南美洲 1 家。②

电视是现代传媒之一。华语电视在美国最早出现是在 20 世纪 70 年代初，洛杉矶、纽约、旧金山是美国早期华语电视的三个发源地。华语电视走向发展阶段是在 80 年代以后。加拿大华人企业家于 1984 年创办了加拿大中文电视有限公司。至 1996 年初，北美地区 11 个城市共有华语电视台 35 家，其中使用卫星直播的有 6 家。20 世纪 90 年代，中文电视在欧洲兴起。1992 年 11 月，欧洲华人电视台——"欧洲东方卫视"在英国伦敦正式成立。在东南亚国家、日本和澳大利亚都有华语电视台。③

海外华侨华人还利用中文网络与祖国家乡联系。美国华人在信息产业方面获得成功。早在 20 世纪 60 年代，王安的电脑公司就开始研究中文电脑语文系统，1975 年推出世界第一套包括软硬件的中文电脑，以后又研制出中文数据库、中文通讯等软件。1998 年，杨致远的雅虎正式推出中文繁简体网站搜索系统。新浪网是目前世界上最大的中文信息网站。新加坡联合早报网站也是全球影响最大的中文信息网站之一。截至 2003 年，欧洲影响较大的华文网络媒体有 5 家，加拿大有华文互联网站 60 家，澳洲华文互联网上百家。1999 年夏，南美洲巴西推出"世界中国城"和

---

① 别林业：《浅谈巴西华文报刊与华人社会的关系》，《侨务工作研究》2008 年第 2 期，第 39 页。

② 任贵祥：《海外华侨华人与中国改革开放》，中共党史出版社 2009 年版，第 354 页。

③ 同上书，第 355 页。

"巴西中国城"两个华文网站。①

　　文化是一个民族的根基，丧失了民族文化，便丧失了民族性。华文传媒的出版、发行、传播，为华人学习中文提供了一个良好的环境，也为维系海外华人族群提供了条件。② 华语电视和网络推动了华侨华人与祖籍国的交流与合作，进而丰富了所在国的文化。总之，"海外华文传媒在华侨华人中具有重大影响力，对主流社会也有不同程度的影响，成为沟通海内外资讯、传递政声侨意的重要管道，是营造与海外侨胞和谐关系的重要阵地"。③

　　华侨华人传播中华文化的第三种方式是侨团。侨团对于侨社的发展非常重要，如果说侨社是大厦，侨团就是支撑大厦的一根根支柱。近二十年来，为顺应全球化的大趋势，同时在经济利益和天然的华侨华人"五缘"（地缘、亲缘、业缘、神缘、文缘）网络的驱动下，国际性的华侨华人社团组织和活动出现较为活跃的态势。海外华人社团发展更加细化，社团类型层出不穷，除地缘型、宗亲型的社团外，专业性社团越来越多，社团之间的关系比以往更加紧密，社团的规模不断壮大，区域性、世界性的社团不断增加。如今的海外华侨华人社团的功能也有了变化，即从早期华社内部的帮扶、互组、联谊等一般性功能，发展到当前的华人融入主流社会、维护华社自身利益、协调华社与其他族群关系、扮演居住地与祖（籍）国友好使者等丰富多元的立体型功能。④

　　会馆在中华文化传承中发挥了重要作用。当代社会，知识和教育推动着社会的发展、人类的进步。在为同乡提供种种便利的同时，许多会馆就提出了兴资办学的理念以更好地服务大众，回馈社会。例如，新加坡的福建会馆在 1906 年创办的道南学校、海南会馆集资创办的育英中学、福清会馆创办的培群小学、兴安会馆创办的宏文学校。宏文学校的校训与使命是"培养有信心，有道德修养，并热爱艺术与中华文化的年轻一代"。为了把弘扬中华文化的目标融入学校的办学理念中，学校把华乐、象棋、围棋、书法、中国水墨画、武术等编入小一到小五的课程中。由此可见，

①　任贵祥：《海外华侨华人与中国改革开放》，中共党史出版社 2009 年版，第 356 页。
②　彭伟步：《东南亚华文传媒的媒介功能与前瞻》，《东南亚研究》2002 年第 3 期，第 47 页。
③　林琳：《努力促进与海外侨胞关系的和谐》，《侨务工作研究》2008 年第 3 期，第 31 页。
④　钟大荣：《力推网络时代的华侨华人社团建设》，《侨务工作研究》2011 年第 3 期，第 31 页。

新加坡的会馆不仅仅是传统意义上的会馆，它更是"一种文化"，"一种精神"和"一个使命"。①

　　海外华人专业人士组织了针对华人专业人士的自治组织。如20世纪90年代初在北美相继成立的全美金融协会，加拿大中国专业人士协会。在欧洲，比较有影响力的华人专业协会包括德国的全欧华人专业协会、英国华人金融协会和法国华人金融协会等。在大洋洲，也活跃着如南澳华人专业人士协会等华人专业组织。随着中国与世界经济接轨，以及海外华人专业人士群体继续壮大，这些华人专业组织在促进中外交流，服务国内发展等方面扮演了重要角色。② 海外华侨华人社团经常举办一些具有传统中华文化活动的世界性的联谊会。通过这些强调某种特定的方言或地缘群体的特殊性以及有关的文化活动，有助于加强海外侨胞对祖籍地的认识，可以使年轻一辈的华侨华人了解其祖先的文化并进而对会馆的活动产生兴趣，为世界各地的同乡同宗提供了一个重温并强化某种群体意识的机会。另外，文化交流的扩大与深入刺激了世界范围内华侨华人对中华文化的认同。一个正在崛起的中国在文化上对全球华侨华人产生一种辐射源作用，使海外华侨华人保持自己语言和文化的客观环境得以改善。③

　　总之，华文教育事业具有非常重要的战略意义。一方面，学好中文对中华民族保持民族的特性非常重要；另外，重视华文教育，对华人华侨在驻在国当地的发展非常重要，可以更好地与中国进行经济、文化等方面的交流；此外，学习好中文，对促进中华文化与各国优秀文化的交流、交融，增进中国与驻在国的友谊非常有好处。④ 植根于华社的海外华文传媒为当地侨胞提供了丰富的食粮，为传递祖（籍）国乡音乡情，为传播中华文明，为促进华侨华人融入当地主流社会，为促进祖（籍）国与住在

　　① 黄豪庭：《会馆在中华文化传承中的作用》，新加坡《联合早报》，引自《华侨华人资料》2012年第4期，第42页。

　　② 孔祥明：《海外华人专业人士的生存现状》，《侨务工作研究》2008年第6期，第45页。

　　③ 《华侨华人文化的传播与构建和谐世界》，2012—08—14，http：//365jia.cn/news/2012—08—14/0FB13347FD0C4E41.html。

　　④ 中新社伦敦四日电：《海外华文教育战略意义重大》，2009—08—05，http：//news.jinti.com/jiaoyu/236445.htm。

国之间的友好往来，发挥了不可替代的桥梁纽带作用。① 郭东坡说，华人社团对于华人来说意义重大，中国人移居海外已有上千年历史，由于客观需求和思乡情结，"结社"成为华侨在海外生存和发展的必然选择。郭东坡概括了华侨华人社团的历史功能，认为他们至少在三个方面发挥了重要作用：联络亲情乡谊，共谋侨社福祉，促进华侨华人的生存和发展。华侨华人社团的形成和发展，是数千万华侨华人能够在海外繁衍生息、熠熠生辉的重要原因，在步入新世纪的今天，仍将继续发挥不可或缺的重要作用。② 郭东坡还认为社团的作用表现在：促进华侨华人融入当地主流社会，与当地人民和睦相处，推动住在国的经济发展和社会进步。致力华文教育，为弘扬中华文化不遗余力。关心和支持中国的革命和建设事业，为中国的和平统一大业做出了巨大贡献。增进住在国与中国的友好往来，在促进经贸、文化、科技等领域的合作交流中起着桥梁作用。华侨华人社团已成为沟通中外友好关系的使者。

三 传播功能

华侨华人在海外传播中华文化，增强了中国与其他国家的相互理解，加深了中外人民之间的友谊。弘扬中华优秀文化有利于增强海外侨胞的民族认同感和凝聚力，促进民族伟大复兴。弘扬中华优秀文化，展示了侨胞良好形象，有利于华侨华人更好地融入住在国主流社会，从而进一步展示当代中国新形象。

1. 华侨华人在海外传播中华文化，增强了中国与其他国家的相互理解，加深了中外人民之间的友谊。

我们以"百人会"为例。"百人会"（Committee of 100）成立于1989年，是一个由美国华裔精英组成的非营利组织，其成员来自学术、商业、法律、政府部门、科学和艺术等领域。由于其精英角色和华裔身份，美国"百人会"及其成员不但在美国华人社会的发展中发挥了独到的作用，也

---

① 张冬冬：《十年论坛壮华声 华媒高层新期许——第六届世界华文传媒论坛呼吁共建国际话语新体系》，《侨务工作研究》2011年第5期，第131页。

② 《郭东坡谈华侨华人社团五大重要作用》，2001—06—20，http：//news. sina. com. cn/c/281897. html。

一直为促进中美的相互理解和中美关系的平稳发展而积极努力。美国
"百人会"在中美关系中的作用体现在以下几个方面：一是，"百人会"
经常举办有关中美关系的专家、官员研讨会，以此促进中美的相互理解，
推动中美关系的健康发展。二是，通过访问中国，拜会中国领导人，对中
美关系的健康发展建言献策。三是，通过推动华人参与世博会等活动，增
强中美两国人民之间的友谊。①

再以日本的侨团为例。日本的爱国友好侨团历史上在团结、组织旅日
侨胞反对日本右翼和国民党在日势力对新中国的敌视，动员和输送青年侨
胞回国参加社会主义建设，支持和促进中日邦交正常化等方面做出了重要
贡献。改革开放以来，新老侨团持续秉持爱国爱乡的优良传统，在促进中
日两国友好交往方面发挥了重要作用，影响日益突出。2001 年，日本华
侨华人社团联合会等主要侨团承办了全球华侨华人"反独促统"东京大
会，成为最成功的全球"反独促统"大会之一，给"台独"势力以沉重
打击。2008 年，日本主要侨团发起了声援北京奥运火炬传递活动，6000
多名侨胞和留学生赶赴长野，抵制了日本右翼和"藏独"分子的干扰，
保证了长野火炬传递的顺利成功。②

2. 弘扬中华优秀文化有利于增强海外侨胞的民族认同感和凝聚力，
促进民族伟大复兴。

华侨华人长期生活在海外，与住在国民众联系广泛，熟悉中外文化，
熟悉海外文化市场的运作模式和发展趋势，在推动中华文化走出去中具有
独特优势，担负着重要使命。③ 海外侨胞把我们的价值观念、社会制度、
发展模式真实地展示出来，提升整个国家的吸引力和感召力，提升整个中
华民族积极正面的形象。④

弘扬中华优秀文化是每一位中华儿女义不容辞的使命和责任。数以千
万计的散落在世界各个角落的海外华侨华人正扮演着重要角色。在中华文

① 陈奕平：《美国华侨华人与中国软实力》，《侨务工作研究》2011 年第 1 期，第 35 页。
② 刘敬师：《浅谈日本侨团的几个特点》，《侨务工作研究》2012 年第 1 期，第 41 页。
③ 《"华侨华人与中华文化走出去"研讨会在甘肃召开》，2012—06—26，http：//
news. china. com. cn/rollnews/2012—06/26/content_ 14841262. htm。
④ 郑岩：《凝聚力量　发挥优势　创建侨务文化建设工作》，《侨务工作研究》2012 年第 1
期，第 1 页。

化的耳濡目染中成长起来的海外华侨华人，仍然保留和延续着中华文化的元素，并且给其居住地打上了深深的中国烙印，在异国他乡的土地上，成为传播中华文化的天然桥梁和向世界展示中国文化的重要窗口，在世界范围内推动中西文化的交流与融合。①

目前，新加坡许多宗乡社团如福建会馆、海南会馆、金门会馆、同安会馆、福州会馆、晋江会馆等，都开设了与中华语言文化有关的各类课程。海南会馆于1988年开设的文史班已经坚持多年，文史班开课至今深受新加坡社会欢迎，每期学员都达150人之多。②

中华文化源远流长，光辉灿烂，为人类文明作出了重要贡献，是海内外中华儿女自强不息、团结奋斗的强大精神动力。弘扬中华优秀文化，传播中华文化，可以增强中华民族的凝聚力，在世界范围内推动多种文化的交流与融合。

3. 弘扬中华优秀文化，展示了侨胞良好形象，有利于华侨华人更好地融入住在国主流社会，从而进一步展示当代中国新形象。

我国有5000万海外华侨华人，他们有着强烈的爱国爱乡的观念和感情，秉承中华民族勤劳刻苦、勇于拼搏的优良传统，为世界各地的发展贡献良多，树立了中国人的良好形象。华侨华人已成为传播中华优秀文化的重要载体，以优秀传统文化为纽带，加强中国与世界的全方位交流，有利于增强世界对中华文化的了解和认同，建立中国良好的国际形象，促进世界和谐，提升中国的软实力，早日实现中华民族的伟大复兴。③

弘扬中华优秀文化有利于增强海外侨胞的民族认同感和凝聚力，促进民族伟大复兴；展示侨胞良好形象有利于更好地融入住在国主流社会，从而进一步展示当代中国新形象。南非中文《非洲时报》报业集团董事长、南非华人警民合作中心主任和中国海外交流协会海外常务理事吴少康说，弘扬中华优秀文化有利于增强海外侨胞的民族认同感和凝聚力，促进民族伟大复兴；展示侨胞良好形象有利于更好地融入住在国主流社会，从而进

---

① 姚志胜：《香港华侨传播中华文化 地位无可取代》，2012—05—24，http：//www. sxgov. cn/edu/edu_ content/2012—05/24/content_ 1853780. htm。

② 章必功、傅腾霄：《移民文化新论》，人民出版社2010年版，第299页。

③ 姚志胜：《香港华侨传播中华文化 地位无可取代》，2012—05—24，http：//www. sxgov. cn/edu/edu_ content/2012—05/24/content_ 1853780. htm。

一步展示当代中国新形象。①

华侨华人并未因为接受了主流文化的影响而抛弃族裔认同和对中华文化的认同，这是因为传统文化的心理层面，即由于血缘和历史等原因长期积淀而成的民族习俗、心理意识及思维模式等，具有极强的稳定性和延展性。②

在日益全球化的今天，单靠硬实力已难以赢得世人的尊重，而对一个国家和民族而言，只有文化的魅力才能保持长久的影响。东南亚华侨华人作为中国文化在海外的传承者，他们通过华文教育、华文传媒和华人社团三大法宝，在促进中华文化与当地主流文化不断交融的过程中，将中国文化中最基本的价值观——和谐的内涵传递到所在国，不仅参与了促进东南亚多元和谐社会的建设与发展，也提升了中国在东南亚的软实力。③

华侨华人是中国形象的重要组成部分，也是中国国家形象、国民形象建设的重要考虑因素，他们居住在国外，熟悉国际文明标准特别是居住国的文明标准，往往以国际文明标准来衡量、评判中国国内同胞的表现，华侨华人可以帮助提高中国的形象。除了他们在居住国的自身良好举止有助于提高中国国家形象外，他们还可以利用与居住国政府机构与居住地民族的特殊关系，通过各种方式，帮助提高中国的国家形象和国民形象。④

总体来说，华侨华人在海外传播中华文化，增强了中国与其他国家的相互理解，加深了中国与其他国家人民之间的友谊，增强了海外侨胞的民族认同感和凝聚力。弘扬中华优秀文化，展示了侨胞良好形象，有利于华侨华人更好地融入住在国主流社会，从而进一步展示当代中国新形象。通过中华文化的传播凝聚侨心，提升海外华人在当地的社会地位，同时对于促进世界和谐具有重要意义。

---

① 《进一步强化对海外华侨华人弘扬中华优秀文化、展示侨胞良好形象》，2012—6—27，http：//bbs. netbig. com/thread—2292711—1—1. html。

② 《美国华侨华人与中国软实力》，2012—01—13，http：//www. jsqw. com/html/dv_453176592. aspx。

③ 许梅：《东南亚华人在中国软实力提升中的推动作用与制约因素》，《东南亚研究》2011年第6期，第60页。

④ 高伟浓、范如松：《国家软实力与侨务工作研究》，国务院侨办政策法规司编：《国务院侨办课题研究成果集萃，2009—2011年》（上册），2011年，第39页。

汉文化在印尼的传播与变迁
——以印尼三宝垄市为例

郑一省

（广西民族大学民族学与社会学学院）

引　言

汉文化作为中华文化的核心部分，在印尼的传播应该始于中国移民移居当地。从中国史籍的记载来看，中国与印尼的关系始于东汉时期。据范晔的《后汉书》记载，东汉顺帝永建六年（131），位于爪哇西部万丹的叶调国派使节从日南到达洛阳，向东汉朝贡。[①] 这是印尼爪哇古国同中国发生官方友好交往和贸易关系的最早的文字记载。应该说，随着中国与爪哇古国的交往，中国商人或移民便开始有机会前往印尼爪哇经商或定居在那里。一位阿拉伯游历家马素提，在其撰述的《黄金牧地》一书中记载了他途经印尼苏门答腊东南部的沿海地区所看到的情况。他看见有许多中国人在此从事耕种，尤其是在巴邻旁（巨港）一带，中国人最为集中。这段由外国人记载的史料，为中国移民在印尼居住的最早记录。[②]

三宝垄（Semarong）是印尼中爪哇省的首府，也是印尼的三大港口之一。据资料记载，公元八九世纪印尼夏连特拉王国期间，现今的三宝垄城区是一片汪洋。经过几个世纪泥沙的沉积，爪哇北岸半岛形的勃尔

---

① 范晔：《后汉书》，卷六。
② 李长傅：《中国殖民史》，商务印书馆1937年版，第60页。

高达（Bergoda）向北延伸，逐渐形成后来三宝垄城区的土地。① 目前，居住在三宝垄的除了爪哇人外，还有华人、印度人和欧洲后裔，等等。

一般认为，华人移民在三宝垄的开发与建设中扮演着十分重要的角色。笔者曾于 2008 年 1 月、8 月，2010 年 3 月至 5 月，2011 年 7 月至 8 月先后四次前往三宝垄，也目睹了当地华人的成就。无论在当地的建筑、文化，还是宗教等方面都与华人的贡献分不开。

一　三宝垄华人的历史与现状

从印尼的地图来看，三宝垄位于印尼爪哇的中部。至于中国移民是何时到达三宝垄的，有关这方面的确切记载可见于一些国外的史料。如西方学者莱佛士的《爪哇史》和坎贝尔的《爪哇的过去和现在》，便记载了中国移民到达三宝垄的事件："大约这个时期（即爪哇的赛伽历 846 年，亦即公历 942 年），爪哇被认为同中国发生了首次往来：有一艘大的中国三桅船，在爪哇的北海岸失事，全体船员上了岸，有些人在扎巴拉附近，其余在三宝垄和直葛。"② 这是目前最早记载华人到达三宝垄的史料。当然，莱弗士和坎贝尔他们所记载的这些资料并不是他们亲身经历的，不过，由于到目前为止没有其他更为明确和可信的文字记载，所以他们的记载仍不失为珍贵的文献资料。

20 世纪 30 年代初，有一位印尼土生华侨记者兼作家和历史学家林天佑，研究了当地华人公馆所存的档案资料和荷、英学者的著述之后，写出《三宝垄历史》一书。他判断郑和是在 1416 年（明永乐十四年）第五次下西洋时来过三宝垄，登陆于今三宝垄西北郊区塞蒙安河（Kali Semon-gan）河口，并在河畔附近的一个洞穴扎营；随之而来的华侨，最初也定居在郑和扎营的这一带地方。虽然有学者对林天佑有关郑和到达三宝垄的记载提出了一些不同的看法，不过，正如中国学者朱杰勤先生所说的："郑和是否到过三宝垄和王景弘是否留在印尼的事，中国史书没有记载，

---

① ［印尼］R. 穆罕默德·阿里：《印尼与东南亚》，《星星》周刊，第 791 期，1961 年 2 月 25 日，第 31 页。

② 莱佛士：《爪哇史》，吉隆坡牛津大学出版社 1965 年版，第 92 页。

但我们不能认为没有记载，就完全否定这件事情，而且古代传说往往不可能与历史事实截然分开。三宝垄的华人从不怀疑郑和来过三宝垄，而且在今天岩穴地址附近登陆，也确实在此地立庙纪念他。不论有无其事，最早在三宝垄建立居留地的就是中国商人，辛勤开发这个地区的也是中国人，这是大家承认的。"①

根据以上国内外不同史料的记载，我们不妨可以这样说，10世纪已有华人陆续移民到三宝垄，而大量华人移民三宝垄的时间应该始于15世纪。

从资料来看，移居到三宝垄的华人，早先主要居住在三宝垄的郊区，即三保洞周围，一是这里离港口较近，二是大家认为这里风水较好，可托福于三保公。后来，一些华人也移居到三宝垄市内。到荷兰殖民统治时期，为了防范华人结党成群，荷兰人便下令住在三保洞的所有华人迁移到三宝垄市内。"这样做，首先可以监视他们的活动，其次还可以避免他们同内地的华人取得联系。"② 为此，荷兰人为华人划定出专门的居住区。这样，三宝垄的华人便聚集在一条被称为"福溪"（三宝河）的河流所环绕的华人区中，即卡里加韦街（Kaligawe）、阿明安街（Ambengan）、贝杜东安街（Petoedoengan）、巴科占街（Pekodjan）、宾吉尔巷（Gang Pinggir）、瓦弄巷（Gang Waroeng）、贝森巷（Gang Besen）、腾阿巷（Gang Tengah）、甘皮兰巷（Gang Gambiran）、峇鲁巷（Gang Baroe）、十九间街（Tja-kauw-king）、克朗甘街（Kranggan）、甘邦马来由（Kampoeng Melajoe）和贝达马兰街（Pedamaran）。虽然，华人的这种居住格式随着时间的推移有所变化，即华人已逐渐分布到整个三宝垄市区，但大多数华人仍然居住在以上所指的这些街道。

三宝垄的居民，大多数是爪哇族。根据当地一些年份的人口普查数字，1920年爪哇族人占当时整个居民158036的80%，1955年在大约360000人口中，爪哇族人占81%，而生活在三宝垄的华人在1920年统计有19727人，大约占总人口的12.48%，而1955年华人约有60000人，大

---

① 朱杰勤：《东南亚华侨史》，高等教育出版社1990年版，第26页；
② ［印尼］林天佑：《三宝垄的历史》，暨南大学华侨研究所1984年版，第30页。

约占总人口的 16.7 %。①

　　三宝垄是华人特别是富裕华人商贾比较集中的城市。当时有像马森泉那样的大财主，还有像黄仲涵那样闻名于世界的"糖业大王"。早期华人移民在三宝垄主要从事开发和经营商业，也从事中国到印尼的贸易和印尼国内的贸易。他们从事的行业除了商业和贸易外，也进行制糖、酿酒、制花生油、制蜡烛和承包业等。由于华人商业的繁荣和移民人数的不断增多，荷兰人还专门在华人中设置了甲必丹、雷珍兰和玛腰等官职，以便其管理华人内部的事物。从 1672 年起，荷兰人在三宝垄共任命了 16 名华人甲必丹、20 名雷珍兰和 10 名玛腰官员等。②

　　与其他地区的华人一样，三宝垄华人也建立了自己的社团。最早的华人社团，是 1876 年建立的"文献堂"。至 1940 年，三宝垄的华人社团达16 个，其主要有中华会馆、中华商会、中华国语会、南星剧社、中爪哇客属公会、旧鲁国公会、新鲁国公会、牙科公会、南安会馆、惠侨同乡会、广肇会馆、福清会馆、三万兴、和合会、文献堂、公德祠等。当时，三宝垄华人的学校有华英中学、中华学校、正谊学校、大中学校、中南学校和中山学校。③

　　目前，三宝垄的华人仍在当地的经济社会发展中起着重要作用。在2005 年当地的人口数字中，华人有 30 多万，占当地总人口 189 万的15.87 %。④ 三宝垄华人社会虽一般认为是福建人（闽南、金门）的比重较大，但实际上华人的组成成分并不单纯，除去闽南人、金门人等外，尚有五六个不同的方言群，这些方言群主要有福建人、客家人、潮州人、广府人和海南人，等等。

　　当前，三宝垄华人各方言群组织了不同的社团，其主要有八大社团，即三宝垄客家公会、三宝垄广肇会馆、三宝垄福清会馆、三宝垄闽南公

_____

　　① ［美国］韦尔莫德：《三宝垄的华人少数民族》，康纳尔大学 1960 年版，第 7—9 页。

　　② 有关三宝垄甲必丹等官职的华人名单可查这些书籍：［印尼］林天佑：《三宝垄历史——自三保时代至华人公馆的撤销》，暨南大学华侨研究所 1984 年版；［美国］韦尔莫德：《三宝垄的华人少数民族》康纳尔大学 1960 年版；刘换然：《荷属东印度概览》，星加坡南洋报社，民国二十九年版。

　　③ 刘换然：《荷属东印度概览》，星加坡南洋报社，民国二十九年版，第 51—57 页。

　　④ 《1876—2006 *Pecinan Semarang*: *dai boen hian tong sampai kopi semawis*》，Penkumpulan Sosial Rasa Dharma, p. 12.

会、中爪哇三宝垄潮州乡亲公会，三宝垄垄华福利基金会、三宝垄华英基金会和文献堂，等等。

从笔者调查的资料来看，三宝垄 50%—70% 的经济活动与华人有关。当地华人大多数以经商为生，商业方面主要是药业、物资批发，工业方面则是塑料、铁皮、布匹等产品制造，也有许多华人涉足钢铁、机械等行业而成为大企业家。比如，三宝垄的侨领何隆朝先是投资针织厂，后投资塑胶编织企业、录音带厂等，最后创建了一个拥有 4000 多人的宝利公司。①

二　汉文化在三宝垄的传播

一般认为，传播是文化载体和"社会水泥"，是人类文明和社会进步的助推器。移居到三宝垄的早期华人移民，基本上都是汉族。他们到达该地后，大都以经营小商贩、捕鱼和手工业等为主，在与当地人一起建设三宝垄的同时，也将汉文化传播到当地。

（一）建筑文化的传播

在三宝垄，随处都可以看见"中国式"的建筑，特别是在那个被称为三宝垄唐人街的"十九间"街（Tja-kauw-king），基本上都是这种建筑。所谓"十九间"，即华人在此地最早建的十九间房子，而后成为三宝垄唐人街的核心地段。在这个"十九间"街，可以看到类似中国南方的传统街道样式"骑楼"。（图1、图2）

这种"骑楼"式街道与福建和广东的传统街道非常相似，其建筑平面的基本特点是平面的首层前部为人行道，一般深 1 至 2 米，后部为商店，二层以上为住宅，住宅前部突出于商店，跨越人行道上部。在立面造型上，这种骑楼可分为三个部分，即廊部、楼部和楼顶。不过，三宝垄十九间街的"骑楼"的廊部，不像广东和福建的那样有梁柱子，而这种"骑楼"是以一户一户人家的房子紧挨而成的，其净高一般只为 4 到/至 6 米。十九间街的"骑楼"是华人传播带到当地的建筑样式，不过它也正

---

① 丁建、晓闻：《千岛之国阅沧海》，中国华侨出版社 2005 年版，第 226 页。

适应了印尼的热带气候，既可遮阳光挡风雨，而且还突出华人经商的实用性，以及聊天、纳凉的生活情绪。

图1　三宝垄"骑楼"的历史照片

图2　现在三宝垄的"骑楼"

　　除了"骑楼"街道建筑，建筑文化也体现在当地华人的民宅之中。在三宝垄，许多华人的住宅呈现出儒家"天人合一"的特征。即儒家主张人与自然的调和、协和、和谐，这是中国传统文化的主流，也是汉文化的精髓。按照儒家天人和谐的原则。自然是一个大宇宙（宏观宇宙），而人是一个小宇宙（微宇宙），一个人必须按照宇宙的规律生活和行动。在当地华人民宅的建筑结构里，有许多屋顶是弧形的，好像是天穹，其象征着"天"。（图3、图4）

图3　三宝垄沿河华人建筑

图4　福溪（三宝河）沿岸的华人建筑

　　而在当地华人住宅的屋中，几乎每家传统的房屋中都有一个"天井"，这是房子的宇宙中心，它与大宇宙（宏观的宇宙）相接，人便可以通过它接近宇宙中心而生活。在屋里还有专门祭祀祖先的神龛，每日的敬香和逢年过节的拜祭，都可以通过这个神龛而到达远在天国的列祖列宗，获得他们的保佑，从而使家庭与宗教的场所融为一体。此外，华人的住宅通常都临近街面，其外屋便成为商铺，自家的商铺与隔壁家的商铺之间紧密相接，没有距离，人与人之间和谐的意义也在这里表现得淋漓尽致。因此，从三宝垄华人的民居建筑来看，其不仅仅是考量建筑的位置和它的实际用途，更重要的是表现了建筑物或家庭应该是保持宇宙内部和外部的和谐。

　　当地华人建筑与汉族传统建筑还有一个相类似的地方，就是许多房屋有"山墙"。这些"山墙"各式各样，不过最基本的大概有三种形制，即人字形、锅耳形和波浪形（图5）。

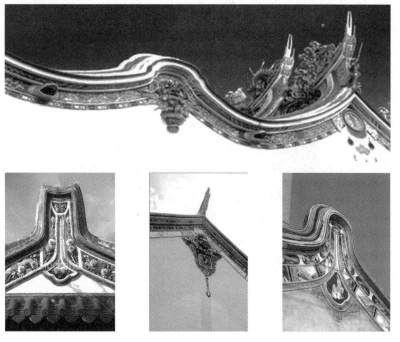

图 5　三宝垄华人建筑的"锅耳形"、人字形和波浪形的山墙

　　按照中国传统的建筑原理，人字形的山墙比较简洁实用，修造成本不高，而锅耳形的山墙，线条比较优美且变化大，实际上它是仿照古代的官帽形状修建的，取意前程远大。至于波浪形的山墙，造型起伏有致，讲究对称，起伏多为三级，它应该是锅耳墙的变形，更像古代的官帽。从三宝垄华人建筑可以看出，人字形山墙主要见于普通民众的民宅，锅耳形的山墙一般见于较为富裕的民宅中，而波浪形的山墙主要见于一些庙宇的建筑。

　　三宝垄华人的建筑文化，还体现在重风水的传统。这特别表现在一些庙宇建立的方位上。在三宝垄的唐人街，其四周的庙宇就有寿福庙、泽海庙、西河宫、威惠宫、大觉寺、指南斋、东壁庙和灵福庙等。这些庙宇有许多是按照风水学的原理来建造的。曾著《三宝垄历史》一书的林天佑就写到，1753年三宝垄的第一间庙宇大伯公庙（现名为寿福庙）建成，其庙址有意地选定在十九间入口处，是因为华人通常相信，一切灾祸都是从入口处来的，但如果有土地公守住这个街口，灾祸就不会来临了。而大约过了三年之后，郭史家族的华人发起建立了一间祠堂，来纪念郭六官。地址就选在三宝垄河的南岸，因为有人说这里风水好，这就是现在大家所知的郭六官庙（目前称之为泽海庙），它坐落在十九间街和甘皮兰巷（Gang Gambiran）的交叉路口。[①]（图6）

图6　十九间入口处"寿福庙"

---

　　① 〔印尼〕林天佑：《三宝垄历史——自三保时代至华人公馆的撤销》，李学民等译，暨南大学华侨研究所1984年印，第49—50页。

图7　十九间街和甘皮兰巷交叉路口的"择海庙"

　　三宝垄华人的庙宇建筑既有重风水的特点，也具有中国式的建筑风格，即使华人在当地建造的清真寺也体现了这种痕迹。新加坡学者李炯才在谈到三宝垄的三保庙时认为，它"类似中国南部回教寺院的风格——它们具备着东方的、宝塔型的建筑，高高的柱子，平坦而平行的屋顶，弯曲的屋檐，高耸的拱、宽阔的厅堂，以及迂回的走廊"。他在对比广州的几座清真寺后又写道："华南回教堂的建筑和设计，跟那些相传为三宝太监所建的回教堂，确有相似之处，但却跟苏门答腊和马来西亚的圆顶回教堂迥然不同。"①

　　自华人移居到三宝垄以来，华人在当地所建的住宅和各种宗教建筑，突出体现了汉族的建筑风格，对当地的建筑文化起着一定的影响。比如，在三宝垄一些爪哇人的住宅，其大门的两侧通常都会装饰有海龙蛇的图案，这种图案显然是受到了中国装饰艺术的影响，旨在驱邪禳灾。正如一位印尼的学者阿古斯·苏佐第指出的，在三宝垄有一些名为"三宝垄式"的房舍，其屋顶与中国房舍的屋顶有类似之处。印尼居民住在这种"三宝垄式"的房舍，表明他们对于中国风格的建筑给予了应有的评价，反

----

①　孔远志：《印度尼西亚马来西亚文化探析》，南岛出版社 2000 年版，第 240—241 页。

映了中国文化在爪哇的影响是何等之深。①

（二）宗教信仰文化的传播

从历史和现实来看，三宝垄的华人既是推动当地经济和社会发展的中坚力量，也是繁荣当地文化，特别是兴盛宗教信仰文化的建构者和促进者。可以这样说，三宝垄华人的宗教信仰文化渗透于大众的生活之中，是当地华人文化的重要组成部分。在三宝垄，神灵信仰构成了当地华人社会的基本特质，也构成了其社会形貌的象征展示方式。三宝垄华人的宗教信仰类型，主要有三教和民间信仰。

1. 三教

三教是印尼华人宗教体系的一个独特现象。所谓三教，即儒教、佛教和道教的合称。据学者研究，印尼的三教有两个不同的组织。一个是由土生华人郭怀德于 1934 年在印尼创办的"三教会"（Sam Kauw Hwee），其宗旨在于统一、弘扬和实践三教。而在印尼独立后不久，华人又于 1952 年成立了"三教联合会"。另一个是由泗水华人王基财在 1965 年"九·三〇"事件后，为了保护华人庙宇而成立的。1967 年 5 月东爪哇华人首先成立"东爪哇三教庙宇联合会"；1968 年 12 月又成立"全印尼三教庙宇联合会"，全印尼各岛千余间华人庙宇改为"三教庙宇"得以合法存在。②在苏哈托统治时期，由于儒教和道教被认为源于中国，不利于华人的同化，所以受到种种限制，以至于当时的三教联合会主要开展佛教活动，其信徒绝大多数是大乘佛教。③ 目前，三教会已成为一个很重要的、很有影响的全国性华人宗教团体。

其实，印尼华人的"三教"的形成与移民有着很大的关系。自汉唐以来，中国国内就有许多人同时信仰佛教、道教和儒教，而一些信奉这些教义的华人移民，便将中国的传统宗教信仰带到了印尼。在三宝垄，信仰三教的华人非常之多。在当地，不仅建造了各种类型的佛教寺庙，一些表明为道教的庙宇如玄天上帝庙、福盛庙等有很长的建庙历史。而当地孔教

① ［印尼］阿古斯·苏佐第：《爪哇的中国建筑》，《星星》周刊 1952 年第 347 期。
② 王爱平：《印度尼西亚孔教研究》，中国文史出版社 2010 年版，第 99—102 页。
③ 孔远志：《佛教在印度尼西亚》，《东南亚研究》1991 年第 1 期。

的信徒也有许多，并建立了许多孔教堂。此外，即使是许多被命名为佛教或道教的寺庙，其里面也供养着三教的神灵。比如，三宝垄的三保大人庙就体现出三教（佛教、道教和孔教）的色彩。在三保大人庙，既举行玉皇大帝的圣诞仪式，也有类似佛教庙宇中抽签的"签诗"程序，而在三保大人庙内还有一间挂着孔子像的万世师表孔夫子庙。像三保大人庙的这种三教并存的现象，在当地的庙宇中较为常见。这种现象既是印尼的国情所致，还有像廖建裕所指出的那样："三教的混合也许能从东南亚华人的文化背景来加以解释，东南亚的华人来自中国的南方，在那儿上述三教被合而为一，一样予以接受。"①

2. 民间信仰

民间信仰，是一种以汉民族的传统文化为背景，根植于人民群众生活中的、古老而又特殊的宗教文化现象。② 一般认为，在人类的文明史中，与移民活动紧密相联的是宗教信仰的传播，而华人民间信仰，是随着中国人向海外移民产生的一种文化现象。换句话说，华人民间信仰，是随着中国人出国而传播到海外的，并且在华人中持续发展的中国民间信仰。与印尼其他地区的华人一样，三宝垄的华人自移居到当地后，便将其在中国的民间信仰传播到那里。

在三宝垄，华人除了崇拜和祭祀祖先外，还信仰民间神灵。从笔者调查来看，三宝垄华人的民间信仰主要有这样几种：第一是群体监护神信仰，这是指某个群体或族群对其各自保护神的崇拜。在当地，群体性监护神灵信仰首先可以分为家庭、宗族保护神，其主要包括祖先神灵、灶王、门神、姜太公等。在当地的华人社会中，祖先神灵是单个家庭或宗族的核心监护神，华人家庭的客厅中间、氏族所建庙宇的正厅都会有这种神灵的神龛，以供家庭或氏族成员时时祭拜。与中国民间不同的是，当地华人社会所信仰的灶王、门神不是放在或贴在家的房门上，主要是放置在一般庙宇内或贴在庙宇的大门两侧。姜太公是一个很特别的监护神灵，据说能预知家庭或家族的祸福，其主要放置在七仙女壁画的水池旁，静静地在那里

---

① 列奥·苏里亚迪纳塔（廖建裕）：《印尼的华人少数民族文化》，格拉美地亚出版社1988年版，第66页。

② 李天锡：《华侨华人民间信仰研究》，中国文献出版社2004年版，第1页。

垂钓。第二是社区监护神，这些神主要包括福德正神、城隍爷、拿督公、三官大帝和二郎神等。在当地的华人社会里，城隍爷、福德正神是主要的社区保护神，特别是福德正神（土地公）几乎在每个庙宇内都有其神龛。二郎神在三宝垄的庙宇中十分常见，据说他是祈求保护社区不受侵犯的神灵。至于三官大帝，其神龛在许多庙宇中随处可见。第三是行业监护神，这种神灵主要包括鲁班、天后等。在当地的华人社会中，有各籍贯的华人族群，其中广府籍人信仰鲁班神灵。据说这些广府籍华人早期大都是从事木工的行业，后来逐渐向家具业发展。由于鲁班是木工的祖师爷，所以在广府籍华人的社团或其所建的庙宇里都建有鲁班的神龛，以作为他们的行业监护神。天后，也是妈祖神灵，是中国沿海地区渔民的保护神。在三宝垄，许多华人移民的先驱者都来自广东、福建沿海，其中有一些原本就是渔民，在移居印尼后便将渔民的保护神带到移居地而供奉起来，作为他们的监护神。第四是人口保障神，也为全体民众所信仰。这类信仰表达了民众对生命的重视、关爱和社会对生命价值的珍惜、对生命繁盛的追求。从三宝垄华人社会来看，其人口保障神信仰首先是婚姻神崇拜。首先这种婚姻神灵主要有月神、和合二仙等。月神，又叫太阳星主、月姑、月宫娘娘、月光菩萨，这是与找对象有关的神灵，而和合二仙则是"团圆之神"，也是一种爱神。其次是生育神，它主要是金花夫人、注生娘娘、玄女娘娘等。在三宝垄华人的寺庙，注生娘娘和玄女娘娘较为常见，这是因为三宝垄的福建籍华人较多，而玄女娘娘神灵也曾在福建的庙宇中流行甚广。再次是健康神，其主要有保生大帝、吕洞宾、药师佛等医药神。第五是个人命运神信仰。从三宝垄华人社会来看，个人命运神灵首先是福神，包括福星、赐福天官等。其次是财神，这类神灵主要包括五路财神、比干、赵公明等。五路财神，即以赵公元帅、招宝、纳珍、招财、利市五神。在当地华人社会中，财神是一个很重要的神灵。因为华人社会是一个商业的社会，做生意的占多数。五路财神，在当地又称为五福财神。再次是吉凶神、死后归宿神。前者神灵主要包括太岁、青虎和各种凶神恶煞及妖魔鬼怪，后者神灵主要是阎王、判官及其他鬼吏、鬼卒等。太岁神灵是当地华人社会寺庙中常见的神灵，在当地寺庙中的主神下面都会有这种神灵的神龛，而阎王爷、判官等死后归属神，一般都能在地藏殿或其他佛寺中看到。

就三宝垄华人的民间信仰来看，其首先是民众在此环境中生活的经验的反映，是民众适应环境谋求生存与发展的手段。它为民众构筑了一个万物有灵的世界，形塑了其知识系统，包括其对生存环境的认识和解释。其次，民间信仰中各神灵的分工其实具有相对性。因为神灵职能的复杂化是民间信仰发展演变的趋势之一。在当地华人民众心目中，许多神灵的职能并不单一，而是既有所主又有所兼、既有一专又有多能。例如，婚姻神和合可使家人团圆，兼为家庭监护神。土地爷为家庭、宗族、社区监护神。财神既主个人财运，又是华人家庭及华人社区所有商行的监护神，等等。因此，从这里可以知道三宝垄的华人宗教信仰具有信仰多元化、崇拜神灵多样化的特点。

三　汉文化在三宝垄的变迁

文化变迁，是文化人类学研究的主要课题之一。文化变迁指文化内容与结构的变化。换句话说，文化变迁是文化整体或是大部分特质的变化。促使文化变迁的原因很多，一是内部的原因，那就是文化人对追求的永不满足和对需要不断的追求，这是文化变迁的根本原因，二是外部原因，如环境的变化，与其他文化的接触、迁移，对其他民族的征服，被他民族所征服，等等。文化变迁是人类所有文化固有的特征，但变迁的速度、变迁的方向，在文化与文化之间、时代与时代之间都有很大的差异。[①] 在三宝垄，汉文化随着华人的移入逐渐传播到当地，对当地社会造成了一定程度的影响。与此同时，随着华人与当地民族的通婚，生活方式的改变，文化认同的转换，以及居住国政策的变化等因素的影响，汉文化在三宝垄也渐渐地发生了变迁。

（一）"伯拉奈干"（Paranakan）族群的出现

文化是人类在长期改造自然的过程中所创造和积累的，它反过来又影响着人类的走向，所以，文化是人的文化，人是文化的人。文化是人创造的，但文化也影响着人。一个移民从其故土移居到异国他乡后，在不断的

---

① 蒋立松：《文化人类学概论》，西南师范大学出版社 2008 年版。

与当地的文化接触的过程中，其本身所具有的故土文化自然而然地会逐渐
改变或涵化。

　　与其他地区的华人一样，早期华人移居三宝垄的，大多是些单身的青
年男子，他们中有的是结婚后出国，有的是赚了钱以后回国结婚，有的则
在当地与土著姑娘结婚。这种华人与土著民族的通婚，便诞生了当地华人
社会的一个独特族群——"伯拉奈干"（Paranakan），即混血儿群体，也
称之为"土生华人"（侨生）。有关这个族群的形成及特征，研究印尼华
人问题的学者廖建裕是这样分析的：

　　土生华人的出现是众所周知的事。这是由于早期华族移民皆是单身或
者是已婚但没有携带配偶的男性。他们与当地土著妇女，尤其是名义上的
回教徒或非回教徒结婚。他们的子女组成了具有华人与马来人文化结合的
新族群。这种混合文化与华族文化或马来文化迥然有别。此文化的最大特
征是马来语的应用，大部分土生华人的子女不能操华语，而只能用马来语
沟通……其实，土生华人妇女穿马来服装，并且梳马来发式，其食物也与
马来食品的成分相同。不过，土生华人喜爱的猪肉则加以保留。土生华人
不但居留在爪哇岛，也居住在爪哇岛以往的马来半岛、新加坡。①

　　三宝垄的"伯拉奈干"（Paranakan）族群出现应该是有很久的历史
了，因为大约在公元 10 世纪时就有华人移居到当地了。笔者在三宝垄调
查得知，当地的华人最晚的也有三代，而最早的有五六代，甚至七八代或
十多代。林天佑曾在其书中也描述过，在 17 世纪时三宝垄已有不少"娘
惹"（njonja），这些华人妇女从何而来，只有由中国人的父亲和土著的母
亲结合而来。她们依从土著妇女母亲的习惯，穿着土著妇女的花裙和圆领
不开扣的长上衣，锯牙齿、嚼槟榔、曲膝而坐，等等，而从中国来的妇女
都没有这些习惯。②

　　在苏哈托统治时期，包括三宝垄在内的印尼爪哇岛的"伯拉奈干"
（Paranakan）族群人数急剧增加，这是因为苏哈托政府加强了对当地华人
强制同化的过程而导致的。按照廖建裕先生所研究的，印尼除了土生华人

---

①　廖建裕：《东南亚华人族群研究》，新加坡青年书局 2008 年版，第 105 页。
②　林天佑：《三宝垄历史——自三保时代至华人公馆的撤销（1416—1931）》，暨南大学华
侨研究所 1984 年印，第 38 页。

外，还形成了"新土生华人"群体，他们更像"印尼人"，他们已经不再能够使用中国方言和华语，在语言上他们与印尼土著一样，有些甚至具有印尼土著的价值观以及偏见。①

（二）日常生活习俗逐渐印尼化

在三宝垄，汉文化的变迁不仅表现在当地"伯拉奈干"（Paranakan）族群人数的大量增加，还表现在即使仍保留着较多汉文化特征的华人，其日常生活习俗也在逐渐地印尼化。

1. 筷子文化已不见踪影

筷子文化是汉文化之一。汉人使用筷子用餐是从远古流传下来的，古时又称其为"箸"。筷子文化是随着汉族/人饮食文化的发展而建构的一种文化，据说受到过中国传统文化熏陶的地域，如韩国和日本等国都继承了这一文化。

在三宝垄，筷子文化似乎已经不见踪影。当地的华人无论是在家中，还是在餐馆酒店吃饭，都使用诸如汤匙或刀叉用餐，或者直接用手抓饭。刀叉用餐应该是受到荷兰人的影响，带有西化的特征，刀叉目前已经成为印尼城镇餐馆酒店使用的餐具。在三宝垄家中或餐馆酒店用餐，都会在每人面前的桌上摆上两把不锈钢的汤匙或是一些刀叉。用手抓饭，也是当地华人用膳的方式之一。我曾经问过一位用手抓饭的华人，她觉得用手吃饭很香，而且很方便。除了用汤匙或刀叉作为用餐的工具外，一些华人聚会时都会吃用硬纸壳或芭蕉叶包的饭。这种硬纸一般都是灰色的纸，其表面好像涂上了一层光滑的胶，所以不容易破损。芭蕉叶是当地的特产，用其包饭或包面条是当地华人常使用的方法。

2. 食品的形式与内容发生改变

在三宝垄，市面上有许多源自中国的食品，如春卷、月饼、油炸滚，等等，但它们的制作工艺或内涵已经不同以往。例如，春卷在中国应该是油炸的，可在当地既有油炸的，也有水煮的。这种水煮的春卷，可能是当地的华人适应当地的热带气候而制作的。而且当地春卷的馅，一般不用猪肉，而以加笋丝而闻名。这种笋丝带点酸味，吃时蘸印尼式的酱，比较适合当地人的口味。再比如，三宝垄华人也自己做月饼，不过这种月饼的馅

---

① 廖建裕：《东南亚华人族群研究》，新加坡青年书局 2008 年版，第 143 页。

是用当地盛产的榴莲做的。

据说印尼人喝的茶是从中国传入的，三宝垄华人喝茶都会加糖，如果不加糖的话，他们就会说太淡了。这无疑是接受了当地人爱吃甜食的习惯，也与当地盛产糖分不开。早年，针对当地土著居民喜欢吃蔗糖的习惯，华人在当地开了许多间蔗糖厂，收益甚丰，以至于后来产生了被称为"糖王"的黄仲涵这样的企业家。

3. 服饰的多样化与穿戴的当地化

据林天佑描述，早期三宝垄的华人过节时，富人家的女孩子穿着像舞台演员穿的古代衣服，这些服装同中国古画中的美人像的服装一模一样。不过在平常的日子，她们穿的衣服却与土著居民的女孩子所穿的相类似。那时候，华人妇女的服装，日常穿的是无钮扣、套穿的短上衣。但在节日或是举行庆典时，她们就穿上无钮、套穿的长上衣作为礼服，这种衣服长过膝部。年轻者穿绿色或粉红色的，中年者穿褐色、蓝色或紫色的，年老者大多数穿黑色的。布料都是采用昂贵的中国丝绸。①

现在的三宝垄华人，服饰已趋向多样化。不过，他们十分喜好印尼的蜡染花布"巴迪克"衫。这种衣服一般用棉布或丝绸制成，穿着舒适方便、经洗耐用。印尼地处赤道附近，常年气候炎热，"巴迪克"衫清爽吸汗，且洗涤之后不掉色，成为了当地人穿衣的首选。特别是每逢当地的重大节日，如印尼的国庆节，当地的华人必穿精美的"巴迪克"衫。

结　论

从文化人类学的观点来看，文化传播又称文化扩散，是基本的文化过程之一。它是指人类文化由文化起/来源地向外辐射传播或由一个社会群体向另一群体的散布过程。文化传播的媒介主要是人的迁移和流动，尤以人群的迁移更为重要。自公元 10 世纪起，华人就已经开始陆续移民到三宝垄，而 15 世纪后成为华人移民移居三宝垄的一波波浪潮，这是因为郑和七下西洋所致。大量华人移民移居到三宝垄后，便将汉族的建筑文化、

① 　林天佑：《三宝垄历史——自三保时代至华人公馆的撤销（1416—1931）》，暨南大学华侨研究所 1984 年印，第 145—146 页。

宗教和民间信仰等文化传播到当地，对当地的文化产生了一定的影响。

　　文化是人类在长期改造自然的过程中所创造和积累的，它反过来又影响着人类的走向，所以，文化是人的文化，人是文化的人。文化是人创造的，但文化也影响着人。移民从其故土移居到异国他乡后，在不断的与当地的文化接触的过程中，其本身所具有的故土文化自然而然地会逐渐改变或涵化，这便是其文化的变迁。在三宝垄，汉文化的变迁不仅表现在当地"伯拉奈干"（Paranakan）族群人数的大量增加，还表现在即使仍保留着较多汉文化特征的华人，其日常生活习俗也在逐渐地印尼化。

多元文化视野下的加拿大华人移民及宗教信仰变迁

杜倩萍

（中国社会科学院民族学与人类学研究所）

目前，在加拿大，华人移民已超过 120 万，对加拿大的政治、经济及文化，都产生越来越大的影响。那么，华人移民到底经历了怎样的迁徙历程，其宗教信仰又发生了哪些变化，在加拿大多元文化及宗教政策下，广大华人移民究竟应如何更好地发挥自己的作用呢？本文拟从下列五个方面加以论述：第一，关于何人最先到达美洲大陆及美洲早期居民的几种说法；第二，华人移民加拿大的曲折历程；第三，华人移民对加拿大之贡献；第四，华人移民宗教信仰的变化；第五，在加拿大多元文化氛围中华人社会的传承与创新。需要特别说明的是，此处所指的华人，准确地说应包括华侨（寄居国外，保留中国国籍的中国公民）和海外华人（居住在中国之外的，在一定程度上保持中华文化、中国人血缘的非中国公民）两部分。

一 关于何人最先到达美洲大陆及美洲早期居民的几种说法

根据最新资料显示，美洲发现了四万年前的人类足迹，此人类是原分布在美洲，抑或是从亚洲或欧洲迁来的，目前尚无从准确加以考证。① 学

---

① 利物浦约翰—摩尔斯大学的西尔维娅·冈萨雷斯率领研究组于 2003 年 9 月在墨西哥普埃布拉附近发现了 4 万年前的人类足迹。

术界一般认为，美洲和加拿大土著民族印第安人和因纽特人（爱斯基摩人），其先祖原本居住在亚洲，早在 1.5 万年前左右（一说 1.15 万至 1.1 万年前），印第安人从亚洲陆续迁入美洲，尔后逐渐向南扩散，分布于加拿大。相传大约在四五千年前，因纽特人亦自亚洲中北部迁至白令海峡两岸，以后逐渐向东扩散至加拿大。而有的学者从遗传基因学角度验证了已故的美国语言学家约瑟·格林伯格（Joseph Greenberg）提出的美洲土著人主要来自三次移民浪潮的学说。① 这些学者认为：第一次大迁徙浪潮至少始于 1.5 万年前，来自亚洲的移民经由西伯利亚，跨越白令海峡到达阿拉斯加，随后逐渐向南扩散，主要在太平洋沿岸定居。第一次移民浪潮的后裔向南扩散之后形成了许多不同的部落，由于部落之间的相对隔绝，所以很少存在基因互换的情况。第二次迁徙浪潮的后裔是居住于格陵兰岛、加拿大北部地区及美国阿拉斯加的爱斯基摩人。他们的语言属于爱斯基摩的阿留申语系，有 50% 的基因与亚洲大陆人种相一致。最后一次移民浪潮的后裔为美洲印第安土著人及阿帕奇族人，他们的语言属于纳—迪内语系，有 10% 的基因与亚洲大陆人种相一致。但近年考古学家们先后在美国东海岸马里兰州、宾夕法尼亚州和弗吉尼亚六个地区发现了一系列欧式石器，这些石器距今有 1.9 万年至 2.6 万年的历史。因此，美国史密森尼学会教授丹尼斯·J. 斯坦福（Dennis J. stanford）和英国埃克塞特大学教授布鲁斯·A. 布拉德利（Bruce A. Bradley）认为：“最早发现美洲大陆的应是石器时代的欧洲人，他们比美洲印第安人祖先早 1 万年抵达美洲大陆。”②

而从航海史角度来看，有的学者则提出是中国人首先发现美洲大陆，并抵达加拿大。2002 年，英国作家、海军退休军官加文·孟席斯，在英国出版了惊人之作《1421 年中国人发现世界》。③ 他认为中国明代郑和（原名马三保，中国云南回族）船队先于哥伦布，在 1421 年就到达美洲大陆，郑和是世界环球航行第一人（有的学者持否定意见），比 1492 年

① ［西班牙］安东尼奥·萨拉斯等：《再现美洲土著人口史》，2012 年 7 月 11 日《自然》（Nature）杂志。

② 见近期出版的《穿越大西洋坚冰》（Across Atlantic Ice）。转引自《中国社会科学报》2012 年 4 月 6 日《西方学者提新说，石器时代欧洲人最先抵达美洲大陆》一文。

③ 2005 年京华出版社出版了由师研群等译的《1421 年中国人发现世界》的汉文本。

抵达北美洲的哥伦布早了 71 年。该书出版后，全世界为之震惊。这是他
经过 14 年潜心研究，作了大量调查，追踪了郑和船队在全球的航线，足
迹遍及 20 个国家，访问了 900 多家图书馆、档案馆和博物馆，走访了中
世纪末期世界所有的主要港口，所得出来的结论和研究成果。他的结论已
为美洲大陆的考古工作所证实。在加拿大临北大西洋一处半岛上，发现了
郑和船队驻扎的基地，其位于西经 60 度 26 分，北纬 46 度 14 分，称为新
斯科舍的地区，范围约 50 平方公里。半岛上绵延着修筑的城墙遗址，还
有水利工程设施遗存，并发现了大量佛教徒与回民的坟墓。坟墓中留存有
中国的汉字。据 1492 年后最早来到这里的欧洲人描述说，此地区原是一
个繁荣美丽的海港。部分土著居民具有东方黄种人特征，一些人使用奇特
的象形文字，并穿着带有东方金丝花纹的衣服，戴着中国式的耳环。当地
印第安人声称，这些异族人是从海上乘着巨大的船只来的。后来这些神秘
的异族人又"回到了大洋的对岸"。我国明代郑和奉命率庞大船队，曾七
下西洋，[①] 以上应是中国人第一批成规模抵达美洲和加拿大的见证。但从
严格意义上讲，这并不能算中国人正式移民加拿大的开始。当然，关于是
谁最先发现新大陆，除中国人、意大利人以外，有的还认为第一个发现美
洲新大陆的是日本人、犹太人、英国人或挪威人，等等。

继郑和、哥伦布之后，公元 1570 年，西班牙占领了菲律宾马尼拉，
为了政治统治和经济利益，建立了一条从马尼拉横渡太平洋通往美洲的贸
易航路，把中、非和美洲大陆联结起来。因此，中国人通过这条海上航
路，开辟了与美洲及加拿大贸易往来和文化交流的新途径。中国商人源源
不断从福建漳州月港，经马尼拉满载着中国的丝绸、瓷器和日用品，前往
美洲墨西哥和阿吉普尔科地区，[②] 再运往包括加拿大在内的北美洲各地，
货物数量十分巨大。据记载，至 18 世纪末，在墨西哥的进口总值中，中
国丝绸等商品占了 63%。商船从墨西哥返航时，运载着银元和西方货物，

---

①　郑和从 1405 年始七下西洋。而孟席斯所讲的应是郑和第六次航行世界之事。至于个别
人游历北美洲就更早，传说在 499 年，就有华人从太平洋抵达温哥华，此外，还有两批和尚分别
在 458 年和 594 年到达过现今的加拿大。

②　多年来，学者们发现古代中国和哥伦布以前的墨西哥文化有不少相似之处。例如，都有
以龙为主题的文艺作品、求雨仪式、造纸工艺、用玉器作为陵墓装饰物、三角支撑的陶器，等
等。中国人可能较早就到达墨西哥，其中一位就是 15 世纪时，名为惠生的和尚。

转途菲律宾运至中国，对中国明、清以来经济的发展，曾起到重要作用。中国商人通过海上丝绸之路，来往于中国、东南亚与美洲大陆之间，这逐渐加深了中国人对加拿大等国的了解。其后，便不断有华人移民到加拿大。

加拿大是个移民的国家。境内有近 200 个民族，约百种文化。总人口 3309.89 万（2006），城市人口占 80%，其中英国和法国被称为"建国民族"，人众势强，分别占总人口 28% 和 23%。20 世纪中叶前，加当局的移民政策，对欧洲和美国白种人的移民，采取开放和优惠政策，而对有色人种的亚裔和华人的移民，则采取民族歧视、排斥和限制政策。因此，加拿大初期的移民，以欧洲和美国白人为多，而亚洲人和华人则很少。华人早期移民加拿大并不是一帆风顺的。

二　华人移民加拿大的曲折历程

在国外关于加拿大华人史及加拿大对华人移民政策演变的论著中，一般将其分为五个阶段，即自由移民时期（1858—1885）；征税限制时期（1885—1923）；禁止时期（1923—1947）；解禁放宽时期（1947—1967）；基本平等时期（1967—　）。其演变虽然由多种因素促成，但最主要的原因，无一不是与加拿大整个社会当时的经济发展及资本、劳动市场状况紧密相连的。为保证经济的顺利发展及政治形势变幻的需要，加拿大政府不断调整对华人移民的政策。[①]

1858 年，因听说加拿大不列颠哥伦比亚省发现有黄金，有 50 名华人为实现"黄金梦"，从美国加利福尼亚来到加拿大寻宝打工。1860 年，有 4000 华人欲前往挖金矿，但他们没有发现传闻中的金矿，有的只好转为煤矿工或临时工。1864 年，加拿大修建由昆斯泊尔到棉花木马车路，有 200 名华工来到加拿大参加修建，付出了艰巨劳动，此路才最终告成。1871 年，不列颠哥伦比亚加入联邦政府，并修建横贯加拿大的铁路和公路。在这些工程中，华人作出了重大贡献。1881 年，美国承包从洛基山到太平洋海岸铁路建设的工程，华工承担着最艰苦的工

---

① 彼得·李：《加拿大的华人及华人社会》，加拿大牛津大学出版社 1988 年版，第 1、34 页。

程，劳动生活条件十分恶劣，疾病频传，很多华工悲惨地死去，华工付出了重大牺牲和代价。至 1884 年，先后来到加拿大不列颠哥伦比亚当苦工的有 17000 人，其中一半是从中国广东来的，他们主要是来自珠江三角洲的农民，由于太平天国起义失败、战乱和经济上的原因，而来到加拿大谋生。铁路建成后，华工遭到失业厄运，连返程的路费都没有，被迫留在加拿大。

加拿大当局为限制华人移民，联邦政府和省政府从政策上制定了一系列限制华人入境的规定。1884 年，加拿大当局决定要向华人移民者征收人头税，① 且税率不断提高，初定人头税为 10 美元，1885 年提高为 50 美元，至 1904 年，增至 500 美元，华人移民不堪重负。1923 年，加拿大当局制定"排华法案"（即"中国移民法"），反对亚洲人和华人移民，达到登峰造极的地步。根据此法令，华人基本上都被禁止入境，只有少数人能进入加拿大。这些仅留的华人，只能作为白人的契约劳工，既无选举权，也无参政权，且家属也不准进入，造成华人社会男女比例严重失调。据有的学者调查统计，由于实施了一系列反对华人移民的法令，从 1923 年至 1941 年，能移民加拿大的华人只有 44 名，使在加的华人总数，由 1931 年的 46519 人，减少至 1941 年的 34627 人，② 他们主要居住在不列颠哥伦比亚省，而在法律上处于二等侨民的地位。

为维护华人的权益，反对加拿大当局歧视政策和对移民的排斥政策，并解决华人社区的内部问题，在加的华人开始组织自己的社团和活动。19 世纪 60 年代，华人在加成立第一个华人组织，即 1863 年在金矿开采地巴克维尔成立的"洪顺堂"，后又建立"致公堂"、中华会馆等。1916 年成立了加拿大华侨劳动联盟。接着华人在各地纷纷建立了自己的组织，其中有华人慈善会社、同乡会等社团组织机构，这些社团协会组织的宗旨，就是要充分发挥组织的作用，保护华人权益，互相帮助，保护有困难的华人。华人生病、失业和遭到人身凌辱，能常常得到他们的帮助和支援。这

---

① 人头税征收对象主要是针对华人当中的劳工而言，不包括商人及其家属和在加拿大短期逗留的学生、外交官、教士、旅游者、科研人员等。2006 年 6 月 23 日加拿大总理斯蒂芬·哈珀在议会正式发表声明，代表政府就人头税问题向全加华人道歉。

② Stanislaw Andracki, *Immigrants of Orientals into Canada with Special Reference to Chinese*, Amopress, New York, 1978, oppendix3.

些组织机构，常常作为华人代言人，或是作为与政府对话的发言人，督促当局修订和制定一部分公正平等的移民法案，取得了积极的效果。①

第二次世界大战爆发后，战火扩大到美国和加拿大，华人在抗击日寇侵略者中英勇顽强的表现，逐渐改变着加当局和主流社会对华人的认识，华人移民地位逐渐得到提高。该时期，有数百名华人加入加拿大陆军，积极参加打击侵略者的斗争，使加拿大诸族和华人在反法西斯的共同目标下，互相理解、同情和支持。中国人和海外华人在抗日战争中的英雄气概和大无畏精神，深深感动和影响着加拿大主流社会的看法，使华人与加拿大当局及诸民族关系有较大改善，华人受到加拿大社会的普遍尊重。一些排华最严重的地区和社团，也改变了对华人一贯的歧视态度，并开展募集抗日捐款，还邀请华人参加各种活动，邀请中国领导人到加拿大参加活动，中国领导人受到加拿大方面的隆重接待。

第二次世界大战取得胜利后，1947年加拿大当局，虽仍保留着对白人移民优惠政策，但也废除了原先对亚裔和华人带有歧视性的移民法，承认华人移民的公民权利，准许移民的家属进入加拿大。当时，使2万多华人有了公民权，并能携带家属。据学者统计，从1964年至1965年，有近4万华人进入加拿大，不少华人移民进入唐人街，分布到加拿大各大城市。1962年，加拿大当局颁布了新移民法，取消了移民的最惠民族条款，强调"教育、培训技术及其他特殊资格"的移民，强调技术移民，规定没有亲属关系的华人亦可入境。1967年，又颁布了新移民法，对所有移民的申请者，根据年龄、教育程度、职业以及加拿大对特殊技能的需求，采用统一打分制办法。移民政策紧密联系劳动市场之需要，使华人获得了较为平等的权利，掀起了世界华人移民高潮。新移民法规定，到加拿大的移民基本上享有加拿大各种权利，包括医疗和其他社会福利，并享有（除了投票权及一些移动和少数民族语言教育权利外）与其他人相同的宪法权利。移民享有宗教、表达和结社的自由，以及在法律面前的平等权利，并享有法律的同等权益和保护。但是无可讳言，目前加拿大移民政策

---

① 参见陈国贲、丹尼丝、赫丽主编：《挣脱枷锁，加拿大华人反种族主义百年史》，中国社会科学出版社1997年版；王昆《加拿大对华人的结构歧视》，《加拿大掠影》第一辑，民族出版社1998年版，第235—247页。

中仍然存在结构歧视的不公平成分。

新移民法公布以来,许多华人从我国香港、台湾地区和南美、加勒比、南非和东南亚各国移民到加拿大,使华人移民至加的人口激增。据学者调查统计,从 1961 年至 1971 年,就有 6 万华人移民至加拿大,移民人口增加一倍。1970 年,加拿大和中华人民共和国正式建立外交关系后,中国大陆各地的华人,包括上海、广东、福建、北京、内蒙古和东北等地,都可直接移民至加拿大。1978 年 2 月 24 日加拿大政府颁布新移民条例,将移民分为三种类型,家庭亲属移民、独立移民和难民类型移民。此后,根据情况进行多次修正,但基本上仍以 1978 年制定的法规为框架。据学者统计,实行新移民法后,1972 年至 1978 年,为华人移民的高峰,华人移民总数激增,移民中有 77% 来自香港,9% 来自台湾,5% 来自马来西亚,4% 来自中国大陆,5% 来自世界其他地区。1981 年,加拿大的华人总数为 289245 人,1990 年达到 60 万左右,① 2001 年华人(包括移民和本地出生的)在加总数已超过百万人,② 他们分布在加拿大各大城市,包括过去很少有华人的城市和地区。中国大陆地区,亦成为加拿大华人移民的主要来源地。华人现已成为加拿大人数最多的少数民族。华语也成为继加拿大英、法语之后的第三大语言。③

伴随着加拿大华人移民的激增,在移民结构和类型方面,与初期的移民,已有很大不同。初期的移民,除少数商人外,主要是一些到国外找生活出路的农民和贫苦劳工,文化程度低,不懂外语。而后期和当代的移民,主要是家属移民、亲属移民、技术移民、投资移民、留学移民和非法移民,等等,还有众多富商和企业家,成分比较复杂,他们的职业、社会地位、移民目的、富有程度、文化程度和语言沟通能力等方面,都和过去早期移民有很大不同。绝大部分是具有较高文化和科学技术知识的移民,以及大企业家和大商人等。后者主要来自我国香港和台湾地区及东南亚地区。大陆移民主要以亲属移民、技术移民、留学移民和投资移民为多,还

---

① 参见坦恩和罗伊《加拿大的华人》(J. Tan & P. E. Roy, *The Chinese in Canada*, Ottawa: Canauian History Association. 1991)第 9 页。

② 据加拿大统计局 2003 年 1 月 21 日公布数字,2001 年华人总数为 1029395 人。

③ 阮西湖:《移民与加拿大多元文化社会》,《加拿大掠影》第 2 辑,民族出版社 1999 年版,第 268—277 页。

有少数在大陆贪污行贿、侵吞公款、巧取豪夺等触犯刑律之非法移民。故后期和当代华人移民的类型和社会结构，都在发生根本变化。华人移民的居住方式，也有很大改变，由集中转向分散。初期移民，大多集中居住，以住在唐人街为多。加拿大现在几乎所有大城市都有唐人街，共约 20 多个。到 21 世纪初，仅多伦多的唐人街及其周围就有 40 多万华人。其次是温哥华的唐人街及其周围约有华人 17 万。蒙特利尔、卡尔加里、维多利亚等，都有一定规模的唐人街。① 当今的移民，大多分散于各个街区和各大城市。一些知识分子和科技人员，往往随工作单位而不断迁徙，特别是年轻一代，与加拿大的其他民族交错杂居在一起，不少知识分子与欧洲白人移民有较多接触，也有通婚现象。由于华人移民长期在加拿大，对加拿大的环境和社会生活，有诸多了解，并逐步适应、融入社会，和加拿大其他民族逐渐建立起一种相互理解、互相尊重、友好相处的睦邻关系。

三　华人移民对加拿大之贡献

中国在明代以前，生产力和政治、经济、文化的发展，在世界上处于领先和优势地位。特别在唐代，中华文化为世界发展之最。此优势一直延续至 15 世纪初明朝"永乐盛世"。其时，中华文明在北方通过西域（今新疆和中亚地区）丝绸之路，传播至中亚、南亚、西亚、欧洲，直至非洲；而在南方，则随明代郑和所率庞大船队七下西洋，开辟了一条海上丝绸之路，将中华文明传到东南亚和北美加拿大等地。1421 年，郑和船队到达美洲及加拿大时，美洲大陆主要还是印第安人和因纽特人世居地，处于较低的社会发展阶段，生产力落后，生活方式也颇为原始。而郑和船队开辟了海上贸易通道，传播了中华文明，实现了东西贸易和文化交流。船队将中国生产的金织文绮彩绢、瓷器和各种日用品，运载至美洲和加拿大土著人地区。郑和的士兵大多应为中国南方沿海的汉、回族，包括农民、渔民、小商小贩（主要来自浙江、福建、广东等地），他们把中国先进的工农业产品和生产工具、生产技术、方法，带给美洲从事原始渔猎生产和农耕生产的土著民族，无疑对提高他们的生产力，改变其生产面貌，增强

---

① 参见王晋主编《文化马赛克·加拿大移民》，民族出版社 2003 年版，第 397 页。

商品意识，会起到积极的推动作用。1570 年以后，由中国经过马尼拉运至美洲的商船，来往十分频繁，占当时航运主要地位。据有关统计资料，当时前往美洲贸易的商船源源不断，仅 1588 年就有 46 艘，1609 年至 1612 年，每年平均就有 37.2 艘。当时中国商船，在马尼拉常常占压倒性多数。至 17 世纪，中国产品在菲律宾的对外贸易中，高达 90% 以上。这些满载着中国货物的商船，从中国福建出发，至马尼拉，再由马尼拉运至美洲墨西哥。据有关资料统计，到墨西哥内地商路上驮运中国货物的骡子，往往多达数万只。至 18 世纪末，在墨西哥的进口总值中，中国丝绸等商品，几乎占七成。这些货物再由墨西哥分散到北美和加拿大各地。商船返程时，又将来自美洲各地和加拿大的银元与西方货物，在墨西哥汇集，经过海上丝绸之路，运到马尼拉，再转运至中国。当时，中国正处于明清时期，经济发展中白银紧缺，故由美洲大陆运来的银元和货物，对中国明清经济发展，曾起到重要作用，也促进了东西文化的交流。

从本文第二部分论述华人向加拿大移民的曲折历程中，可以看到，19 世纪下半叶以来，华人在修建加拿大车路、公路和铁路等交通设施的过程中，所作的重要贡献。特别是修筑横贯加拿大太平洋铁路时，华人承担着最艰苦和最危险的工作，如开凿隧道，修筑涵洞，飞架桥梁，登高爆破，攀岩开洞，等等。当时在极其恶劣的工作和生活条件下，大批劳工死亡，死亡人数多达 1500 人。① 华人为修建这条铁路，作出了巨大牺牲。横贯大铁路的修筑，实现了加拿大要把不列颠哥伦比亚省留在加拿大自治领之愿望，华人通过艰苦修建此铁路，为捍卫加拿大统一及其后经济发展，作出了重要贡献。为了纪念和表彰华工这一不朽功勋，1989 年 9 月 24 日，加拿大铁路华工纪念碑在多伦多举行揭幕典礼。碑上写到："他们在加拿大历史上籍籍无名，特发此碑以表纪念。"② 但是，在当时，如前所述，大铁路修成后，很多华人找不到工作，只好转入矿区挖煤矿，当苦力，到渔类加工厂当季工，流血流汗，拼命工作。一部分失业者则从事餐饮业、洗衣业和木材业，当家佣。有的在华人较集中的唐人街，开商店、饭馆、

---

① 据《殖民者日报》估计，在修建铁路五年中，共有 1500 名中国人死去。详见［加］詹姆斯·莫顿《在不列颠哥伦比亚的中国人》（英文本）。
② 北京《华声报》，1989 年 10 月 3 日。

杂货店和从事其他服务性工作，对加拿大唐人街和西部开发，以及城镇建设，都起到了积极的推动作用。

华人移民不仅在加拿大经济发展中起着重要作用，而且在保护国家，抗击侵略者中亦起着重要作用。在第一次世界大战中，华人就参加加拿大军队，打击侵略者，至 1945 年，仅剩下 50 名幸存者。在第二次世界大战反法西斯战争中，华人在中国国内抗击日本侵略者，英勇顽强，给加拿大人留下深刻印象。特别是加拿大华人移民，在反法西斯战争中，有 500 多华人在前线英勇作战，流血牺牲，为捍卫加拿大而献身。他们的名字，战后已被加拿大人铸刻在温哥华中山公园的中山门墙上，流芳百世，成为华人与加拿大人共同用血肉筑成的丰碑。

第二次世界大战后，由于加拿大政府颁布了以家属移民和技术移民为主体打分制的新移民法，华人移民得到了较为公正的对待，基本上取得了平等权利，掀起了新的华人移民加拿大的高潮。这些新移民在移民类型和结构上都有了根本变化。移民中有商人、企业家、金融家、银行家、房地产开发者、科学家、教授、工程师、医生、艺术家、会计师、大学生、研究生，等等。20 世纪 80 年代以来，到加拿大的华人留学生，仅中国大陆入境者就多达近万人，90 年代以后在加拿大诸大学就读研究生者更是逐年增加，他们在学业完成和深造后，有很多留在加拿大作为永久性移民。据调查，在温哥华等地，有一大批房地产已为华人移民者所购买。华人移民的商店和其他行业，已由少数城市扩大到加拿大各大城市。华人移民在为加拿大社会服务和经济建设中，充分显示了自己的智慧和力量，作出了重要贡献。他们在加拿大发挥着越来越大的作用。①

随着加拿大移民政策不断变化，加拿大对移民的文化政策，亦与之相适应，经历了三个历史发展阶段，即民族文化同化时期，文化融合时期和发展至今所实行的多元文化时期。在 1969 年采用了官方英、法双语制之后，执政的自由党越来越感觉到非英语非法语民族群体的不满。特鲁多政府出于多种政治考虑，1971 年 10 月宣布了双语框架内的多元

---

① 参见杨立文《华裔移民对加拿大社会与文化的贡献》，《加拿大掠影》第 1 辑，民族出版社 1998 年版，第 248—257 页；谭圣安《华人与加拿大》，《加拿大掠影》第 1 集，民族出版社 1998 年版，第 94—123 页。

文化政策。① 承认加拿大是多民族国家这样一个客观事实。根据《加拿大权利和自由宪章》第 27 条款，移民保留和加强传统文化是受鼓励的。这促使加拿大多文化政策以及各种多元文化的法规纷纷出台。其中包括 1988 年通过的《加拿大多元文化法案》。

加拿大政府这一多元文化政策，有利于华侨华人的生存和发展。不过应该指出的是，其多元文化政策也有不足之处，自由运动危机中右翼倾向有所滋长。社会上仍然存在种族偏见和暗流。

由于华人新移民大多文化程度较高，有技术，经济上较为富裕（其中一些人有雄厚的资金力量），懂当地语言，容易和加拿大的主流社会接触，沟通思想，进行交流。他们一方面竭力融入加拿大主流社会，吸收多元文化生活方式，另一方面也把具有五千年历史的光辉灿烂的中华文明传播到加拿大各地。如中医，中药和针灸等，已普遍传入加拿大各大城市，成为加拿大医药的重要组成部分。仅温哥华一地就有华人移民医师 8000 多人，为加拿大人服务。又如文体活动方面，华人移民也参与各种活动。如中国之国画、民乐和中华武术，亦在加拿大普遍传播和开展起来。加拿大的多元文化政策，使华人移民在文化、教育和生活等各方面，都不断丰富，不断发展。华人移民不但过中国传统节日，如中国的春节、元宵节、端午节、中秋节等，也过西洋的传统节日，如圣诞节、复活节，等等。随着华人教育、新闻事业的发展，华文学校、华文报刊，华语电视及广播大量涌现。许多城市电视节目，既播加拿大英、法语，亦用中文普通话和粤语播送。许多学校都进行英语或法语和华语双语教育。体育方面，华人乒乓球运动，在加拿大已开展起来，在国内外比赛中常取得好成绩，为加拿大争得了荣誉。由于多年来华人移民为加拿大经济文化发展和社会繁荣作出了较大贡献，因而受到加政府和加各族人民的赞赏，并获得很大荣誉。1967 年，在加建国百周年时，华人移民中有 19 人获得了加拿大最高荣誉奖"加拿大勋章"，以表彰他们对加拿大所作的贡献。1986

---

① 特鲁多总理 1971 年 10 月 18 日宣布的多元文化政策的基本内容有以下四点：1. 在资源许可的条件下，政府将对那些愿意和努力发展自己能力为加拿大作出贡献，而又明显需要帮助的弱小民族进行帮助。2. 政府将帮助所有文化集团人员克服文化障碍，全面加入加拿大社会。3. 政府将为旨在使国家团结利益得到保证的前提下，促进加拿大各文化集团之间的接触和交流。4. 政府将继续帮助移民学习加拿大的一种官方语言，以便其全面进入加拿大社会。

年，加拿大总督还向有卓越贡献的六位华人移民颁发优秀市民奖。1989年，为纪念华人移民初期修筑加拿大铁路，加拿大政府在多伦多修建了纪念碑。①

华人移民在加拿大政治舞台上，也有出色表现。一些华人有的当选为省市和联邦国会议员；有的当选为市级领导人。其中较为著名和突出的华人，有联邦国会议员郑天华。他曾参与制定和修改移民法、所得税法、海洋保护法等律法，并获得加拿大勋章。又如由香港来加定居的第一位华裔省督林思齐博士。他把在加拿大经营房地产所得的致富款用来资助社会公益事业，济困扶贫，救助华人社团和宗教团体，为大学捐款，等等，得到加政府赞赏，曾两度被授予三级勋章和一级勋章，并于1988年被任命为不列颠哥伦比亚省省督。特别要指出，1998年，伊丽莎白二世女皇，任命了加拿大有史以来第一位华人总督伍冰枝女士，1999年10月7日正式出任加拿大第二任大总督。加拿大总督既是国家元首又是三军总司令，这是华人所取得的最高职位。以上充分说明，华人政治上所作贡献和地位之不断提高，使华人移民引为自豪。

加拿大华人移民以上融入加拿大各行业和主流社会及参政行为，往往是通过信仰加拿大的主流宗教和参加宗教活动，作为沟通途径之一来进行的。

四　华人移民宗教信仰的变化

基督教、② 佛教、伊斯兰教，并称为"世界三大宗教"。加拿大是个笃信宗教的国家，又是实行多元宗教政策的国家。它虽是政教分离的国家之一，但宗教和加拿大人的政治、经济、文化与社会生活的关系十分密切，几乎融为一体。对西方宗教理念的信仰，已成为不少华人移民的精神支柱，成为他们社会意识形态的重要组成部分。宗教在加拿大社会有着深

---

① 参见［加］道·丹尼斯：《多元文化政策的成就与不足》，李玲玲、李鹏飞译，阮西湖主编：《加拿大与加拿大人》（三），中国工人出版社1993年版，第225—240页。

② 基督教包括天主教、东正教、新教及一些较小派别。基督教聂斯脱利派曾于唐初（公元7世纪）传入中国，称为"景教"。天主教于元代一度传入中国，后又于明万历间再度传入。新教自1870年始陆续传入，因而，后来在中国，基督教通常专指基督教新教，亦称"耶稣教"。

刻的历史背景和社会背景。

早在欧洲人到来之前，加拿大来自亚洲的土著居民印第安人和纽因特人，由于处于较低的社会发展阶段，生产力十分原始，普遍信仰原始宗教——萨满教，认为万物有灵，只有部落内有威信地位的长老萨满，掌握着魔法和巫术，能与它们相沟通，故部众病危时，常请萨满作法打鬼治病。

1421 年，中国人从海路抵达加拿大后，由中国南方沿海陆上及海上居民和小商人所组建的部队与士兵，大多信仰的是中国以儒家思想和道家思想为核心所构成的儒、道、佛三教，还有在中国历史上，早在 7 世纪初就由国外传入并在后来逐渐形成规模的伊斯兰教。据考古资料，在加拿大郑和船队的驻地，曾发现有大量的汉墓和回民墓。从其丧葬内容和形式上，可以鉴别出，他们是一批佛教徒和伊斯兰教徒。

1492 年，哥伦布到达美洲新大陆后，给美洲和加拿大带来新的宗教。最早进入北美的是罗马天主教。1526 年，西班牙传教人将天主教传给了印第安人。1627 年，英国人将基督教新教传入北美。其后，带着各种宗教信仰的欧洲移民和亚洲移民，便纷纷进入北美洲和加拿大，使宗教的构成日趋复杂，但由于统治北美及加拿大的主体民族和主流社会，大多数信仰新教，新教的理念和文化，对北美和加拿大人有很大影响。

加拿大华人新移民中，大部分来自中国的大陆及香港和台湾地区。这些华人移民中的一部分人传统的宗教信仰，大都是中国的儒教、佛教、道教和伊斯兰教，但由于受到北美和加拿大主体民族及主流社会宗教理念、宗教生活方式的影响，华人移民的宗教观念和宗教信仰发生很大变化，出现以下四种情况：第一种情况，由于受到来自中国长期传统文化和意识形态的影响，在老一辈移民中，儒家思想和佛教信仰根深蒂固，仍遵循着原有的宗教观念和生活方式，但这部分人已不多，且一般只限于较为保守的老一辈移民中。第二种情况，既受到传统思想、传统文化和原有生活方式熏陶，又受到西方宗教观念、宗教思想及其社会生活方式影响，这集中表现在意识形态和生活方式二元化及宗教信仰多元化上。如来自中国大陆及香港、台湾地区和东南亚的华人移民，他们既崇尚儒家思想，尊孔崇儒，又受到西方宗教理念和生活方式的影响，而信仰基督新教或天主教。他们既过中国传统节日，如春节、清明节、端午节、中秋节、重阳节，等等，又过西方传统节日圣诞节和加拿大本地传统节日。第三种情况，有些华人移民，完全改变了原有宗教信仰（其中也有原不信教者）和传统文化，而改信基督教（主要是新教和天主教），其意识形态和生活方式，也受西方宗教的影响，这部分以新移民和中青年为多。基督教已逐渐成为他们的主流宗教。第四种情况，主要来自大陆移民，过去曾参加过革命和在大陆当过干部，接受和信仰过马克思主义和唯物主义，他们不信仰任何宗教。其中也包括一部分年轻新移民，他们无任何宗教信仰，而过着我行我素或自由自在的生活。以上四种华人移民宗教信仰情况中，以第二种、第三种情况为主。故在华人社会里，原有的宗教信仰已不占主要地位，而西方的宗教，特别是对基督教的信仰日益增多。据学者的统计，1923 年，只有10% 华人信仰基督教，[①] 1941 年信仰基督教的华人即增加至30%，近年来，信仰基督教者在华人移民中所占比例越来越大。在华人较多的域市，一般有华人教会的独立组织。不过总的来说，相当部分华人华侨的宗教意识还是比较淡薄的，不信教者大量存在。

在不少华人移民中，基督教之所以成为主体宗教，其主要原因，根据笔者多年来在加拿大学习及生活期间的调研分析，有以下几个方面：

（1）宗教理念上有所转变

许多原信仰佛教的华人来到加拿大后，经过和西洋宗教接触，感到信仰基督教有很多优点。基督教为一神教，首先对偶像的崇拜，比较单一，崇奉耶稣为救世主，只信仰耶稣基督或圣母玛利亚即可，一切祸福只祈求于上帝，教堂仅供奉耶稣或圣母像，无其他偶像，较为清静，宗教礼仪亦比较简单。而佛教为多神教，除信奉如来佛、观世音等大佛外，还要信奉祈求很多佛和神，如财神、土地神等。在寺庙中需崇拜之偶像较多，除大佛外，还需供奉五百罗汉等。宗教仪式也比较复杂，往往人遇恶疾死亡，要请很多僧人来作法事道场等。宗教所需费用亦比较多，故很多华人移民，就由原信多神教，改信一神教之基督教。

（2）华人移民的生活方式，逐步融入信仰基督教的主流社会

在华人移民中，基督教不仅仅是一种信仰，而且已渗透至人们日常生

---

① ［加］魏安国等：《从中国到加拿大》，许布曾译，上海社会科学院出版社 1988 年版，第189 页。

活的方方面面。由于受到当地社会主流宗教的影响，从小孩子出生至成人，到老人之归终，如洗礼、婚礼、丧葬和日常生活的一系列宗教活动和宗教仪式，都离不开基督教的影响。在加拿大，有基督堂、天主堂、犹太教会堂、清真寺、佛寺等宗教活动场所，但以基督堂和天主堂为最多。到处有基督堂，华人移民有充分条件参加宗教活动。教会常常举办各种活动，来提供宗教服务和社会服务。教堂除作礼拜外，往往又是慈善机构和社会机构的俱乐部与人际活动场所，经常开展各种慈善活动、社会活动、娱乐活动等。加拿大许多机构中，如大学、医院、部队、监狱、议会等机构，都有兼职或专职牧师为教民服务，以满足他们的精神需要。各地电台都设有宗教节目。基督教在华人移民的生活中，有着广泛的群众基础，已建立起一种深刻的宗教信念，宗教和很多华人移民的生活逐渐融为一体。

（3）基督教在经济上可能带来的机遇

在加拿大，一些大资本家、大企业家、大商人、银行家和各经济集团的负责人以及富有者，大多是基督教徒。他们在开展各项经济活动和社会生活中，都起着重要作用。一些宗教团体，直接参与投资企业办公司、组织基金会等活动，有雄厚的经济实力和较高的社会地位。他们在加拿大经济发展中，有举足轻重的地位。基督教徒在企业大公司、基金会和重要的经济组织中，都占统治地位，起着重要作用。这些，往往深深地吸引着华人移民。华人要在经济生活中广泛联系经济界人士，开展各项经济活动，并得到发展，基督教会则可能为之创造各种良好机遇。

（4）宗教在政治上的影响

加拿大很多政治人物和领导成员，亦大多为基督教信徒，宗教对华人移民政治上影响很大。宗教团体往往直接参与选举过程。宗教团体和个人常常进行助选，联络选民，并利用各种媒介，为候选人作宣传，拉选票，寻求群众支持，提高候选人声誉，常为政治上精英人物募集捐款和进行游说活动。宗教团体机构还常常监督政府行为，收集政府资料，就立法及参政、议政问题，和政府进行对话、协商活动等，并常常用合法和非法手段来影响群众，动员群众。在有关的一些社会问题、婚姻问题、政府财政支出、市场经济、保障工人生活水平、种族问题、环境保护问题、外交防御问题、对各政党的看法和态度等问题上，经常发表自己的观点，并参与各种政治活动。他们的观点和活动往往会得到教民们的大力支持。总之，宗教团体机构在参与各种政治活动中，有很大优势，因为宗教本身是由同一信念之信徒所组成。由于他们平时要进行宗教仪式和参加各种宗教活动，教徒们之间能建立起浓厚的感情和互相之间的信任。对评价各种社会现象和各种活动，容易取得共识。华人移民要在自己事业中得到政治界之支持，在经济、政治上有所发展，有所进取，基督教往往会为他们创造有利的条件。

（5）宗教在文化上的潜移默化作用

宗教在加拿大又是文化上的一个重要标志。基督教常常具有俱乐部性质，组织开展本地区的文体活动、歌咏活动和其他各种娱乐活动，使教徒和居民的生活，得到不断丰富与提高。教堂和宗教团体，还常常开办讲座，宣讲科学知识和道德规范。作为一种意识形态，基督教对华人移民的思想产生潜移默化的影响，并将宗教视为维系公共道德和政治制度的工具。

五　在加拿大多元文化氛围中华人社会的传承与创新

加拿大多元文化政策，在承认加拿大是一个多民族国家的前提下，一方面各族移民享有宗教信仰、言语表达及结社的自由，鼓励传统文化的传承和发展；另一方面又采取各种措施，促进诸族之间的交流和融合，在这种多元文化氛围中，华人的传统文化与加拿大主流社会的文化彼此吸收，相互促进，使华人社会面貌发生很大变化。但是也必须看到，尽管华人移民与他们的前辈相比，享有较高的社会地位，不过，他们没有忘记过去所受到的不公正对待、歧视和压迫。目前加拿大的移民政策中仍然存在不公平因素。当今，华人移民还不时受到攻击，在互联网上以及加拿大的大街小巷随处可以看到或听见歧视华人的言语。联邦反对党有重新将传统的移民模式（即主要吸收来自欧洲和美国的白人移民）作为吸引选民的竞选纲领之趋势等。① 因此在新形势下，华人移民如何适应全球化的挑战，处

---

① ［加］布莱恩·埃文斯：《加拿大与全球化：加拿大华人移民政策的持续和变化（1858—2003）》，徐丹、王晟译，陈启能、姜芃主编《中国和加拿大的文化：全球化挑战》，山东大学出版社 2006 年版，第 5 页。

理好与主流社会的关系，既要运用多元文化政策的有利条件，发扬祖先国优秀的传统文化，接受居住国主流文化，又要加强华人社会内部的团结及互助，与种种结构性歧视行为作有理、有利、有节的斗争，这是华人社会发展过程中面临的新问题，必须采取适当策略，加以解决。

根据加拿大华人移民多年来宗教信仰的情况及其发展趋势，信仰主体宗教基督教的移民会日益增多（同时不信教者也会大量存在），基督教对移民在政治、经济、文化以及社会生活的影响，将会越来越大。但移民中基督教的发展，不会妨碍和取代移民中对其他宗教如道教、佛教、伊斯兰教等的信仰和传播，它们将长期共同存在，共同发展。很多华人移民深受儒家学说、佛教和道教思想的影响，崇奉中国人崇拜的华佗、天后、土地、财帛、观音等神。在华人社团春秋两祭大会上，都会向这些灵位祭拜，祈求保佑平安。本文前面所述华人宗教信仰的四种情况，将会持久共存。在老移民发生宗教信仰变化的同时，带着原有宗教信仰或不信教的新移民，又会源源不断而来。世界上传统的几大文明的形成和发展，都有着几千年悠久的历史。这些传统文化和当代文化，包括西方文化，既有精华，也有糟粕，对世界文化的发展，都产生过重要作用，无优劣高低、先进与落后之分，它们对当代世界经济、文化都将继续发挥重要作用。中国以儒家思想精髓为核心的优秀传统文化，对外实行以"和"为"贵"及坚决捍卫主权和民族利益的国策，对内施行"以人为本"的法治与德治相结合政策，及在孔子"仁"、"爱"的思想基础上，中国政府又提出要建设"和谐"社会等，其思想渊源主要汲取自儒家思想之精华，并结合国内外形势变化，加以灵活运用，发扬光大，深受加拿大有识之士的欢迎。因此，对有的西方学者所强调的"当代世界不同文化碰撞和冲突"的理论，所谓西方之"核心文化，必然取代其他文化"的论调等，笔者是不能苟同的。

有些国家据上述理论，以西方文化的标准，来强使其他民族和地区的人民去接受它，甚至不惜通过战争手段，在全球强制其他民族改变自己的传统文化，接受西方文化，企图打破世界多元文化和多元宗教的格局，是没有道理的，极不可取，也是不得人心和不能实现的。社会制度改变，往往可以通过非常手段，而意识形态的变化，需要通过几代人的努力和长期潜移默化的影响，才能逐渐改变，逐步实现。故华人移民在文化及宗教上的变化，绝不会影响中华文明在国外的传播与发展。对于正在建设文化强国的中国而言，一方面要努力构建中华民族所认同的核心价值观，另一方面要秉承和发展各民族的多样文化，形成中华文明多元共存的和谐局面。对外要处理好文化领域中的交流、交锋、交融的关系，在世界多元文化的格局中展现中华文明的独特魅力。

　　从华人移民加拿大的曲折历程、宗教信仰的演变，及其对加拿大政治、经济、文化发展和民族团结、社会稳定所产生的积极效果，都足以证明，多年来加拿大政府所实行的多元文化和多元宗教政策，尽管还存在有待改进之处，但基本上是成功的。对加当局和华人社会来讲，当前不是要以主流文化和主流宗教，去取代和兼并其他文化及宗教，而是要使已经实行并行之有效的多元文化和多元宗教政策，日益完善，越发异彩纷呈。从而，使华人社会在加拿大多元文化氛围中，与时俱进，不断创新发展，更加繁荣昌盛。华人华侨也将在新形势下，继承先辈优良传统，为祖国和居住国作出更大贡献。

汉民族学会 2012 年会暨荆楚文化学术研讨会综述

李 然

（中南民族大学民族学与社会学学院）

10 月 8 日至 11 日，由中国社会科学院民族学与人类学研究所、中国民族学学会汉民族分会主办，中南民族大学承办的"汉民族学会 2012 年会暨荆楚文化学术研讨会"在中南民族大学学术交流中心召开。中国社会科学院民族学与人类学研究所党委书记张昌东，中国民族学学会汉民族分会荣誉会长、中国社会科学院荣誉学部委员杜荣坤，中国社会科学院学部委员、民族学与人类学研究所研究员史金波、国家民族事务委员会民族理论政策研究室副主任黄忠彩及中南民族大学党委书记陈达云、副校长雷震扬、段超等领导和专家出席了会议开幕式。来自全国 66 所高校和研究机构的 120 多位专家参加了会议，会议代表提交学术论文 95 篇，围绕 9 个议题进行了广泛的探讨。

一 关于汉民族研究的回顾与前瞻

汉族是中华民族多元一体格局中的核心，汉民族研究是我国民族学人类学研究的重要领域。与会学者通过对汉民族研究的总结、反思和前瞻，既推进了汉民族本身的研究，也为中国民族学人类学理论方法的中国化作出了贡献。

1. 汉民族研究内容、理论和方法的探讨。曾少聪教授认为，民族学视角下汉民族研究的主要内容包括：中国民族史的汉民族研究、汉民族形成问题研究、中华民族多元一体的汉民族研究、汉民族区域文化研究、汉民族社区研究、汉民族海外移民研究；在理论和方法上，应注意汉民族是一个民族实体、汉民族与少数民族的关系、汉民族海外移民的历史与现状、从少数民族的视角看汉民族、汉民族社区的田野调查等问题。李勇军认为，将汉民族视为散杂居地区的重要民族单元，可以开创散杂居民族研究的新局面。

2. 汉民族研究学术史的回顾与总结。徐杰舜教授不仅深情地回顾了自己汉民族研究的历程，还将百余年的汉民族研究学术发展史分为自在、自为和自觉研究三个阶段。沈再新对关于"中华民族多元一体格局"学术论辩中的若干焦点问题作了系统梳理。

二　荆楚文化与汉文化的互动与影响

荆楚文化是汉文化中重要的地域文化。各位专家通过总结和分析荆楚文化与汉文化的互动及其影响，既呈现出汉文化的多元一体的结构特征，也揭示了中华民族文化不断繁荣发展的历史动因。

1. 荆楚文化的形成与发展研究。徐亦亭基于荆楚文化的研究，提出了"近代汉族地域文化"的学术概念。徐晓望对明清时期荆楚文化复兴的历史背景和兴盛表征进行了分析和概括。蔡靖泉将楚文化研究分为滥觞、渐兴、繁荣和方盛未艾（21 世纪）四个阶段，并指出当前早期楚文化研究面临着概念的含义及时间范围、早期楚文化的特征、楚文化的渊源、早期楚文化与相邻的别国异族文化的关系 4 个方面的困惑。

2. 荆楚文化与汉文化的互动及其影响。作为汉文化有机组成部分的荆楚文化与周边汉民族地域文化的互动与交融，以及汉文化对荆楚地域内部多民族文化的渗透与传播促进了荆楚文化和汉文化的共同发展。高强指出，荆楚文化是荆楚地区土著文化与炎黄文化相结合的产物，炎黄文化是荆楚文化的源头之一，荆楚文化是炎黄文化的一个支脉、支流。陈有为基于考古发现，从河南南部的楚文化遗存中发现了不同历史时期楚文化对中原地区的影响。也有学者就清水江流域的"祠堂"与"书院"、"19 世纪国家权力与湘西苗疆社区宗教信仰体系的重构"、"清代汉文化与土家文化的冲突与交融"、"民族走廊"国家化、"汉文化在湘西土家族苗族文化互动与族际关系中的作用"等论题，分析了作为中华民族多元一体内核的汉族和汉文化在不同时期与荆楚地域少数民族文化互动的背景、途径、机制和影响，说明了汉族、汉文化在改善民族关系发展、促进少数民族自我认同和国家认同中的重要作用。

三　历史上的文化互动与交错

历史上汉族与少数民族长期、深入的文化互动，增进了彼此的相互认同，加深了双方的经济文化联系，促进了民族融合，是我国多民族统一国家形成和发展的原动力。

1. 少数民族文化对汉族或中华民族发展的贡献研究。杜荣坤、白翠琴剖析了从"北魏律"至"唐律疏议"中诸族间的法律文化互动，说明高度发展及相对完备的唐律是南北或汉夷法律文化融合的结晶，肯定了少数民族对中华法系作出的重大贡献。吴永章认为客家文化与畲瑶文化你中有我、我中有你。客家文化是以汉文化为主体的吸收南方民族文化的多元一体文化。南方诸族文化曾对汉文化乃至中华民族文化的形成与发展作出过不可磨灭的贡献。在中华民族发展史上，境内诸族文化总是互相影响、互相渗透的，即存在一种互动互融的关系。

2. 不同区域汉族与少数民族文化互动的历史考察。史金波探讨了西夏的汉族群体及其番、汉政策，对西夏兴亡前后党项族汉化进程的影响。高凯从通过对地理环境下土壤微量元素有效锌含量变化规律与大量的鲜卑考古资料的综合考察，分析了鲜卑的人口性别比例失调问题，对汉魏时期鲜卑与汉族的融合问题进行了重新思考。吐蕃统治敦煌时期汉蕃民族文化的良性互动，宋金对峙时期的中原民族融合的策略、途径和表现形式，东疆朝、汉、满民族间的互补相融关系史，清代台湾拓垦中番汉的合作与冲突，海南黎汉互动关系也受到众多学者的关注。孟凡云对谭三孝由汉族人士转变为毛南族始祖的调查和分析为我们提供了一个汉族与少数民族文化互动的精彩个案。

四　族群关系的建立及社会表征

研究汉族与少数民族关系发展的历史过程，就是研究各民族共同推进统一多民族国家发展的历史过程。

许宪隆对省际结合部民族因素群体性事件的现状与发展趋势进行了调查，并反思了其处理方式和成因。潘洪刚对清代驻防八旗"方言岛"的成因、存在状况及其与当地方言的交互影响作了深入探讨。李良品归纳了播州"末代土司"杨应龙时期民族关系的三种类型。罗维庆探讨了明代卫所设置对土家族土司社会构建的深远影响。罗意梳理出维汉两种族际交往类型——亲密型和疏离型。闫天灵还原了清代及民国时期祁连山区的多民族移垦过程。刘目斌通过对"纳顿"仪式的考察，展示了青海多民族杂居共处的族际社会地方认同与族际关系的仪式表达。蔡宇安、葛浩等也对清同治前陕西回族与汉族的经济关系、20 世纪 40 年代国民党新疆政权与北疆汉族乡村社会的关系特征进行了考察。

五　汉文化的传播与区域性拓展

汉文化在少数民族地区的传播与发展，密切了各民族政治经济文化上的联系交流，加深了民族团结，促进了民族交融，使边疆各少数民族"渐染华夏之风"，形成了国家政治上边疆一体巩固，文化上多元发展的大势。

1. 汉族移民和汉族精英对汉文化传播的研究。苍铭在总结 20 世纪 50 年代以来汉族移民迁入云南边疆地区的人口迁移活动的基础上，提出汉族人口迁入对云南边境地区发展和经济繁荣发挥了积极的作用，但人口增长对生态环境的压力在 80 年代也开始显现。陆韧也对明代汉族移民大规模进入云南导致的云南社会发生划时代变迁的现象进行了关注。林卓才探讨了状元林召棠对岭南文化的贡献。

2. 国家政权制度化推行汉文化传播及其影响研究。黄义军从考古学与文化地理学的角度，透视了西汉长安的转型及其背后核心汉文化元素向外扩散的情况。贾伟叙述了清代民族贸易对河湟汉族社会的影响。于晓燕、王烨等探讨了明清时期儒学在云南、藏族地区的传播。付春总结了清政府对三长官司地的改土归流、推行教化等一系列控制和经营措施的积极意义。

六　语言文字的应用及文化关系

语言文字等象征符号的创制和使用，既促进了民族文化的发展，也促进了汉族与少数民族的交流。

1. 汉语汉字的多学科解读。刘宝俊对战国时期中国思想史和儒家思想中的一个核心概念"仁"字进行了详细解析。刘家军以汉字"家"文化中的"猪印象"为事例，从古文字构形学、文化人类学两个方面佐证了汉民族习俗的某种连绵不绝及文化的相对性、多元性。张军在中国近现代民族主义思想背景下梳理了关于"普通话"的语言观念的发展演变历程，以此反思中国民族国家建设的进程与经验。

2. 汉族与少数民族的语言文字交流。蒙凤姣从汉语与壮语的关系入手，分析了汉民族语言文化对壮民族语言文化的影响。韩雪多角度地分析了汉文化对朝鲜族双语教育中汉语教学成效的正面影响。黄英湖分析了闽南方言的多源性及其原因。伦玉敏考察了明清理学与"女书"生成的关系。

七　民俗、宗教、历史记忆与认同

1. 汉文化的文化认同功能探讨。吴琦通过对明初儒士与皇权关系的政治文化解读，透视出儒学工具化的内在本质。建红英以河南灵宝建氏族群为个案，探讨了文化认同在族群认同中的地位和作用，以及与祖先认同的关系。柏贵喜对民族认同与中华民族认同的层次、影响因素及其正负功能进行了理论概括。

2. 对汉文化有关文化元素的解读。众多学者对中华民族的姓氏、朱熹与狐仙传说、红河侨乡迤萨马帮人家的汉族禁忌习俗、澳门"赌神"信仰文化、台湾民间信仰之乩童文化等民族、宗教文化事项的文化意蕴和文化价值做了细致入微的阐释。

八　非物质文化遗产与文化产业

非物质文化遗产保护、传承及开发的现状、策略是当今诸多学科研究的热点问题。与会学者通过丰富多彩的个案对这一问题做了理论和策略层面上的回应。如向柏松对湖北少数民族民俗的构成与非物质文化遗产保护策略的思考，汤夺先对作为"非物质文化遗产"的庐剧之保护与传承的研究，等等。

九　海外华人与汉文化的海外传播与延伸

建设文化强国，让文化走出去，是目前最热的话题之一。海外华人是汉文化的重要承载者和传播者。汉文化在海外的传播与发展，是弘扬中华优秀文化，展现中国形象，增强海外侨胞的民族认同感和凝聚力，促进民族伟大复兴的重要手段。李其荣认为，华侨华人传承和发扬中华文化表现在多个层次，华侨华人通过中华文化的传播来凝聚侨心，提升海外华人在当地的社会地位，对于促进世界和谐具有重要意义。耿虎、彭新良从海外华语学校的发展进程和孔子学院的办学实践方面，探讨了汉语在传播汉文化以及促进中西方文化交流中的作用，指出了汉文化在海外的传播和发展的困境和路径。郑一省、刘涛、韦平、汪鲸等众多学者就印度尼西亚、加拿大、英国、新加坡等国的移民政策和华人移民的社会文化变迁，探讨了华人对当地文化产生的影响，以及华人如何与当地其他族群在多元文化背景下和平相处、共同发展的问题。

综上所述，此次汉民族和荆楚文化研究的盛会呈现了如下特点：

第一，与会专家对汉民族与荆楚文化相关议题展开了全方位多角度的探讨。既有汉民族研究、荆楚文化研究的学科史总结和反思，也有汉民族和荆楚文化的若干重要问题的历史考察，还有对荆楚地域经济社会发展、汉族与少数民族关系、汉民族传统文化的保护与开发等现实问题的调查分析。上述研究和分析对促进汉民族和荆楚地域发展及其文化发展具有十分重要的理论价值和现实意义。

第二，多学科、多视角的观察与审视，共同推进了汉民族和荆楚文化研究的不断深入，也促进了相关学科、研究机构的学术交流。既有历史学、考古学、文献学、简牍学、语言学的考证与分析，也有民族学、人类学、民俗学、传播学的实证调查与反思；既有本民族学者对自身文化的自观和内省，也有他者眼光的审视和洞察；既有对医学人类学、历史地理学和社会史的理论和方法借鉴，也有对一些传统议题的重新思考。

第三，围绕汉民族研究，形成了一支结构合理、队伍稳定、内容整齐、充满活力的学术梯队。出席此次会议的专家学者，既有一批 20 世纪三四十年代出生的、长期坚守在汉民族历史文化研究阵营的资深学术前辈；也有大量活跃在汉民族和荆楚文化研究领域的中坚力量；还有一些年轻的博士和硕士研究生，他们成为汉民族和荆楚文化研究的生力军。此次会议产生的新一届汉民族学会理事和领导班子表示，将会加大汉民族研究的学术梯队建设力度。

第四，与会学者通过广泛研讨，达成诸多共识。众多学者通过对汉文化和荆楚文化的历时性、共时性的考察和分析，认为：首先，应大力加强汉民族研究，对当前汉族和中华民族发展中的若干重大理论和现实问题作出回应。费孝通、林耀华等老一辈民族学家、人类学家曾通过对汉民族社区的调查研究为中国民族学、人类学赢得了世界声誉。当前，迫切需要通过对汉民族的研究提炼出中国化的民族学人类学话语体系，真正实现"社会人类学的中国时代"。其次，博大精深的汉文化由多元地域文化构成，荆楚文化是汉文化的重要组成部分，对汉文化的发展与繁荣起到了重要作用。因此应将地域特色鲜明的地域文化，特别是荆楚文化作为汉民族研究的重要内容。最后，汉文化与汉族地域文化和少数民族文化的交流和互动，是推动各民族经济、社会和文化大繁荣大发展，增进民族团结，增强国家认同，巩固国家统一的重要动力机制。